科学品牌发展观

主编：王培火
编著：蔡冬冬 韩世友

人 民 出 版 社

责任编辑:陈鹏鸣
责任校对:周　昕

图书在版编目(CIP)数据

科学品牌发展观/王培火主编;蔡冬冬,韩世友编著.
-北京:人民出版社,2009.3
ISBN 978-7-01-007671-3

Ⅰ.科… Ⅱ.①王…②蔡…③韩… Ⅲ.企业管理:质量管理-研究-中国
Ⅳ.F279.23

中国版本图书馆CIP数据核字(2009)第011783号

科学品牌发展观

KEXUE PINPAI FAZHAN GUAN

王培火　主编　蔡冬冬　韩世友　编著

人民出版社 出版发行
(100706　北京朝阳门内大街166号)

北京中科印刷有限公司印刷　新华书店经销

2009年3月第1版　2009年3月北京第1次印刷
开本:740毫米×1020毫米 1/16　印张:27.75
字数:463千字

ISBN 978-7-01-007671-3　定价:58.00元

邮购地址 100706　北京朝阳门内大街166号
人民东方图书销售中心　电话 (010)65250042　65289539

目 录

下篇 解读品牌文化 建构新龙精神

前　言

在全国各行各业深入贯彻落实科学发展观，进一步贯彻实践党的十七大报告中提出的“加快提升自主创新能力，调整产业结构，转变经济增长方式，尽快向创新增值、结构优化、资源节约、环境友好、可持续增长方式转变”和胡锦涛主席在亚太经合组织第十六次领导人非正式会议上提出的“企业应该树立全球责任观念，自觉将社会责任纳入经营战略”，“完善经营模式，追求经济效益和社会效益的统一。”的伟大号召之际，针对诸多民族品牌的长期桎梏性难题——无法科学地走向国际化，也就是企业的不可持续化发展问题。《科学品牌发展观》创作成员在深入品牌运营实践最前沿和广泛调研论证的基础上，历时三年时间，终于开创性地探求出了首部民族品牌的可持续化发展专著。

众所周知，“品牌是一个国家的政治、经济、文化和社会发展到一定阶段的历史产物，是一个国家或民族综合竞争力的高度体现，品牌文化在本质上是担当起了国家图腾和民族富强的社会重任与历史使命。”（韩世友：《如何打造有生命力的运动品牌》，《中国市场》2004 年第 10 期）。但是，长期以来由于我们民族品牌起步晚、再加上品牌理论和运营经验不足，使得民族品牌一直没有一套与时俱进、相对科学的理论体系，来指导和引领民族品牌走上可持续化发展之路。

《科学品牌发展观》的诞生，它打破了传统品牌的不科学运作模式——先做产品后贴口号和滞后性的学术模式——为了立论而立论。论著的核心思想“先做思想后做产品，这是品牌革命的首要问题”，既是指导民族品牌科学发展的全新价值观和方法论，又是品牌运营的操作指南。特别是在当前面对国际金融危机的严重影响下，如何指导民族品牌坚定信心，从根本上实现“由传统的产品制造向未来的文化锻造”品牌价值增长模式的彻底转变，也就显得格外的及时和实用，而这也是对“文化成就品牌”理论的科学实践。

上 篇

解读科学品牌发展观
建构品牌示范模板

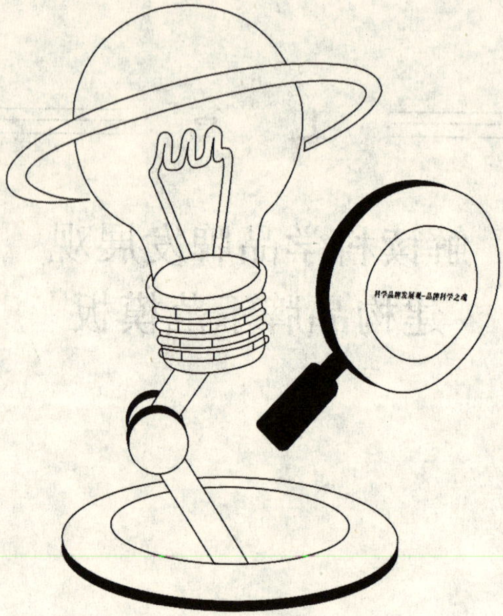
科学品牌发展观–品牌科学之魂

第一章　科学品牌发展观

——品牌科学之魂

科学品牌发展观是以人为本，以先进品牌文化为旗帜，全面协调可持续发展的品牌观。

科学品牌发展观，是在放眼全球可持续发展的前提下，深刻把握世界的经济发展和产业运行规律，运用前瞻科学的思维方式和先进发达的技术手段，锻造能够引领世人多元需求的优良品牌的发展观。

若干世纪前，当彪悍的游牧先民们用烧红的铁模在马臀上打上烙印的时候，他们想不到这一烙印将一直伴随人类文明的发展。由古挪威语“烙印”一词演变而来的“品牌”概念，早已超越产权印记的简单符号功能，成为渗透整个商业社会的时代特征，人类生产生活方方面面无不被打上品牌的烙印，一如古草原部落的马，无论跑得多快多远，都无法甩掉屁股上的记号。

产业越发达，商品越丰富，品牌越繁荣，形形色色的品牌理论就越是层出不穷。面对让人眼花缭乱的品牌理论海洋，是否可以问一声：品牌理论，有没有统领理论？品牌科学，灵魂何在？品牌学发展，路在何方？

在新世纪初年的中国品牌建设热中应运而生的科学品牌发展观，着眼点正是研究探索品牌理论的世界观与方法论。

第一节　品牌观浏览

●品牌定义类说

品牌世界丰富多彩，品牌定义也是如此。

关于品牌定义的探讨和分类，许多专家已有成熟见解，大致有如下一些看法：

一、商标说

美国市场营销协会认为，品牌是用以识别一个或一群产品或劳务的名称、术语、标记、符号或设计，或是它们的组合运用，其目的是借以辨认某个销售者或某群销售者的产品或服务，并使之同竞争对手的产品和服务区别开来（《营销术语词典》，1960 年）。《元照英美法词典》（薛波主编，法律出版社 2003 年）对“品牌”的释义第一项为：“商标，用以区别确定商品或服务的文字、标记、符号、设计图样、专业术语或以上各种标记的组合，商标可以是语声的，也可以是可视的。”

二、产品说

有人认为品牌本质就是产品，只不过是有品质或有特色的产品而已，品牌不可能脱离产品而独立存在，顾客总是通过产品来认识品牌的，品牌管理一定要以产品为核心和基础，没有产品无所谓品牌，总而言之“产品第一，品牌第二”。（刘卓林：《品牌的契约性分析》，《商业时代》2004 年第 33 期。）

三、契约说

品牌的本质是契约。品牌对内是品牌管理，对外是品牌承诺。

品牌是企业适应经济一体化和信息化的必然选择，它以其特殊的契约性建立起企业和消费者之间的委托—代理关系和激励制度平台，企业品牌经营的核心要旨就是通过品牌强化组织自身的契约性，克服单纯产品契约的薄弱之处，并将这种契约性通过市场转化为企业现实的交易契约，并为品牌延伸、竞争力提升等提供决策依据。（刘卓林：《品牌的契约性分析》，《商业时代》2004 年第 33 期。）

菲利普·科特勒与弗沃德指出：品牌是一种无形的概念。为了简单化并使之易于掌握，品牌常常被等同于用于支持它的、更加有形的市场营销传播元素——广告、标志、符号、声音等等。但是，品牌远不止这些，品牌应该是一种承诺；品牌是人们感知到的全部——你看到、听到、读到、知道、感到和想到的，关于一种产品、服务或企业的所有内容；品牌基于过去的体验、联想和对未来的预期，在消费者心目中占据一种与众不同的位置；品牌是表达属性、利益、信念和价值的捷径，能够产生差异、减少复杂性和简化决策制定过程。如果你将“品牌”概念理解为对顾客的一种承诺，显然，唯有持续一致地按你所承诺的递送价值，它才能够有生命力。（菲利普·科特勒、弗沃德著，楼尊译：《B2B 品牌管理》，格致出版社、上海人民出版社 2008 年版。）

四、顾客认可说

品牌是一个以消费者为中心的概念，没有消费者，就没有品牌，品牌与消费者关系的发展与维系是品牌价值的最好表征。美国著名品牌研究专家凯文·莱恩·凯勒认为，品牌真正的所有者不是企业主，而是顾客。（凯文·莱恩·凯勒：《战略品牌管理》，中国人民大学出版社 2003 年版。）他提出的品牌资产价值概念，是从消费者与品牌关系认知品牌价值，而非从财务的角度去衡量品牌价值。强势品牌之所以具有较高价值，是因为它不仅有较高的知名度，更重要的是品牌与消费者建立了深度关系，即能让消费者体验到它所代表的利益。一旦消费者将品牌与其能得到的有形和无形利益紧密联系在一起，那么，消费者就会主动购买，对品牌忠诚，而且愿意为此支付较高的费用。因此，品牌价值是体现在品牌与消费者的关系之中。

品牌是消费者心目中对企业的感知与印象；企业信息作用于消费者的内心，并在内心留下的烙印的总和，是物质世界在精神世界里的能动反映。在这里我们可以看到，品牌就是存在于消费者心目中的一个心理印记而已。作为一个心理概念，品牌蕴涵着一定的心理能量，这种心理能量产生心理驱力，激发或者控制着消费者的消费心理，直接影响着他们购买行为，从而控制着我们不可捉摸的、瞬息万变的市场。（乔忠涛：《品牌能量——从心理学角度审视品牌》，中国营销传播网，2003 年。）

五、综合说

大卫·奥格威认为：“品牌是一种错综复杂的象征，它是品牌属性、名称、包装、价格、历史声誉、广告方式的无形总和。品牌同时也因消费者对其使用的印象，以及自身的经验而有所界定。”

品牌大师大卫·爱格认为：“品牌就是产品、符号、人、企业与消费者之间的联结和沟通，品牌是一个全方位的架构，牵涉到消费者与品牌沟通的方方面面。”“除了品牌就是产品外，品牌认同的基础概念还必须包括‘品牌就是企业’、‘品牌就是人’、‘品牌就是符号’的概念，品牌实际上是由其本身整合诸多品牌信息构成的。”（大卫·爱格著，沈云聪、汤宗勋译：《品牌经营法则》，内蒙古人民出版社 1999 年版。）王海涛等在《品牌竞争时代》一书中说：“严格说来，广泛意义上的品牌包括三个层次的内涵：首先，品牌是一种商标，这是从其法律意义上说的；其次，品牌是一种牌子，是金字招牌，这是从其经济或市场意义上说的；再次，品牌是一种口碑、一种品位、一种格调，这是从其文化或心理意义上说的。”

六、科学品牌说

韩世友认为，品牌是“企业以产品为载体来传播企业独特性的思想和前瞻科学的行为方式”。这个定义被世界工业联合会评为 2007 年年底《世界十大品牌概念》之首。它的含义有：

（一）产品是用来传播企业独特性的思想或前瞻科学的行为方式（主要是指生活或工作方式等）的媒介和工具，它是手段而不是目的。那些企图利用肤浅庸俗的广告语或所谓的“品牌文化”包装，来为企业的产品销售作秀在本质上讲都是本末倒置，都是与科学的品牌观相背离的。

（二）科学的品牌是建立在相对发达的物质基础之上的。因为在相对短缺的经济环境里，企业向市场提供所谓的“品牌”在本质上讲还只是产品，而不是真正意义上的品牌。因为它满足的是市场的基本需求——物质功能的需求，而不是为了体现品牌的个性化思想和独特的审美观需要才诞生的。只有在相对发达的物质需求基础上创造出来的能够体现消费者精神需求的，才能算是真正意义上的品牌。

（三）科学的品牌总是与时俱进并适度超前的，它不是一成不变或滞后的。比如库存产品之所以要降价，其原因在于它已经不能适应当前的物质和精神文明的需求了，已经不能代表前瞻性的生活方式了，它所具有的价值只是简单的物质功能价值，所以也就自然失去了品牌本身具有的附加值。

（四）科学的品牌之所以能体现出企业独特性的思想或前瞻性的行为，是因为它是企业经过科学的市场考察和分析研究得出来的，是建立在企业对市场需求的独特性认识之上的，是市场细分的必然产物，而不只是为了满足消费者在短缺性经济条件下对产品物质功能的广谱性需求，这就是说品牌它不是企业随意生产出来的一个产品，更不是在别人的产品上贴上自己的标签。因为在科学的品牌定义里，是绝对不会有莫名其妙的所谓的品牌存在的，反过来也就是说科学的品牌一定是师出有名的，也就是有其存在的理论基础。

（五）科学品牌的价值大小，取决于品牌文化内涵的深度和外延的广度。也就是要看品牌传播的思想到底有多深远和对社会消费群体的影响力能有多大？代表的生活方式到底有多先进？科学品牌发展观理论之所以是民族品牌走向国际舞台的指路灯，是因为它为民族品牌的可持续发展提供了前沿的指导思想和具体的方法论。（韩世友：《如何打造有生命力的运动品牌》，《中国市场》2004 年第 10 期。）

关于品牌的定义，还有个性说、关系说、生态说、文化说、资源说、资产说等等，我们不再一一列出，只在以后章节中涉及时加以引述。

●对传统品牌观的评价

周云在《品牌学——原理与实务》一书中指出，品牌的传统理解的主要缺陷在于片面地强调了品牌的识别性，而忽视了它的动态特征以及混淆了品牌发生作用的主体、客体和载体三者的关系。一味强调差异化的直接结果就是品牌成名论、广告中心论及品牌万能论等。

中国学者对传统的品牌观有很多批判，其中年小山对传统品牌观的批判最具代表性。在他所著的《品牌学》一书理论部分中，认为传统理解有 4 个共同缺点，并在理论部分对传统的品牌理解进行了比较充分的批判：其一，传统品牌观只承认品牌的精神文化属性，即非物质性。其二，品牌只是某种标记或者符号，即静态性。其三，品牌具有识别性是用来区别主客体的。这一观点忽视了载体在这个品牌关系中的重要性。其四，对品牌机构的理解，即它是由名称、标志、颜色构成的。标志是视觉系统的核心，表达一定的思想和理念，但它不是品牌本身，更决定不了经营者的命运。

对于绝大多数从事品牌操作实践的人来说，树立何种品牌观似乎并不重要，他们更对如何创建塑造以及维护一个品牌的实践经验更感兴趣，对于品牌本质的认识，也仅仅限于品牌现象的描述，因此，大多数品牌实践者都未能形成科学的品牌观。一项针对企业高管的调查说明，绝大多数企业的经营者认为品牌资产是不能确切计量的，而且在提到品牌时往往和名牌相混淆，有相当部分的人认为现代企业经营就是品牌经营，品牌管理就是经营的最高境界。（周云：《品牌学——原理与实务》，清华大学出版社、北京交通大学出版社 2008 年版。）

第二节　科学品牌发展观

●科学品牌发展观定义

科学品牌发展观是以人为本，以先进品牌文化为旗帜，全面协调可持续发展的品牌观。

科学品牌发展观是在放眼全球可持续发展的前提下，深刻把握世界的经济发展和产业运行规律，运用前瞻科学的思维方式和先进的技术手段，锻造能够引领世人多元需求的优良品牌的发展观。

●科学品牌发展观的第一要义是发展

品牌，是发展中的品牌；品牌内涵，是不断丰富发展的内涵；品牌科学，也是在发展中逐渐完善的。只有以发展为前提的品牌观，才是科学的品牌观。

●科学品牌发展观的核心是“以人为本”

“以人为本”表现为三个层次。一、以企业员工为本；二、以消费者为本；三、以整体社会大众为本。

企业以人为本，首先推行在企业内部。以人为本，不是那种为了提高劳动生产率，获取更大的利润，把人变为机器的人本主义，而是要从根本上解决人在企业中的地位问题，就是要把人看成是具有多方面需要和发展能力、追求自我实现和全面发展的“文化人”。换句话说，就是企业即人，企业为人，企业靠人，企业必须关心人、尊重人、解放人、发展人。企业是由人组成的集合体，管理应把人的因素放在中心位置，开发人的智力潜能。劳动者是最活跃的生产力要素，谁能充分发挥这种最活跃的生产力要素，谁就会取得管理企业的成功。企业必须不断满足员工的需要，尽可能多地发挥人的聪明才智，使企业中的员工得到全面的发展。员工的精神面貌、价值观念、创新精神等，最终要凝结到品牌当中并通过品牌表现出来。

企业以人为本，更表现在以消费者为本。企业的原动力是获取超额利润，要获取超额利润必须依靠核心产品、核心业务、核心运营能力构成的核心竞争力为顾客带来特别利益。所以，以消费者为本是企业安身立命之本。消费者，不仅指直接消费某品牌的消费者，而且包括潜在消费者，直至所有的社会大众。符合科学品牌发展观的品牌，它的任何变化、改进，都要以给整个世人带来了物质的或精神上的利益为出发点。

企业以人为本，更广泛的表现是在承担社会责任方面。社会责任，是企业在创造利润、对股东利益负责的同时，还要承担对员工、对消费者、对社区和环境的社会责任，包括遵守商业道德、生产安全、职业健康、保护劳动者的合法权益、保护环境、支持慈善事业、捐助社会公益、保护弱势群体等等。企业社会责任超越了以往企业只对股东负责的范畴，强调对包括股东、员工、消费者、社区、客户、政府等在内的利益相关者的社会责任。企业社会责任最基本的是企业的法律责任，包括遵守国家的各项法律，不违背商业道德。在高层次上是企业对社区、环境保护、对社会公益事业的支持和捐助。

●科学品牌发展观以先进品牌文化为旗帜

品牌的物质基础是产品，品牌的精神力量是文化，品牌文化是企业文化的直接体现和载体；先进品牌文化是开放、向上、兼容、普适的文化。品牌文化蕴涵着超越物质使用价值的价值理念、品位、情感等精神元素，是构成品牌的核心竞争力。品牌文化的题中之意，就是吸收先进品牌文化，塑造个性化、人性化、兼容性和可持续发展的品牌文化。先进品牌文化的载体是国际化品牌，必须跨越区域、国家、文化、意识形态的差异，为不同社会、经济、文化背景下的消费者所接受。先进品牌文化必然吸收先进的品牌理论、科学技术工艺，吸收国内外诸多先进品牌文化的长处，必须与不同文化、亚文化兼容并存、沟通互动。

品牌创新不是一般创新，是本质创新、全面创新、全程创新、战略创新。品牌创新要求从经营理念、发展方向、价值观、核心技术、市场战略等内在要素到视觉识别、行为识别、形象整合、营销策略等外在要素都具备自主创新能力。通过创新，不断超越同行，超越自我，使品牌内涵不断丰富，境界不断提高。

●科学品牌发展观强调全面协调可持续发展

全面。品牌发展体现和负载着人类的物质文明、精神文明，所以是经济、社会、环境、生态、文化全面发展的概念。品牌发展也是全球发展的概念：资源整合面向全球；终端市场面向全球；产品、品牌、知识产权、模式标准、文化输出面向全球；沟通交流面向全球。

协调。品牌的性质要求它必须在协调中发展。品牌的协调包括：品牌生态系统即品牌关系协调；品牌经营要素协调；品牌战略与企业总体战略协调；品牌理论建设与品牌创新实践协调；产品与品牌文化协调；品牌整合传播协调；品牌伦理协调（品牌收益与品牌责任）；品牌文化体系（品牌文化由精神文化系统、物载系统和行为文化系统组成。精神文化系统规定了品牌的基本式样、战略目标、性质等；物载系统是品牌的载体部分；行为文化系统决定品牌行为规范与模式。物载系统、行为文化系统的内部结构与外在功能均来自品牌精神文化系统的创造与整合。此外，品牌文化也是社会文化的子系统，是社会文化、亚文化的反映。因此，品牌文化既是精神文化系统、物载系统、行为文化系统的母体系统，又是社会文化的子系统）协调等，其中品牌文化体系的协调包括四个方面：

一、向下与子系统协调；

二、向上与母系统协调；

三、向外与系统外文化协调；

四、向前与未来发展预期协调。

可持续发展。科学品牌发展观是一项系统工程，它是有一套科学长效的机制模式来保障品牌的可持续化发展。科学的品牌不论是在前期的 CIS 系统的设计、目标市场的细分、品牌定位、项目的可行性调研论证、项目的组织实施，还是在品牌锻造期的管理流程设计、产品工艺技术标准的制订、市场导入契机的把握、整合传播策略的精心创意与传播实施、终端的营运策略、售后服务模式、营运组织的绩效考评等环节，都体现出品牌发展的创新性、运作流程的系统性、管理行为的科学性。也正是因为具备了高效科学的保障体系，才有了品牌的可持续发展。

●科学品牌发展观解读

一、科学品牌发展观的宗旨是可持续发展

确保品牌的可持续发展，是科学品牌发展观的宗旨，也是检验品牌是否科学的唯一标准。

目前，虽然全社会的品牌意识空前高涨，但不论是对品牌外在的认识还是对品牌内在塑造的认识都还停留在表层，很多表面看起来轰轰烈烈的品牌塑造运动，也只是停留在解决产品技术和市场营销问题的初级层面。重战术，轻战略；重策划，轻管理；重技术，轻科学；重短期效应，轻长期发展；“文化包装”味过浓，文化经营粗放。如果只把文化当做品牌的外衣，而不渗入到品牌塑造的内在和品牌背后的企业精神中去，那注定是没有品牌生命力的。

中国品牌的可持续发展战略，必须首先从宏观、系统上去认识：品牌化运动不只是某个企业的事，也不能仅仅依靠企业的力量，而要靠全社会的整个商业生态系统，包括政府、企业、企业上下游产业链、企业服务公司、媒体、渠道商、消费者等。中国目前还没有形成这样一种有利于品牌可持续发展的企业生态系统，这种生态系统不仅包括企业的上下游价值链，更包括管理咨询公司、营销策划公司、广告公司、设计公司、媒体等企业服务公司，及政府等企业管理者、消费者在内，当然还包括中国的文化这个生态系统所赖以存在的环境。

中国品牌要在当前的时代背景下走可持续发展的战略，就要处理好“系统”内各个要素之间的关系及要素与内外部环境的关系，创造和谐的竞争环境。

1. 在品牌生态系统中，企业要把品牌建设的核心转移到品牌管理、维护和创新上来。目前我们在以品牌策划为主流的品牌建设氛围下，应该积极转变思路，把品牌发展的重点转移到品牌策划后的品牌管理、维护和创新上来。相应的把企业的能力结构由技术产品创新、市场创新、品牌策略创新、品牌传播创新转移到品牌管理创新上来。当然品牌管理包括对前述几个环节的管理。

2. 企业服务公司要积极向管理型公司升级、转型，提供更深层次的专业服务。广告公司、营销策划公司、管理咨询公司等企业服务公司，要配合解决品牌成长中的维护、管理和创新问题，并帮助企业发展品牌管理和创新能力。

3. 在品牌传播层面，公共传媒、广告公司等同样要配合新一轮的品牌发展战略，帮助企业规划有利于品牌长期发展的品牌传播战略。

4. 政府要用法制维护品牌生态环境的和谐和有序竞争。

5. 要处理好目前中国品牌生态系统内各个要素之间的关系，创造良好的竞争环境，促进系统的发展、升级。

6. 建立和维护企业与上下游价值链之间的和谐关系。

7. 善于处理企业与企业之间的竞争和合作关系。

8. 加强中国文化的挖掘、传播，为中国品牌的可持续发展创造文化优势；同时坚持品牌和文化之间的相互促进；要坚持文化集约化经营的理念，把中国文化深深植根于品牌的设计、生产、消费、管理和传播中，走中国特色的品牌文化之路。当品牌最终成为一个地域、一个民族乃至一个时代的文化象征时，品牌才能真正可持续发展、永续绵延，因为背后支持的，不再只是创造它的企业，而是整个社会。

由产品品牌到企业品牌，到行业品牌，到文化品牌，到世界性品牌，世界级品牌的发展历史都显示，品牌越长久，越不归属于生产它的企业，越归属于其赖以存在的消费者，越来越成为一种公共文化，并最终成为一种文化的象征。

9. 处理好品牌和中国文化之间的关系、品牌全球化与本土化之间的关系，既坚持本土化、地域化，走个性特色之路，同时又能超越地域界限，走向国际，不断积累品牌发展的生命力。（冯小素：《全球化背景下的中国品牌可持续发展战略》，全球品牌网，2008 年 5 月 4 日。）

二、科学品牌发展观的全球化心态

科学品牌发展观是以普世开放的全球化心态为发展前提的。也就是说，如果一个国家的品牌文化不能上升到国际普遍认可的文化，那么它就谈不上是科学的和可持续发展的品牌。

目前，品牌国际化呈现几个趋势：品牌形象国际化；国家品牌竞争力趋于整体化；品牌竞争非对称性趋势化；竞争重心本土化；品牌延伸多元化；跨国强势品牌的战略垄断。

这些趋势，实际上是一组坐标，帮助我们认识品牌发展国际化的入伙台阶、游戏规则、馅饼与陷阱等，我们说的"普适、开放、全球化心态"，就是指对这种现状或趋势的承认、面对、适应、融入，如同我们争取了多少年的"入世"一样，说到底，不是世界改变游戏规则来适应我们，而是我们改变自己去适应世界，我们能争取到的，只是一个短暂的缓冲期。

品牌国际化，首先得熟悉国际市场的品牌格局、品牌文化主流和品牌发展趋势；其次要使我们的品牌和品牌文化既有个性化又有融合性，既不被视为异类排斥，又不被品牌海洋淹没，你得站住脚才能谈发展。因为如果你不懂得国际品牌市场的格局和游戏规则，就没有资格入局游戏；别人就不认可你的品牌文化，所以也就不可能认可你这个品牌。所以说，如果一个国家的品牌文化不能上升到国际普遍认可的文化，那么它就谈不上是科学的和可持续发展的品牌。

三、科学品牌发展观的普世目的

科学品牌发展观的目的在于引导世界消费者建立起健康科学的世界观、价值观、审美观和先进的生活方式，而不是单纯地为了迎合某些个体的狭隘甚至是错误的价值观，或是满足某个阶层眼下急需要满足的物质功能等低层次的需求。因为科学品牌发展观是前瞻的，是不以满足单一的精神或物质功能需求为目的的最高境界的品牌发展观。

品牌，是指消费者对产品的全部体验。它不仅仅包括物质的体验，更包括精神的体验。品牌向消费者传递一种生活方式，人们在消费某种产品时，被赋予一种象征性的意义，最终反映了人们的生活态度及生活观念。产品是没有思想的冰冷的物资，而品牌能和消费者进行思想情感的交流，产生灵魂的共振。在产品日益同质化的今天，产品的物理属性已相差无几，唯有品牌能给人以心理的精神的抚慰和满足，能够给消费者以个性和身份关怀。

从选择产品到选择品牌，人们的消费观念发生了根本改变。人们希望生活得更精致，更加个性化，消费也不再是简单的满足生活所需，越来越多的人在消费时已经摒弃了对品牌的盲目轻信、冲动购买，纯物质的、功能的标志已渐渐淡化，人们购买产品，主要是看重品牌能够满足诸如情感、希望、成功等更高层次的心理需求。人们渴望通过消费体现自己与众不同的品位，凸显自己的个性。品牌所表现出来的生活态度和价值取向，与消费者在消费的个性意识领域取得默契，品牌所表现出的内涵被消费者充分接受，品牌的附加价值得到充分诠释，消费心理被尊重，消费者的个性得到张扬，从此奠定品牌与消费者之间生活的密切联系。

“品牌”不满足于让消费者享受产品与服务所提供的高品质，更着眼于向消费者推销一种品位文化，并通过打包的形式提升产品的价值，最终来提升消费者对品牌的忠诚度，让消费者对品牌的依赖成为一种生活方式。

四、科学品牌发展的硬件、软件支持

科学的品牌发展是建立在丰富完善的产业资源、便捷高效的生产工具、上乘优质的原辅材料、先进发达的工艺流程、优美舒适的作业环境、科学前瞻的经营战略、凝聚向上的企业文化等条件要素之上的。这些硬件的存在，支撑了品牌的有形价值，再加上品牌文化在市场上的不断传播，品牌的美誉度和忠诚度不断提升，品牌的无形资产也会不断地随之提升。在有形价值和无形资产的聚合作用下，品牌才会实现广泛的价值认同。

科学的品牌是建立在相对发达的物质基础上的。因为在相对短缺的经济环境里，企业向市场提供所谓的“品牌”在本质上讲还只是产品，而不是真正意义上的品牌。它满足的只是市场的基本需求——物质功能的需求，而不是为了品牌的个性化思想和独特的审美需求。只有在相对发达的物质需求基础上创造出来的精神需求才能算是真正意义上的品牌。

企业可凭借的资源无非两种：硬实力资源和软实力资源，或者叫硬件、软件。设备、厂房、资本、人员等都是硬件；企业战略、企业文化、组织模式、管理制度、领导能力、创新能力以及品牌建设等是软件；在企业外部，品牌和服务、社会责任和企业知名度三个方面则是软实力的资源基础。软实力要求企业按照一定的文化理念把相关资源要素整合起来，形成核心能力，最终凝聚在成型品牌上展示给消费者。一个品牌，它涵盖着企业的多方面的实力，是企业软硬实力的有机结合。

五、科学品牌发展的系统工程特质

科学的品牌发展是一项系统工程，它是有一套科学长效的机制模式来保障品牌的可持续化发展。科学的品牌不论是在前期的 CIS 系统的设计、目标市场的细分、品牌定位、项目的可行性调研论证、项目的组织实施，还是在品牌锻造期的管理流程设计、产品工艺技术标准的制订、市场导入契机的把握、整合传播策略的精心创意与传播实施、终端的营运策略、售后服务模式、营运组织的绩效考评等环节，都体现出品牌发展的创新性、运作流程的系统性、管理行为的科学性。也正是因为具备了高效科学的保障体系，才有了品牌的可持续发展。

与传统品牌观相比，科学品牌发展观的视角转换是从平面到立体、从静态到动态；与一般品牌发展观相比，科学品牌发展观更注重和谐、均衡、全面、可持续发展。

第三节　科学品牌发展观的产生背景

●科学品牌发展观产生的国际背景

一、世界经济的竞争已经进入品牌竞争的时代

经济全球化的加速发展使国际市场竞争进一步加剧。这一趋势的一个重要表征就是：品牌购买与品牌的使用权交易，已成为重要产权交易的一部分，品牌的扩张与全球化已成为不可阻挡的趋势。不但发达国家到发展中国家收购品牌，新兴经济体也开始纷纷收购国际品牌。品牌在国际市场竞争中的作用进一步突出，世界经济的竞争已经进入品牌竞争的时代。

当今世界，最富有国家的经济都是建立在品牌之上，而非产品之上。一个国家品牌是否强盛，可以反映这个国家是否强盛；一个国家拥有多少个世

界级知名品牌，已经成为衡量一个国家经济实力和国际竞争力的重要标志。

二、跨国强势品牌的战略垄断

在全球化推动下，竞争品牌将呈现数量锐减和相对集中趋势。当今全球性市场垄断或品牌垄断的基础虽已不复存在，但一些行业或产业群体中的核心品牌往往通过实行重组联合或结盟，既保持了品牌各自独立性，又增强了彼此的互补性，形成一个相对稳固的战略伙伴关系或利益共同体，从而在全球竞争市场中保持优势地位。跨国强势品牌的联合，旨在构建一个近乎全球垄断性的品牌战略联盟，且以各自独立品牌分治天下，如此适应并主导全球化进程的某一趋势，进而实现各自的全球化战略目标。

三、国家品牌竞争力趋于整体化

美国不仅拥有可口可乐、IBM、微软等为数众多的世界名牌，而且拥有发达的装备制造业以及航空运输业、金融服务业、现代农业和高科技产业等，整体构成其国家品牌竞争力的优势基础。一国拥有的国际品牌及其优势产业群在全球市场的总体评价相当于该国国家品牌的整体竞争力，国家品牌竞争力整体化趋势已成为全球化推进的显著征兆。

四、品牌竞争呈现非对称性趋势

全球化游戏规则，使得全球竞争出现了非对称性：发达国家具有绝对的综合优势，发展中国家处于劣势。发达国家品牌竞争力具有先天优势，发展中国家因先天不足则相对处于劣势地位。随着全球化的日趋加深，势必导致品牌竞争力的“马太效应”。美国在今天的品牌竞争时代已经抢得先机，已将技术、管理与战略思维等巨大优势外化为国际品牌和品牌竞争力，并在经济全球化的浪潮中，利用品牌优势，积极扩张，多年来保持强劲的增长势头。而品牌竞争力处于弱势的国家，在经济全球化的博弈中则处于弱势的地位。据联合国工业计划署统计，国际知名品牌只占全球品牌总量的3%不到，可是他们销售额的比例却占了全球的60%以上（燕京大学校长华生在《中国民营企业发展座谈会上的讲话》）。

五、竞争重心本土化

国际品牌竞争市场的重心加速向发展中国家本土渗透或移植，与此同时，跨国品牌将主要展开于异地本土市场的竞争。

●科学品牌发展观产生的国内背景

一、我国品牌经济发展已具备相当基础

改革开放 30 年，中国经济持续发展，国力大增。根据世界经济论坛发布的《2007—2008 年度全球竞争力报告》来看，中国的国际竞争力已由 2006 年的第 54 位上升到 2007 年的第 34 位，超过印度、俄罗斯和巴西，在“金砖四国”中处于领先位置。2007 年中国国内生产总值排名世界第四，2008 年有望超越德国，成为世界第三大经济体。中国经济的持续发展，为我国品牌的发展，尤其是世界级知名品牌的产生提供了雄厚的经济基础。

由于经济全球化趋势的加强，国内市场的国际化趋势日益明显，内资企业与外资企业已经是“你中有我，我中有你”，共同竞争的局面进一步扩大。在这一背景下，快速提升民族企业的核心竞争力，创建自主国际知名品牌已经成为社会各界关注的重大问题，成为企业做大做强的发展方向。

二、迫切需要改变我国品牌从属地位

我国是全球国际贸易的第三大国，但从总体上看，我国品牌在国际竞争中仍处于追赶和从属地位，自主品牌出口不足 10%。我们是典型的制造大国，品牌小国。中国有 170 多类产品的产量居世界第一位，但是，却很少有世界水平的知名品牌。

面对机遇和挑战，中国政府、企业、社会各方共同认识到，中国必须进一步加快实施名牌战略，迅速提升“中国制造”的竞争力，以高质量的产品和良好的品牌形象占领国际市场，从制造大国转变为品牌强国；必须建立完整的技术创新体系，努力开发自主知识产权及核心技术，增加高端产品的研发投入，不断提升高端品牌的附加值，提高对国际市场的把握能力和整体竞争能力；必须进一步加大国家对名牌发展的政策支持力度，营造更有利于

优秀品牌成长的市场环境，将中国名牌战略的发展推向一个新的高度，努力造就一批世界一流的名牌产品。

三、国家对品牌战略日益重视

胡锦涛总书记在党的十七大报告中明确指出，“提高自主创新能力，建设创新型国家”是“国家发展战略的核心，是提高综合国力的关键”，并将其放在促进国民经济又好又快发展的八个着力点之首，“鼓励发展具有国际竞争力的大企业集团”、“加快培育我国的跨国公司和国际知名品牌”。2008年1月，胡锦涛总书记在安徽考察工作时指出：自主创新是企业竞争力的核心。要成为一流的企业，关键是要培育一流的自主品牌。

此前，商务部于2006年推出“品牌万里行”活动，就是希望通过各种推广活动在全社会形成一种“做品牌、推品牌、用品牌、爱品牌”的良好氛围。2007年全国31个省、市、自治区、直辖市对推进品牌建设进行了专门的部署，其中28个省、市、自治区制定了品牌战略实施规划，实施名牌战略已经成为发展地方经济的重要措施。在此之前，浙江省政府于2006年建设“品牌大省”，到现在已初现端倪，2007年9月公布的当年857个中国名牌产品中，浙江拥有131个名牌产品，名列全国第一。

我国品牌经济发展的内在企业动力增强，我国品牌经济发展的社会氛围更加浓厚，消费者品牌意识进一步提高，据统计我国城镇居民65%以上的消费者在购买商品的过程中具有强烈的品牌意识。

可以说，改革开放30年来，我国经济发展经历了“数量经济”、“质量经济”到“品牌经济”几个由低到高的发展阶段；相应的，品牌建设也经历了“无品牌意识”、“实施名牌战略”和“创建自主名牌战略”三个阶段。

●科学品牌发展观产生的理论背景

党的十六届三中全会明确提出的“坚持以人为本，树立全面、协调、可持续的发展观，促进经济社会和人的全面发展”的科学发展观，是新一届中央领导集体在坚持邓小平和江泽民同志关于发展的重要思想的基础上，吸收了人类各种发展理论的积极成果和世界各国发展的成功经验，科学地揭示了人类社会和人自身发展的本质，赋予了发展以崭新内涵，为我们解决好当代中国的发展问题提供了锐利的思想武器。

科学发展观是坚持以人为本，全面、协调、可持续的发展观。它的第一要义是发展，核心是以人为本，基本要求是全面协调可持续，根本方法是统筹兼顾。以人为本，就是要把人民的利益作为一切工作的出发点和落脚点，不断满足人们的多方面需求和促进人的全面发展；全面，就是要在不断完善社会主义市场经济体制，保持经济持续快速协调健康发展的同时，加快政治文明、精神文明的建设，形成物质文明、政治文明、精神文明相互促进、共同发展的格局；协调，就是要统筹城乡协调发展、区域协调发展、经济社会协调发展、国内发展和对外开放；可持续，就是要统筹人与自然和谐发展，处理好经济建设、人口增长与资源利用、生态环境保护的关系，推动整个社会走上生产发展、生活富裕、生态良好的文明发展道路。

科学发展观要求，发展应该是五个层次的发展：第一层次，是经济的发展。这是整个社会有机体发展的内在骨骼系统、社会发展的经济基础、整个社会有机体再生产过程的物质技术基础；第二层次，是政治的发展。这是整个社会有机体的组织整合系统、社会发展的上层建筑，也是社会发展、经济发展的制度保证；第三层次，是文化的发展。这是社会有机体的精神世界、人类社会特有的文化世界。通过创造语言符号体系构造的主观世界，虽从属于物质生产、社会关系生产，但它在社会有机体再生产与发展过程中，常起到类似神经中枢的控制作用，因而不与社会有机体同步发展是绝对不行的；第四层次，是社会关系的发展。人的存在方式不是单独的个体总和，而是结成社会关系网络，每个人如同一个网上扭结，人的本质就在社会关系网中生成、确立与发展，因而伴随“经济——政治——文化”的发展，必然需要社会的发展、新型社会关系的建立与发展；第五层次，是人的发展。对于人类社会历史发展来说，人既是剧中人，又是剧作者；既是前提，又是归宿。走向自由、和谐、全面发展的人，既是我们社会发展的前提，又是我们社会发展的最终目标。

与此相对应，科学品牌发展观要求，品牌发展也应该是上述五个层次的发展。

●科学品牌发展观产生的品牌理论研究背景

自20世纪90年代以来，国内外的品牌理论研究逐步向纵深发展，特别是在品牌和企业品牌的概念、品牌价值和品牌资产、品牌关系和顾客价值、品牌创建和品牌管理等方面进行了系统的研究，取得了新的进展。正如美国品牌战略研究专家凯勒博士所说："愈来愈多的企业开始认识到，它们最有价值的财产无疑是与它们的各种产品和服务相联系的品牌。"

蒋璟萍在《企业品牌理论研究的新进展》一文中归纳了国内外学者对企业品牌理论的系统研究进展：（1）对品牌内涵的理解在逐步深化，实现了从"品牌信号论"到"品牌符号论"、从"品牌标识论"到"品牌本体论"的转变，并从企业形象、信誉及契约性方面进行了深度研究。（2）对品牌外延的认识在不断拓宽，实现了从注重以消费者为导向的品牌向以消费者为导向和以员工为导向并重的转变、把组织体系作为一个封闭系统向一个开放系统转变。(3）对品牌价值的理解在向纵深发展，实现了从产品价值到品牌价值，从使用价值到符号价值的转变，并进而研究品牌资产，探讨了品牌资产的价值及生成机制，提出了品牌价值和品牌资产评估的方法。(4）对品牌关系的研究在不断拓展，引入了消费者行为理论，扩大了品牌关系的外延，提出了"角色阶梯模型"和"联想网络记忆模型"。同时，深入探讨了品牌与顾客之间的关系，分析了品牌忠诚度的形成机理。(5）对品牌创建的思路愈益完善，引入了企业核心能力学说，分析了品牌企业成长的规律，提出了品牌创建的战略和策略。在品牌管理方面引入企业生态环境理论，提出了品牌生态管理模式。

纵观企业品牌研究的发展历程，可以看到企业品牌研究的一些趋势：

一是从具体到抽象的发展趋势。比如，对品牌的认识逐步从产品论、标识论、符号论向本体论发展，总体研究也在从品牌战术、品牌战略向品牌哲学发展。

二是从单一到综合的发展趋势。比如，对企业品牌力的理解逐步从产品形象、企业形象向企业与消费者互助发展，对品牌竞争力的研究从资源优势向资源整合的能力优势转变。

三是从浅层向深层的发展趋势。比如，对品牌价值的理解逐步从构成要素的分析向生成机制的探讨转变，并进一步研究了品牌资产的生成机理、品牌生命周期和品牌生态环境问题。

四是从定性向定量的发展趋势。比如，对品牌成长的研究逐步从成长规律的探讨向成长性的评估及成长模式的构建转变。（蒋璟萍：《企业品牌理论研究的新进展》，《湘潭大学学报》（哲学社会科学版）2007 年第 5 期。）

●科学品牌发展观的提出

提出科学品牌发展观的宗旨，是研究探索品牌理论的世界观与方法论。

科学品牌发展观一方面是在中国整体产业结构调整这样的宏观背景下提出的。首先是因为中国服装产业“十一五”期间发展的重点任务：第一就是加快服装自主品牌建设，力争到 2010 年形成若干个具有国际影响力的自主知名品牌；第二就是积极推广使用先进服装设备，到“十一五”末行业劳动生产率提高到 7 万美元/人·年。这两个指标任务的提出，在客观上它是催生中国服装的产业结构调整的信号灯。

其次，中国巨大的市场购买力和消费者对成熟品牌的狂热追逐，吸引了众多的海内外品牌服饰登陆中国，所以也加剧了白热化的国内市场竞争。

最后，从 2007 年下半年开始，伴随着国内日益严重的通货紧缩局面，外资撤退和出口下降已经导致了中国服装行业的生存与竞争日趋艰难。这也标志着中国经济单纯依靠境外资本注入的“注水式经济发展模式”已经淡出舞台，代之而来的就是需要通过产业长效运营机制的有效建立和科学品牌发展模式的锻造，迫使民族品牌快速地走上健康科学、持续发展的“内生式经济发展模式”道路。

上述三个方面，都迫切地要求中国产业必须依靠什么样的品牌发展观和产业载体，来担负起民族品牌科学发展和产业永续经营的产业发展重任的国家产业战略问题。

另一方面，也是为了响应党中央提出的深入贯彻落实科学发展观，“加快自主创新，建设创新型国家”的具体实践，才提出了科学品牌发展观。“科学品牌发展观是以人为本，以先进品牌文化为旗帜，全面协调可持续发展的品牌观。”指“在放眼全球可持续发展的前提下，深刻把握世界的经济发展和产业运行规律，运用前瞻科学的思维方式和先进发达的技术手段，锻造出能够引领世界人民的物质和精神等多元需求的优良品牌。”

科学品牌发展观的提出标志着中国品牌服装，已经从战略思维领域里完全摆脱了理论滞后的束缚与粗放型经营的桎梏。因为科学品牌发展观旨在强调品牌文化内涵的锻造和产业长效机制以及产业优势环境的建立，从而以此来确保和推动民族服装产业走上科学发展和持续经营之路。

同时，正是因为有了科学品牌发展观的理论指导，中国前瞻企业才可能把集“产品研发、营销创新、管理创新、品牌文化”于一体的产业资源要素再次整合打包到产业转移这个载体上来，并借此推动民族品牌走上全新的跨越式发展轨道。换句话讲，也就是要凭借产业梯度转移这样优势的产业载体，来确保我们的民族品牌通过“知识创新、制度创新、技术创新、管理创新，而成为推动经济社会发展的引领力量；成为有效利用全球资源的主要动力；成为推动经济社会科学和谐与可持续发展的基础。”

目前中国的区域经济和服装产业的运营环境，正在面临国际国内等多重要素的大比拼、广整合、新定位和高投入的全新的产业运营时代，而这一方面也给予了我们早有战略思维准备的内地区域和沿海企业二次创业合作双赢的机遇；另一方面也同时推动了中国整体产业结构的调整和优化升级。

出于中国区域经济和谐发展和提升中国服装产业整体竞争力的内在需要和必然选择，我们不能将劳动、资本、技术、管理等资源要素进行简单整合，而是要在科学品牌发展观的指导下，努力打造内生式经济模式。因为这是事关民族品牌能否以崭新的国际形象，彻底告别过去简单粗放的无序发展，从而走上可持续发展的科学实践问题，是事关中国经济能否彻底摆脱“注水式经济模式”，顺利走向“内生式经济模式”的国家战略问题，是能否“顺应时代要求，不断提高自主创新能力，建设创新型国家”，全面贯彻落实党的十七精神的大是大非问题，是事关内陆区域的经济发展能否搭上沿海区域经济发展的快车道，在较短的时间内达到平衡经济发展，构建和谐社会的政治问题。

第四节　中国民营企业迈进品牌运营新时代

改革开放的30年，是中国民营企业不断摸索科学品牌发展的艰辛征程。

中国民营品牌的发展历程使我们不能不思索，我们是否真的培育出了确保中国企业科学发展的基础要素？民营品牌如何健康地走向国际化？属于中国民营品牌特色的可持续化发展战略究竟是什么？

●2008，中国民营品牌重生的接生婆

2008年，在面对美国“次贷”危机引起全球通胀的国际大背景下，国际的宏观经济形势变得异常的严峻与复杂，中国凡是以出口为主导的制造企业其利润大多都在6%以下，而这刚好是人民币半年升值的水平，仅人民币升值一项就吞噬了出口企业所有的利润。

面对国内外如此严峻的形势，中国的民营品牌要想回头再走老路已经是不可能了。怎样才能科学地找到民营品牌新的康庄大道？这就是：今天中国品牌发展可以选择的一条全新之路——以品牌文化锻造为轴心的“三低一高”（低投入、低能耗、低污染、高附加值）的中国品牌运营新模式。

●中国的民营企业不能永远是“工农红军”

中国人民解放军经历了第二次国内革命战争时期的中国工农红军阶段，抗日战争时期的八路军和新四军阶段，解放战争时期的中国人民解放军三大战役阶段。以此为喻，当代中国民营企业的发展道路也有三个阶段：

1. 民营企业在20世纪80年代家庭作坊式产品制造阶段好比是工农红军时代，主要特征为：中国革命的前途在哪里——市场尚未开启，发展空间巨大无边；大刀红缨枪——企业技术装备落后；无军饷军队——资金实力弱小；左右倾领导不懂得中国革命的实际现状，没有正确的革命领导——无方向、无战略、人才匮乏，半途而废的家庭作坊比比皆是。

2. 20世纪90年代中后期乡镇企业的产品营销时代好比是抗日战争时期，主要特征为：八路军、新四军建制已趋规范，整体作战能力大大加强——企业从家庭手工业上升到机械化作业的大工厂，管理能力迅速提升；军事装备实力不断提升——资金实力和生产技术已上规模；政治思想水平依然低下，党内骄傲自满情绪作风日趋明显——管理技术明显滞后，品牌文化打造急需起步；抗日军政大学和陕北公学在延安创建，培养了一大批政治觉悟

高、专业素养强的指战员——少数的民营企业开始招聘大学生，产品销售主要依靠硬性广告来拓展知名度。

3. 今天的国际品牌运营新时代好比是现代信息化军事时代，主要特征为：陆海空三军硬件装备大大提升，但海空方面的高科技军备依然处于弱势——品牌的物质功能早已满足了客户需求，但品牌的文化魅力却显苍白；在信息化建设和高端军备研发方面的实力，与世界一流的军力国家对比还有相当的距离——和国际品牌同台竞争除了价格优势外没有任何可比性，企业的多元化发展战略导致企业资金二次紧张；对抗世界霸权国家的现代国防意识、跨洲际和宇宙空间的大兵团部署的战略高度、海陆空三军的协同反应和作战能力，高科技装备的创新运用知识等还相对落后——企业偶尔举办的培训，仅仅是勉强应对国际经济一体化时代的常识，国际营销、品牌管理的专业知识和学术研究能力近乎为零。

由于品牌文化教育缺课，许多企业进入新经济时代以来，还依靠粗放式的硬广告来拉动产品销售，而所谓的品牌文化只不过是一句停留在口头上的广告语或宣传作秀而已，根本谈不上彰显品牌独特性思想的和引领前瞻性的生活方式。究其原因有三点：

一是没有超前建立起科学的产业发展战略、产业关联及规划布局、产业孵化与激励政策；二是高等学校和科研机构没有及时有效地投入到前沿产业学科里进行创新研究和探索，专业教科书多年不变，国内学术研创机制缺乏创新气氛；三是民营企业在一无文化技能、二无资金实力、三无政策引导、四无科研帮困前提下，自身是既当产品研发师，又当企业管理带头人，还要肩负产业学科的课题担纲人。这样根本无法建立起适应国际品牌运营环境的专业品牌操盘手队伍，所以，落后的品牌竞争力必然在所难免。

面对民营经济的文化缺失和遗憾，民营企业必须恶补这一课。具体就是尽快建立起全新的官产学研一体化机制，走出一条优势互补、资源整合、分工明确、利益共享的“科研机构理论研究先行、政府政策引领铺路、民营企业率先实践”全新的中国民营品牌基础理论与应用理论研创以及品牌运营实践技能提升的新机制。

●中国民营经济发展的出路明确

中国民营经济研究会会长保育钧认为，中国民营经济要发展除了环境因素之外，一个根本问题就在于政府能不能依法行政。曹远征先生指出，中国民营经济壮大不起来最大的困难是融资的困难。中国无论是银行还是资本市场，还存在对非公有制的一种歧视。更重要的挑战是来自企业内在的，也就是科技进步可能成为我们的发展瓶颈。

胡锦涛总书记在党的十七大报告中高屋建瓴地提出了要“兴起社会主义文化建设新高潮，激发全民族文化创造力，提高文化软实力，使社会文化生活更加丰富多彩，社会主义核心价值体系深入人心，良好道德风尚进一步弘扬，使全民具有更高的文明素质和精神追求”，2008 年 6 月又在中国科学院第十四次院士大会和中国工程院第九次院士大会上提出了两点要求：必须把提高自主创新能力作为科技发展的首要任务；必须以创新文化激励科技进步与创新。从胡总书记的讲话中我们可以清楚地明白，深入落实科学发展观，实施科教兴国战略，不断增强“知识创新、制度创新、技术创新、管理创新”的自主创新能力，走科技立国和创新立国之路，已经成为中国国家发展战略的基本点。

在中国目前的整体经济发展中，还缺乏微观层面的实战性举措，这就是既符合民族产业发展远景，又能确保民营品牌核心竞争力的——品牌文化锻造力，而这恰恰就是民营品牌自身所不能够解决的战略关键。21 世纪的国际市场竞争的核心，不再是靠过去的产品制造力和产品营销力，而是要看品牌是否具有独特的个性和引领前瞻性生活方式的能力。中国的民营品牌比世界任何一国的品牌，都迫切需要尽快建立起适应 21 世纪国际经济一体化竞争需要的中国品牌运营新局面。

●中国民营品牌运营的高度化趋势

中国民营品牌尽管经历了太多的风雨，但不可否认的是始终都在向健康科学的道路上不断地靠近，究其根本原因就在于中国的民营品牌始终是市场化的代表，始终都是走在市场前沿的生力军。按燕京大学校长华生的话就是，民营经济从整个经济的有机组成部分来看，已经逐渐代表了中国经济发展的方向，因为，今天中国的民营经济已经具备产业发展高度化的综合要素与特征：

一是企业战略集中化。许多民营企业在发展过程中已经走出盲目多元化误区，推进企业专一化经营，实现产业归核化。在 20 世纪 90 年代初期，90% 的跨国公司实行的是多元化竞争战略，现在，我们的民营经济是采取多元化战略还是实行专业化战略，争论很多。民营经济研究会的专家们认为，民营企业在多元化和专业化战略的选择过程中，要注意产业内竞争的成熟度或者说产业的发展阶段。在产业不成熟的情况下，多元化可能是有意义的；但在产业成熟以后，企业走多元化道路绝对是很危险的。现在，许多处于成熟期的民营企业已经在发展过程中开始自觉走出盲目多元化误区。

二是增长方式的集约化。一部分民营企业将积极转变增长方式，从粗放经营到自主开发具有自主知识产权的产品，走精细化之路。从资源的角度来说，我们现在面临着严重的资源短缺、环境恶化等问题，面对这些资源的因素、环境的因素，企业继续走粗放型的发展道路是绝对不行的。另外从创新的角度，民营企业要更加积极地投资于设备更新和技术改造，提高现有产业的科技水平，进一步加强研发投入和研究合作，坚持走自主创新的道路。

三是产业发展集群化。民营企业集群的网络化分工协作进一步增强，集群发展模式由“块状经济”模式向“网状经济”模式转变。从民营企业发展比较快的地区经验来看，民营企业迅速发展和竞争力的大幅度提升，很大程度上与产业集聚的形成有关。从一定程度上讲，现在的竞争不是企业竞争，也不是产业的竞争，而是产业集群的竞争。珠江三角洲、长江三角洲都是我们现在产业集群发展比较好的地方，外商也大都愿意到珠江三角洲等配套条件较好的产业集群区域投资。

四是品牌文化人性化。中国的民营企业要想取得长足的发展，一个重要的条件就是组织起内部共同协作的内在力，而这种内在力是建立在相互信任、相互合作基础上的。企业间若没有相互信任，缺乏共享的价值观念、共事合作的准则，不但不利于行业和区域经济的发展，也不利于企业提高经营效率。企业在发展的过程中就不可能形成自身独具特色的企业文化。

五是品牌运营的战略化。优秀的民营企业已经从产品经营、资本运营走向品牌运营，进入全方位的以品牌文化竞争为核心的全新时代。因为，20

世纪90年代以来，事实证明了单靠产品和资本的运营，是不能适应21世纪国际经济一体化时代的。目前中国长三角和珠三角的民营企业有很多知名品牌，已经把企业的经营重心集结于品牌运营上，把品牌作为企业的最重要的资产来经营，很多企业集团，已经把过去的企业管理部、策划部、广告部和销售部合并为品牌运营部，有的甚至还包括了企业的新品研发部门，使品牌从前期的策划诞生开始到终端的运作，都紧密地围绕在品牌文化的统领之下。就拿品牌运营的战略化标志——品牌主题开发模式来讲，太子龙品牌2008年的秋冬新品研发，就把太子龙品牌2008的全新文化主题——科学品牌发展观的核心思想——新龙精神，这一代表前瞻性的思想和前沿的生活方式，落实到新品研发的具体实践中，从而使太子龙品牌率先走上了国际流行的品牌主题开发模式之路。这样做的好处就在于所推广的全新产品既能紧跟国际流行主题和时尚趋势，又能彰显品牌自身独有的个性主张，确保了在终端的营销推广时脱颖而出，从而大大地强化了品牌的创新性、文化性、时尚性和市场性。

●中国民营企业迈进品牌运营新时代

一、品牌文化软力量崛起的前提是建立法制化的管理体系

文化应当有属于自己本身的自治空间，只有当文化活动超过了这个边界，政府规制才可以介入。政府规制的唯一目标，就是在文化创造和公共利益之间求得平衡，保障公共利益。所以，从这个角度来讲，没有文化管理法制化的体制变革，就不会有文化的复兴和软力量的真正崛起。

二、品牌文化的锻造要以专业精神占据主导地位

郑永年在《联合早报》的文章《是什么阻碍了中国文化软力量的崛起》中说，从古希腊到现代，西方文化再创造的历史没有中断过，在这个漫长的文化再生产过程中，西方的文化也融合了世界的文化，甚至是中国的文化，例如西方的理性主义和中国传统的世俗文化都有很大的关联。新的哲学、艺术和文学既是时代的写照，也推动着时代的进步。这样就可以鼓励文化领域内的竞争和自我约束。专业精神才会在这个领域占主导地位，只有有了专业

精神，创新才会成为可能。

三、民营品牌文化锻造首先要从“做实”到学会“做空”

民营企业要在自身的综合素质提升上下工夫，从而避免在运营战略上盲人瞎马地蛮干；企业文化的形成对大到企业的经营战略小到公司规章细则的具体落实和高涨人气氛围的凝聚，都是一个不可或缺的实践性举措；成功的企业一定是具有独特的个性思想、自成体系的经营理念、差异化的运营模式。民营经济要想真正做好品牌文化，就必须要在思想深处改变那种“酒好不怕巷子深”的传统观念，要从产业链的下游向上游移动，逐步摆脱“制造本位思想”，不断强化订单、设计、渠道、包装、传播和终端营销功能，而这些都无一例外地强调了品牌操盘的艺术性和运营知识的专业性。

四、品牌运营的轴心是品牌文化的锻造

所谓品牌文化就是指“品牌所要倡导的独特性思想或代表的前瞻性生活方式。”在伴随着中国民营经济的不断发展和民营企业地位不断上升的同时，中国民营企业的运营管理也在不断地向企业的管理层提出更高的要求，企业管理已经步入到了以文化运营为中心的全新的品牌运营时代。这就迫使中国民营企业的高管层，不仅要具备一专多能的“T”字形知识结构，还要具备驾轻就熟的时尚科技操盘力和崇高境界的哲学思辨力。

五、全面树立科学品牌发展观思想

科学品牌发展观的提出标志着中国品牌服装，已经从战略思维领域里完全摆脱了理论滞后的束缚与粗放型经营的桎梏。因为科学品牌发展观旨在强调品牌文化内涵的锻造和产业长效机制以及产业优势环境的建立，从而确保和推动民族服装产业走上科学发展和持续经营之路，而这也是中国民营品牌是否真的进军到品牌运营新时代的显著性标志和终极目的。（韩世友：《中国民营企业全面迈进品牌运营新时代》，搜房博客，2008年8月22日。）

第二章　科学品牌建设全程示范模板

科学品牌发展观怎样在品牌建设中应用呢？品牌定位、品牌规划、品牌保护、品牌资产管理等耳熟能详的概念，在品牌发展链中各自占据一个什么位置呢？从产品到品牌、从一般品牌到知名品牌、从国内品牌到国际品牌，需要依次打好哪些基础呢？怎样用科学品牌发展观指导企业从无到有创建一个品牌呢？原有的品牌如何重塑再造呢？

前面我们已经讲到过，科学品牌发展是一项系统工程，它有一套科学模式来保障品牌的可持续化发展。科学的品牌不论是在前期的 CIS 系统的设计、目标市场的细分、品牌定位、项目的可行性调研论证、项目的组织实施，还是在品牌锻造期的管理流程设计、产品工艺技术标准的制订、市场导入契机的把握、整合传播策略的精心创意与传播实施、终端的营运策略、售后服务模式、营运组织的绩效考评等环节，都体现出品牌发展的创新性、运作流程的系统性、管理行为的科学性。也正是因为具备了科学的保障体系，才有了品牌的可持续发展。与传统品牌观相比，科学品牌发展观的视角转换是从平面到立体、从静态到动态；与一般品牌发展观相比，科学品牌发展观更注重和谐、均衡、全面、可持续发展。

●品牌文化决策——科学品牌建设全程示范模板的特色

《科学品牌建设全程示范模板》与其他模式的最大不同是提出了“品牌文化决策”概念并使之模板化。

所谓品牌文化决策，就是在调研分析基础上，就品牌将要蕴涵的普世价值观和先进的生活方式所作的定位决策。它的依据不但包括品牌环境分析的全部资源，还要着眼于对国际软实力竞争、国家文化领土安全、国家文化战略贯彻、国际行业竞争合作等宏观战略问题的现状考量和趋势分析，更离不开对国际竞争背景下的企业、产业、市场、政府等品牌关系如何围绕消费者利益中心整合起来并贯穿于品牌定位中的路径探索和战略设计。

品牌文化决策针对的不是产品本身，而是品牌的文化内涵。

品牌文化决策分为三步：

第一，按照科学品牌发展观的要求，做品牌首先不是研究产品，而是探索国际上前沿思想，比如责任文化等普世价值观和先进的生活方式，比如相对过剩时代的四维生活方式（参见第九章第六节）。因为，传统产品所要解决的问题是：如何满足市场对产品物质功能的基础需求；而先进品牌所要解决的问题是：如何发现和占领先进文化思想和生活方式的市场空白。所谓引领生活、创新生活方式、构筑新型城市体验经济、倡导消费文化，等等，就是这个意思。

第二，在探索普世价值观和先进的生活方式的基础上，再研究市场上对应的物质空白以及能够填补这些空白的品牌或产品载体。比如，牛仔服装最早就是为户外作业安全需求才诞生的，运动装代表了四维生活的旅游休闲和体育运动需求，交友服饰迎合了聚会社交生活需求等，其品牌和产品的领先都是文化探索和生活理念领先的结果。

第三，如何用特色化品牌特征和差异化的产品属性承载这些价值观或彰显传播这样先进的生活方式。

完成这三步，“品牌是以产品为载体，来传播企业独特性的思想和前沿的生活方式”的先进科学定义才能得以体现；“以人为本，以先进品牌文化为旗帜，全面协调可持续发展”的科学品牌发展观要义才能得以贯穿。

本模板设计到的步骤内容，可独立成篇的在后面的章节中细讲，这里只做简述；对于后面未作详细介绍的相关内容，稍加展开。

●科学品牌建设十大工程纲要

本模板由十大工程、42 个步骤组成。

工程一：品牌战略决策

1. 经济环境分析（SWOT 分析）；
2. 品牌文化决策三步走战略（探求出特色思想和先进的行为、研究差

异化物质空白及填补载体、用差异化的产品属性来彰显特色思想和先进的生活方式）

3. 企业经营决策（产品、价格、渠道、促销、目标市场决策）

4. 产品决策（核心产品；形式产品；附加产品；心理产品）

5. 品牌决策（品牌化决策；品牌使用者决策；品牌质量决策；家族品牌决策）

6. 制定品牌战略目标

工程二：品牌定位

7. 市场细分

8. 目标市场确定

9. 市场定位

10. 6P 营销组合定位

工程三：品牌识别系统

11. 品牌名称

12. 品牌核心价值

13. 品牌符号系统

14. 品牌个性

15. 品牌故事

16. 品牌代言人

工程四：品牌战略规划

17. 品牌战略空间结构分解

18. 设置品牌管理机构

19. 品牌战略目标时间分解

工程五：品牌传播

20. 广告与传媒

21. 销售促进

22. 公共关系

23. 人员推销
24. 终端
25. 品牌整合传播

工程六：品牌扩张

26. 品牌延伸
27. 品牌联合
28. 品牌资产扩张

工程七：品牌资产管理

29. 品牌知名度管理
30. 品牌认知度管理
31. 品牌联想度管理
32. 品牌忠诚度管理
33. 品牌其他资产管理

工程八：品牌审计

34. 品牌价值审计
35. 品牌战略审计
36. 品牌扩张审计

工程九：品牌维护

37. 品牌经营维护
38. 品牌法律维护
39. 品牌社会维护
40. 品牌危机处理

工程十：品牌国际化

41. 建立普世的价值观—MI 系统
42. 对应国际前沿生活方式—BI 系统
43. 适应国际流行审美观—VI 系统

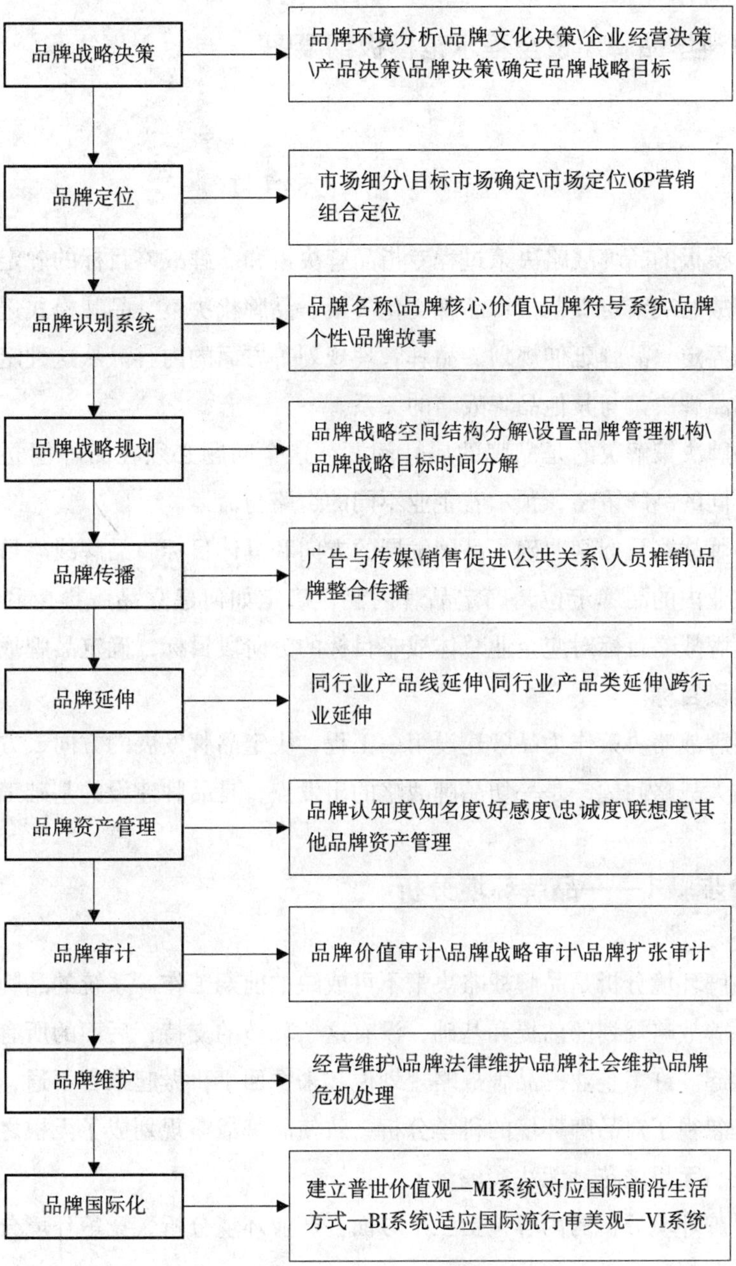

科学品牌建设十大工程纲要图

●科学品牌建设全程示范模板纲要图

工程一：品牌战略决策

本模板的品牌战略决策过程专指品牌决策和品牌战略目标的确定。广义的品牌战略决策定义包括：品牌文化决策、品牌化决策、品牌模式选择、品牌识别界定、品牌延伸规划、品牌管理规划等方面的内容。从这种定义也可以看出品牌决策与其他品牌战略的关系。

品牌决策解决的是品牌的属性问题。这个问题必须在品牌创立之前明确。不同的品牌策略，预示着企业不同的道路与命运。

品牌战略目标则明确了品牌发展的方向和具体目标。品牌战略目标确定公司在业内的品牌定位，确定品牌内涵，确定如何建立品牌推广和管理体系；品牌战略目标对应企业总体战略目标的分阶段目标，确定品牌战略目标的分阶段目标。

品牌战略决策作为品牌建设第一工程，决定品牌发展的方向、方针、目标等重大战略问题，是一切品牌战略的出发点，是品牌建设的基础工程。

●步骤 1——品牌环境分析

品牌环境分析是品牌战略决策不可或缺的前期工作。系统的品牌环境分析是品牌战略规划的前提和基础，没有这一环节的支持，后面的所有环节都无从做起。许多企业的品牌战略规划说起来像回事，做起来行不通，原因之一就是忽视了对品牌环境的科学分析，致使品牌战略规划成了无根之木、无的之矢、无果之花，无法实施。

品牌环境分析的内容包括三个方面：产业环境分析、竞争环境分析和品牌资源分析。

1. 产业环境分析，是对企业面对的政治、经济、社会、科技、环境、法律等方面宏观环境的分析。

2. 竞争环境分析，是对行业现有的竞争状况、供应商的议价能力、客

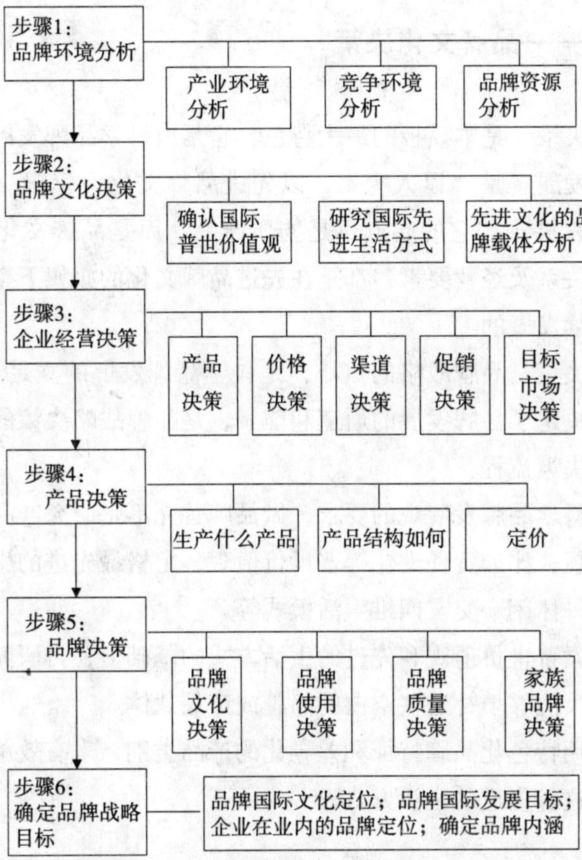

品牌战略决策工程流程图

户的议价能力、替代产品或服务的威胁、新进入者的威胁等竞争因素的分析。

3. 品牌资源分析，是对现有品牌资源的分析：企业人、财、物等硬资源和组织结构、信息传递、企业文化等软资源情况；品牌的资产情况；品牌的战略目标、品牌架构、品牌组织现状；品牌战略方向是否与企业战略一致，是否有竞争优势，经营状况良否，消费者评价良否，等等。

战略选择常用的工具有：PESTEL 分析模型、SWOT 分析模型、战略选择矩阵、战略聚类模型等。分析的基本思路是：比较企业经营的内外部因素，确定企业的优势和劣势、机会和威胁，从而根据具体情况选择战略。

●步骤2——品牌文化决策

品牌文化决策，是本模板的最大特色，它是由科学品牌发展观决定的。

科学品牌发展观是“以人为本，以先进品牌文化为旗帜，全面协调可持续发展”的发展观，它的起点不是物质产品，而是品牌文化。物质产品以及其他品牌关系及经营要素，都是在先进品牌文化的旗帜下整合创新、协调运行、可持续发展的。

品牌文化决策是品牌战略的核心，是科学品牌发展的立足点和出发点。品牌文化决策决定了品牌发展的通道和前景，是品牌战略决策的重中之重。

品牌文化决策流程：

一、按照科学品牌发展观的要求，做品牌首先不是研究产品，而是探索国际上前沿思想，比如责任文化等普世价值观，定格最先进的生活方式，比如工作—居住—休闲—交友四维生活模式等。

二、在探索普世价值观和先进的生活方式的基础上，再研究市场上对应的物质空白以及能够填补这些空白的品牌或产品载体。

三、如何用特色化品牌特征和差异化的产品类别，来有效承载这些价值观或彰显传播这种先进的生活方式。

●步骤3——企业经营决策

经营决策是指企业对未来经营发展的目标及实现目标的战略进行选择的过程。经营决策是企业管理全部工作的核心内容。在企业的全部经营管理工作中，决策的正确与否，直接关系到企业兴衰成败和生存发展。

经营决策的内容包括：产品决策、价格决策、渠道决策、促销决策、目标市场决策，等等。

●步骤4——产品决策

产品决策是企业根据市场预测的结果，在企业经营战略的指导下，结合企业自身的具体条件，确定在未来一段时间里以什么样的产品（产品组合）

满足目标市场需要及推出该产品的过程。

产品决策内容：

1. 生产什么产品（有形、无形）；

2. 产品结构如何（横向、纵向）；

3. 定价。

产品决策流程：

1. 确定产品决策的目标；

2. 针对存在的问题，提出几种可行性的方案；

3. 对提出的可行性方案进行论证、比较，从中选择较佳的方案。

●步骤5——品牌决策

企业为其产品规定品牌名称、品牌标志，并向政府有关主管部门注册登记的一切业务活动，叫做品牌决策。

品牌决策包括四项决策：

1. 品牌化决策：决定是否给企业的产品起名字、设计品牌。

2. 品牌使用者决策：在决定对产品使用品牌后，制造商在如何使用品牌方面有多种选择，产品可以用制造厂商自己的品牌，也可以使用经销商的品牌，还可以在两者之间选择其他方式，如一部分产品用本企业的品牌、另一部分产品用经销商的品牌。

3. 品牌质量决策：决定其品牌最初应采用什么样的质量水平（高质量、低质量或中等质量）以匹配其品牌在目标市场上的地位。企业决定其品牌的最初质量水平以后，随后还要决定如何管理其品牌质量（质量水平是提高、降低，还是维持原质量）。

4. 家族品牌决策：决定用什么形式使用品牌名称。要在个别品牌名称、统一品牌名称、各大类产品单独使用不同的品牌名称、企业名称与个别品牌名称并用和品牌扩展策略、多品牌策略中做出选择。

品牌决策解决的是品牌的属性问题。不同的品牌经营策略，预示着企业品牌发展的不同道路。

●步骤 6——确定品牌战略目标

品牌战略目标是企业总体战略目标在品牌建设方面的分解和落实。品牌战略目标确定公司在业内的品牌定位，确定品牌内涵；对应企业总体战略的分阶段目标，确定品牌战略的分阶段目标。

确定品牌战略目标的流程：

确定品牌战略目标要经过战略目标拟定、论证、决断三个环节。

拟定品牌战略目标，要依靠前几个步骤打下的基础。拟定目标一般需要经历两个环节：拟定目标方向和拟定目标水平。首先在既定的战略经营领域内，依据对外部环境、需要和资源的综合考虑，确定目标方向，通过对现有能力与手段等诸种条件的全面衡量，对沿着战略方向展开的活动所要达到的水平也做出初步的规定，这便形成了可供决策选择的目标方案。

战略目标拟定出来之后，就要组织专家和有关人员进行可行性论证。最后是目标决断。在决断目标时，要注意从以下三方面权衡各个目标方案：1. 品牌目标方向的正确程度；2. 可望实现的程度；3. 期望效益的大小。所选定的目标，三个方面的期望都应该尽可能大；还要注意三方面的统筹协调。

所谓品牌目标方向的正确程度，是指品牌战略规划中的品牌战略目标与企业总体战略目标的一致性如何。品牌战略目标，就是企业总体战略目标的职能化。企业总体战略目标的品牌职能化，要做到两点：一是分解，把企业总体战略规划中明示或隐含的需要品牌承担的任务全部转化为品牌战略目标，不能有遗漏；二是细化，把企业总体战略目标关于品牌发展的原则要求系统化、目标化。所谓品牌目标可望实现的程度、期望效益的大小，指在分解和细化了企业总体战略目标形成的品牌战略目标，与品牌环境分析密切对应，与企业总体战略目标高度一致，同步合拍，既不滞后，又不超前，并有预留发展空间。

在有些品牌战略规划中，将品牌战略目标表述为品牌愿景。品牌愿景是企业的形象目标，是一个品牌为自己确定的未来蓝图和终极目标。可以把品牌愿景看做是品牌战略目标的一部分。

工程二：品牌定位

品牌定位是指企业在市场定位和产品定位的基础上，对特定的品牌在文化取向及个性差异上的商业性决策，它是建立一个与目标市场有关的品牌形象的过程和结果。艾·里斯和杰克·特劳特认为："定位是你对未来潜在顾客心灵所下的工夫，也就是把产品定位在你未来顾客的心中。"

企业一旦选定了目标市场，就要设计并塑造自己相应的产品、品牌及企业形象，以争取目标消费者的认同。由于市场定位的最终目标是为了实现产品销售，而品牌是企业传播产品相关信息的基础，品牌还是消费者选购产品的主要依据，因而品牌成为产品与消费者连接的桥梁，品牌定位也就成为市场定位的核心和集中表现。

品牌定位的目的就是将产品转化为品牌。

品牌定位的过程是细分市场、选择目标市场和具体定位。

品牌定位工程是品牌建设的基础，是品牌一切经营活动的前提。

●步骤 7——市场细分

市场细分是指营销者通过市场调研，根据企业自己的条件和营销意图，依据消费者的需要和欲望、购买行为和购买习惯等方面的差异，把某一产品的市场整体划分为若干消费者群的市场分类过程。每一个消费者群就是一个细分市场，每一个细分市场都是具有类似需求倾向的消费者构成的群体。

企业进行市场细分是因为在现代市场条件下，消费者的需求是多样化的，而且人数众多，分布广泛，任何企业都不可能以自己有限的资源满足市场上所有消费者的各种要求。通过市场细分，向市场上的特定消费群提供自己具有优势的产品或服务已是现代营销最基本的前提。

市场细分的内容包括地理细分、人口细分、心理细分和行为细分四种。

地理细分。不同地区的消费者有着不同的生活习惯、生活方式、宗教信仰、风俗习惯等偏好，因而需求也是不同的。

人口细分。根据消费者的年龄、性别、家庭规模、家庭生命周期、收入、职业、受教育程度、宗教信仰、种族以及国籍等因素将市场分为若干群体。

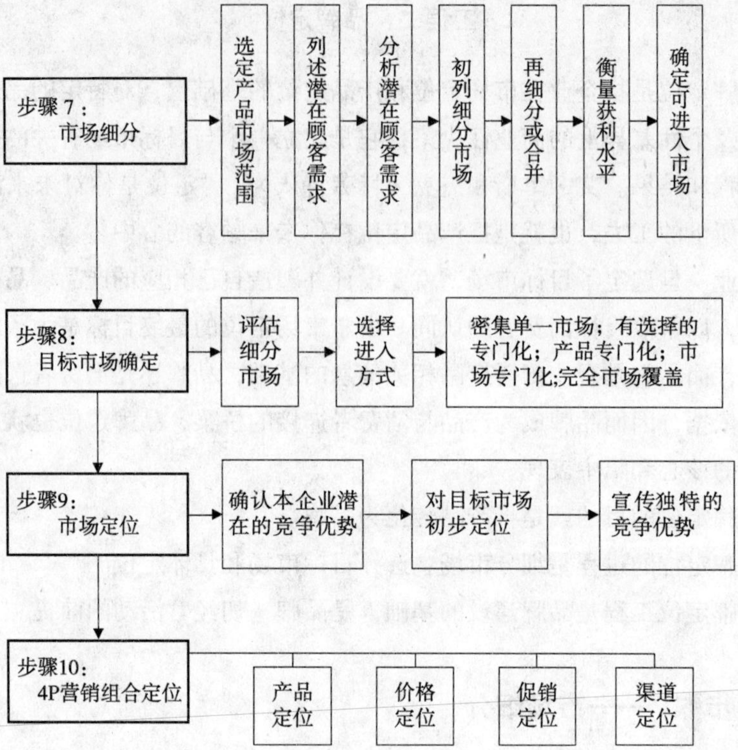

品牌定位工程流程图

心理细分。根据消费者所处的社会阶层、生活方式及个性特征对市场加以细分，在同一地理细分市场中的人可能显示出迥然不同的心理特征。美国营销专家菲利普·科特勒将美国划分为七个阶层：上上层，即继承大笔财产，具有著名家庭背景的社会名流；上下层；即在职业或生意中具有超凡活力而获得较高收入或财富的人；中上层，即对其“事业前途”极为关注，且获得专门职业者，独立企业家和公司经理等职业的人；中间层，即中等收入的白领和蓝领工人；劳动阶层，即中等收入的蓝领工人和那些过着“劳动阶层生活方式”而不论他们的收入有多高，文化背景及职业怎样的人；下上层，即工资低，生活水平刚处于贫困线上，追求财富但无技能的人；下下层，即贫困潦倒，常常失业，长期靠公众或慈善机构救济的人。

行为细分。根据消费者对品牌的了解、使用情况及其反应对市场进行细分。这方面的细分因素主要有：时机（即顾客需要购买品牌或使用品牌的时机，如结婚、升学、节日等）；购买频率（经常购买还是偶尔购买）；购买利益（价格便宜、方便实用、新潮时尚、炫耀等）；使用者状况（曾使用过、未曾使用过、初次使用、潜在使用者）；品牌了解（不了解、听说过、有兴趣、希望买、准备买等）；态度（热情、肯定、漠不关心、否定、敌视）。

市场细分时，可以分别或综合使用上述四种细分标准。细分后的市场必须是具体、明确的，不能含糊不清；细分后的市场必须是有潜力的市场，而且有进入的可能性，这样对企业才具有意义，如果市场潜力很小，或者进入的成本太高，企业就没有必要考虑这样的市场。

市场细分的流程：

1. 选定产品市场范围。企业应明确自己在某行业中的产品市场范围，并以此作为制定市场开拓战略的依据。

2. 列述潜在顾客的需求。可从地理、人口、心理等方面列出影响产品市场需求和顾客购买行为的各项变数。

3. 分析潜在顾客的不同需求，初步形成若干消费需求相近的细分市场；对不同的潜在顾客进行抽样调查，并对所列出的需求变数进行评价，了解顾客的需求。

4. 剔除初步形成的几个细分市场之间的共同特征，以它们之间的差异作为市场细分的基础。

5. 为细分市场暂时定名。进一步认识细分市场的特点，以便进行细分或合并。

6. 衡量各细分市场的规模，估计可能的获利水平。

7. 确定可进入的细分市场，并制定相应的营销策略。

市场细分的原则：

企业进行市场细分的目的是通过对顾客需求差异予以定位，来取得较大的经济效益。众所周知，产品的差异化必然导致生产成本和推销费用的相应增长，所以，企业必须在市场细分所得收益与市场细分所增成本之间进行权衡。有效的细分市场必须达到以下要求：

可测量性。指各个细分市场的规模、容量和购买力可以测量。如果细分变数很难衡量的话，就无法界定市场。

可赢利性。指企业新选定的细分市场容量足够大，足以使企业获利。

可进入性。指所选定的细分市场必须与企业自身状况相匹配，企业有优势占领这一市场。可进入性具体表现在信息进入、产品进入和竞争进入。考虑市场的可进入性，实际上是研究其营销活动的可行性。如果细分市场对企业具有吸引力，但市场容量过大，企业过小，从而无法满足该市场需求，则应该对该市场进一步细分。

差异性。指细分市场在观念上能被区别并对不同的营销组合因素和方案有不同的反应。

●步骤8——目标市场的确定

目标市场，指通过市场细分，被企业所选定的，准备以相应的产品和服务去满足其现实或潜在需求的那一个或几个细分市场。

确定自己的目标市场，是为了对该市场中的客户提供专门的服务。确定目标市场，要在市场细分的基础上，对细分出来的子市场进行评估，从而确定品牌应定位的目标市场。

确定目标市场的流程：

1. 评估细分市场

企业评估细分市场的核心是确定细分市场的实际容量，评估时应考虑三个方面的因素：细分市场的规模，细分市场的内部结构吸引力和企业的资源条件。

潜在的细分市场要具有适度需求规模和规律性的发展趋势。潜在的需求规模是由潜在消费者的数量、购买能力、需求弹性等因素决定的，一般来说，潜在需求规模越大，细分市场的实际容量越小。

细分市场内部结构吸引力取决于该细分市场潜在的竞争力，竞争者越多，竞争越激烈，该细分市场的吸引力就越小。有五种力量决定细分市场的竞争状况，即：同行业的竞争品牌、潜在的竞争品牌、替代品牌、品牌产品购买者和供应商，这五种力量从供给方面决定细分市场的潜在需求规模，从而影响到市场实际容量。

企业的资源条件，是关键性因素。企业的品牌经营是一个系统工程，有长期目标和短期目标，企业行为是有计划的战略行为，每一步发展都是为实现其长远目标服务，进入一个子市场只是企业品牌发展的一步。因此，虽然某些细分市场具有较大的吸引力，有理想的需求规模，但如果和企业的长期发展目标不一致，企业也应放弃进入。而且，即使和企业目标相符，但企业的技术资源、财力、人力资源有限，不能保证该细分市场的成功，则企业也应果断舍弃。

2. 选择进入细分市场的方式

通过评估，品牌经营者会发现一个或几个值得进入的细分市场，这也就是品牌经营者所选择的目标市场。企业进入目标市场的方式有：

（1）密集单一市场：选择一个细分市场集中营销。

（2）有选择的专门化：选择若干个细分市场，其中每个细分市场都具有吸引力，并且符合企业的经营目标和资源状况。各细分市场之间很少或者根本没有关系，但在每个细分市场上企业都可能获利。这种策略可以分散企业的经营风险。

（3）产品专门化：集中生产一种产品，并向各类顾客销售这种产品。企业通过这种策略，在某个产品方面树立起很高的声誉。

（4）市场专门化：市场专门化是指企业专门满足某个顾客群体的各种需要服务。

（5）完全市场覆盖：完全市场覆盖是指企业想用各种品牌（产品）满足各种顾客群体的需要。只有少数大型企业才有财力采用这种策略。

●步骤9——市场定位

市场定位是指企业为产品塑造的区隔于竞争者的鲜明形象。

市场定位并不是要对一件产品本身做些什么，而是设法在自己的产品上找出比竞争者产品更具有竞争优势的特性，并将这种特性生动地传递给顾客，使该产品在顾客心目中占有特殊的位置，从而使该产品在市场上确定适当的位置。

市场定位分为对现有产品的再定位和对潜在产品的预定位。对现有产品的再定位可能导致产品名称、价格和包装的改变，但是这些外表变化的目的是为了保证产品在潜在消费者的心目中留下值得购买的形象。对潜在产品的预定位，要求营销者必须从零开始，使产品特色确实符合所选择的目标市场。公司在进行市场定位时，一方面要了解竞争对手的产品具有何种特色，另一方面要研究消费者对该产品的各种属性的重视程度，然后根据这两方面进行分析，再选定本公司产品的特色和独特形象。

市场定位流程：

1. 确认本企业潜在的竞争优势

这一步骤的中心任务是回答三个问题：一是竞争对手产品定位如何？二是目标市场上顾客欲望满足程度如何以及确实还需要什么？三是企业应该及能够做什么？

2. 对目标市场初步定位

选择竞争优势实际上就是一个企业与竞争者综合实力相比较的过程。通常的方法是对比分析经营管理、技术开发、采购、生产、市场营销、财务和产品七个方面，最终选出最适合本企业的优势项目，以初步确定企业在目标市场上所处的位置。

3. 宣传独特的竞争优势

这一步骤的主要任务是企业要通过一系列的宣传促销活动，将其独特的竞争优势准确传播给潜在顾客，并在顾客心目中留下深刻印象。为此，企业首先应使目标顾客了解、知道、熟悉、认同、喜欢和偏爱本企业的市场定位，在顾客心目中建立与该定位相一致的形象。其次，企业通过各种努力加深目标顾客的感情来巩固与市场相一致的形象。最后，企业应注意目标顾客对其市场定位理解出现的偏差或由于企业市场定位宣传上的失误而造成的目标顾客模糊、混乱和误会，及时纠正与市场定位不一致的形象。

●步骤 10——6P 营销组合定位

6P 即产品（Product）、价格（Price）、渠道（Place）、促销（Promotion）、公共关系（Public Relations）、政治关系（Political）；营销组合，指市场营销人员为实现其营销目标，对多种可控因素的优化组合。

市场营销活动的核心就在于制定并实施有效的市场营销组合。4P 营销组合模型是尼麦卡锡在 1960 年提出的。20 世纪 90 年代，布姆斯（Booms）与毕特那（Bitner）增加了人员（People）、过程（Process）、物证（Physical ecidence），将最初级的 4P 模型发展为 7P 模型，使之更适用服务业和知识密集型产业，更倾向于对消费者需求的重视。

这里我们介绍初级操作容易掌握的6P营销组合模型。

6P营销组合定位的内容：

1. 产品定位。产品是品牌之本。品牌定位要与产品定位相一致，产品要以性能外观、质量、包装以及服务等要素体现品牌定位。

2. 价格定位。品牌定位包含价格定位。价格定位要与产品与品牌定位匹配。

3. 促销定位。促销、广告、人员推销、公关、直接营销方面的定位。

4. 渠道定位。覆盖区域、商品分类、位置、存货、运输的定位。

5. 公共关系。创造有利于品牌运营的内外空间。

6. 政府权力。竭力争取到政府政策倾斜的大力支持。

●产品定位、市场定位与品牌定位

“定位”是一种方法。“定位”之“位”是消费者的心理层面。

产品定位，着眼于提供怎样的令消费者满意的产品，解决“卖什么”的问题；

市场定位，着眼于选择什么样的目标市场，解决“卖给谁”的问题；

品牌定位，着眼于选择什么样的方法，解决“怎么卖得好”的问题。品牌定位通过对产品的名称、品牌、价格、包装、服务等方面的差异化定位设计，为自己的产品在市场上树立一个明确的、有别于竞争者产品的、符合消费者需要的形象，其目的是在潜在消费者心中得到有利的地位。

定位，本身就是寻求差异化，找出独特卖点，推而广之，持之以恒，形成广泛认知和目标市场忠诚，从而实现品牌的价值，扩大品牌资产及溢价。

产品定位、市场定位集中表现为品牌定位。企业一旦选定了目标市场，就要设计并塑造相应的产品、品牌及企业形象，以争取目标消费者的认同。由于市场定位的最终目标是为了实现产品销售，而品牌是企业传播产品相关信息的基础，品牌还是消费者选购产品的主要依据，因而品牌成为产品与消费者连接的桥梁，品牌定位也就成为市场定位的核心。

●品牌定位法则

品牌定位选择消费者重视但又未被直接竞争品牌所占据的一个位置。在某种情况下，品牌识别的某些内容尽管重要，但由于无法体现出差异化优势，也会被排除在品牌定位范围之外。

（1）第一定位。这是最常用的定位方法。千方百计找出自己是某方面的第一加以强调。经常使用的字眼有“独创”、“正宗”、“填补空白”、“市场占有率第一”、“销售量第一”等。

（2）利益定位。根据产品带给消费者的某项特殊利益定位。如洗发水中飘柔的利益承诺是“柔顺”；海飞丝是“去头屑”；潘婷是“健康亮泽”；夏士莲是“中药滋润”等。

（3）功能定位。根据产品的某项功能定位，如“怕上火，喝王老吉。”

（4）使用者定位。这是把产品和特定用户群联系起来的定位策略。它试图让消费者对产品产生一种度身定造的感觉。如哈药的护彤定位为“儿童感冒药”；百事可乐定位为“青年一代的可乐”等。

（5）核心价值定位。就是企业用自己的具有鲜明特点的经营理念作为品牌的定位诉求。

（6）质量价格组合定位。

（7）生活方式定位。这是将品牌人格化，把品牌当做一个人，赋予其与目标消费群十分相似的个性。

（8）属性定位。即根据产品的某项特色来定位。如“蓝瓶的”。

（9）挤占定位。设法改变竞争者在消费者心目中现有形象，找出其缺点或弱点，并用自己的品牌进行对比，从而确立自己的地位。

（10）比附定位。以某知名度较高的竞争品牌为参考点来定位，在消费者心目中占据明确的位置。如“日有小松，我有黄工”。

（11）联想定位。如“一切皆有可能”。

（12）情感定位。如纳爱斯雕牌洗衣粉“妈妈，我能帮您干活啦”引起了消费者的情感共鸣。等等。

工程三：品牌识别系统

品牌识别是通过对产品、企业、人、符号等要素进行设计以体现品牌核心价值从而形成品牌区隔的体系。大卫·爱格将品牌识别定义为：品牌识别是品牌战略者创造和保持的能引起人们对品牌美好印象的联想物。

品牌识别界定品牌的内涵，将品牌核心价值落实到企业的经营层面、产品层面、符号层面上，使品牌识别与企业营销传播活动的对接具有可操作性；使品牌识别元素执行到企业的所有营销传播活动中，使每一次营销传播活动都传达品牌的核心价值和品牌精神，确保企业的每一次营销广告的投入都为品牌资产作累积。

完善识别系统，首先是建立或完善 CIS（理念识别系统、行为识别系统和视觉识别系统），界定品牌的企业理念文化、价值观和使命，品牌在同行业中的地位，品牌的企业社会责任感、品牌的企业行为制度、员工行为制度等。

品牌识别包括四个方面 12 项具体的内容：作为产品的品牌（产品范围、产品特性、质量/价值、使用体验、用户和原产地）、作为组织的品牌（组织特性、区域性或者全球性）、作为人的品牌（品牌个性、品牌与消费者关系）、作为符号的品牌（视觉形象/标识和品牌历史）。

●步骤 11——品牌名称

任何品牌都有一个名称。

品牌名称以符号的形式传递着丰富内涵和最重要的信息。一提到某一品牌名称或符号，人们很快对该品牌所代表的产品质量、技术、售后服务等等有一个总的概念。每一种品牌名称都给人们带来了有关的信息，而且长期影响人们的看法。

品牌命名流程：

1. 前期调研。即工程一“品牌战略决策”中的品牌环境分析。

2. 明确命名条件。即企业对将要采用的品牌名称的要求，如中文还是英文，字数或字母数是多少，情感性还是功能性，有没有参照名称，等等。

3. 头脑风暴。集思广益，进行命名动员、命名演练，建立命名预选库。

4. 筛选名称。通过头脑风暴等方法，收集尽可能多的名称，筛选出备选名称。

5. 评估选择。对备选的名称进行评估、选择。可采用专家分析评定或者企业根据自己的命名要求自定的方法，选择出一两组名称。

6. 测试分析。对评选出的一两组品牌名称，进行消费者测试和调查，根据测试和调查的情况最终确定品牌的名字。对消费者可采取小组访谈或座谈、问卷调查等方法进行。测试的内容主要有消费者的可记忆测试、品牌名字的联想测试、消费者对名字的偏好测试、品牌名与产品的关联度测试等内容。

7. 确定品牌名称。测试结果出来后，经过决策层综合分析研究，确定品牌名称。

8. 注册。为确保品牌名称合法性和不受侵犯，应按法律规定将确定的品牌名称提交国家有关部门进行注册。

品牌命名法则：

先定要求后命名；本土品牌国际化；国际品牌本土化；繁者简化；避免歧义；不要忽视声音标识；看重文化含量；预留延展空间（详见第七章《品牌区隔力》）。

●步骤 12——品牌核心价值

“品牌核心价值”即“品牌核心价值观”，它是体现品牌独有价值的、贯彻于企业经营始终的、坚持长期传播并力求消费者认同的核心主张。

品牌核心价值是品牌资产的主体部分，它让消费者识别并记住品牌的利益点。核心价值统帅企业的品牌建设和所有传播营销活动。

核心价值产生于企业发展中，起始可能是单一的口号；随着企业发展，可能扩展为一组相关联的或几个关联不紧密的核心价值，用来显化企业经营理念或各个管理活动的成功要素；企业进入成熟期后，必然对企业的各个关键成功要素优化选择，固定为核心价值。核心价值在企业发展过程中不断得到验证和强化，得到所有员工的认可，再通过产品和服务最终达到客户满意，使客户认可企业的核心价值，这样，就完成了企业核心价值植入利益相关者心里的全过程。在品牌运营时代到来之际，企业核心价值与品牌核心价值统一的居多。

品牌核心价值的三大价值主题是：理性价值、感性价值和象征性价值。强势品牌常常兼具这三层价值主题。理性价值以产品实体特征为品牌特征，“给消费者一个购买理由”；感性价值即超越产品的品牌价值特征，“给消费者一个生活方式”；象征性价值即游离产品的精神诉求，“给消费者一个身份地位象征”。

品牌核心价值提炼流程：

核心价值提炼流程基本与品牌命名流程大体一样。

1. 前期调研，除品牌环境分析外，要弄清楚企业本身已有的核心价值或理念、口号。

2. 明确品牌核心价值条件。即三层价值主题的取舍与组合。

3. 头脑风暴。提出尽量多的候选核心价值。

4. 提炼。对企业已有的核心价值进行分析、优化、固定；对核心价值缺位的，要进行提炼。提炼时，要着重研究企业发展历史、企业经营活动、客户及其他利益相关者对企业的认知等，列出共同理念和成功要素，分析挑选出关键成功要素，最后各用一句话概括出来。这就是初步提炼出来的企业的“备选”核心价值，一般三四条。

5. 评估选择。对备选的核心价值进行评估、选择。可采用专家分析评定或者企业根据自定的方法，选择出一条或一组核心价值。

6. 检验。对评选出来的核心价值，要经过三种检验：一是要符合核心价值概念的基本要求；二是要得到企业上下成员的共同认知；三是得到消费者认同。消费者认同可通过小组访谈或座谈、问卷调查等方法取得。另外，核心价值的检验要经过上上下下的多次讨论切磋，以保证提炼到位。

7. 确定核心价值。检验结果出来后，经过决策层综合分析研究，确定品牌名称。

8. 专用保护。为确保核心价值的合法性和将来不受侵犯，应在商标注册时将核心价值一并注册。

核心价值形式法则：

1. 企业精神表述；2. 体系性组合；3. 入耳易记；4. 简洁明了；5. 极致精练；6. 差异化；7. 人本化（详见第七章《品牌区隔力》）。

●步骤13——品牌符号系统

品牌符号是区别产品或服务的基本手段，包括名称、标志、标识语、基本色、象征物、代言人、包装等。这些识别元素形成一个整体有机结构，对消费者施加影响。品牌符号是形成品牌概念的基础，成功的品牌符号是公司的重要资产，在品牌与消费者的互动中发挥作用。品牌符号系统帮助消费者简化他们对品牌的判断，帮助企业节省沟通成本取得更大的品牌效益。

品牌的创立和传播，要考虑如何有效地将品牌信息通过编码和解码，有效地传输到受众心中。品牌的核心价值是品牌精神，而品牌精神是抽象的概念，如何将抽象的概念编码，变成具象的符号，再通过各种传播手段，传递到消费者的感知中，让消费者在不断重复的感知记忆中，产生意象，从而还原出品牌所要传递的精神，完成品牌精神的传播过程，是品牌建设要解决的第一个问题（详见第七章《品牌区隔力》）。

品牌标志

品牌标志（LOGO），是体现品牌核心价值、承载企业无形资产、传递企业综合信息的媒介。品牌标志是企业CIS的主要部分，在品牌形象传递过程中，是应用最广泛、出现频率最高的关键元素。人们看到这个LOGO，就等于看到了这个品牌。LOGO自身也能够创造品牌认知、联想和偏爱。

品牌标识语

品牌标识语与品牌核心价值密切相关，因此有人直接叫它品牌核心价值。更多的说法是战略广告语、中心广告语、长期广告语等。

品牌标识语是品牌识别的重要组成部分。品牌标识语的作用是强化品牌名称和品牌标识物，同时为产品提供联想。

品牌标识语的提炼步骤，与核心价值相同。有时候，品牌核心价值的提炼与品牌标识语创作就是一回事，或者是一个主题思想的两种表述形式。

品牌手册

品牌手册是品牌表现的各相关因素的规范性文本，内容包括：LOGO控制；包装设计展示；售货设计；标识设计；载体设计；特殊项目设计；产品形象；广告要素；促销用品设计；复制物料说明，等等。

●步骤 14——品牌个性

品牌个性，是品牌持有者赋予品牌的人格化特征。品牌个性是特定品牌拥有的一系列人性特色，即品牌所呈现出的人格品质。它是品牌识别的重要组成部分，可以使没有生命的产品或服务人性化。品牌个性能带来强大而独特的品牌联想，丰富品牌的内涵。

消费者往往乐意购买有个性的品牌，因为它与消费者内心感受合拍。品牌个性能够满足人类情感方面的诉求和生活体验，深化消费者情感关系。如同人际关系会发展一样，品牌发展其实是品牌与消费者关系的发展，这中间品牌个性可以起到重要作用。

品牌个性同人的个性一样，千人千面，百人百性，绝不雷同。广告大师奥格威说："最终决定品牌的市场地位的是品牌本身的性格，而不是产品间微不足道的差异。"品牌个性最能代表一个品牌与其他品牌的差异，尤其在同类产品中，许多细分品牌虽然定位差异性不大，但只有通过品牌个性才会使之脱颖而出，表现出自己与众不同的感觉，从而实现品牌区隔。应该寻找和选择能代表品牌个性的象征物，使用核心图案和特殊文字造型表现品牌的特殊个性。在无序的市场竞争中，品牌名称、品牌标志往往容易被仿冒，只有品牌个性是难以模仿的。

塑造品牌个性必须首先考虑品牌核心价值是什么，并以它为核心塑造品牌个性。品牌定位是品牌个性的基础，品牌个性是品牌定位的最直接体现。品牌个性论认为，在与消费者的沟通中，从标志到形象再到个性，"个性"是最高的层面。品牌个性比品牌形象更深入一层，形象只是造成认同，个性可以造成崇拜。由品牌个性来促进品牌形象的塑造，通过品牌个性吸引特定人群。

詹妮弗·艾柯提出了五个品牌个性因素，即"真诚"、"兴奋"、"能力"、"复杂性"和"单纯性"。许多著名品牌就是这样塑造品牌个性的，如耐克让年轻人成为他们喜欢的体育俱乐部的一员，能和他们心目中的"英雄"成为朋友；喝百事可乐，你就是"新一代"的一员。

●步骤 15——品牌故事

为品牌说话的故事，就是品牌故事。品牌个性和品牌故事从表里两个方面为品牌注入活力，使品牌像人一样会说会笑会讲故事。没有故事的品牌不会成为名牌，它只是一个有名称、有符号的物件。

提起比尔·盖茨、戴尔、史蒂夫·乔布斯、福特、杰克·韦尔奇等名字，人们脑海里便会浮现出微软、戴尔计算机、苹果电脑、福特汽车、通用公司等的品牌形象。这几个人已经成了这几家超级公司的代名词，成了无数狂热于商业青年人心中的偶像。这些都与精心设计和渲染的品牌故事有关。

这些公司在实施品牌传播方略时，使用品牌宣传册、产品保证书、产品标签、传统媒体和互联网等传播工具，将他们的品牌故事传播给广大消费群体，给消费者留下深刻的印象。如：微软讲述着比尔·盖茨辍学创业的故事；戴尔公司讲述着创始人戴尔创业时与父母打赌的故事；联邦快递公司的创始人弗雷德·史密斯大学时的本科毕业论文“设计专业的隔夜递送公司”被教授打了 3 分的故事；海尔集团创业初期总裁张瑞敏怒砸电冰箱的故事，都在向人们生动地传播着一个个独特的、呼之欲出的品牌形象。

迪斯尼公司老板贺博德曾说：迪斯尼是一个讲故事的公司，我们最终诉诸故事而不是商务或技术。因为人类的情感是共通的，我们要做的事情就是用我们的故事与我们的顾客紧密相连。

一个卓越品牌的成长历程肯定有许多动人的故事。许多生动的品牌故事都是企业在无意间书写的。但“品牌故事”往往是为了更好地塑造品牌被挖掘或演绎而成的。几乎所有的高端品牌都会有一段意蕴深长的传奇故事。有的公关公司以“讲述品牌故事”见长，认为：“我们是现代的讲述品牌故事的专家，我们的使命就是帮助企业和个人发现、完善和传递它们的品牌故事。无论是用原始的口口相传的手段，还是现代的电子手段，讲述故事的方法仍然遵循那些古老的程序。这需要热情，需要创造力，需要故事的完整性，从而使得品牌故事具有更加强大的传播力。”

品牌故事创作法则

1. 必须是品牌的故事，而不仅是品牌创始人、品牌领袖或其他什么人物的故事。这些人可以出现在故事中，但必须为宣传品牌服务，而不是相反；

2. 要有历史感、神秘感之类的传奇力，同时，要有普世价值和跨文化意境构成的亲和力；

3. 注意与品牌标识、核心价值、品牌个性的配合使用；

4. 力求独创；

5. 故事就是接触点；

6. 不强求故事与品牌某一特征的直接关联；

7. 不刻意追求情节完美和事实可信；

8. 风格平实，不求华丽，越短越好；

9. 最好有一组故事；

10. 适时推出新故事。

●步骤16——品牌代言人

品牌代言人，是为某一品牌的传播推广提供形象服务的特殊人员或虚拟形象。品牌代言人是品牌形象的一部分，是品牌形象化、生动化的扮演者，是品牌传播的亲和剂，是企业品牌战略中的重要内容。

品牌代言人的职能是，参与各种媒介宣传，传播品牌信息，扩大品牌知名度、认知度等，参与公关及促销，与受众近距离的信息沟通，并促成购买行为的发生，建树品牌美誉与忠诚。

品牌代言人的设计：

1. 代言人同品牌的个性相一致。代言人个性同品牌个性吻合，才能很好地演绎出品牌的个性内涵。品牌个性与代言人个性准确对接，就会产生传播识别的同一性，有效地树立和强化该品牌在公众中的独特位置。

2. 营销目标区域化与代言人细分化。不同地区的消费者有着不同的消费观念、消费模式和经济文化背景，企业营销策略应该因地制宜，代言人的选择亦因应境而异。据调查显示：名人广告中会出现同性相吸的倾向，即女性消费者偏爱女性广告名人，而男性消费者则偏爱男性广告名人。

3. 产品生命周期与代言人。品牌恒久不变，但品牌下的产品是发展变化的。这种变化不但体现在种类的增加和产品线的延长上，也体现在单体产品本身生命周期的变化上。产品牛命周期包括：导入期、成长期、成熟期和衰退期。企业往往选择处于人气鼎盛阶段的代言人。其实可以找准二者的最佳结合点，当产品处于导入期时，采用人气极旺的明星，以期迅速扩大品牌知名度；当产品进入成熟期后，则换用一些有潜质的新星，让其来延长产品的市场生命。

4. 向消费者心中形象靠拢。美国天高国际广告公司（BBDO）在为客户寻找代言人之前，要首先调查产品的“使用者形象”，即目标消费者心目中所认为的一个品牌使用者的形象。然后再依据量化统计结果而确定选用与品牌最相关的亲和性指数最大的“使用者形象”为品牌代言人。这一模式给我们一个启示：代言人不一定非得是现成的，他可以人为“组合制造”，这样就开辟了一条非名人明星的代言路线。

5. 虚拟形象代言人。虚拟形象也可以成为品牌代言人。如太子龙的“龙太子”“龙贝贝”、海尔的“海尔兄弟”、娃哈哈的“卡通形象”、麦当劳的“麦当劳叔叔”、肯德基的“肯德基上校”、米其林的“轮胎人毕必登”。

6. 代言人的专一性。我们常常发现某代言人同时为多家企业的多种产品做广告，在使自己成为广告明星的同时，却使得其代言品牌在受众心目中的印象日趋混乱模糊。对于企业而言，在找代言人时，不但要分析其人气、个性、区域化影响等因素，还应考虑他的专一性，即只代言一个品牌。

7. 摆正品牌与明星的主次关系。在名人广告中，主角应该是品牌或产品，明星只是道具。企业在请明星代言广告时，一定要摆正品牌与明星的主次关系，再大牌的明星也必须服务于品牌，避免喧宾夺主，本末倒置，将名人广告做成明星个人秀。（资料来源：MBA 智库百科等。）

按照大卫·爱格将品牌识别理论，品牌识别系统实施流程为：

1. 定义和设计品牌识别

定义品牌识别具体内容是实施品牌识别系统的起点。品牌识别有四个方面十二项具体内容并非都能体现企业拟建立的品牌形象，必须选择能更好实现消费者利益价值主张的元素，然后以这些识别内容为框架构建具体的品牌形象。

2. 建立和消费者关系

品牌应该和消费者建立人际关系般的联系，要赋予品牌人性化的特征，使品牌能够在消费者日常生活中扮演某个角色，如成为消费者的朋友、老

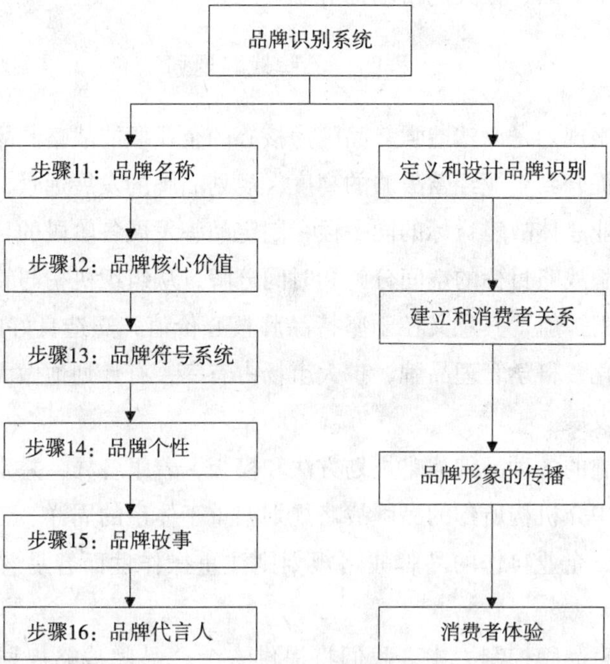

品牌识别系统流程图

师、顾问或者贴身服务员等。

3. 品牌形象的传播

完成了定义品牌识别和与消费者建立关系深化品牌形象的步骤后，就要进行大规模的品牌形象传播工作。

4. 消费者体验

消费者体验的主角是消费者本身，但主导这过程的则是品牌的所有者。在消费者的体验过程中，消费者与品牌每一次接触都将产生一个或者多个接触点。品牌所有者通过这些接触点向消费者传达关于品牌形象的信息，这些信息使消费者能对品牌的具体形象进行感知和联想，加深消费者对品牌形象的印象。消费者与品牌的接触点分为有形的和无形的，前者如产品包装、配送等，后者如企业文化、员工士气等。

经过消费者体验品牌的过程，品牌的形象才在消费者心中真正地建立起来。品牌所有者需要通过不懈的努力去维持品牌形象，使品牌识别成为消费者辨别具体品牌的有力标准，这样企业最终将会获得由战略性的品牌资产带来的具有竞争力的、强大的市场优势。

工程四：品牌战略规划

品牌战略规划是以塑造强势品牌为核心的企业职能战略。品牌战略规划将品牌建设提升到企业经营战略的高度，规划品牌的发展远景，明确品牌战略目标与企业总体战略目标的同一性，制定品牌发展各阶段的目标与衡量指标，细化品牌战略目标的空间分解和时间分解，从组织机构与管理机制上为品牌建设保驾护航，其意义在于坚持品牌核心价值，塑造良好的品牌形象，彰显品牌文化，科学管理品牌，扩大市场占有率，有计划地做大做强品牌并实现可持续发展。

目前实施的各种品牌战略规划方法和模板，着眼各异，差别较大。一般来说，专业中介机构所作的品牌战略规划偏重于体系的周详、工具的先进而弱化操作性，企业自作的品牌战略规划则注重操作性而容易忽视体系的科学性。

在第八章品牌控制力中，我们将提供一个“品牌战略规划 8 步流程模板”，出发点是满足企业制定品牌战略规划之需。其实，品牌战略规划与品牌全程建设在主体环节上是重叠的。两者都必须以品牌环境分析为背景，以品牌定位、品牌识别系统建立乃至以后的品牌传播、品牌延伸、品牌资产管理等环节为主体而形成结构模型。不同之处是，品牌战略规划在技术上必须有时间空间的分解以体现可操作性，品牌全程建设则宏观一些，只把握大环节的设定与衔接。

所以，在本模板中，我们只展开品牌战略规划的技术性操作步骤。关于品牌战略规划的单独制定的整体流程，可参见第八章《品牌控制力》。

●步骤 17——品牌战略空间结构分解

品牌战略空间结构分解就是将品牌战略目标分解为各职能部门的目标，再由职能部门把它们逐层分解到岗位个人，形成一个层层目标明确、岗位职责清楚的目标体系。

分解品牌战略目标，就是将品牌战略与营销战略和相应的经营战略以及企业所有部门的发展战略进行对接，使企业的所有组成部分在品牌战略的组

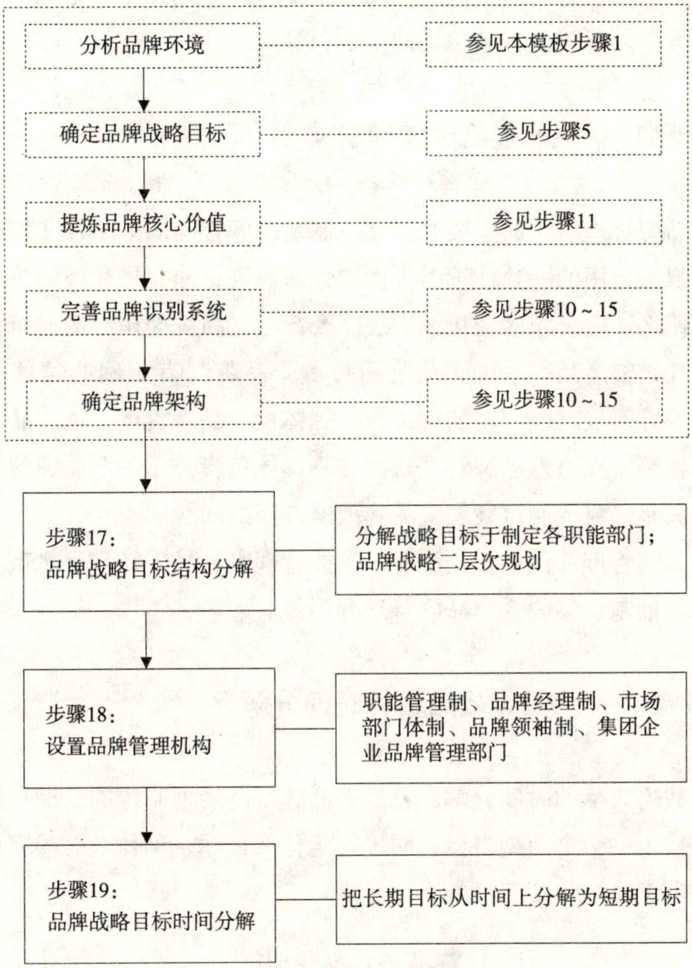

品牌战略规划流程图

织下，有机互动，形成合力，为品牌战略规划的执行打好组织基础。组织机构与管理体制问题是一个带有战略性的复杂问题，必须在规划中进行综合平衡使各系统协调。

品牌战略空间分解内容有：

1. 分解品牌战略目标于各职能部门：设计部门、生产部门、营销部门、供应部门、服务部门、财务部门，等等。

2. 制定品牌战略二层次规划：企业品牌在各业务单元协同性规划；企业品牌战略实施步骤及支撑策略规划；企业品牌战略实施资源整合及资源配

置规划；企业品牌战略结构（各子战略系统）规划；品牌管理体系规划；品牌传播推广体系规划；品牌延伸规划；等等。

●步骤 18——设置品牌管理机构

企业品牌管理机构的主要职责是：制定品牌管理的战略性文件、规定品牌管理与识别运用的一致性策略方面的最高原则；建立母品牌的核心价值及定位，并使之适应公司的文化及发展需要；定义品牌架构与沟通组织的整体关系、并规划整个品牌系统，使公司每一个品牌都有明确的角色；品牌延伸、提升等方面战略性问题的解决；品牌体检、品牌资产评估、品牌传播的战略性监控等。战略性品牌管理机构并不具体负责公司某个品牌的建立及推广工作，只是研究、制定、解决品牌战略方面的问题。

企业品牌管理部门设置类型有：职能管理制、品牌经理制、市场部门体制、品牌领袖制、集团企业品牌管理部门等。

●步骤 19——品牌战略目标时间分解

品牌战略目标的时间分解，就是把品牌战略规划制定的长期目标，从时间上分解成为一个个短期目标，明确规定什么目标，到什么时候完成到什么程度，以利于实施，便于检查。

工程五：品牌传播

品牌传播，就是企业以品牌的核心价值为原则，在品牌识别的整体框架下，选择广告、公关、销售、人际等传播方式，将特定品牌推广出去，以建立品牌形象，促进市场销售。品牌传播是企业满足消费者需要，培养消费者忠诚度的有效手段，是绝大多数企业家实现效益的必由之路。

通过品牌的有效传播，可以使品牌为广大消费者和社会公众所认知，使品牌得以迅速发展。同时，品牌的有效传播，还可以实现品牌与目标市场的有效对接，为品牌及产品进占市场、拓展市场奠定宣传基础。品牌传播是诉求品牌个性的手段，也是形成品牌文化的重要组成部分（详见第五章《品牌传播力》）。

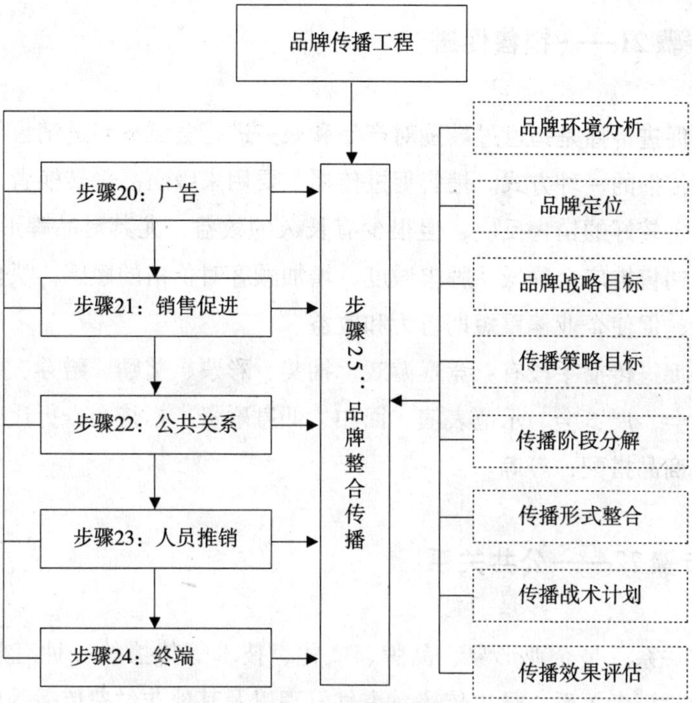

品牌传播工程流程图

●步骤 20——广告

广告是主要的品牌传播手段，指品牌所有者以付费方式，通过传播媒介，对目标受众所进行的以品牌名称、品牌标志、品牌定位、品牌个性等为主要内容的宣传活动。人们了解一个品牌，绝大多数信息是通过广告获得的，广告也是提高品牌知名度、信任度、忠诚度，塑造品牌形象和个性的强有力的工具。

广告传播手段有：印刷和广播广告、外包装广告、包装中插入物、电影画面、宣传小册子、招贴和传单、工商名录、广告复制品、广告牌、陈列广告牌、售点陈列、视听材料、标记和标识、录像带，等等。

●步骤 21——销售促进

销售促进传播是指通过鼓励对产品和服务进行尝试或促进销售等活动而进行品牌传播的一种方式。销售促进传播主要用来吸引品牌转换者。它在短期内能产生较好的销售反应，但很少有长久的效益，尤其对品牌形象而言，大量使用销售推广会降低品牌忠诚度，增加顾客对价格的敏感，淡化品牌的质量概念，促使企业偏重短期行为和效益。

销售促进传播手段有：竞赛游戏、抽奖、彩票、奖励、赠券、赠品、样品、展销会、展览会、示范表演、回扣、低息融资、招待会、折让交易、连续活动、商品搭配，等等。

●步骤 22——公共关系

公共关系，是企业形象、品牌、文化、技术等传播的一种有效解决方案，包含投资者关系、员工传播、事件管理以及其他非付费传播等内容。

公共关系可为企业解决以下问题：一是塑造品牌知名度，巧妙运用新闻点，塑造组织的形象和知名度。二是树立美誉度和信任感，帮助企业在公众心目中取得心理上的认同，这点是其他传播方式无法做到的。三是通过体验营销的方式，让难以衡量的公关效果具体化，普及一种消费文化。四是提升品牌的“赢”销力，促进品牌资产与社会责任增值。五是通过危机公关或标准营销，化解组织和营销压力。

公共关系手段有：报刊报道、演讲、研讨会、年度报告、慈善捐款、出版物、商务关系、游说、公司杂志，等等。近几年兴起的事件和体验手段有：运动、娱乐、节日、艺术、事件、工厂参观、公司展览馆、街区活动，等等。

●步骤 23——人员推销

人员推销指企业派出销售人员与可能成为购买者的人交谈，以推销商品，促进和扩大销售。人员销售是销售人员帮助和说服购买者购买某种商品或劳务的过程。

人员推销是一种人性化的促销手段，可以解决具体问题和说服顾客，完成其他促销手段无法实现的目标。人员推销适用于推销性能复杂产品。

人员推销的基本形式有：上门推销，柜台推销，会议推销等。基本手段有：展销展示、销售会议、奖励节目、样品、交易会与展销会展示，等等。

人员推销的流程是：识别潜在客户——事前准备——接近——介绍——应付异议——成交——事后跟踪。

●步骤24——终端

终端销售是直接把商品传递到消费者手中的销售模式。

最终用户可以购买到商品的地方都可以叫终端销售。终端销售的一般场所是商场、超市、商店、便利店、零售市场；直销也可以算是终端销售。

其他直接营销手段有：目录销售、邮购服务、电话营销、电子购物、电视购物、传真、电子邮箱、语音信箱，等等。

终端销售是获利的最终实现，是整个产业链上最关键的一个环节。

●步骤25——品牌整合传播

品牌整合传播，指整合了多种传播手段的品牌传播战略。整合传播以统一的目标和统一的传播形象，传递一致的品牌信息，树立企业品牌在消费者心目中的地位，建立品牌与利益相关者之间的长期密切的关系。

整合品牌传播需要在所有的顾客经验中推动企业品牌传播，让顾客以及社会认识到该企业品牌提供的是富有价值的产品和服务；让企业员工“以实现和提升品牌价值为自豪”；让投资者认识到本企业的投资价值。

工程六：品牌扩张

品牌扩张是一个含义广泛的概念。这里我们指企业运用品牌及其包含的资本进行扩张发展的活动。品牌资产是企业最有潜力的资产；品牌建设、发展，必然要表现为品牌扩张。

品牌扩张包括：从产业相关性方面，品牌向上、向下或同时双向扩张，向上控制原材料供应，向下控制产品的销售网络；或者向相近目标市场或销售渠道平面扩张；在产品线上增加高档次产品项目，使产品、品牌进入高档市场；或者在产品线里增加较低档的产品，使品牌向下发展，吸引购买力水平较低的顾客。从扩张类型上，可以分为品牌延伸、品牌联合和品牌资产扩张。

品牌延伸是将已有相当知名度与市场影响力的品牌使用到与原产品或现有产品不同的产品上，从而减少新产品进入市场的风险，以更少的成本获取更大的市场回报。它是企业在推出新产品过程中经常采用的策略，也是品牌资产利用的重要方式。把两种或更多的产品合并在一起生产比分开来生产的成本要低，企业在同时经营多个行业时，会产生比单一行业经营更大的经济效益。在这种情况下，企业就必须处理好不同类型的产品用同一个品牌还是用多个品牌的问题，这时，品牌延伸就自然成为企业品牌管理的关注重点了。

品牌联合是两个或更多品牌联合出现在同一个产品中，以实现更大的品牌效益。

品牌资产扩张指通过收购、兼并、特许经营、贴牌生产、专有权授予等方式，对品牌进行增值经营。

●步骤 26——品牌延伸

主副品牌模式

采用主副品牌战略的具体做法是以一个成功品牌作为主品牌，涵盖企业的系列产品，同时又给其他不同产品另起名字作为副品牌。在家电行业使用副品牌已经成为行业的通行做法，这样有效的划分了不同产品的功能和特点，使得每组商品的特点得以彰显，同时也弥补了单一品牌过于单调的缺点。

多元化品牌模式

一个企业同时经营两个以上相互独立、彼此没有联系的品牌的情形，就是多元化品牌战略。多元化品牌战略为一个企业的每一个产品或每一个产品群都使用不同的品牌名称、不同的定位、不同的品牌识别，为每一个品牌营造了一个独立的成长空间。

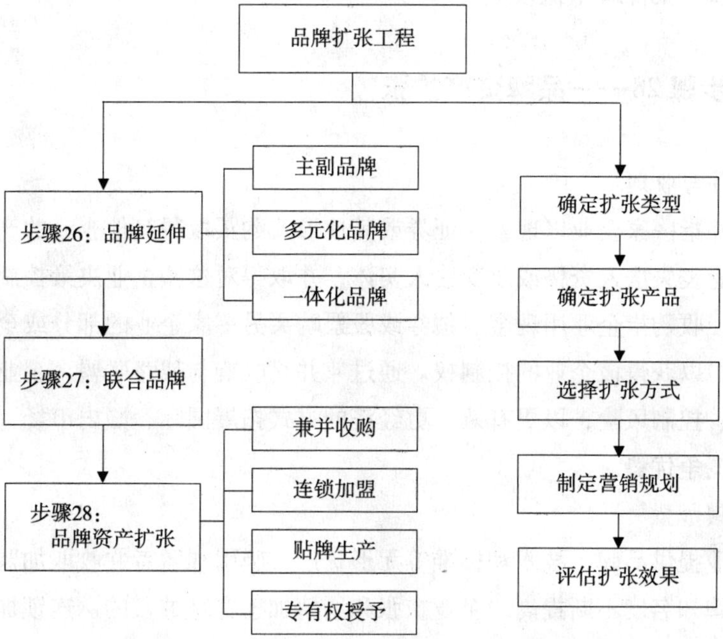

品牌扩张工程流程图

多元化品牌模式可以根据功能或者级别的差异进行产品划分，这样就避免了不同产品性能之间的影响，有利于企业占领更多的市场份额，增加市场的总体占有率；多品牌也可以分散风险。

一体化品牌模式

一体化品牌战略就是品牌从产业链的某一个环节延伸至其他环节的战略类型。一体化品牌战略最典型的特征就是除了在制造上发展品牌之外，在通路上乃至供应上都发展出了品牌。

一体化品牌战略的跨环节甚至是跨行业的多品牌的开发经营，在研发、传播、营销、管理等各方面的投入更大，在各种品牌战略类型中，风险最大。

●步骤 27——联合品牌

所谓联合品牌，是指两个或更多品牌联合出现在同一个产品中，以实现

"1+1>2"的品牌增值效应。

●步骤 28——品牌资产扩张

兼并与收购

兼并指一家企业以现金、证券或其他形式购买取得其他企业的产权，使其他企业丧失法人资格或改变法人实体，并取得对这些企业决策控制权的经济行为；收购指企业用现金、债券或股票购买另一家企业的部分或全部资产或股权，以获得该企业的控制权。通过兼并、收购与战略联盟，企业可以降低成本、控制风险，以更有效、更经济的方式拓展国际、国内市场，取得可持续的竞争优势。

连锁加盟

企业提供品牌、技术和标准等无形资产，吸引加盟者并收取加盟费，以达到品牌知名度不断提高，企业扩张和增值加速实现的目的。连锁加盟形式是无形资产资本化运营的典型代表。

贴牌生产

贴牌生产是公司提供设计、技术和标准，由别的企业进行生产，最后贴上统一的品牌，由持有品牌的公司统一进行营销。

专有权授予

专有权包括专利权、非专利技术、著作权、土地使用权、特许权等。专有权授予是通过转让专有权的所有权或使用权，收取一定的转让费或租金。通过专有权授予，企业不仅可以得到转让费等直接的收入，还可以通过这项交易影响甚至控制受让者的经营活动，从而获得额外的收益（详见第六章《品牌延伸力》）。

品牌扩张流程

品牌扩张流程一般为：确定扩张类型—确定扩张产品—选择扩张方式—制定营销规划—评估扩张效果。

工程七：品牌资产管理

本模板采用大卫·爱格的品牌资产"五星"概念模型，即品牌资产是由品牌知名度、品牌认知度、品牌联想度、品牌忠诚度和其他品牌专有资产组成。

品牌资产管理流程为：品牌知名—品牌认知—品牌联想—品牌忠诚。这个流程为品牌建设提供了可复制的模式，即：一个成功的品牌，首先应该具备比较高的知名度；然后是受众对该品牌的内涵、个性等等有较充分的了解，并且这种了解带来的情感共鸣是积极的、正面的；最后，在使用了产品、认可了产品价值后，还会再次重复购买，成为忠诚的消费者（详见第九章《品牌增值力》）。

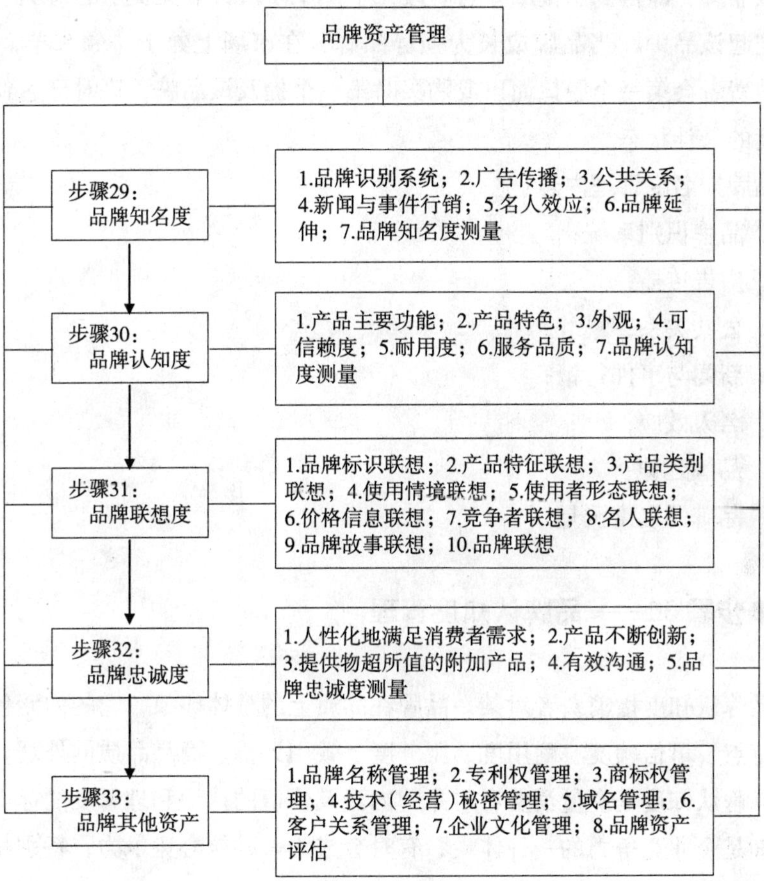

品牌资产管理流程图

●步骤 29——品牌知名度管理

品牌知名度指消费者对一个品牌的记忆程度。品牌知名度可分为无知名度、提示知名度、第一未提示知名度和第一提示知名度四个阶段。一个新产品在上市之初，在消费者心中处于没有知名度的状态；如果经过一段时间的广告等传播沟通，品牌在部分消费者心中有了模糊的印象，在提示之下能记忆起该品牌，即得到了提示知名阶段；下一个阶段，在无提示的情况下，能主动记起该品牌；当品牌成长为强势品牌，在市场上处于“领头羊”位置时，消费者会第一个脱口而出或购买时第一个提及该品牌，这时已达到品牌知名度的最佳状态。

品牌知名度管理内容：

1. 品牌识别系统；
2. 广告传播；
3. 公共关系；
4. 新闻与事件行销；
5. 名人效应；
6. 品牌延伸；
7. 品牌知名度测量。

●步骤 30——品牌认知度管理

品牌认知度指消费者对某一品牌在品质上的整体印象。它的内涵包括功能、特点、可信赖度、耐用度、服务度、效用评价、商品品质的外观。

品牌认知度是衡量消费者对品牌内涵及价值的认识和理解度的标准。品牌认知是企业竞争力的一种体现，有时会成为一种核心竞争力，特别是在大众消费品市场，各家竞争对手提供的产品和服务的品质差别不大，这时消费者会倾向于根据品牌的熟悉程度来决定购买行为。

品牌认知度的四大元素是：

差异性：指品牌的独特之处。差异性越大，表明品牌在市场上同质化程度越低，品牌就更有议价能力。差异性不仅表现在产品特色上，也体现在品牌的形象方面。

相关性：指品牌对消费者的适合程度。品牌的相关性强，意味着目标人群接受品牌形象和品牌所做出的承诺，主观上愿意尝试，也意味着在相应的渠道建设上有更大的便利。

尊重度：指消费者如何看待品牌。当消费者接触品牌进行尝试性消费后，会印证他们的想象从而形成评价，并进一步影响到重复消费和口碑传播。

认知度：指消费者对品牌的了解程度。是消费者在长期接受品牌传播并使用该品牌的产品和服务后，逐渐形成的对品牌的认识。

品牌认知度管理内容：

1. 产品主要功能；
2. 产品特色；
3. 外观；
4. 可信赖度；
5. 耐用度；
6. 服务品质；
7. 品牌认知度测量。

●步骤31——品牌联想度管理

品牌联想度指透过品牌而产生的所有联想，是对产品特征、消费者利益、使用场合、产地、人物、个性等等的人格化描述。这些联想往往能组合形成品牌形象。它是经过独特销售点传播和品牌定位沟通的结果。它提供了购买的理由和品牌延伸的依据。

品牌联想度管理内容：

1. 品牌标识联想；
2. 产品特征联想；
3. 产品类别联想；
4. 使用情境联想；
5. 使用者形态联想；
6. 价格信息联想；

7. 竞争者联想；

8. 名人联想；

9. 品牌故事联想；

10. 品牌联想度测量。

●步骤 32——品牌忠诚度管理

品牌忠诚度指在购买决策中多次表现出来的对某个品牌有偏向性的行为反应，也是消费者对某种品牌的心理决策和评估过程。它由五级构成：无品牌忠诚者、习惯购买者、满意购买者、情感购买者和承诺购买者。

品牌忠诚度是品牌资产的核心，如果没有品牌消费者的忠诚，品牌不过是一个几乎没有价值的商标或用于区别的符号。从品牌忠诚营销观点看，销售并不是最终目标，它只是消费者建立持久有益的品牌关系的开始，也是建立品牌忠诚，把品牌购买者转化为品牌忠诚者的机会。

品牌忠诚度管理内容：

1. 人性化地满足消费者需求；

2. 产品不断创新；

3. 提供物超所值的附加产品；

4. 有效沟通；

5. 品牌忠诚度测量。

●步骤 33——品牌其他资产管理

品牌其他资产指品牌有何商标、专利等知识产权，如何保护这些知识产权，如何防止假冒产品，品牌制造者拥有哪些能带来经济利益的资源，比如客户资源、管理制度、企业文化、企业形象等。

品牌其他资产管理内容：

1. 品牌名称管理；

2. 专利权管理；

3. 商标权管理；

4. 技术（经营）秘密管理；

5. 域名管理；
6. 客户关系管理；
7. 企业文化管理；
8. 品牌资产评估。

工程八：品牌审计工程

品牌审计是指从品牌资产来源角度对品牌进行全面、综合的审查。品牌审计是品牌管理的一个重要内容。菲利普·科特勒指出：品牌审计是以消费者为聚点的演习，包括一系列程序来确定品牌的健康，并展示品牌资产的来源，给出方法来改进并且调控它的权益。

进行品牌审计，需要从公司和消费者两个角度理解品牌资产的来源。从公司的角度说，需要了解现时提供给消费者的是什么样的产品和服务，这些产品和服务是怎样进行营销的，以及他们的品牌是如何建立的；从消费者的角度说，需要深入他们的思想，挖掘他们的观念和信条，以了解品牌及产品的真正含义。

当企业考虑战略方向变化时，应该进行品牌审计。战略品牌审计涉及通过创造、衡量和管理品牌的程序，使它的价值最大化。通过营销审计，企业容易找到品牌的发展方向。

企业应该定期进行品牌审计。

品牌审计主要包括两大步骤：品牌盘存和品牌测定。

品牌盘存就是对所有相关的品牌要素及辅助营销计划进行分析，并为每一种现实产品或服务编制清单。彻底的品牌盘存可以反映出品牌一致性的程度。品牌测定就是收集消费者方面的详细信息，用品牌研究的方法了解消费者对品牌的看法，尤其是品牌认知度和品牌力度、赞誉度以及品牌联想的独特性。

品牌审计从品牌的构成要素出发重现品牌的过去、现在，推导品牌的将来；该体系应具备具体规则、标准和程序；审计概念之间应有密切的联系，并形成不同层次密切结合的系统结构。

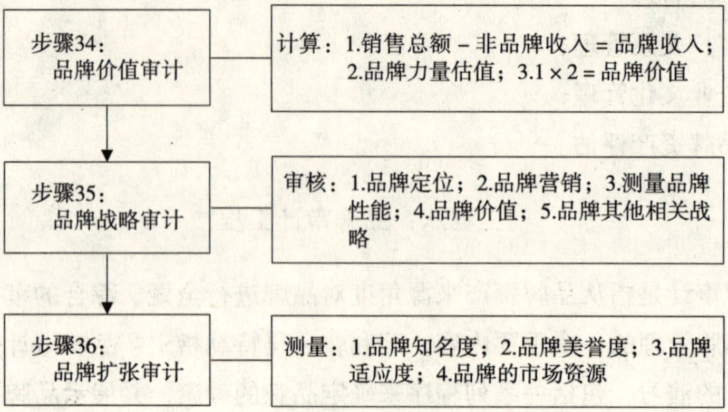

品牌审计流程图

●步骤 34——品牌价值审计

品牌价值审计是对当前价值或品牌期望在将来所达到的现金流量的评估。

第一步，为了估计品牌价值，有必要界定真正能够从品牌得来的收入部分。品牌收入要对过去 3 年的实际利润计算加权平均数，从品牌销售总额中减去品牌销售的成本、营销成本、变动和固定的包括折旧和分摊的管理费、资本补偿费、税金等。

第二步，在计算品牌收入的同时，可以引进对品牌力量的估值分析。品牌力量是 7 个要素的组合（括号内的百分比为最高值）：

1. 领导力（25%）。一个品牌拥有大的市场份额并具有影响市场的作用，以至于有能力确定价格点，指挥分销，并且抵抗竞争性侵略。一个领导着市场或者市场部门的品牌相对于其他跟随的品牌具有更稳定和更有价值的特性。

2. 稳定性（15%）。一个品牌基于消费者忠实度以及过去的历史而能在长时间内生存的能力。长时间建立的，已经成为其市场“结构”的一部分的品牌具有特别的价值。

3. 市场前景（10%）。就发展前景、不稳定性和进入市场障碍而言的品牌的贸易环境。

4. 地理传播（25%）。一个品牌穿越地理和文化界限的能力。国际品牌部分由于他们的规模经济，比其他国家或地区的品牌天生更有价值。

5. 发展趋势（10%）。为消费者保持现状与相关性的品牌发展的方向和能力。

6. 支持力（10%）。营销和交流活动的数量以及密度。那些得到始终如一的投资并且集中支持的品牌名称更有价值。在支持一个品牌过程中费用数量是重要的，同时，支持的质量同样也是重要的。

7. 保护程度（5%）。品牌拥有者的法定权利。品牌保护的力度以及尺度在评定它的价值的过程中是有意义的。

第三步，第二步乘第一步（即品牌力量的估值百分比乘上品牌收入），得到一个相应值，即品牌价值。一个完美品牌拥有100%的品牌力量值和可能含有5%的贴现率；一个弱的品牌则显示较低的倍数比例和更高的贴现率。

●步骤35——品牌战略审计

品牌战略审计能用来对品牌建设进行战略性分析，以便确认或者修正品牌的战略方向。

品牌战略审计的重点内容有：品牌定位、品牌营销、测量品牌性能、品牌价值，及品牌其他相关战略。品牌战略性分析要回答这样的问题：品牌利益目前的来源是令人满意的吗？品牌联想需要被加强吗？品牌缺乏未来竞争力吗？品牌发展存在什么机会和潜在的挑战？

品牌战略审计要求从公司和消费者两方面理解品牌的发展。从公司的视角，它要理解什么产品和服务目前正被提供给消费者和它们怎样被营销并且品牌化；从消费者的视角，需要深深地挖掘消费者的见解，并且展示品牌和产品的真正含义是什么。消费者品位和偏爱方面的变化，新竞争者或者新技术的出现，营销环境的新变化，都能潜在影响一个品牌的发展战略。

●步骤36——品牌扩张审计

品牌延伸、品牌联合、品牌资产扩张的效果表现在以下几个方面：1.

品牌知名度；2. 品牌美誉度；3. 品牌适应度（品牌适用的目标市场范围）；4. 品牌的市场资源（消费群的质与量、分销渠道）。

●品牌投资回报率测量模型

关于品牌投资回报率的测量，可以参考戴维斯（2004 年）提出的一种包括 8 项定性或定量指标的方法：

1. 品牌知识（定性）：汇总对某一品牌的知名度、记忆度和理解程度的详细数据。

2. 品牌定位理解（定性）：确定不同的细分顾客群对品牌定位、客户服务、人员接触以及相关品牌信息的理解程度。

3. 品牌合同履行（定性和定量）：确定品牌承诺是否已经履行。

4. 品牌个性认知（定性）：品牌个性对内对外的传播如何，被理解程度如何。

5. 品牌驱动的顾客获得（定量）：有多少新顾客被品牌吸引。

6. 品牌驱动的顾客流失（定量）：流失顾客数量。

7. 品牌驱动的渗透和频率（定量）：购买更多产品或服务的现存顾客的数量。

8. 品牌的财物价值（定量）：测量品牌能够收取的高于竞争者价格的溢价，以及基于品牌优势赢得的利润。（资料来源：转引自〔美〕菲利普·科特勒、〔德〕弗沃德：《B2B 品牌管理》，格致出版社、上海人民出版社 2008 年版。）

工程九：品牌维护工程

品牌发展进入成熟期，亦即品牌已发展成为国家级、国际级乃至世界级的著名或驰名品牌时，应采取的品牌发展战略即为维护战略。所谓品牌维护，就是对品牌的所有人、合法使用人的品牌实行资格保护措施，以防范来自各方面的侵害和侵权行为。

品牌维护包括：自我维护、法律维护和经营维护。

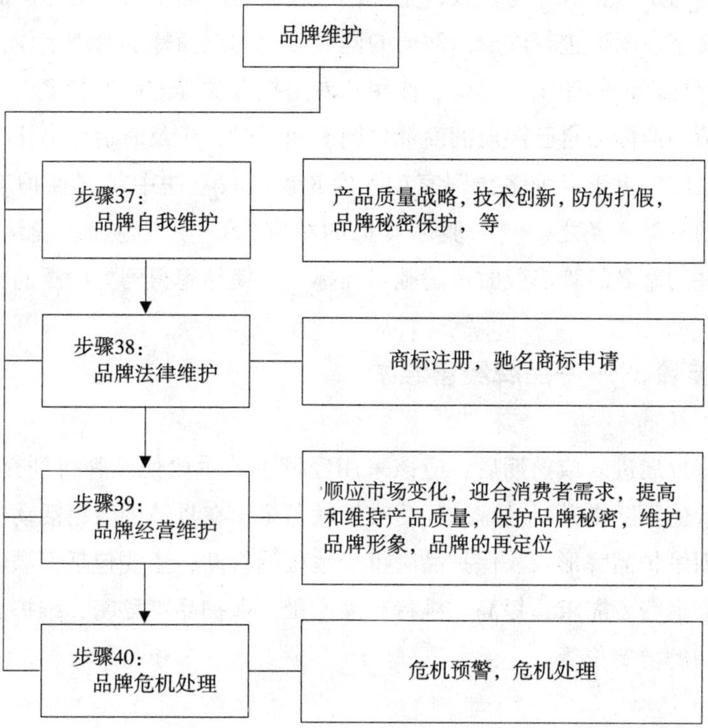

品牌维护流程图

●步骤 37——品牌自我维护

品牌的自我维护手段主要表现在品牌设计、注册、宣传、内部管理、品牌秘密保护以及打假等各项品牌运营活动中，包括产品质量战略、技术创新战略、防伪打假战略与品牌秘密保护战略。

●步骤 38——品牌法律维护

品牌的法律维护主要通过商标的注册和驰名商标的申请来对品牌进行保护。

根据“注册在先”的原则，任何创品牌的企业都必须及时注册自己的商标，切勿等产品出名之后再行注册，以免被他人抢注。商标应在国内外及时注册。为了防止假冒与侵权，企业还应在同类产品中将与自己产品商标相近似的文字、图形进行注册。注册的同时还应注意商标的管理工作，特别是加强对商标标识的印刷、保留、使用和专用权保护等方面的管理。一经发现他人申请的商标与自己注册的商标相同或相似时，应及时运用法律手段保护自己的品牌。由于目前多数国家在国内知识产权立法中对《保护工业产权巴黎公约》第六条之二“对驰名商标的特别保护”内容加以确认，因此，符合条件的著名品牌应及时申请驰名商标。以使品牌得到更广泛的保护。

●步骤39——品牌经营维护

品牌发展进入成熟期后，应该采用经营维护手段使品牌得到充分利用，使品牌价值不断提升。品牌的经营维护就是企业在具体的营销活动中所采取的一系列维护品牌形象、保护品牌市场地位的行动，主要包括：顺应市场变化，迎合消费者需求，提高和维持产品质量，保护品牌秘密，维护品牌形象以及品牌的再定位等。

●步骤40——品牌危机处理

品牌危机是指由于企业自身问题突发或外部环境因素突变对品牌形象造成不良影响的危机事件。品牌危机会使品牌乃至企业信誉受到损失，程度严重的会危及品牌甚至是企业的生存。

企业在经营与发展过程中遇到挫折和危机是难免的。品牌危机作为一种普遍存在的危机形式时刻威胁着企业的发展甚至生存。一个普通的质量事件都可能引发消费者对品牌的信任危机，甚至成为品牌的致命伤害。品牌企业的新闻事件尤其一些负面消息，特别容易引起社会的关注。所以正确认识品牌危机，合理适时地处理危机，对于品牌企业是十分重要的。

危机管理可分为危机预警和危机处理两类。前者是建立品牌危机预警机制，后者指在危机发生后正确处理。

品牌危机处理原则

一旦突发品牌危机，必须快速反应，立即启动品牌危机预案，成立危机公关小组，全面控制品牌危机的蔓延。要以积极、诚实的态度和果断的行动争取得到社会各界力量的理解和帮助，避免事态扩大。要处理好与新闻媒体、政府、专家与公众的关系。态度要积极诚实，行动要果断，切忌推诿责任，避免争辩不休。企业内部必须协调一致。在外界面前，可以有不同的面孔，但必须是同一种声音。企业要本着“知错就改”、“对消费者负责”的态度，妥善处理善后工作，尽快恢复公司品牌形象，重新取得社会各界的信任。要认真解决暴露出来的问题。一般来说，突发性品牌危机过了一段时间之后，社会各界关注度会大大降低。只要处理得及时、得当，度过危险期，不断改进工作，就可以转危为安。

工程十：品牌国际化

品牌国际化，指品牌向不同国家、区域进行延伸扩张的经营策略。

品牌的国际化是一个系统工程，不仅需要企业有强大的经济实力、技术实力、管理实力和文化实力作后盾，还需要一个设计良好并有效实施的品牌国际化经营战略。

国际化的品牌输出，从品牌随产品或服务的国际贸易输出，到品牌随资本输出，再到品牌的直接输出的递进关系，也是品牌国际化程度逐步加大的过程，其最高形式就是品牌成为公认的国际品牌。

品牌国际化类型

品牌国际化的理论研究有两个出发点：全球化和本土化。品牌的标准全球化经营能带来巨大的规模效应，而品牌本土化则可以更好地贴近目标顾客。企业国际标准化的程度越高，品牌具有的国际核心竞争力也就相应越强。在全球化和本土化之间，还有两种介乎其间的类型，可以称之为品牌模拟全球化、体制决定的品牌国际化。

1. 标准全球化

所有的经营要素均实行统一化、标准化，把每一个国家或地区都视为无差异特征的子市场。这种模式适用于拥有竞争者难以模仿的核心能力、独特的世界性品牌、规模化生产能力和销售网络强大的全球企业。实行这种模式的往往是一些高档奢侈品、化妆品，也有食品品牌，代表品牌有：Mars、Twix 等。

2. 模拟全球化

品牌定位、品牌形象等要素实行全球统一化，产品包装、广告策划等要素根据目标市场作适应性调整。如汽车行业，除了品牌标志、品牌个性等要素外，从产品设计到价格制定，全部由子公司根据目标市场情况决定。这种模式被称为“思考全球化，营销本土化”，为大多数优秀国际品牌采用。

3. 标准本土化

指所有营销要素组合都充分考虑所在国的文化传统，并根据市场情况适当调整。如肯德基。

4. 体制决定的品牌国际化

品牌营销受所在国贸易和分销体制的牵制，只能在体制约束的框架内作出统一化或者本土化的决策。如美国的电影业，虽然在全球占有巨大份额，但必须受目标市场所在国的行业政策限制，所以它的全球发展并不均衡。

以上四种模式的国际化程度依次递减。四种模式的共同点是：不管采用哪种模式，都不会去改变品牌定位和品牌形象，以坚持品牌个性和促销力。

品牌国际化步骤

在第九章中，我们列举了一些品牌国际化模板。现将其中的“民族品牌国际化升级‘三步走’模板”作为品牌国际化的一种参考步骤：

●步骤 41——MI 系统：建立普世的价值观

怎样才能让一个区域民族的品牌文化成为世界人民都喜欢和接受的呢？这首先就需要建立一个普世的价值观，以求获得多数人的认可。

●步骤 42——BI 系统：对应国际前沿生活方式

品牌文化，要对应全新的国际前沿生活方式。

●步骤 43——VI 系统：适应国际流行审美观

在品牌主题开发模式及色彩、款式、工艺、终端等方面，适应国际流行审美观（详见第十章《品牌普世力》）。

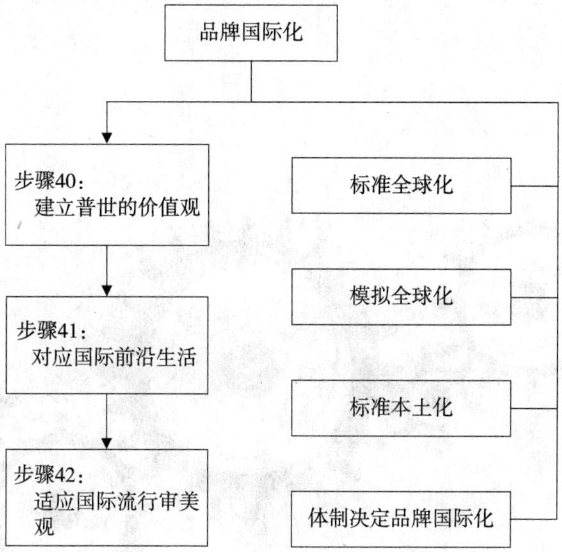
品牌国际化
步骤40：
建立普世的价值观
步骤41：
对应国际前沿生活
步骤42：
适应国际流行审美观
标准全球化
模拟全球化
标准本土化
体制决定品牌国际化

品牌国际化流程图

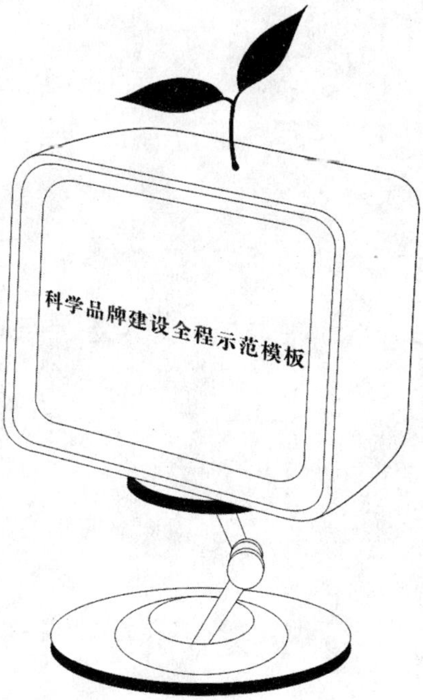
科学品牌建设全程示范模板

中　篇

解读品牌理论
建构品牌力

品牌替代力-品牌的经营要素替代原理

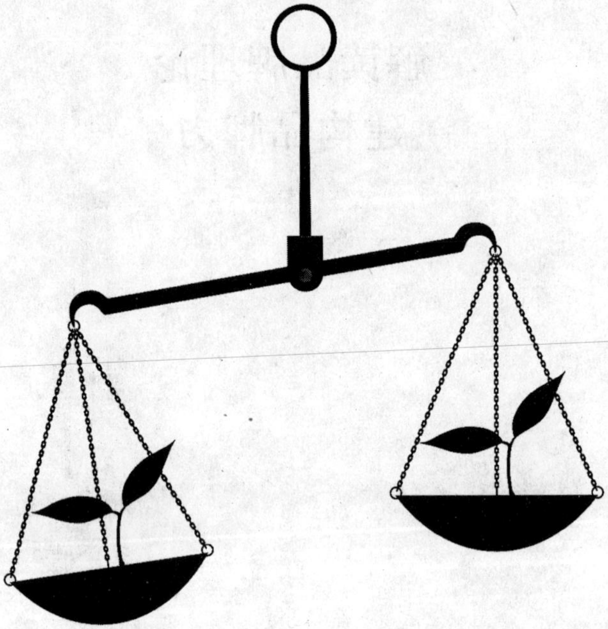

第三章　品牌向心力

——品牌关系理论

品牌向心力，指品牌拥有者调动一切品牌关系、整合所有品牌经营要素，围绕“品牌与消费者的关系”这一核心进行品牌建设和提升品牌的能力。

品牌关系是构成品牌的诸要素之间相互作用、相互影响的客观联系机制。品牌关系的核心是品牌与消费者之间的关系。如何留住顾客，如何维持顾客对品牌的忠诚，是品牌关系管理最重要的目标。

品牌向心力法则一：品牌的成功就是品牌关系的成功

品牌向心力法则二：品牌关系是汇聚于消费者之心的合力

品牌向心力法则三：品牌关系基于顾客关系网

品牌向心力法则四：不研究品牌断裂等于不研究品牌

品牌向心力法则五：唤回老顾客比赢得新顾客更重要

品牌向心力法则六：品牌关系的本质体现于品牌符号

品牌向心力法则七：品牌关系发展的最高阶段是品牌忠诚

第一节　品牌关系概念

婚姻关系有三种，一是最封建的“隔布袋买猫”，拜过堂揭了盖头才认识；二是最超前的二人世界，进门是一家——不生不养，少来少往，出门是两家——各走各的社会关系；三是最现实的婚姻关系，如电视剧《新结婚时代》小西妈说的：“结婚不仅仅是两个人的事，你嫁给了他，就等于嫁给了他全部社会关系的总和。你们俩的结合就是两个家族的结合。他娶了你，就等于娶了你的一切，包括你的社会关系，你的父母。”

买卖也是这样。一是最原始的买产品，合用就行；二是最超前的买体验，买专为你提供的不可复制的个性化体验经历；三是买品牌产品，那讲究多了，要能用、能享受服务、能显摆、能共享、有文化，几乎无所不包。套用一段话，小西妈对品牌说："卖品牌不仅仅是你和他的事，你卖给了他，就等于卖给了他全部社会关系的总和。你们俩的结合就是两个家族的结合，他买了你，就等于买了你的一切，包括你的品牌关系，你的企业父母。"

●什么是品牌关系

品牌关系就是构成品牌的诸要素之间相互作用、相互影响的客观联系机制。品牌关系的核心是品牌与消费者之间的关系。如何留住顾客，如何维持顾客对品牌的忠诚，是品牌关系管理最重要的目标。

奥格威（1955 年）对品牌的定义认为："品牌是一种错综复杂的象征。它是产品属性、名称、包装、价格、历史声誉、广告方式的无形总和，品牌同时也因消费者对其使用的印象以及自身的经验而有所界定。"强调了品牌和消费者之间的关系。而后，布莱克森特提出"品牌关系"概念，认为，品牌关系是品牌个性的延伸，是品牌与消费者之间通过互动而形成的亲密、持久的关系。彻纳东尼（1998 年）认为，一个成功的品牌关系就等于一个成功的品牌，一个强势品牌又会成为关系的建筑师；卢泰宏（2003 年）则将品牌关系视为品牌理论研究的最新阶段。唐·舒尔茨（2005 年）认为，"品牌其实是相当简单的。品牌是用来界定买者和卖者之间关系的，而这种关系又可以通过多种形式表现出来。"

品牌关系概念，起源于关系营销概念，是将关系营销概念引入品牌研究而形成的新的品牌理论。品牌关系的理论基础是人际交往理论，用人际关系交往的模式来定义和衡量品牌与消费者间的关系。

品牌关系理论是品牌学经典理论，是现代品牌理论研究的统领理论。品牌关系被认为是品牌价值的最好体现。可以说，几乎所有的品牌理论研究都是以品牌关系为假设前提而展开的。

品牌关系理论应用广泛。高水平、多维度的品牌关系质量能够加强消费者的重复购买倾向、抵制竞争威胁、支持顾客反应，还能够在品牌价值链中起中介和调节作用。

●大卫·爱格品牌关系的构成要件

本书采用的品牌关系构成为大卫·爱格的品牌关系模型，即认为品牌是符号、企业、产品、消费者之间的关系。

符号、企业、产品、消费者可以视为品牌关系的主体、客体、载体、关系与符号。

品牌关系的主体：品牌关系的主体是品牌源，即品牌的拥有者或控制者。

品牌关系的客体：品牌关系的客体是消费者头脑中的品牌意识空间。

品牌与消费者的关系，是一个从无到有、从疏远到亲密的过程。随着时间推移，消费者要经历对品牌毫无印象——开始注意——产生兴趣——唤起欲望——采取行动——重复购买六个阶段，最后成为品牌的忠诚顾客。但是，对某一特定品牌而言，并非所有的消费者都会走完全部过程。使顾客持续购买的关键在于对品牌感到高度满意。这种满意度使消费者对品牌产生感情，从而密切了二者的关系，因此建立品牌与消费者关系的核心是形成品牌忠诚。

品牌关系的载体：品牌关系的载体是产品与服务。品牌的物质基础是产品，无论是品牌还是品牌关系，都是以产品为依托，建立在产品的基础之上的。产品和服务是品牌关系的载体。韩世友认为，品牌是“企业以产品为载体来传播企业独特性的思想和前瞻科学的行为方式”，正是强调产品对品牌和品牌关系的承载作用。

在品牌关系中，载体的作用基础支撑作用，是品牌关系运转、品牌作用发挥的硬件支持。

品牌符号：品牌符号是品牌的本质，是整个品牌关系的动态表现。

著名品牌策略大师艾·里斯认为，实际上被输入到顾客心目中的根本不是产品，而只是产品名称，它成了潜在顾客亲近产品的挂钩。

品牌符号将品牌包含的无数的信息用一个符号来表达，能帮助消费者简化对品牌的判断，消费者只要看到这个符号，就想到了该品牌，并联想到品牌背后的内涵；这对于企业而言是最节省沟通成本的做法。品牌识别要产生效用就必须与消费者产生共鸣，使品牌的符号意义被消费者认可。

品牌符号系统，产生于充分了解目标人群的消费需求和品牌认知的基础上。品牌信息的传达，要合理编码品牌信息，选择恰当的载体形式传达给消费者；以便于消费者在自身的文化背景和生活体验的基础上进行相应的解码，获取信息，进而做出选购决策。

●品牌理论发展的高级阶段

从品牌理论发展的六十多年历程来看，大致经历了四个阶段：

（一）品牌标识阶段

对品牌的内涵和外延（如品牌定义、品牌命名、品牌标识、商标等）作出了规范；品牌研究成为营销理论研究的热点领域。

（二）品牌战略阶段

将品牌经营提到战略的高度，从品牌塑造的角度提出了许多战略性的品牌理论，如品牌形象论、品牌定位论、品牌延伸研究等。

（三）品牌资产阶段

开始重视品牌的市值和增值研究，提出了品牌资产评估模型、品牌资产五星模型、基于消费者的品牌资产模型等。

（四）品牌管理阶段

设专门的组织规范管理品牌，以保证品牌资产的长期发展。这一阶段出现的论著如大卫·爱格的品牌三部曲：《管理品牌资产》、《品牌领导》和《创建强势品牌》。

（五）品牌关系阶段

以品牌与消费者的关系为品牌理论研究焦点，提出了品牌关系概念模型、品牌关系分析架构、品牌关系交往规范等。

可以看出，这些阶段有递进发展的性质。从物化的品牌标识到经济化的品牌资产，再到人性化的品牌关系，品牌理论在短短几十年时间便有了质的飞跃，开始在人的需要的层次上研究品牌关系，成为当代品牌理论研究的统领理论和企业品牌实践的主要理论依据。

●品牌研究质的转变——从品牌资产到顾客资产

品牌资产自20世纪80年代被提出以来，研究者开始注意消费者与品牌资产的关系，意识到：如果品牌对于消费者而言没有价值，那么它对于投资者、生产商或零售商也就没有任何意义。因此品牌资产的核心便成为如何为消费者建立品牌。大卫·爱格提出品牌资产的“五星”模型把品牌资产分为五类：品牌忠诚度、品牌知名度、品牌认知度、品牌联想、品牌资产的其他专有权等，其概念模型可以归纳为基于消费者关系的概念模型，提出了为顾客提供价值的有效途径，加强与顾客的关系、增进顾客满意度，以期达到顾客对品牌的忠诚等。

品牌资产研究已不再是就品牌研究品牌，而是把品牌与消费者紧密地联系起来，品牌及品牌资产研究已超越了产品和产品观念本身，指向了消费者，这是营销理念的质的飞跃。

自20世纪90年代以来，顾客价值就成为营销学者和企业家关注的领域，顾客价值理论在营销实践中也得到广泛地运用。顾客资产理论，包括关系营销理论、顾客价值理论、顾客关系管理理论等。顾客资产理论认为，顾客资产由三个推动要素构成：价值资产，即顾客对企业及其产品、服务的客观评价；品牌资产，即顾客对企业及其产品、服务的主观评价；关系资产，即顾客与企业之间关系的强弱程度。

●品牌关系管理与传统品牌管理的区别

品牌关系管理是指企业努力建立、维持和增强其产品品牌与顾客之间的关系，并且通过长期互动和对承诺的履行来持续增强这种关系的一种管理方法。

传统品牌管理的出发点在于提供产品、吸引和争取顾客、每次交易的价值最大化以及提升品牌资产。可见，传统品牌管理是以一种短期的交易关系来看待品牌与顾客之间的关系的。

品牌关系管理与传统品牌管理的区别主要表现为以下几点：

传统品牌管理的核心是交易，企业通过与顾客发生交易活动从中获利，是以交易为导向；品牌关系管理的核心是关系，企业从顾客与其品牌的良好关系中获利，是以关系为导向。传统的品牌管理注重争夺新顾客和获得更多的顾客；品牌关系管理则更为强调以更少的成本留住顾客。传统的品牌管理强调大传播、大交流、促销和分销渠道；品牌关系管理强调顾客价值和顾客资产。传统的品牌管理强调高市场份额，认为高市场份额代表高品牌忠诚度（其实真正的品牌忠诚是一个远比市场份额复杂的概念，因为品牌忠诚还包括顾客的偏爱和态度）；品牌关系管理则着重强调顾客占有率（企业赢得一个顾客终身购买物品的百分比）和范围经济（指同一顾客向同一品牌购买相关零配件、其他产品和新产品所给企业创造的利润）。传统品牌管理的指导思想是大规模营销；品牌关系管理的指导思想是一对一营销和大规模定制营销。传统的品牌管理考虑的是使每一笔交易的收益最大化；品牌关系管理则考虑与顾客保持长期关系所带来的收益和贡献，即通过使得顾客满意并同顾客建立关系，开发顾客的终身价值。

品牌关系管理不仅仅是一种思想或一种活动与努力，更是一种全新的品牌管理方法，它将传统的纯粹收益管理转变为以顾客为中心的收益管理，强调品牌与顾客之间的交流与关系。

品牌关系管理是一种互动式的营销管理。在互动过程中，可以培养顾客的品牌体验与品牌感觉，进而提高顾客的品牌忠诚度，增强品牌与顾客之间的关系。顾客是企业存在和发展的基础，而品牌关系管理的价值就在于帮助企业或品牌与顾客建立起一对一的、亲密的、稳定的、长期的关系，并强化企业在营销、销售及服务顾客等方面的能力。品牌关系管理帮助企业进行个性化的销售活动，让顾客融入销售流程。这不仅可以增加顾客的参与感，满足其个性化接触的需求，而且还能够降低交易成本。（资料来源：MBA 智库百科·品牌关系管理，wiki. mbalib. com/wiki。）

案例看板　　“医鞋院”，一个制鞋企业的客户关怀策略

中国台湾是制鞋王国。台湾消费者的消费行为和消费习惯是，鞋只要穿得漂亮美观就可以了。因此，台湾制鞋商也就顺理成章地养成顾客喜欢什么就卖什么的习惯，不管消费者舒不舒服。

拥有127家门市的LaNew国际公司，是第一家标榜“先量脚，再选鞋”的制鞋商。公司副总经理王瑞敦认为，过去消费者买鞋主要挑选款式和价格，而很少考虑舒适性，但是现在的消费者开始懂得体惜自己，愿意花比较高的价钱来获取足部的舒适感。LaNew除训练员工简易的足部护理概念外，更注重品牌的长期耕耘。“不强迫顾客购买”是LaNew坚持的经营理念。正因为发自真心的服务，使得LaNew的客户流失率颇低。这种特殊的服务、产品品质和理念是LaNew产品价值的体现。

所谓的“医鞋院”，就是鞋品的维修系统。为了强调LaNew鞋子的独特性和舒适性，每双鞋都附有保修半年的保证书。曾经有个工地的工头半年内修鞋不下3次，后来LaNew了解到他的工作环境是有高危险性的工地，于是着手进行这类顾客鞋种的改善，并定期追踪其适穿性，以解决顾客的问题，此举也奠定顾客的长久忠诚度。另外，LaNew还成立了足部研究所，请专任医师给全体员工讲解足部病理，还针对台湾人的足部进行了1万多份的问卷调查，发现10个人中就有7个人足部有问题，原因大多是鞋子不合脚、穿起来不舒服或是使力不对。正因为LaNew在制鞋上对客户需求表现出高度的关心，很多医院的医生都会建议病人到LaNew找一双最适合自己的鞋子。

LaNew成立将近6年，施行连锁店制度3年，LaNew认为市场和需求变化甚快，唯有以快速和超值的服务来满足顾客方是良策。为了研发出最适合台湾人穿着的鞋，LaNew不断地定期举办活动作为研发的动力与依据。LaNew为推出休闲气垫鞋举办了第一届“勇敢的台湾仔走世界”；次年更是不惜巨资带领挑战者勇闯新疆帕米尔高原。通过登山活动，可以了解到LaNew的鞋需要加强之处何在，适不适合各地不同的地形和气候。以此再进行最后的改善和研发，可见LaNew对于制鞋的细心程度。

王瑞敦认为，当价值提升后，顾客会发现所需要的不只是鞋，而是足部健康、相关知识和信息的分享，以及舒适的行走权利。

（管政：《客户日益个性化　培养客户忠诚不打折优惠》，《中国经营报》2004年1月1日。）

第二节　品牌关系经典模型

●品牌关系模型构成主体

品牌架构是一个全方位、多层次的关联结构，涉及品牌与消费者之间感性与理性沟通的不同范围、不同层次的多种参与主体。所以，品牌关系理论有多种模型提出，涉及品牌与诸多参与主体的关系。大致有：

消费者与品牌的关系

消费者与品牌的关系是品牌关系中最重要的主体关系。布莱克森特等在人际关系互动理论的基础上，提出品牌资产的两个构面：品牌价值和品牌意义，品牌价值依赖于品牌意义而存在。而品牌意义由品牌形象和品牌态度构成，品牌形象构成了客观品牌，品牌态度则构成了主观品牌，主观品牌与客观品牌的互动就形成了所谓的品牌关系。

品牌与品牌的关系

品牌与品牌的关系，是根据企业中不同品牌之间相互关系的亲疏程度，按照多品牌集合、被担保品牌、子品牌、品牌化集合体等类别的关联形态；还可以将品牌与品牌的关系理解为企业内部品牌与外部品牌的关系（如与供应链上下游品牌的关系、与战略合作品牌的关系、与竞争对手品牌的关系）。

品牌社区关系

品牌社区是“在某一品牌的崇拜者之间建立的社会关系结构形式”，品牌社区具有三个特征：作为共享的类的意识、仪式和传统、道德责任感。品牌社区存在于消费者的经验中，而不是依附于品牌。品牌社区作为社会因素的联结更强地影响到消费者对品牌的满意和忠诚度。

品牌与产品关系

品牌感知质量是品牌资产的核心元素，是消费者与其他品牌比较时，对产品或服务的全面质量或优越程度的感知状况，是对一个品牌产品质量的主观认知。如果一个品牌产品的感知质量不能达到消费者的基本要求，就不可能产生溢价，更谈不上品牌延伸。

顾客价值资产是消费者对品牌效用的客观评价，质量、价格和便利性是影响到价值资产的三个主要因素。在中国市场上，中国消费者比欧美消费者更多关注产品的“质量标准”，他们购买品牌产品的主要动机之一是寻求安全。

产品品牌与公司品牌的关系

在很多情况下，产品品牌与公司品牌是分离的，消费者通常直接接触的是产品品牌而不是公司品牌。消费者与公司品牌的关系体现为消费者与公司员工态度和行为的互动。王海忠等（2005 年）认为公司能力（如公司业绩、产品创新程度、履行社会责任等）是消费者形成品牌知识的主渠道，公司能力联想能够转移到现有品牌及其延伸产品上，对产品品牌起到关键的“背书”作用。

品牌与关系利益人和环境的关系

有学者提出品牌不仅存在于消费者心中，更存在于关系利益人的互动、反馈的过程中，企业重心在于关系的经营。

“品牌生态环境论”认为，品牌生态环境是指存在于某个产品或某项服务之中的所有相关参与者或品牌之间的复杂关系，它是一个复杂的、充满活力的、不断变化的有机组织。在某个特定的品牌生态环境中，相关的参与者和品牌越来越多，创建品牌关系时只考虑消费者和竞争的因素已经远远不够了。王兴元（2000 年）提出由名牌产品、品牌拥有企业、股东（或投资人）、员工、经理、供应商、最终顾客、金融机构、大众传媒、社会公众、中间商、政府、竞争者、其他相关企业以及社会、经济、文化、自然环境构成的“名牌生态系统”。张焱等（2005 年）也对品牌生态的相关理论问题进行初步探索，认为品牌生态管理的实质就是要在企业品牌与利益相关者群体之间建立一种和谐共生关系，同时还从影响品牌的宏观、中观、微观生态要素出发，建立了一种互动的品牌关系管理模式，将利益相关者分为内部利益相关者和外部利益相关者，并试图建构品牌生态关系的整体框架。

●品牌关系模型的多样化

由于品牌架构是一个全方位、多层次的关联结构，涉及品牌与消费者之间感性与理性沟通的不同范围、不同层次的多种参与主体，所以，品牌关系理论有多种模型提出，涉及品牌与诸多参与主体的关系。从发展的角度看，有三种有递进意义的模型值得关注，它们是：

（一）狭义品牌关系模型

狭义的品牌关系是指消费者与品牌之间在态度上的相互作用。这种互动体现在两方面：一方面，品牌通过定位战略形成品牌个性展示在消费者面前，此时品牌为客观品牌；另一方面，消费者对品牌个性会形成自己的态度，即消费者如何看待品牌，称为主观品牌。因此，狭义的品牌关系也即主观品牌和客观品牌之间的相互作用。狭义品牌关系模型揭示了基于企业视角与基于消费者视角的品牌之间差异性的存在，突出了品牌的两面性。通过该模型可以认识到，企业要想塑造理想的品牌关系，必须达到主观品牌与客观品牌的统一。

（二）广义品牌关系模型

从广义角度看，品牌关系扩大到不同品牌与不同消费者之间的相互作用。广义品牌关系模型不仅考虑品牌与消费者之间的互动，同时还考虑品牌与品牌、消费者与消费者之间的交叉互动关系，这种模型为研究品牌生态系统内品牌间的博弈与共生现象、品牌社区内消费者间的互动奠定了理论基础。

（三）品牌关系动态模型

品牌关系动态模型将品牌与消费者之间的关系发展划分为六个阶段，即注意、了解、共生、相伴、分裂和复合阶段。该模型以消费者与品牌的接触过程为线索，表述了在不同阶段消费者与品牌之间的关系状态，突出了品牌关系发展的逻辑流程。品牌关系经“注意——了解”的认识过程，通过消费者和品牌之间的接触，消费者了解品牌个性，若消费者愿意与品牌继续增进情感，就能达到“共生”、“相伴”阶段，即品牌成为消费者生活中的一部分。但消费者和品牌之间的沟通也可能失败，出现“分裂”状态，此时，公司若采取危机管理策略，主动修复品牌关系，品牌关系就可能“复合”，重新回到“相伴”或“共生”状态。

●大卫·爱格的品牌关系模型

品牌关系概念出现以来，虽然对品牌关系范畴众说不一，但大致可分为三个方向：品牌与品牌的关系；品牌与消费者的关系；品牌与品牌利益相关者的关系。而主流趋势是，越来越多的人偏重于以“品牌与品牌利益相关者的关系”为研究方向。

所谓“品牌利益相关者”，包括品牌所有者、消费者、品牌管理者、品牌竞争者等，或代之以品牌主体、客体与载体之间的关系。

大卫·爱格的品牌关系理论属于“品牌与品牌利益相关者的关系”类。他认为，品牌是产品、符号、人、企业与消费者之间的连接和沟通，品牌是一个全方位的架构，牵涉到消费者与品牌沟通的方方面面。将品牌视为一种消费者能亲身参与的更深层次的关系，一种与消费者进行理性和感性互动的总合。逐步完善了品牌关系的概念，并将它系统化而成为品牌研究中的经典理论。

有研究者根据大卫·爱格的理论提出一种品牌关系模型：品牌关系＝企业＋产品＋消费者＋符号。品牌关系的运动轨迹是：符号沿着品牌资本化——品牌符号化——品牌意识化方向运动。品牌客体被意识化后相对稳定地存在于消费者头脑中。这个模型以企业、产品、消费者和品牌四者为关系主体，以品牌与消费者接触过程中消费者的感受为主线，以品牌发展历程为副线，将品牌关系发展细化为“品牌定位——品牌个性——品牌认知——品牌态度——品牌情感——品牌忠诚”六个阶段：

（一）品牌定位是品牌关系发展的基石

品牌定位的目的是有效地建立品牌与竞争者的差异性，在消费者心目中占据一个与众不同的位置。

在产品越来越同质化的今天，要成功打造一个品牌，品牌定位举足轻重。品牌关系的发展，应该基于顾客心理认知的差异化而非产品功能差异化来进行定位。必须站在满足消费者需求的立场上，借助于消费者行为调查，了解目标对象的生活形态或心理层面的情况，找到切中消费者需要的品牌利益点。

（二）品牌个性是品牌关系发展的平台

品牌个性会影响消费者的购买行为。消费者喜爱的品牌往往与消费者的自我观念相一致，而且消费者对品牌的喜爱又会反过来加强自我观念。品牌个性能为消费者提供象征性的或自我表达的功能。品牌关系的质量取决于品牌个性与消费者个性的吻合程度，品牌个性是发展品牌关系基础的平台，只有搭建好这个平台，才能进一步发展消费者与品牌之间的深层次关系。

（三）品牌认知是品牌与消费者相识的过程

根据消费行为理论，顾客对产品或品牌的认知会直接影响其购买行为。品牌认知是消费者、产品功能和品牌个性三者之间相互作用的过程。在品牌认知阶段，品牌在与消费者的关系中处于主动地位，企业把品牌塑造成"虚拟人"，并以产品为载体向消费者展示"品牌是谁，品牌是哪类'人'（品牌个性），品牌能为消费者带来什么利益"。为了发展良好的品牌关系，企业需要通过采用适当的整合营销传播策略来推动品牌认知过程的完成。

（四）品牌态度是目标市场细分的依据

营销学中普遍采用的一种定义是：态度即人们对对象的好的或不好的感觉，态度实际上是消费者通过对产品或品牌的认知而产生的一种评价。品牌态度可以作为企业进行市场细分的变量，以便对持不同品牌态度的消费者采取差异化营销策略。

（五）品牌情感的建立与维持是品牌关系发展的关键

品牌情感具有主观性，是在品牌个性与消费者相关联后产生的，不同的消费者个体对同一品牌可能会产生不同的品牌情感。品牌情感会降低消费者对品牌功能利益的敏感程度，同时，也提高了顾客的品牌转换成本，高的品牌情感是形成品牌忠诚的基础。

（六）品牌忠诚是品牌关系发展的最高阶段

在品牌忠诚阶段，品牌和消费者就像亲密的朋友，品牌成为消费者生命中的一部分。消费者从品牌获取的利益不仅仅是一件产品，更是一种精神、一种体验或是一段回忆。这种感觉是建立在感情基础之上的，它满足了顾客对情感利益的需求。品牌忠诚可使企业获得顾客终身价值、降低企业的市场交易成本，并对竞争对手的挑战产生免疫力。（资料来源：MBA 智库百科·品牌关系管理。）

●忠诚营销——顾客忠诚度培养

品牌忠诚是品牌关系的最高境界，它是消费者对品牌的态度忠诚和行为忠诚的统一。

欧美成熟市场从 20 世纪 80 年代起，以提高顾客忠诚度为目标的各种积分计划、俱乐部营销等，从航空公司、酒店等行业，迅速普及到了电信、金融、零售等各行各业，现在已经发展为跨行业、跨国家、线上线下联合的趋势。而在中国近几年来，忠诚营销逐渐成为一种营销趋势，中国企业也越来越关注对顾客忠诚度的培养。

顾客忠诚度的培养是一个渐进的过程，需要企业充分利用各种营销资源进行长期培育。而且，建立了目标顾客对品牌的忠诚并不意味着目标顾客对品牌会无条件地永远忠诚，尤其是在当下拥有较多的品牌选择机会的竞争环境中，维护目标顾客对品牌的忠诚显得尤为重要。因此，企业在忠诚营销的重点应该是突出商品或服务的品牌特色，如超值享受、特色服务等。

忠诚营销面对的局面是：

1. 顾客们越来越聪明，期望值越来越高；

2. 互联网的发展，使得消费者购买产品越来越便利，顾客忠诚度大大降低；

3. 以价格为基础的“转换计划”，会让顾客总是关注其他更加便宜的产品和服务；

4. 市场全球化带来了更多的竞争对手，越来越多的企业实施“以价值为主要诉求点”的忠诚计划，期望建立竞争壁垒；

5. “以顾客为核心”的营销技术发展迅猛，企业能精确计算出每个忠诚顾客的投资回报周期；

6. 基础行业垄断的终结，将使得顾客的选择更加多样，企业必须开发更多的忠诚顾客细分市场；

7. 企业间的并购对于品牌和产品忠诚度的影响相当大，很多忠诚顾客由此转投其他企业，特别是金融服务领域的影响最大；

8. 大众媒介一直以来都是忠诚计划的主要推广方式，但是近年来其广告和促销成本增长迅猛，成为忠诚计划实施成本中最主要的部分；

9. 在航空、酒店等领域，几乎所有的从业者都推出了相似的忠诚计划，最终结果是，忠诚计划根本不能成为企业的竞争优势，也不能为企业赢得更多利润。但是，企业又不得不推出忠诚计划，使自己在行业中立足。

企业在选定一批高质量的顾客之后，通过各种营销方式培养顾客长期消费的忠诚度，这样就可以给企业带来顾客终身价值。这对企业而言，是一种长期的价值。培养顾客的忠诚度能带来重复购买、增量购买和交叉购买，毫无疑问这会增加企业的收益。其次，忠诚顾客对企业的口碑相传，就是良好的口碑营销。忠诚营销是为企业带来持久利润的重要营销战略。（白长虹：《忠诚计划：招行信用卡为梦想积分》，《成功营销》2005 年 12 月 20 日。）

案例看板　　　　代顿·哈德森公司的"金卡计划"

代顿·哈德森公司是世界最大的零售商之一。它由三家在美国拥有独立品牌的连锁百货零售公司构成，这三家公司都因为能够提供给顾客具有个性化的款式新颖、领先潮流的产品而受到顾客的青睐。

20 世纪 80 年代末期，一些以折扣闻名的低价零售店和专卖店由于能够提供给购买者更加多样化的选择，使代顿·哈德森连锁店公司在顾客心目中的地位受到很大影响和挑战，这家公司便开始采取措施加强与顾客之间的联系，以此来加大顾客的忠诚度。

代顿·哈德森连锁店公司第一步措施是跟踪研究流动的顾客。公司投资建立了一个消费者信息系统，这个系统容纳了 400 万消费者的基本信息和他们的消费习惯。计算机分析的结果显示：有 2.5% 的顾客消费额占到公司总销售额的 33%。这 2.5% 的顾客得到了公司的特别关注，他们急切想留住这些高消费者。他们开展了忠诚性计划——"金卡计划"。

执行金卡计划的第一个问题是为顾客提供什么样的优惠。通过对顾客消费习惯和偏好的细心观察，研究小组发现，顾客们最关心的是与店员的充分交流，希望店员能够与他们一起分享商品信息，甚至一些小的不被注意的细节也能够赢得顾客的好感。所以公司最终决定提供一些费用不是很高的软性优惠条件：比如赠送一张上面有有关流行时尚信息的新闻信笺；给消费者提供一些即将要销售的产品信息；一张金卡；购物时附带的一些优惠，比如免费包装，免费咖啡，以及专为关系金卡用户提供的特殊服务号码。每个季度还为他们邮寄一些赠券。代顿·哈德森公司还开通了消费者服务热线电话。原预计一年可能会接到3000个电话。可是热线一开通马上爆满。消费者对热线有很高的期望。

接着，代顿·哈德森公司把那些高度忠诚的顾客集合起来，让他们参加一些重大的特殊仪式和会议，比如关于流行趋势的论坛，甚至是公司举行的盛大的招待晚宴。这些活动的作用类似于一个巨大的实验室，在这个实验室里，公司的员工可以有更多的机会认真、细致地观察顾客的消费态度和行为习惯，同时，也使得这些顾客们感到了自己身份的特殊性，从而进一步增加了他们对公司的认同感和归属感。

在这项活动运作的一年时间里，他们还举办了许多艺术演出活动、时尚研讨会，也举办了一些降价活动。金卡计划取得了极大的成功，成员增加到了40万人。这项计划使消费者感到很满意，他们很乐意继续购买代顿·哈德森公司的商品。与预先设置的对照组相比，金卡用户消费明显高出许多。随着销售额以百万美元的数量递增，“金卡计划”被公司认为是一本万利的举措，被运用到更多顾客身上。

代顿·哈德森公司的经验是：把消费者分成几种不同的人群，这些不同的消费者群体有着不同的基本生活需求、不同的消费习惯和不同的消费潜力，当然他们对百货公司也有着不同的忠诚度。所有这些差异组合在一起就构成了消费者的各自不同的潜在的终生价值。代顿·哈德森公司在销售前为顾客“量体裁衣”；在销售过程中，不断地和顾客沟通，把顾客的需求渗入提供系统；在销售以后，还要以完美的服务质量，过程的继续跟踪和连续的沟通等，实现“顾客永远在心中”的认知感。

要获得忠诚客户，对客户进行分析，提炼出最有价值的顾客，真正关心他们的需求，把培养客户忠诚当做一项系统的工作长期做下去，为消费者带来了方便，也就为企业自己带来了长期的收益。

（管政：《客户日益个性化　培养客户忠诚不打折优惠》，《中国经营报》2004 年 1 月 1 日。）

●作为品牌关系的评价系统的品牌资产五星模型

品牌关系质量的评价系统，有“爱与激情、自我联结、相互依赖、个人承诺、亲密感情、伴侣性质”的六维度系统和大卫·爱格的品牌资产的五星概念模型等。方法都是指标量化测定，目的是评价品牌关系的稳定性与延续性。

这里我们简要介绍大卫·爱格的品牌资产的五星概念模型。

大卫·爱格 1991 年提出品牌资产的“五星”概念模型，认为品牌资产是由品牌知名度、品牌认知度、品牌联想度、品牌忠诚度和其他品牌专有资产组成。

品牌知名度，指消费者对一个品牌的记忆程度。品牌知名度可分为无知名度、提示知名度、第一未提示知名度和第一提示知名度 4 个阶段。一个新产品在上市之初，在消费者心中处于没有知名度的状态；如果经过一段时间的广告等传播沟通，品牌在部分消费者心中有了模糊的印象，在提示之下能记忆起该品牌，即得到了提示知名阶段；下一个阶段，在无提示的情况下，能主动记起该品牌；当品牌成长为强势品牌，在市场上处于“领头羊”位置时，消费者会第一个脱口而出或购买时第一个提及该品牌，这时已达到品牌知名度的最佳状态。

品牌认知度，指消费者对某一品牌在品质上的整体印象。它的内涵包括：功能、特点、可信赖度、耐用度、服务度、效用评价、商品品质的外观。它是品牌差异定位、高价位和品牌延伸的基础。研究表明，消费者对品牌的品质的肯定，会给品牌带来相当高的市场占有率和良好的发展机会。

品牌联想度，指透过品牌而产生的所有联想，是对产品特征、消费者利益、使用场合、产地、人物、个性等等的人格化描述。这些联想往往能组合出一些意义，形成品牌形象。它是经过独特销售点传播和品牌定位沟通的结果。它提供了购买的理由和品牌延伸的依据。

品牌忠诚度，指在购买决策中多次表现出来的对某个品牌有偏向性的行为反应，也是消费者对某种品牌的心理决策和评估过程。它由五级构成：无品牌忠诚者、习惯购买者、满意购买者、情感购买者和承诺购买者。

品牌忠诚度是品牌资产的核心，如果没有品牌消费者的忠诚，品牌不过是一个几乎没有价值的商标或用于区别的符号。从品牌忠诚营销观点看，销售并不是最终目标，它只是消费者建立持久有益的品牌关系的开始，也是建立品牌忠诚，把品牌购买者转化为品牌忠诚者的机会。

品牌其他资产，指品牌有何商标、专利等知识产权，如何保护这些知识产权，如何防止假冒产品，品牌制造者拥有哪些能带来经济利益的资源比如客户资源、管理制度、企业文化、企业形象等。

在这五项内涵中，品牌忠诚度是品牌资产的核心，其余四项有助于品牌忠诚度的建立。

品牌资产五星模型的提示意义在于：品牌是代表企业或产品的一种视觉的感性和文化的形象，它是存在于消费者心目之中代表全部企业的东西，它不仅是商品标志，而且是信誉标志，是对消费者的一种承诺。品牌资产评估就是对消费者如何看待品牌进行评估和确认，由此可以说，消费者才是品牌资产的真正审定者和最终评估者。

第三节　品牌关系断裂理论

我们已经知道，品牌关系的核心是品牌与消费者之间的关系。如何留住顾客，如何维持顾客对品牌的忠诚，是品牌关系管理最重要的目标。没有一个企业不竭尽全力维持与发展品牌与消费者的关系。但是，总有品牌被消费者抛弃，即使是名牌，也总有或多或少的消费者与之分手。许多品牌挖空心思地争取同一消费群，许多顾客无可奈何地在不同品牌间换来换去。

这就是“品牌关系断裂”，一个对企业来说生死攸关却又司空见惯，对学术界来说充满诱惑而又捉摸不透的课题。

●品牌关系断裂在所难免

在介绍品牌关系模型时，提到了品牌关系动态模型将品牌与消费者之间的关系发展划分为六个阶段：注意——了解——共生——相伴——分裂——复合。

这个模型告诉我们：品牌关系断裂在所难免；品牌关系断裂的事前预防是有可能的；品牌关系断裂后修复也是有可能的；品牌拥有人的品牌维护和品牌危机管理机制是修复品牌关系的基本渠道。

●消费者的品牌转换

有些顾客以前总是买你这一品类的东西，现在他不买你的了，转而购买竞争对手该品类产品，这叫品牌转出行为；反过来，以前不买你这一品类的东西，现在却开始买你的了，这叫品牌转入行为。通常人们说的品牌转换，主要是指转出行为。

消费者的品牌转换行为，表面上反映的是消费者对于同一种产品在不同品牌上的购买选择权利，实质上反映的是企业品牌经营成败及其产生的市场结果。研究消费者品牌转换行为，能够有效揭示品牌营销对消费者已经产生与即将产生的购买影响力，及影响力背后真实有效的根本原因。

消费者之所以会发生品牌转换，根本原因在于：企业对消费者需求的把握是否准确、提供的产品竞争力如何、品牌感召力强弱、营销策略是否正确、具体的营销行为、品牌传播活动是否得当有效等方面。

值得注意的是，品牌转出率并不直接等于品牌流失率。研究表明，一旦你的品牌改善了提升了，一部分离开了的消费者又会再回到你的品牌阵营。同理，转入率也并不直接就等于忠诚率。品牌转入率正确的理解应当是消费者对该品牌的尝试率，消费者已经开始选择你的品牌，但还不是经常长期选用你的品牌，显然，由尝试到忠诚还有很远的路要走。

准确理解什么是消费者品牌转换行为及行为分类，进而采取适当的方法手段，获得对消费者品牌转换行为的详细了解，是正确决策企业应当如何应对消费者品牌转换行为的重要前提。在如何应对消费者品牌转换方面，当今企业缺乏的不是找到问题症结之后的市场营销策划工作，而是如何通过专业客观的市场研究，获得对消费者品牌转换结构和原因的洞察，从而在根本上摒弃原来那种完全依靠营销经验粗略估算消费者品牌转换并进行品牌战略规划和管理的方式，转而采用以专业科学的市场研究方式，实地深入了解消费者的态度、心理和行为，然后根据市场营销原理和竞争态势，制定适用于本企业本品牌的针对性极强、个性化明显的品牌提升营销计划。

要精确应对消费者品牌转换，必须运用科学的市场研究方法，获得消费者品牌转换的第一手真实资料，然后通过深入细致而且全面的分析，找出问题症结所在，最后依据科学分析的数据而不是依据个人主观意愿或主动判断，来做出事关品牌兴衰生死的重大品牌决策。定性、定量市场研究及一系列已经成熟的市场营销分析工具的作用日益凸显，而且将随着竞争加剧而愈加不可或缺与不可代替。（郑文斌：《品牌为何会突然被抛弃?》，《世界品牌实验室》2006 年 12 月 8 日。）

案例看板　　　　南京冠生园如何死而复生

2001 年中秋节前，中央电视台报道了“南京冠生园大量使用霉变及退回馅料生产月饼”的消息，举国震惊。南京冠生园月饼顿时无人问津。

危机应对错误，走上破产之路

面对危机，南京冠生园没有表现出应有的诚信。先是辩称这种做法在行业内“非常普遍”，绝不是冠生园一家；强调卫生管理法规对月饼有保质期要求，但对馅料没有时间要求。随后又匆忙发出了一份公开信狡辩，始终没有向消费者作任何道歉。

信誉的缺失不仅使南京冠生园的主要产品月饼被逐出市场，公司的其他产品如元宵、糕点等也很快受到“株连”，没人敢要。不久，省市调查组进驻，南京冠生园食品厂被全面停产整顿。尽管有关部门宣布南京冠生园的月饼经检测合格，可以重新上柜，但心存疑虑的消费者避之唯恐不及，冠生园月饼再也销不动了。生产难以为继，南京冠生园一蹶不振，遂向法院提出破产申请。2004 年 1 月 30 日，南京冠生园食品有限公司破产资产以 812 万元被公开拍卖，拍卖变现所得，用于偿还贷款、债务、工资及其他费用。2004 年 7 月 21 日，有着 70 年历史的南京冠生园正式破产。

关系再续成功，迎来新的发展

2005 年 5 月，南京冠生园正式复出。

南京冠生园食品有限公司董事长许天楚表示：“我们要为‘陈馅月饼’还债。因此，首先不是赚钱，而是赢回市民对‘冠生园’品牌的信心。”他们代表这个品牌真诚地向南京市民和全国同行、消费者致歉。

他们提出：将质量视为企业生命，按照药品生产质量管理规范标准建设现代化的中央工厂，引进先进的质量检测和生产设备，聘用台湾、香港、广州等地大师级月饼制造专家和烘焙大师，实行产品统一标准，统一配送；同时申请了ISO9001质量标准、ISO14001环境标准及HACCP食品安全标准认证。以“人类健康，食品安全”为产品发展方向，以诚信立基，对社会负责，做良心事业，重新打造新的南京城市名片。

为避免在流通环节上出现问题，冠生园摈弃传统的门店生产模式，所有门店不允许私下配料、生产或加工食品，全部由工厂配送。另外还放弃了成熟的超市渠道，全部走自营专卖店形式。这种昂贵的生产环境的营造与流通链条的打造其唯一目的，就是“南京冠生园不能在安全和质量上再出一点点差错。”这时的经营者比任何时候都清楚：任何纰漏对于品牌的打击都将是毁灭性的。

市场反应是，南京冠生园没有受到消费者的冷落，经营情况日渐向好，单店销售基本上可以做到保本经营。原本还在犹豫要不要推月饼，看到品牌信誉度恢复得比预期要好，南京冠生园便开始启动月饼生产。为了吸取教训，冠生园在工厂内挂出了8条“月饼宣言”，其中重点谈到了“馅料纯正新鲜”的问题，并承诺馅料全部自炒，不从馅料供应商处采购熟料，在厂区建立实时摄像监控系统，从原材料环节到中间生产环节再到包装环节，全部曝光在监控系统的电视屏上，任何进厂参观的消费者都能亲眼目睹。（资料来源：《南京晚报》、《现代快报》、《北京晨报》。）

●唤回老顾客——品牌关系再续

唤回老顾客、重获顾客、与消费者再续前缘，在品牌关系研究中叫“品牌关系再续”。

品牌关系断裂并不意味着品牌与消费者之间就永远失去了联系。按照事物发展客观规律，品牌关系的发展会经历一个从建立到断裂的动态过程，也存在断裂后再修复的可能。品牌关系的理论研究和实践经验也说明，只要采取适当的措施，与某一品牌分手的消费者仍然可能会与该品牌“再续前缘”。

研究表明，在一些利润空间较大的行业，对一个新顾客进行投资的回报率是23%，而对一个已流失顾客进行投资，回报率可高达214%。重新唤回消费者能够给企业带来较高的经济回报。有关研究认为，唤回老顾客、实现关系再续的意义表现在：（1）相对于赢得新顾客而言，唤回老顾客只需付出较低成本；（2）通过唤回老顾客，企业可以获得明确的改进机会；（3）企业可以通过唤回流失的顾客，学习抵御风险的能力；（4）可以减少流失顾客的负面口传，并通过唤回老顾客增加正面口传。

在实践中，企业已经意识到唤回老顾客是企业实行全面消费者行为管理的核心能力之一，主动唤回老顾客、实现与顾客关系再续的做法变得越来越流行。与流失的顾客重新建立关系、实现品牌关系再续的正面效应已经得到公认，也开始引起学者们的关注。

关于关系再续的可能性，已有研究数据显示，企业与流失的顾客重新进行交易的可能性高达20%—40%。即使关系完全停止，其他形式的交互还是会持续，如信息交换和其他形式的社会或商业交流，而且过去的印象会留存在个人的关系和知识中，要经过一段时间以后才会消失，这也为关系的再续提供了契机。品牌关系双方的承诺越多、关系越亲密，宽恕对方的可能性就越大。

老顾客不会在感知不到任何利益的情况下返回原来的品牌，因此企业应该制定和实施相应的策略，以便再续有价值的品牌关系。企业在开展重获顾客的活动时，通常采取的策略是提供比原来更大的价值。但仅仅提供经济价值回报可能是不够的，还应该为消费者提供社会价值。成功制定和实施品牌关系再续策略，是企业品牌关系再续管理中最具实质性的问题。

我国社会被认为是一种“关系导向”型社会，从品牌关系管理的视角寻求创新无疑是我国企业建立强势品牌的途径之一。我国企业出现的品牌失误多，导致品牌关系断裂的现象普遍。1990年我国内贸部认定了1600多家中华老字号企业，并授予金字招牌。到了今天，80%以上的百年老字号企业经营状况不容乐观，效益较好的只占10%。这些曾经得到消费者青睐的老字号如何重新与消费者再续前缘，是相关企业迫切需要解决的问题。因此，我国企业更需要有关品牌关系再续管理的理论指导。

因此，在品牌关系断裂的现象普遍存在的现实情况下，针对我国企业开展品牌关系再续研究也具有极大的现实意义。(黄静、熊巍：《消费者·品牌关系的断裂与再续：理论回顾与展望》，《外国经济与管理》2007 年 8 月。)

第四节　品牌向心力法则

品牌向心力，指品牌拥有者调动一切品牌关系、整合所有品牌经营要素，围绕“品牌与消费者的关系”这一核心展开品牌建设并不断提升品牌效益的能力。

品牌向心力法则一——品牌的成功就是品牌关系的成功

品牌大师大卫·爱格认为：“品牌就是产品、符号、人、企业与消费者之间的联结和沟通，品牌是一个全方位的架构，牵涉到消费者与品牌沟通的方方面面。”“除了品牌就是产品外，品牌认同的基础概念还必须包括‘品牌就是企业’、‘品牌就是人’、‘品牌就是符号’的概念，批判实际上是由其本身整合诸多品牌信息而构成的。”一句话，品牌就是品牌关系。没有品牌关系，就没有品牌。

无数成功品牌的经验又反复印证：成功品牌的本质是成功的品牌关系。

品牌向心力法则二——品牌关系是汇聚于消费者之心的合力

品牌关系就是构成品牌的诸要素之间相互作用、相互影响的客观联系机制。品牌关系的核心是品牌与消费者之间的关系。

品牌关系是品牌与消费者之间通过互动而形成的亲密、持久的关系。如果品牌对于消费者而言没有价值，那么它对于投资者、生产商或零售商也就没有任何意义。如何留住顾客，如何维持顾客对品牌的忠诚，是品牌关系管理最重要的目标。

理论与实践都表明，品牌关系是一种合力，这股合力共同指向一个方向——消费者之心。

品牌向心力法则三——品牌关系基于顾客关系网

既然品牌关系的核心是品牌与消费者之间的关系，那么必须建立顾客关系网。

品牌关系管理的对象并不是所有可能的顾客，而是最有价值顾客。企业不应与所有对象都建立长期关系，即使在建立关系的对象中，也应有不同的层次差别。对顾客进行选择和区别的标准是顾客终身价值，比照这个标准，企业就可以有效地确定关系对象和关系层次。要建立和管理比较完整的顾客数据库。要将顾客资料转变为有效的营销决策支持信息和顾客知识，进而转化为竞争优势。数据库信息要不断地更新，随时掌握顾客期望、态度和行为变化，开展顾客流失原因的调查。

品牌向心力法则四——不研究品牌断裂，等于不研究品牌

品牌关系断裂在所难免；品牌关系断裂的事前预防是有可能的；品牌关系断裂后修复是有可能的；品牌拥有人的品牌危机管理机制是修复品牌关系的基本渠道。

品牌向心力法则五——唤回老顾客比赢得新顾客更重要

相对于赢得新顾客而言，唤回老顾客只需付出较低成本。西方营销格言道："争取一个新顾客的成本是留住一个老顾客的5倍，一个老顾客贡献的利润是新顾客的16倍。"通过唤回老顾客，企业可以获得明确的改进机会；可以通过唤回流失的顾客学习抵御风险的能力；唤回老顾客，可以减少顾客流失造成的负面影响，增加正面口碑；重新唤回消费者能够给企业带来品牌信心。

品牌向心力法则六——品牌关系的本质体现于品牌符号

品牌符号是品牌的本质，是整个品牌关系的动态表现。著名品牌策略大师艾·里斯认为实际上被输入到顾客心目中的根本不是产品，而只是产品名称，它成了潜在顾客亲近产品的挂钩。

品牌符号能帮助消费者简化他们对品牌的判断，将品牌想表达的无数的信息，用一个符号来全部表达，消费者只要看到这个符号，就想到了该品牌，并联想到品牌背后的内涵；这对于企业而言是最节省沟通成本的做法。

品牌向心力法则七——品牌关系发展的最高阶段是品牌忠诚

品牌关系质量体现于品牌资产。品牌资产的"五星"模型是品牌关系质量的评价系统之一。品牌忠诚度是品牌资产的核心，其余四项的存在意义是协助建立品牌忠诚度。

从品牌忠诚营销观点看，销售并不是最终目标，它只是消费者建立持久有益的品牌关系的开始，也是建立品牌忠诚，把品牌购买者转化为品牌忠诚

者的机会。品牌关系发展的最高阶段是品牌忠诚。品牌忠诚度发展到情感购买者和承诺购买者居多之时，就是品牌关系质量理想化之日。

第四章 品牌替代力

——品牌的经营要素替代原理

经营要素之间是可以相互替代的。

品牌是具有“最大替代力”的要素。

品牌替代法则一：品牌往往可以替代其他经营要素。

品牌替代法则二：品牌替代力因信息不对称而存在。

品牌替代法则三：在特定情况下，品牌替代力可以解决无品牌者的品牌缺位问题。

品牌替代法则四：品牌替代力的大小取决于该品牌“满足消费者需求”的程度。

第一节 品牌的经营要素替代原理

《东方今报》2008 年 10 月 7 日以《内蒙欲抢回航天城名分，与甘肃角力航天经济》为题报道：发射“神五”、“神六”、“神七”的酒泉卫星发射中心，并不在甘肃酒泉境内，而是在内蒙古阿拉善盟。据说，当时以“酒泉”命名，是因为在茫茫戈壁上很难选一个有知名度的地名，而“酒泉”可以弥补这个缺陷。

酒泉自 2003 年开发航天旅游，“神六”发射后，当地 65 家旅行社平时组织的“航天游”十分火爆。酒泉市政府提出全力打造“中国飞天之都”。发射中心和酒泉互设了办事处。旅游业已成为酒泉国民经济的支柱产业。而发射中心真正所在地内蒙古阿拉善盟显得有点落寞。觉醒后的阿拉善盟，正在基本建设和宣传上发力，彰显自己的“飞天故乡”地位。

“酒泉”就是知名品牌。当初为发射基地起名时，就是品牌知名度发挥了作用；后来酒泉航天游兴起，则是品牌效应的扩大了。酒泉每年十几个亿的旅游收入中，品牌替代效应居功甚伟。

当年张瑞敏说过一句话："海尔不打价格战，要打就打价值战。"价值战，就是品牌战。在别的企业打价格战两败俱伤面对亏损局面时，海尔却在注重消费者的消费感受、满足消费者个性化需求的价值战中取得了胜利。

古今中外，凡是打品牌的，都不同你讲价格；凡是同你讲价格的，必然不看重品牌。从买方市场看，凡是买品牌的，不考虑价格或不优先考虑价格；凡是讨价还价的，则不考虑品牌或不优先考虑品牌。这就是品牌战与价格战的区别。

价格不重要吗？不。价格重要。但是品牌更重要。同为经营要素，价格替代不了品牌，品牌却能替代价格。

案例看板　　英特尔的品牌制胜

英特尔与 AMD 之争由来已久。在技术上，两家互有短长，难分伯仲。有一段时间，在高频 CPU 方面 AMD 占据领先地位。更重要的是，AMD 的价格只有英特尔的 60%，凭借强大的性价比，AMD 的市场占有率迅速上升。20 世纪 90 年代，美国法院曾判 AMD 有权复制英特尔的芯片。按说，这个对 AMD 有利的判决，应当使 AMD 与英特尔平起平坐，但其市场份额始终没有超过 20%，英特尔却长期占据着 CPU 市场（PC 机）80% 以上的市场份额。

胜负手是什么？品牌。

品牌是 AMD 公司的一处硬伤，长期以来，他们很少关注品牌宣传，其品牌对于消费者来说是比较陌生。特别是在品牌机市场，虽然 AMD 的价格只有英特尔的 60%——这对大打价格战的 PC 厂家而言，是一个巨大的诱惑，但是，"Intel Inside" 计划已经建立了一种共识：只有贴上 "Intel Inside" 标识的电脑才是最好的。在这样的情况下，很少品牌厂商愿意冒险采用 AMD 的 CPU。

根据国际品牌研究机构 Interband 在 2002 年的评估，英特尔 "Intel Inside" 这个创立时间仅有 10 年的品牌，在全球品牌中名列第 4。"Intel Inside" 计划的成功有两大意义：一是在最终用户当中树起了强大的品牌形象，成为用户公认的行业标准；同时使得CPU成为消费者的关注对象，限制了PC机生产商在最终用户中的品牌影响。英特尔品牌全球总监评价道，“Intel Inside”计划使得PC制造商纷纷将英特尔品牌视为其产品的一个重要组成部分。而消费者也愿意选择Intel Inside品牌，因为这个品牌使他们确信从产品中获得英特尔领先的技术、优质的产品和可靠的保证。

在品牌推广方面，“Intel Inside”品牌战略用70亿美元塑造了价值390亿美元品牌。迄今为止，该标识在全球各地已经播放或出现了5000亿次以上。正是这种强大的品牌形象，使英特尔打败了它最大和最主要的竞争对手——AMD公司。

由于AMD与英特尔在品牌上的天壤之别，使得AMD公司内部甚至流传过这样一种说法：“英特尔花5分钟就能筹集500万美元，而AMD花500万分钟只能筹集5美元。”

●经营要素

要素是指与系统直接关联的，决定系统存在的关键因素，或是指构成体系的各个组成部分的总和。所谓经营要素是指任何企业生产经营不可缺少的基本条件，其经济内涵应当包括投入经营过程的人力、财力和技术、信息等。通常把生产过程中的各种投入称为生产要素，整个经济活动过程的各种投入称为经济要素，按照传统政治经济学的观点，生产要素主要是指资本、土地等物的要素。和其他经营要素一样，这些物的要素虽然不是价值创造的源泉，但它们是价值创造不可缺少的条件，所以根据谁投入谁受益的原则，要素投入者可根据投入的多少来相应分享剩余价值。

企业经营要素包括：资本、土地、劳动、企业家、信息、技术、管理、品牌，等等。

●替代与经营要素替代

替代，在这里指具有比较成本优势的经济要素对具有比较成本劣势的经济要素的全部或部分取代，并发挥相同的经营作用和效果。

作为经营要素的“品牌”往往可以替代其他经营要素。

周云提出：对品牌作为经营要素具有的替代作用，有三点基本认识：1. 品牌是经营的要素之一，并与其他要素一起共同形成了全社会的经营活动；2. 至少在一定的范围之内这些经营要素之间是可以相互替代的，依然可以获得同样的经营效果；3. 这些要素之间的边际替代率是不稳定的。

在品牌兴起之前，市场竞争主要是价格成本等一些简单的经营竞争，简单的商业活动几乎没有什么交易成本，即使有些交易成本也是买卖双方共同承担。但随着市场的扩大，双方之间增加了交易成本；随着供求关系的变化，买卖双方对各自承担的交易成本的比重发生着变化。买方逐渐成为交易信息的劣势一方，但由于受到供求关系的左右，买方仍具有讨价还价能力的优势，对于卖方而言，尽管具有交易信息的优势，但却是讨价还价劣势的一方。于是，从单纯的交易角度看，买卖双方的交易关系就是交易信息和讨价还价能力之间的博弈关系。买卖双方自觉的解决这一矛盾的方法有很多，诸如：公平公开的拍卖、搭建第三方交易信息平台等，但市场也给出了它自发的解决措施，即：品牌替代。

当经营发展到一定阶段时，品牌作为一种经营要素出现在市场交易当中，在一定程度上可以替代交易信息要素。

个体购买者为降低自己的购买成本，必须获得更多的信息，其中品牌的承诺或是承诺经验的积累构成的熵减对补偿信息劣势的购买者来说就形成一种选择的成本替代。在品牌与交易信息成本之间的替换并不是直接发生的替换，他们二者之间有一个过渡，即品牌释义信息。品牌释义信息是具有品牌特征的信息要素，品牌释义信息对交易起着简化的作用。

品牌具有信息要素的性质，包含有产品品质信息，而这一信息对消费者的影响经过反复强化能够形成消费习惯。于是，降低买方交易成本能够获得其消费习惯，在这一点上，买卖双方取得统一。也正因这一统一的出现，多项交易成本被完全或部分的替代，于是，品牌信息就成为一项重要的经营要素，在交易中就具有了替代其他要素的能力。从这个角度来看，品牌就是对市场中信息劣势方的补偿工具，即经营学的角度对品牌作用的解释——品牌的经营要素替代原理。（周云：《品牌学——原理与实务》，清华大学出版社、北京交通大学出版社 2008 年版。）

●替代力与品牌替代力

“替代力”是指某一经营要素替代其他要素的能力。毫无疑问，“替代力”的大小取决于该经营要素“满足消费者需求”的程度，它包括满足消费者的辨识需求、购买交易需求、实用需求、社会心理需求等。在品牌经营的各种要素中，最可能具有“最大替代力”的要素只有“品牌”本身。因为“品牌”这一要素，是物质和精神要素的综合体，可以使消费者在交易中最大限度地降低成本，在消费中具有安全感、品位感、荣耀感、地位感，在消费后有留恋感等精神感受。而这些又是品牌经营中的其他单一要素所不能提供的，却又是综合了其他所有单一要素才能实现的；品牌使命般地成了它们的代表，也就理所当然地具备了替代它们的功能。

张瑞敏认为，所有的资产都应该是负债，只有品牌才是真正的资产。他规划的海尔目标是要成为国际的品牌运营商，通过整合国际化的信息设计网络、分销网络、制造网络、物流配送网络、支付网络、营销网络等，变成网络集成，集成的核心就是海尔的品牌。张瑞敏的品牌经营思想，就是借助品牌替代力驱动企业经营。德鲁克就说过，未来的竞争不是一场技术、机械、技巧、软件或速度的革命，而是概念上的革命。而没有赶上这场革命的企业，在一觉醒来的时候发现自己被远远地抛在后面，而且永远没有翻身的机会。

观点看板　　　　　　　　我为什么买名牌?

《北京科技报》曾用四个月时间完成了《品牌影响生活大型调查报告》，问卷调查表明：55%认为品牌非常重要，32%的被访者认为“一般重要”。

很多人喜欢把好东西拿出来与大家分享。哪些方面的品牌“分享率”最高呢？21%的被访者常与人分享家用电器方面的品牌；分享食品、饮料方面的品牌的各为15%；分享电脑品牌的14%；分享手机和日用百货品牌的各为12%；分享服装鞋帽和音像制品品牌的各为10%；分享化妆品品牌的占6%。

有读者说："来北京将近四年，每次要给家里带吃的，我都没犹豫过，绝对是'稻香村'的点心。其实，我也说不出它们有什么胜人一筹之处，也许只是一种习惯，只是一个念想。'稻香村'是一个连着家人和我的地方……'村'是个多么温暖的概念，一如'家'带给我的思念和回忆。"在中国经济网一次访谈中，北京大学外国经济学说研究中心副主任，中国经济体制改革研究会公共政策研究所副所长夏业良说："品牌对于个人的意义，首先在于认知度，我们可以通过品牌确认质量。好的品牌是信誉的保证，其次是给人们带来荣誉。"

主持国家自然科学基金项目"品牌特质、品类关注特性与消费者的品牌选择决策"研究的心理学家王咏谈"人们为什么喜欢买名牌"："人们对品牌的倚重与社会进步和生活节奏加快有关。名牌往往意味着更高的价格，但一般情形下质量和相关服务较好，令人放心。现代生活中，人们越来越缺乏在商场中精挑细选的时间，购买名牌产品不仅可体现品位，还能避免不必要的经济风险、时间风险、社会风险等。"（资料来源：《北京科技报》、中国经济网、慧聪网。）

●品牌替代的最高境界

欧洲某调查机构对嘉士伯啤酒做过一个实验，把嘉士伯啤酒倒入一个普通品牌啤酒的瓶子，把普通品牌啤酒倒入嘉士伯啤酒的瓶子，然后让顾客来品尝，有趣的是所有的人都认为装在嘉士伯啤酒瓶子里的酒好喝。这种结果被可口可乐等著名公司的多次口味测试反复印证。

提出"品牌产品连续谱"（2008年）概念的刘威认为，品牌和产品的关系从纯产品开始不断增加品牌的成分经过若干中间状态延伸到另一端的纯品牌，这就是品牌产品连续谱。它包括四种基本的品牌产品关系：纯产品；大品小牌；大牌小品；纯品牌。纯产品，也可以称之为无牌产品，这种类型的品牌几乎不扮演什么驱动角色，发挥驱动作用的只有产品。这类公司运营方针就是"不做品牌做销量"，基本策略就是市场份额和新产品优势，组合管理的全部内容就是产品组合，内部管理也是生产导向或者产品导向，基本上不会设立专业的品牌管理部门。大品小牌，意味着品牌只扮演辅助驱动的角色，发挥主要驱动作用的还是产品，产品的特征决定了品牌的含义，品牌是产品信息的浓缩。大牌小品，意味着品牌扮演主要驱动的角色，产品只发挥辅助的驱动作用，品牌的含义决定了顾客对产品的看法，产品是品牌的作品。有代表性的如化妆品，顾客通常会先确定品牌而后再考虑满足自己需求的特定产品，顾客需要的是这个品牌与自己联系在一起，需要的是大写的品牌而非大写的产品。

纯品牌，就是脱离产品的品牌，这种类型的品牌和产品关系意味着品牌扮演唯一的驱动者角色，产品几乎不发挥任何驱动作用。产品不再是品牌的载体而仅仅是某种形式的外化而已，品牌法力无边能够任意借尸还魂，珍珠不管放在哪个盒子里面都是珍珠。在纯品牌的关系下，品牌化程度通常会极高，最有代表性的例子是品牌授权，迪斯尼是这个领域的霸主每年授权收入达到上百亿美元，而仅仅只是许可制造商使用其公司品牌以及米老鼠、维尼熊、白雪公主等卡通产品品牌，授权中不涉及任何产品的转移。在纯品牌的关系下，品牌完全脱离产品而单独存在，完全是顾客心目中的认知状态，价值联想完全不受物理特征和功能利益的束缚，更多体现为一种精神、文化和价值观的象征，产品有生命周期而品牌没有就充分反映了品牌高于产品的存在。在纯品牌的关系下，顾客关注的唯一焦点就是品牌。是品牌主导顾客做出购买决策，这种品牌产生的需求甚至会引发过度购买，如苹果的粉丝声称“即使苹果出了汉堡包我们也照单全收”。在纯品牌的关系下，公司关注的唯一焦点也是品牌，运营方针就是“品牌不销也有量”，基本策略就是品牌输出，组合管理强调品牌资产组合，内部管理上设立以商业模式为中心的品牌管理部门。（刘威：《品牌产品连续谱：四种类型的品牌产品关系》，全球品牌网，2008 年 7 月。）

品牌授权，品牌输出，品牌替代力如入无人之境的发挥，品牌影响力淋漓尽致的扩张，品牌为王其余经营要素臣服的全部意义上的主宰，就是品牌替代的最高境界。

第二节　信息不对称与品牌沟通

●“柠檬”理论与信息不对称

乔治·阿克洛夫1970年发表了名为《柠檬市场：质量不确定性与市场机制》的文章，用“柠檬市场”称呼信息不对称的市场。柠檬一词，在美国俚语中也指称“次品”或“不中用的东西”。低质量车因此也被呼为“柠檬”。在市场中，产品的卖方对产品的质量拥有比买方更多的信息。在二手车市场，显然卖家比买家拥有更多的信息，两者之间的信息是非对称的。买者肯定不会相信卖者的话，买者唯一的办法就是压低价格以避免信息不对称带来的风险损失。买者过低的价格也使得卖者不愿意提供高质量的产品，从而低质品充斥市场，高质品被逐出市场，最后导致二手车市场萎缩。

柠檬市场的存在是由于交易一方并不知道商品的真正价值，只能通过市场上的平均价格来判断平均质量，由于难以分清商品好坏，因此也只愿意付出平均价格。由于商品有好有坏，对于平均价格来说，提供好商品的自然就要吃亏，提供坏商品的便得益。于是好商品便会逐步退出市场。由于平均质量因此下降，于是平均价格也会下降，真实价值处于平均价格以上的商品也逐渐退出市场，最后就只剩下坏商品。在这种情况下，消费者便会认为市场上的商品都是坏的，就算面对一件价格较高的好商品，都会持怀疑态度，为了避免被骗，最后还是选择坏商品。这就是柠檬市场的表现。

市场经济存在了几百年，都是处于不对称信息的情况之下。当人们终于发现信息不对称问题严重性的时候，研究它的学说就铺天盖地而来。1996年和2001年的诺贝尔经济学奖，得主都是研究信息经济学的学者。

信息经济学认为，信息不对称造成了市场交易双方的利益失衡，影响社会的公平、公正的原则以及市场配置资源的效率。买商品的人对所购商品的信息的了解总是不如卖商品的人，所以，卖方总是可以凭信息优势获得商品价值以外的报酬。

俗话所说的“隔行如隔山”，这座山其实就是信息不对称。而要获得这些信息是要付出成本的。不对称信息实际上可以被看做对信息成本的投入差异，消费者往往没有对商品的诸如生产信息等信息进行投入成本，这必然与生产者之间产生信息投入成本差异，生产者利用信息投入差异获取利润正是为了补偿先前付出的信息成本。

在商品经济中，信息主要反映在价格上，价格信息是经济信息的中心，其他信息都是为价格信息服务的。在现代经济系统中，信息已经是一种重要的经济资源，像资本、土地一样成为必须的生产资料并且作为一项产业被纳入国民经济核算。

●信息经济学对品牌现象的解释

在微观经济的运行中，品牌是最引人注目的商业现象之一，无数的企业都在品牌建设上投入了大量资源。消费者在购买某种商品时，往往是根据品牌比较来做购买决策的。好的品牌，在消费者心目中是优质产品、优质服务的代名词。根据调查，75%的消费者在日常购买中，都会依据品牌来做购买决策。

信息经济学最基本的理论是信息不对称理论。信息不对称现象通常表现为两种结果：一是信息占有优势方经常会做出“败德行为”；二是信息占有劣势方不得不为信息占有优势方承担风险，从而使自己面临交易中的“逆向选择”。

国外许多实证研究表明：在购买决策之前，消费者搜索关于品牌的信息只局限于品牌名称及价格；消费者面临的品牌数目及每个品牌所提供的信息，会影响其品牌决策行为；大量关于产品的信息能使消费者做出更好的购买决策，当关于产品的信息不可获得时，消费者的决策就不是完全理性化；消费者了解品牌信息越多，其对品牌的评估越高。

●品牌化搭建信息沟通之桥

在信息对称的市场状况下不需要品牌。

品牌的产生源于市场的信息不对称。

品牌是企业向目标市场传递相关产品信息的最有效媒介。

信息不对称是造成柠檬市场上诸多不良现象的原因，解决这个问题，沟通是唯一的手段。在信息社会中，诚实也是一种工具。因为信息不对称，人与人之间需要沟通对话，以取得信息。而且，因为不知道别人提供的信息是真是假，只好借着“对方是否诚实”来间接地解读对方所提供的信息。买卖双方之间的沟通，是品牌的宗旨和功能；诚实，更是品牌的伦理核心。

产品的信息不对称性与消费者对该类产品的品牌依赖程度存在正相关性。“指牌购买”已成为当今购买商品的主要形式。品牌是商品市场的繁衍物，它成为厂商与消费者信息沟通的渠道，是产品及产品提供者同需求者之间互动关系的反映，品牌能有效阻止逆向选择与道德风险的出现。

周云认为，从个体消费者效用的角度看，消费者对某品牌的商品所支付的价格取决于它的边际效用，而且消费者对某品牌的偏好是有差异的，消费者根据了解其边际效用大小而愿意支付的价格总额与他实际支付的价格总额之间就会出现差额，这个差额在经济学中被称之为消费者剩余，在市场营销中被称之为让渡价值，无论从哪个角度理解，品牌释义信息的内涵是一致的，即：品牌通过释义信息替代交易成本，减少了交易风险，增加了消费者剩余，或增加了消费者让渡价值，也由此，品牌作为经营要素参与了经营活动的循环过程。（周云：《品牌学——原理与实务》，清华大学出版社、北京交通大学出版社 2008 年版。）

何君、厉戟在《新品牌——品牌识别经营原理》一书中认为：品牌不仅是不同企业产品的标识，更多的是营销价值资讯的载体。特定品牌往往代表特定的产品品质、产品风格、服务水平、流行时尚等方面的资讯，这些资讯逐渐被市场广泛了解和接受，在消费者心目中就成为特定的消费价值、消费情感的代表。

●品牌载负哪些商品信息

品牌释义，指对品牌内涵的表达解释。品牌释义信息符合一般信息的属性，其目的是能够充分引发消费者的联想，并暗示其联想的内容与品牌关系模型中的消费者头脑中的构建相连接，其运动规则是释义功能依赖于表层符号的表现，在品牌关系模型中称之为品牌意识化的运动过程。

梁红兵认为，在传统广告学的世界里去解释品牌，是不能揭示其科学本质的，要真正解释品牌必须进入信息论的世界。他给出一个品牌的信息论的定义：品牌是消费者关于商品的特性的信息系统。他认为品牌包含的商品特性信息有五个方面：商品的客观特性、心理特性、符号特性、传播特性、个性化体验特性。客观特性有产品特性、服务特性、市场特性、使用价值特性等，帮助顾客了解品牌躯体；心理特性有气质、性格、理念、价值观、态度、心理价值等，帮助顾客了解品牌灵魂；符号特性有名称、标志、图形、口号等核心符号系统特性和应用符号系统特性，是品牌的身份证；传播特性有理念识别、行为识别、销售识别、独特的传播风格等，等于品牌的制服；个性化体验特性有感觉、知觉、表象、联想、记忆、概念、判断、推理、思维等认知体验过程，感官体验过程有情绪、情感、感情体验过程，文化体验过程有行动体验过程等，传达与品牌打交道的价值意义。（梁红兵：《试论品牌的科学本质——信息系统》，2004，http：//hi. baidu. com/witbank。）

●品牌阻止“逆向选择”和道德风险行为

逆向选择，就是“柠檬”驱逐好货，伪劣产品挤走优质产品，导致市场交易产品平均质量下降。品牌可以阻止“逆向选择”。

品牌可为消费者提供两种服务：一是为消费者提供产品的特定信息；另一方面是为消费者提供甄选经营者的服务。品牌不仅是商品品质的一个信号，而且表明了经营者进行一项成本巨大的投资和对顾客所作的承诺。消费者的消费趋势明白，经营者要使自己的产品品牌从鲜为人知的杂牌到赫赫有名的名牌，是需要长时间不断投入各种资源的。品牌建设的成本是巨大的，品牌的建设是为了维持消费者对品牌的信任和忠诚，如果消费者对某一品牌失去了信任，不但该品牌没用了，连为建立该品牌而投入的巨大成本也分文难收了。因此理性的经营者，一旦经营出自己的品牌，就不会做出“败德行为”。

由于品牌建立成本的存在，劣质商品生产者当然不会随意的建立品牌，因为品牌成本的回收需要很长时间，而消费者上当受骗后，不仅产品卖不出去，连品牌成本也收不回来。于是，劣质经营者宁愿仿冒优质产品，但这是要受到法律制裁的，因为品牌是受法律保护而不能被盗用的。消费者完全可以通过有无品牌来判断产品优质与否，通过比较各品牌来甄选经营者。品牌的建立有效地解决了交易双方之间存在的信息不对称问题，从而有效地阻止了劣质产品驱逐优质产品现象的产生和消费者逆向选择行为的出现。

从理论上说，品牌代表的是成功和优质。品牌确立后，消费者在消费该品牌商品后感到满意，就会成为“铁杆”客户，一旦不满意就不再购买该品牌产品。因此，品牌的确立可提高消费者对该产品的信任和忠诚度。实质上，品牌的确定就是一种建立信誉机制的过程，具有良好品牌形象和公众口碑的品牌，其无形资产的价值是巨大的，它可引致交易双方信息交换和价值分享的关系。品牌之所以能给企业带来高额的回报和稳定的收益，根本上是因为品牌这种契约的公开性、长期性和稳定性对消费者的心理和行为产生了正面的影响。（谢美峰、蔡东宏、郭惠：《品牌营销策略的信息经济学解释》，《科技经济市场》2006 年第 10 期。）

观点看板　　　　品牌应为顾客传递价值

除非你的品牌向消费者传递了价值，否则你的品牌将不能为你的公司传递价值。

首先，品牌会使顾客的决策过程变得更加容易。麦当劳并不是高档的餐厅。但是，无疑麦当劳可能是世界上最强大的餐厅品牌。麦当劳作为一个品牌，减少了你想要外出就餐时做决策所需的成本。我们吃麦当劳不是因为我们就真的喜欢那里的食物，只是因为这更容易决定。品牌首先便传递了便捷。

其次，对于多数产品我不能轻易地鉴别品质，可能我购买并且使用之后仍然不能。举个例子，比如当我需要一位律师来辩护以免拘捕之苦，或者需要一位医生帮我开刀摘除脑瘤时，我会坚持聘请我能承受的、最昂贵的律师或者医生，以减少糟糕的律师或医生可能带来的更多风险。在我们购买酒水、彩妆或者药品时，也大致如此。当我购买知名公司的产品时，我认定买到劣质产品的风险会降低，因为我认定著名品牌的持有者想要保护他们品牌的价值。品牌此时的作用是降低风险。

第三，就某些产品而言，一个简单的事实就是：产品越贵、并且其他人也知道这件产品很昂贵，对拥有者而言是有价值的。在大自然中，动物们会根据羽毛的美丽程度来分配资源，来显示它们的成功与强大。在人类社会中，我们购买奢侈品品牌，本质是相同的。结果是，就像自然界中的动物一样，我们受到更好的待遇，因为人群更加尊重我们了。

第四，就一些产品而言，认知创造现实。意思就是，当我品尝我认为很贵的酒时，比我认为它便宜时更好喝；当我认为香水比较昂贵时，味道闻起来比我认为它便宜时要好很多；当我使用觉得贵的药品时，效果比我觉得它便宜时要好。在这样的情况下，认知创造现实，品牌创造了实践。

品牌如何帮助你的企业？别问这个问题了！问问如何使你的品牌帮助到你的消费者吧。然后尽你所能去确定你的品牌的确真正帮助了你的消费者，衡量服务的品质以及产品的实践性能，确保你的品牌履行了承诺。要知道，摧毁品牌比树立品牌容易多了。而保护你的品牌，你的品牌也会反过来保护你。

（中欧国际工商学院市场营销学与战略学教授、拜耳市场战略教席教授柏唯良：《品牌应为顾客传递价值》，《成功营销》2006 年。）

第三节　贴牌，品牌替代力的双赢表现

品牌替代，在绝大多数情况下，对品牌拥有方有利，这是不争的事实。但是，一旦由两方甚至多方以特定形式进行品牌合作，品牌替代所带来的效益则是双赢。只不过利益分配的相对比例与绝对数量大不相同。我们可以分析一下，双赢如何表现在贴牌生产的经营模式上。

●贴牌（OEM）为什么大行其道?

OEM（Original Equipment Manufacture），俗称“贴牌”，就是品牌生产者不直接生产产品，而是利用自己掌握的“关键的核心技术”负责设计和开发新产品，控制销售和销售“渠道”，具体的加工任务交给别的企业去做，所订产品低价买断，并直接贴上自己的品牌商标。这种方式是在电子产业大量发展起来以后在世界范围内逐步生成的一种普遍现象，微软、IBM 等国际上的主要大企业均采用这种方式。

在亚洲，日本企业为迅速占领市场，降低生产成本，最早采用国际OEM的生产贸易形式。台湾早已成为全球PC机最大的OEM基地，印度亦是通过OEM的方式成为世界最大的计算机软件出口国。在IT业，康柏总裁菲费尔说："用最直接的方式赚钱!"就是指省去那些所谓的资产（厂房、设备、办公楼等）带来的负担。甚至有人称：OEM造就整个IT产业！美国耐克公司，其年销售收入高达20亿美元，自己却没有一家生产工厂，只专注研究、设计及行销，产品全部采用OEM方式，成为目前世界上OEM经营的成功典范。

●世界级品牌的发展机会

许多经营业绩良好的跨国公司一直注重充分利用OEM方式将已经成熟的产品或其他企业有生产优势的产品推入自身的营销渠道中，利用自身在增值服务方面的优势去赢得更广范围的消费者。据统计，全球个人计算机厂商所使用的硬盘95%以上是由Seagate，Quantum及West Digital三家大的硬盘供应商以OEM方式提供的。

OEM也可以为顾客提供完整的解决方案。在信息经济时代，行业分工越来越细，新产品层出不穷，高科技含量逐渐提高，最终消费者不可能凭产品科技含量判断对自身的适用性，因为他们所需要的是基于解决方案的全方位的服务。现代企业竞争从某种意义来讲就是考核企业发现消费者需求并为之提供全面结局方案的能力单一产品的重要性正逐渐降低。而现实问题是如何满足越来越复杂，越来越具个性化特征的消费需求。

OEM方式提出了一个好的途径：即企业以自己专有技术为基础融入以OEM方式生产的其他产品，从而为客户提供适合各自需求的解决方案，这样既推动了企业自身技术的发展，加强了自身品牌的影响力，又使客户从全面的解决方案中得到了更全面、更及时周到的服务。

示范模版　　　　从草帽理论到联合品牌

据解放网报道：2008年4月15日，奇瑞集团董事长尹同耀对外界表示，克莱斯勒已经提出希望跟奇瑞组建合资企业，并已经就合资开始了商谈。这个被称为“优势互补、合作共赢”的战略合作模式就是奇瑞为克莱斯勒贴牌生产。克莱斯勒将奇瑞开发的产品进行局部改型后，以克莱斯勒旗下品牌的名义进入北美和欧美市场。换句话说，克莱斯勒将向奇瑞支付生产费用和研发费用，自己则赚取销售利润。奇瑞与克莱斯勒的合作项目，将在奇瑞现有的生产车间展开。据业内人士预计，5 年之内，奇瑞的代工年产量将会达到 20 万辆。

奇瑞在与克莱斯勒的合作中，吸取日韩汽车企业第一轮进军美国市场失败的教训，为日后自主品牌进军欧美发达国家积累经验，特别是减少大规模进入发达国家后面临的贸易摩擦和法律风险。

克莱斯勒与奇瑞的车型开发模式中，有一个很好的例子。那就是克莱斯勒在 2006 年日内瓦车展上展出的概念车——道奇大黄蜂。这款微型轿车在展出后不久就被运到了奇瑞的研发中心，由奇瑞负责将这款外形非常有特点的概念车进行改造，并尽快实现工程化生产。这样双方就实现了优势互补的联合开发。有关人士透露，目前奇瑞已经开发出微型车、小型车、SUV、皮卡等多个生产平台，为克莱斯勒代工生产的车型将至少超过 6 款。

这种联合开发的模式并不会限制奇瑞的发展。按照双方约定，奇瑞可以在同一平台上，自行设计外形，挂奇瑞标在全球销售。“我们把这称为‘草帽’，戴上谁的‘草帽’就归谁销售，两个品牌并不冲突。”在那些目前双方都没有进入的国际市场，双方正在讨论在当地成立合资销售公司，销售由奇瑞生产的品牌，也可能会使用双方共有的联合品牌。

●贴牌生产商曾经的尴尬

“中国服装产品的尴尬在于：在品牌端你没有话语权，在技术端你又说不上话，最后发现，你只能在这产业链的前后两端之间苦苦挣扎，挣一些血汗钱。”这是上海纺织控股集团公司董事长肖贵玉说过的话，“一顶标有‘中国制造’的帽子，中国人卖给美国人 1 美元，但美国人卖给美国人 25 美元；一件中国制造的羊毛衫，在今年秋季广交会卖给美国商人的最低甩卖价0.8美元，而到了美国贴牌后的售价上百美元。我们出口的坯布、服装都是数以吨计，而进口的纤维人工肾、神经导管的价格却按克算。”一个芭比娃娃在美国的零售价可以卖到9.9美元，但在芭比娃娃最大的产地珠三角地区，生产一个芭比娃娃中国企业只能获得0.35美元加工费；苏杭丝绸服装出口到美国卖20美元，美国公司换上自己的商标后，一件卖300美元……没有自己品牌，受制于人的外贸增长方式成为中国诸多出口企业的心底之痛。

《东方早报》的报道感慨道：品牌是别人的，设计是别人的，技术是别人的，纤维材料是别人的，市场渠道也是别人的，中国生产商更像一个赤贫的打工者，或是给他人做嫁衣的侍者，再不然就是含辛茹苦把别人的孩子养大养胖的保姆。

●商务部为“贴牌品牌”指路

商务部《中国品牌发展报告（2007）》中以“贴牌企业创建自主品牌的思路”为题指出，需要暂时继续实行贴牌的企业出口品牌的建设，可以做好这几项工作：

1. 提高在供应链中的话语权和支配权

为国外的企业贴牌，可以节省包括市场开拓在内的成本，同时可以获得一些设备、技术和经验。但贴牌的利润比较低，同时会遇到不少竞争对手。作为贴牌企业，往往容易受制于国外的企业，前途未卜。在供应链中，有些贴牌企业要接受来料加工，有些是自己寻找原料。贴牌企业要努力提高自己的核心技术和质量，提高在产业链中讨价还价的能力，对于具体的销售条件，要尽量提高自己的话语权和支配权。

2. 进行贴牌创新

成熟的企业必须要积极实施技术创新和品牌制胜的战略，必须由传统贴牌生产尽快转向拥有一定自有技术含量等“新型贴牌”生产。这种转变既是OEM厂商在新的竞争形势下的被动选择，也是积极迎接挑战、另辟蹊径的明智之举。目前，我国东南沿海不少企业的OEM模式已不再是传统的贴牌或代工，而是在生产过程某一环节拥有自有技术的新型贴牌。例如，广东、浙江等省相当一部分产品的贴牌生产就已不同于传统意义的“三来一补”，企业在生产过程中所使用的技术都是拥有部分或全部知识产权的自有技术，运用自有技术生产出的产品只要在产品性能上达到外商规定的标准，即可贴牌。据广东省科技厅相关人员估算，目前，在占广东经济70%的中小企业中，拥有这一类贴牌生产方式的中小企业比例可达80%。

3. 打造贴牌品牌

如果贴牌的企业比较有实力，有较高的技术和质量，诚实守信，在本行业中，也会有自己的声誉，从而形成贴牌品牌。国内的贴牌企业要在提高技术和贴牌质量的基础上，形成自己的贴牌品牌，获得主动权和讨价还价的能力。同时，积累技术、资金、管理经验，争取在贴牌的产品上出现本企业制造的消息，为将来创建自己的产品品牌打好基础。

4. 逐步向自主品牌过渡

做OEM生产，可以使创业企业起步相对平稳，并获得极好的锻炼和发展的机会。但有一定的极限，等生产达到一定规模和实力，创业企业就进入了一个相当稳定的发展时机，如果不及时改变经营方式，想要获得更大的发展就比较困难，随着竞争的加剧和利润空间的不断缩小，企业的发展将面临危机。国内进行贴牌生产的企业，要尽早树立品牌意识，积累资金、技术和经验，逐步向自主品牌过渡，打造属于自己的品牌，使企业获得长期的发展。（中华人民共和国商务部编：《中国品牌发展报告（2007）》，北京大学出版社2008年版。）

示范模版　　从贴牌到创牌的格兰仕

在中国微波炉行业，格兰仕占市场份额的60%左右。

格兰仕拥有全球最大的微波炉生产基地，年生产能力达1500万台。目前格兰仕垄断了国内60%、全球35%的市场份额，成为中国乃至全世界的“微波炉大王”。

贴牌大户

格兰仕是个OEM大户，但不是一般意义上的OEM贴牌生产，而是充分发挥和利用格兰仕的自身优势，与跨国公司开展全方位的合作。在合作中，跨国公司将生产线搬到格兰仕，格兰仕为其生产产品。在这一过程中，格兰仕既扩大了生产规模，还节省了生产线的投资，也更充分发挥出了规模效应。而且，格兰仕的产品也通过跨国公司的网络走向了世界，出口到全球一百多个国家和地区。

“做工厂”和“做品牌”可以兼美

专门“做工厂”或专门“做品牌”都是获取利润的好方法。贴牌生产可能不“出名”，但可以有效地规避技术研发的风险、广告宣传的风险，市场销售的风险；而专门“做品牌”可以规避大量固定资产投资的风险和技术工艺更新时资产无形贬值的风险。应当说，这两种战略都是好战略。格兰仕是把“做工厂”和“做品牌”巧妙地结合起来，兼取两者之利的典型代表。

从格兰仕的经验看，正是大量的贴牌生产才使格兰仕有机会极大降低了自己品牌产品的固定成本，为品牌竞争打下了强有力的物质基础。

以“制造”倒逼产业链上游

人们普遍认为，如何在产业链分工中选择自己的位置似乎成为决定中国企业未来的关键。其实，以改革开放初期中国企业的实力水平，所谓“选择”只是一种奢望。因此格兰仕立足于制造环节的产业链低端，在它自己看来是“客观的选择”。在格兰仕的战略实践中，“制造”成为它掌握整个产业链的起步点，通过对制造环节的全球性整合，格兰仕得以控制产业链的下游需求，进而倒逼产业链高端环节。

以“整合”催生制造寡头

格兰仕提出的“世界工厂”概念虽然招致众多非议，却帮助它实现了规模发展，其中最重要的策略，就是对全球微波炉制造能力的整合——“超级 OEM”模式。格兰仕通过整合方式获得了跨国公司正在使用中的技术装备，具有更先进的技术水平和生产效率，同时由于跨国公司对 OEM 产品生产过程和质量要求严格，促使格兰仕的生产管理水平迅速提高，比如在 1997 年导入“精益生产”、1998 年导入“6 西格玛”等。

这样，格兰仕着重于技术装备整合的策略，不但得以超越单纯的劳动力优势，将中国的劳动力成本优势与国际一流的技术装备优势、生产管理优势整合起来，在制造上形成独有的竞争能力，同时也将世界微波炉市场的制造能力转移过来整合在自己手中。应当说，这种创新不仅把中国企业既有的要素成本优势发挥到了极致，而且通过创造性整合发展出了企业的整体成本领先能力。（资料来源：《广东格兰仕集团有限公司——百年企业　世界品牌》。）

品牌替代，是用品牌要素替代其他经营要素进行战略运作以取得效益最大化的过程。一般来讲，这个品牌资源当然应该是自己拥有的。

品牌替代如果与你的企业发生联系，而你投入的是除品牌以外的经营要素如厂房、生产线、技术工人等等，一般来讲，你的收益大大低于品牌拥有方。

但是，品牌替代合作使你成为虽不拥有品牌但却拥有其他经营要素配合品牌要素运作经验并熟悉游戏规则的行家。“三十年媳妇熬成婆”、“当够了伙计开爿店”的道理很简单，关键是想不想独立开店。这就是眼光、抱负和理念问题。这些问题解决了，下面就是战略战术问题了。

格兰仕经验的价值是：超越一般的品牌替代层位，用别人的品牌替代自己的品牌缺位，在替别人赚钱的同时，抓紧为自己的品牌补课，推进自己的品牌战略，最终形成自己的品牌运营模式，拥有品牌话语权，彻底改变行业和市场格局。

第四节　品牌替代力法则

这里作一小结，归纳出几条品牌替代法则：

品牌替代力法则一：品牌往往可以替代其他经营要素

完整的经营活动是由众多的经营要素组合而成，这些要素在特定的条件下可以相互部分的替代，依然能够达到经营的目的或效果。

作为经营要素的“品牌”往往可以替代其他经营要素。

品牌作为巨大的无形资产，其重要性已超过土地、资金、技术和人力资本等诸多要素的总和。

品牌替代力法则二：品牌替代力因信息不对称而存在

品牌的产生源于市场的信息不对称。

品牌是企业向目标市场传递相关产品信息的最有效媒介。品牌可为消费者提供两种服务：一是为消费者提供产品的特定信息；二是为消费者提供甄选经营者的服务。品牌不仅是商品品质的一个信号，而且表明了经营者进行一项成本巨大的投资和对顾客所作的承诺。

品牌代表的是成功和优质。品牌确立后，消费者在消费该品牌商品后感到满意，就会成为“铁杆”客户。品牌的确定就是一种建立信誉机制的过程，具有良好品牌形象和公众口碑的品牌，其无形资产的价值是巨大的。

品牌因信息不对称而存在，品牌的存在解决了信息不对称问题，在产品与消费者之间搭起了信息沟通之桥，对消费者的心理和行为产生了正面的影响，从而为企业带来更大效益。

品牌替代力法则三：在特定情况下，品牌替代力可以解决无品牌者的品牌缺位问题

格兰仕经验的价值是：超越一般的品牌替代层位，用别人的品牌替代自己的品牌缺位，在替别人赚钱的同时，抓紧自己的品牌补课，推进自己的品牌战略，最终形成自己的品牌运营模式，拥有品牌话语权，彻底改变行业和市场格局。

品牌替代力法则四：品牌替代力的大小取决于该品牌“满足消费者需求”的程度

“替代力”的大小取决于该经营要素“满足消费者需求”的程度，它包括了满足消费者的辨识需求、购买交易需求、实用需求、社会心理需求等。“品牌”这一要素，是物质和精神要素的综合体，可以使消费者在交易中最大限度地降低成本，在消费中具有安全感、品位感、荣耀感、地位感，在消费后有留恋感等精神感受。而这些又是品牌经营中的其他单一要素所不能提供的，却又是综合了其他所有单一要素才能实现的；品牌使命般地成了它们的代表，也就理所当然地具备了替代它们的功能。

第五章　品牌传播力

——品牌整合传播

所谓品牌传播力，实际上就是品牌整合传播的能力和效果体现。它包括战略的确定，计划的提出，各种工具、渠道、传播方式、媒介的组合，全程监控与反馈，长效机制与良性循环。

品牌传播力法则一：品牌传播全过程必须贯穿以人为本。

品牌传播力法则二：品牌差异化定位是品牌传播的出发点。

品牌传播力法则三：品牌传播力就是品牌整合传播的能力和效果体现。

品牌传播力法则四：自传播是品牌传播力的飞跃平台。

品牌传播力法则五：品牌传播的理想境界是品牌马太效应实现。

品牌传播力法则六："消费者主导律"——最终检验和决定品牌传播效果的是消费者。

第一节　传播与品牌传播

●传播是有目的的信息传达

关于传播的定义，有人统计有 120 多种。这些定义都认可一个基本内涵：传播是指人类通过符号和媒介交流信息以期发生相应变化的活动。

这一内涵的要点是：传播是人类的活动；传播是信息的沟通；传播离不开符号和媒介；传播的目的是希望能发生相应的变化。美国加州大学国际传媒学院对传媒的定义为："世界的一切都是由传播者的思想与传播媒介组成"。

在本书中，我们把传播定义简述为：传播是有目的的信息传达。

●品牌传播

品牌传播，就是企业以品牌的核心价值为原则，在品牌识别的整体框架下，选择广告、公关、销售、人际等传播方式，将特定品牌推广出去，以建立品牌形象，促进市场销售。品牌传播是企业满足消费者需要，培养消费者忠诚度的有效手段，是绝大多数企业家实现效益的必由之路。

通过品牌的有效传播，可以使品牌为广大消费者和社会公众所认知，使品牌得以迅速发展。同时，品牌的有效传播，还可以实现品牌与目标市场的有效对接，为品牌及产品进占市场、拓展市场奠定宣传基础。品牌传播是诉求品牌个性的手段，也是形成品牌文化的重要组成部分。

●品牌传播的“以人为本”

科学品牌发展观认为，发展的核心是“以人为本”，直观地表现为品牌的发展要“以消费者为本”。这里的“消费者”不仅指直接消费某品牌的消费者，而且包括没有直接消费该品牌但了解、知晓该产品的人。这些人知道该品牌，对该品牌的质量、信誉持肯定、赞佩态度，为该品牌的存在感到欣慰，从而使其精神获得安慰、享受。也就是说，符合科学品牌发展观的品牌，它的任何变化、改进，都要以给整个世人（包括直接消费该品牌和没有直接消费该品牌的人）带来了物质的或精神上的利益为目的和归宿。

在品牌传播领域，“以人为本”表现为：品牌的设计、生产、服务、传播、更新等，能够满足人的需要，提升人的生活品位，陶冶人的情操，促进人的成长和发展。

一、“以人为本”是品牌传播的出发点

品牌是谁的？是生产者的，还是消费者的？

品牌传播的“以人为本”，是以生产者为核心，还是以消费者为核心？

人们对品牌概念的认识误区，是把品牌看成是企业自己的东西，一种标志，一种商标权，而忽略品牌与消费者的关系。

其实，品牌是一个以消费者为中心的概念，品牌价值不仅仅属于制造者，而且还属于消费者。品牌就是产品、符号、人、企业与消费者之间的联结和沟通。品牌若不能与消费者结成亲密关系，就丧失了被称为品牌的资格。

在品牌传播中，必须重视消费者，努力强化品牌和消费者之间的关系。西方关系营销是指建立维系和发展消费者关系的营销过程。自 19 世纪中叶以来，企业的沟通模式、经营理念和营销思想都开始逐渐由“企业本位”转向“消费者本位”。企业社会责任理论认为，除了对消费者负责外，企业必须对社会负责，才能持续生存和发展，从而使“以公众为中心”成为更多企业的经营理念。

二、“以人为本”要贯穿于品牌传播的全过程

品牌形成的过程，实际上就是品牌在消费者中的传播过程，也是消费者对某个品牌逐渐认知的过程，所谓品牌传播，就是指品牌制造者找到自己满足消费者的优势价值，用恰当的方式持续地与消费者交流，促进消费者的理解、认可、信任和体验，产生再次购买的愿望，不断维护对该品牌的好感的过程。可以说，无论是新品牌的诞生，还是老品牌的维护，都有赖于良好的传播沟通，没有传播沟通，就没有品牌。

奥美认为，品牌就是“消费者与产品之间的关系”：品牌就如同坐火车旅行一样，在站台启程的是产品，抵达终点站的才是一部完整的品牌。这是“以人为本”理念贯穿于品牌传播的全过程的形象说法。

三、品牌传播的技术层面也要“以人为本”

品牌传播理论大量的方法论研究，就是考虑如何以消费者乐见易受的形式传播品牌。从某种意义上讲，品牌传播“以人为本”原则只有落实到技术层面，才可能实现。

第二节　品牌传播经典理论

这里我们选择介绍三种品牌传播经典理论：独特的销售主张（UPS）

理论、品牌形象理论和品牌定位理论。这三种理论在出现时间上次第相接，在基本理念上一脉相承，但又有创新发展，可视为品牌理论发展的三个阶段。

一、（USP）独特的销售主张理论

USP（Unique Selling Proposition 独特的销售主张）是罗瑟·瑞夫斯于 20 世纪 40 年代首创，他当时是美国达彼思广告公司董事长，他意识到广告必须引发消费者的认同，认为 USP 是消费者从广告中得到的东西，而不是广告人员硬性赋予广告的东西。

独特的销售主张（USP）要点

1. 一则广告必须向消费者明确陈述一个消费主张；
2. 这一主张必须是独特的，或者是其他同类产品宣传未曾提出过的；
3. 这一主张必须对消费者具有强大吸引力和打动力。

USP 理论出现的背景是产品激增带来的同质化竞争，差异化营销成为企业的出路。要么是在产品身上找差异；要么调整，制造产品差异；实在无法差异，就展现产品的另外一个方面。

USP 理论不是面面俱到地宣传产品，而是将产品的核心优势或个性差异转化为品牌。成功的品牌都有一个差异化特征，有别于竞争对手的，符合消费者需要的形象，然后将品牌的差异信息准确传达给消费者，在潜在消费者心中占领一个有利的位置。

二、品牌形象论

品牌形象论（Brand Image）是大卫·奥格威在 20 世纪 60 年代中期提出的，他认为，每一品牌、每一产品都应发展和投射一个形象。形象经由各种不同推广技术、特别是广告传达给顾客及潜在顾客。

品牌形象理论认为，由于一个产品具有它的品牌形象，消费者所购买的是产品能够提供的物质利益和心理利益，而不是产品本身。因此，广告活动应该以树立和保持品牌形象这种长期投资为基础。

进行品牌形象研究，即是通过市场分析工具，在解析不同消费者的品牌印象的基础上，勾勒出某一品牌的特有气质，从而为品牌资产的管理者提供

决策依据。品牌形象不是自发形成的，而是一个系统工程，涉及产品、营销、服务各方面的工作，品牌形象的塑造需要企业全体员工长期的坚持努力，能否创造一个吸引潜在顾客的品牌形象是企业制胜的关键。

品牌形象论要点

1. 为塑造品牌服务是广告最主要的目标，广告就是要力图使品牌具有并且维持一个高知名度的品牌形象；

2. 任何一个广告都是对品牌的长程投资，广告应该尽力去维护一个好的品牌形象，而不惜牺牲追求短期效益的诉求重点；

3. 随着同类产品的差异性减小，品牌之间的同质性增大，消费者选择品牌时所运用的理性就越少，因此描绘品牌的形象要比强调产品的具体功能特性重要得多；

4. 消费者购买时追求的是“实质利益 + 心理利益”，对某些消费群来说，广告尤其应该重视运用形象来满足其心理的需求。（里斯 · 特劳特著，王恩冕、余少蔚译：《新定位》，中国财政经济出版社 2002 年版。）

品牌形象驱动要素

引起品牌形象树立的最重要因素是人们对品牌的联想，或者说一提到品牌名称消费者便会想到一些东西。这种联想使品牌形象与众多事物联系起来，驱动形象的建立、发展。

1. 产品或服务自身的形象：产品或服务的形象表现有价格、速度、功能、耐用性、舒适性、应用等，从软性表现讲可能是青春感、高雅、体面、珍爱、豪放、贵族、魅力等。

2. 产品或服务提供者的形象：提供者的形象指标有科技能力、企业规模、资产状况、服务状况、人员素质等。

3. 使用者的形象：“使用者”主要是指产品或服务的消费群体，通过使用者的形象，反映品牌形象。使用者形象是驱动品牌形象的重要因素，其硬性指标有使用者年龄、职业、收入、受教育程度等，软性指标有生活形态、个性、气质、社会地位等。

三、品牌定位理论

品牌定位是指企业在市场定位和产品定位的基础上，为特定品牌确定一个适当的市场位置，或者讲使特定品牌在消费者心中占领一个特殊的位置。

“定位”概念是艾尔·里斯和杰克·屈劳特1972年提出的。他们在《广告时代》杂志写了一系列名为《定位时代》的文章，指出定位从产品开始，可以是一件商品、一项服务、一家公司，甚至于是一个人，但定位并不是对产品做什么事情，定位是对未来的潜在顾客的心智所下的工夫，即把产品定位在潜在顾客的心中。

品牌定位理论要点

所谓品牌定位，就是通过对品牌的设计，使其能在目标消费者心目中占有一个独特的、有价值的位置，也就是说，建立一个与目标市场有关的品牌形象。

每个品牌都必须有一个清晰、准确的定位，以便在宣传推广时能向消费者传达有效的信息。可以说，品牌经营的首要任务就是品牌定位。

品牌定位理论与品牌传播

品牌定位是品牌传播的前提。因为品牌定位规定了品牌传播的内容，离开了事先的品牌整体形象设计，品牌传播就失去了方向和依据。以广告为例，如果说品牌定位是勾勒形象，那么广告就是描绘形象；如果说品牌定位是攻心策略，那么广告便是攻心手段。品牌定位需要借助于广告的强大力量和消费者发生心理共鸣，广告策略必须以品牌定位为前提。广告主题、广告创意、广告表现等要素都要紧紧围绕着品牌定位，服从品牌定位，为品牌定位服务。（乔春洋：《一个具有划时代意义的概念：品牌定位》，全球品牌网，2008年6月3日。）

案例看板　　**怕上火，喝王老吉**

2008年6月，国际权威调研机构尼尔森宣布：2007年下半年，王老吉在国内罐装饮料市场的销售额已经超越所有碳酸饮料品牌。在此前的

“第十二届全国市场销量领先品牌信息发布会”上，王老吉获得了“2007年度全国罐装饮料市场销售额第一名”的称号。

2002年，成美营销顾问公司为红罐王老吉拍一条广告片时，认为想解决销售问题首要解决品牌定位。加多宝公司最后接受了建议。他们在市场研究中发现，主要销售地区广浙南的消费者对于“上火”问题很是担忧，如消费者座谈会桌上的话梅蜜饯、可口可乐都被说成了“会上火”的危险品而无人问津。而他们对红罐王老吉的评价是“不会上火”，“健康，小孩老人都能喝，不会引起上火”。这些观念可能并没有科学依据，但这就是消费者头脑中的观念，这是研究需要关注的“唯一的事实”。

再进一步研究，可乐、茶饮料、果汁饮料、水等明显不具备“预防上火”的功能；而具备这一功能竞争对手如菊花茶、清凉茶等并未占据“预防上火的饮料”的定位。

研究人员认为：中国几千年的中医概念“清热祛火”在全国广为普及，“上火”的概念也在各地深入人心，这就使红罐王老吉突破了凉茶概念的地域局限。“做好了这个宣传概念的转移，只要有中国人的地方，红罐王老吉就能活下去。”

至此，品牌定位的研究基本完成：

红罐王老吉是在“饮料”行业中竞争，竞争对手应是其他饮料；

品牌定位——“预防上火的饮料”，独特的价值在于——喝红罐王老吉能预防上火，让消费者无忧地尽情享受生活……

确立了红罐王老吉的品牌定位，所有的传播活动就都有了评估的标准，所有的营销努力都将遵循这一标准。

为更好地唤起消费者的需求，电视广告选用了消费者认为日常生活中最易上火的五个场景：吃火锅、通宵看球、吃油炸食品薯条、烧烤和夏日阳光浴，画面中人们在开心享受上述活动的同时，纷纷畅饮红罐王老吉。结合时尚、动感十足的广告歌反复吟唱“不用害怕什么，尽情享受生活，怕上火，喝王老吉”，促使消费者在吃火锅、烧烤时，自然联想到红罐王老吉，从而促成购买。

在2003年短短几个月，王老吉一举投入4000多万元广告费，销量立竿见影，得到迅速提升。同年11月，企业乘胜追击，再斥巨资购买了中央电视台2004年黄金广告时段。正是这种急风暴雨式的投放方式保证了红罐王老吉在短期内迅速进入人们的头脑，迅速红遍大江南北。

王老吉的成功首先在于准确定位；接着是广告对品牌定位传播到位。

（成美营销顾问《红罐王老吉品牌定位战略》，www. chengmei—trout. com。）

第三节　整合品牌传播

“整合品牌传播”应该是“品牌传播”题中之意。

这样讲有四条道理：其一，品牌本身就是整合诸要素形成的，它的传播起点就是整合的；其二，任何单一渠道、单一工具的品牌传播不能叫品牌传播，只能叫产品广告；其三，所谓“品牌传播”，就是企业围绕品牌的核心价值，选择广告、公关、销售、人际等传播方式，将特定品牌推广出去，以建立品牌形象，促进市场销售的过程。这个过程，无论从经营要素还是从传播手段上看，都应该是整合的；其四，品牌传播的终点是消费者内心，品牌进入接收者之心是一种复合印象，一种感受，一种回忆，它肯定是整合的。

但是，“整合品牌传播”毕竟是“品牌传播”之外的另一种概念。我们不妨引述两种定义：

（一）整合品牌传播的内涵是，以品牌传播为核心，以统一的目标和统一的传播形象，传递一致的品牌信息，树立企业品牌在消费者心目中的地位，建立品牌与利益相关者之间的长期密切的关系。整合品牌传播必须在企业与所有利益相关者的所有接触点实施，推进接触管理，即对那些能够将企业品牌、产品类别以及任何与市场相关的信息传输给利益相关者的“过程与经验”实施管理。整合品牌传播需要在所有的顾客经验中推动企业品牌传播，以“同一种声音，同一张脸”推进品牌传播，即（1）让顾客以及社会认识到该企业品牌提供的是富有价值的产品和服务；（2）在企业内实施能让企业员工“以实现和提升品牌价值为豪”的管理；（3）通过向投资者进行适当的信息披露，让投资者认识到本企业的投资价值。（《洞悉品牌：

当品牌成为核心经营资源》，清华大学出版社 2003 年版。）

（二）整合品牌传播，是一种整合了多种传播活动的整体传播战略，其中包括公关、广告、投资者关系、互动或内部传播，用以管理公司的宝贵资产——品牌。整合品牌传播源于品牌价值管理，它的核心理念是通过品牌管理实现价值最大化。（Carolyn Ray 著，邓勇兵编译：《整合品牌传播》，《新营销》2006 年第 6 期。）

在品牌传播中强调“整合”，这就是“整合品牌传播”的特点。

●品牌传播组合

1. 广告传播

广告是主要的品牌传播手段，指品牌所有者以付费方式，通过传播媒介，对目标受众所进行的以品牌名称、品牌标志、品牌定位、品牌个性等为主要内容的宣传活动。据资料显示，在美国排名前 20 位的品牌，每个品牌平均每年广告费用为 3 亿美元。人们了解一个品牌，绝大多数信息是通过广告获得的，广告也是提高品牌知名度、信任度、忠诚度，塑造品牌形象和个性的强有力的工具。

2. 公关传播

公关是公共关系的简称，是企业形象、品牌、文化、技术等传播的一种有效解决方案，包含投资者关系、员工传播、事件管理以及其他非付费传播等内容。

公共关系可为企业解决以下问题：一是塑造品牌知名度，巧妙创新运用新闻点，塑造组织的形象和知名度。二是树立美誉度和信任感，帮助企业在公众心目中取得心理上的认同，这点是其他传播方式无法做到的。三是通过体验营销的方式，让难以衡量的公关效果具体化，普及一种消费文化或推行一种购买思想哲学。四是提升品牌的“赢”销力，促进品牌资产与社会责任增值。五是通过危机公关或标准营销，化解组织和营销压力。

3. 销售促进传播

销售促进传播是指通过鼓励对产品和服务进行尝试或促进销售等活动而进行品牌传播的一种方式，其主要工具有：赠券、赠品、抽奖等。

销售促进传播主要用来吸引品牌转换者。它在短期内能产生较好的销售反应，但很少有长久的效益和好处，尤其对品牌形象而言，大量使用销售推广会降低品牌忠诚度，增加顾客对价格的敏感，淡化品牌的质量概念，促使企业偏重短期行为和效益。

4. 人际传播

人际传播是人与人之间直接沟通，主要是通过企业人员的讲解咨询，示范操作，服务等，使公众了解和认识企业，并形成对企业的印象和评价，这种评价将直接影响企业形象。

人际传播是形成品牌美誉度的重要途径，在品牌传播的方式中，人际传播最易为消费者接受。

●品牌传播的整合性

品牌传播的整合性表现在信息的聚合性、受众的目标性、媒介的多元性和操作的系统性等方面。

在品牌传播中，其系统的构成主要为品牌的拥有者与品牌的受众，二者由特定的信息、特定的媒介、特定的传播方式、相应的传播效果（如受众对品牌产品的消费、对品牌的评价）、相应的传播反馈等信息互动之环节，完成整合传播过程。由于品牌传播追求的不仅是近期传播效果的最佳化，而且着眼于追求长远的品牌效应，因此品牌传播总是在品牌传播战略指导下，在与受众的互动关系中，聚合品牌信息，组合传播媒介，遵循系统性原则进行整合操作。

●整合品牌传播策略规划

品牌整合传播的策略规划包括：市场分析、竞争品牌分析、消费者分析、品牌策略思想、传播策略思想、品牌定位、品牌发展目标、传播策略目标、传播阶段、传播形式整合、传播战术计划、传播效果评估等。

整合传播的关键在于目标、策略和战术的高度统一。做到目标统一、策略统一、形象统一，使企业的资源全都朝向一个共同的方向，从而使传播真正具有整体效应。

整合传播的正确运用要解决好几个方面的工作：

1. 掌握消费者的真实状况。这是整合传播得以正确执行的先决条件。要通过大量的调研，掌握消费者的消费心理特点和消费行为特点，了解他们的生活习惯、购买方式、消费特点、娱乐消遣等详细情况，据此来挖掘出合适的传播方式。

2. 了解市场的发展阶段。不同的市场以及不同的发展阶段，都会影响到企业整合传播的执行，因为在不同的市场发展阶段，其面临的市场环境都是不同的，这些外部条件对企业的运作影响很大，比如中国目前的消费品市场所面临的环境和几年前的决然不同，自然不能拿以前的传播手段来套现今的传播运作。

3. 了解竞争者的状况。竞争者状况是一个很重要的外部条件，不同的竞争状况会影响到企业的整合运作。从某种角度说，整合传播要随着竞争者的变化而变化，比如竞争者的媒体攻势非常强大，这些都将迫使企业的整合传播方式要随机应变。

4. 了解产品、行业的运作特点。了解产品、行业的运作将有助于企业的整合传播更加具有针对性，不同产品、行业对整合方式的要求是不同的，比如药品和食品，就是两种截然不同的产品、行业，相应的也就需要不同的整合传播方式，而有些手段并不能通用，因此具体产品、行业具体对待更显出其重要性。

5. 掌握媒体的特点。不同媒体对于不同的产品或行业，或是在不同的传播阶段，其运用的方式和重点都是不同的，那么在进行整合传播时，一定要对当时的市场条件下适合运用何种媒体形式进行详尽分析。而且媒体也是在不断地发展，以前不适合的媒体或许现在正好合适，这些都要求企业对媒体的特点及运用条件要了如指掌。掌握各种传播手段的特点。电视、报纸、杂志、电台、户外媒体、互联网等几种形式，在应用上都具有不同的特点和适用条件，每种形式的运用，其产生的效果都是不同的，而且相同的形式在不同的市场环境下也有不同的运用，因此对于整合传播来讲，必须在策略的引导下正确选择合适的传播形式，而不是全部都要运用，那只是盲目的“组合”，根本不具有策略性，同时对资源也是一种浪费。

6. 分析企业可利用的资源状况。企业的资源条件是整合传播存在的必要条件，必须对企业可以提供的资源进行分析，在允许的条件下进行各种传播形式的整合。资源是每个企业面临的重要问题，而整合传播的开展，就是在策略引导下，合理、有效地对企业资源进行配置，从而提高资源的使用效率，达到企业的发展目标。

7. 制订正确、清晰的策略。在企业对前述所有方面都有充分了解的前提下，需要对传播策略进行正确、清晰地规划，包括总体策略、阶段性策略以及战术计划等都要制订出来，以此作为整合传播的指导思想。（于长江：《实效管理：品牌传播之道》，国际品牌网，2006 年 10 月 29 日。）

●整合品牌传播的步骤

简单说来，实施整合品牌传播有这样一些步骤：明确品牌在企业中充当的角色——理解品牌价值的构成要素——明确谁是品牌信息期望到达的人群——形成独特的价值诉求——通过信息传播改变消费者认知——理解单个媒介在改变认知态度和维持发展势头中的作用——确定最佳媒介组合——效果测量。

这里介绍一种将实施整合品牌传播分为十个步骤的模型，它是 Carolyn Ray 提出来的：

第一步：明确品牌在企业中充当的角色。

第二步：理解品牌价值的构成要素。

第三步：明确谁是品牌信息期望到达的人群。

第四步：形成“大创意”。

第五步：明确怎样才能通过改变认知来获得大创意。

第六步：通过信息传播改变消费者认知。

第七步：理解单个媒介在改变认知态度和维持发展势头中的作用。

第八步：确定最佳媒介组合。

第九步：效果测量。

第十步：从第五步开始，重复整个过程。

重新回到对信息的考量上，探求使他们更具有驱动性的机会；重新回到媒介计划上，考量是否到达目标受众；重新回到媒介预算上，考量这些预算是否被合理配置；最后，重新回到评估工具上，确定它们是否能有助于对推动和管理计划的深入了解。（Carolyn Ray 著，邓勇兵编译：《整合品牌传播》，《新营销》2006 年第 6 期。）

第四节　品牌自传播

同一片蓝天下，当一些人隔着山沟用“通讯基本靠喊”的方法联系时，另一些人则跨洲越洋在互联网上面对面会话。人类有史以来有过四次沟通方式革命：第一种方式——面对面沟通最少用了 10 万年，第二种方式——书信沟通用了五六千年，第三种方式——电讯沟通用到现在不过 200 年时间，而第四种方式——网络社交兴起不过 30 多年，却在互联网上引发一场传播方式革命。

博客、播客、维客、威客、拼客、闪客、晒客、印客、掘客、维客等等，它们不是网虫们随心所欲叫叫玩的，它们都被国家教育部作为汉语新词公布，在对他们的含义界定中都有沟通传播功能。还有被称为“国际大字报”的网络贴吧，可视为“网络侦缉队”的人肉搜索，都说明无比强大的网络没有理由不成为最厉害的传播通道。

而这种传播，又造就一个新词——自传播。

虽然口头传播与私下传抄是古已有之的自传播，但它的传播速度、范围和效果实在有限，始终未成气候。所以研究者们把“自传播”定义锁定在已成主流媒体的网络自传播上。

●自传播——信息接受者兼信息传播者

什么是自传播？

自传播就是：不需要信息制造者亲自传播，信息接受者主动成为信息的接力传播者，信息自发传播的传播形式。这个概念由黄佶提出。（黄佶：《聚播，现闻，自传播和全传播——对传播行为发展情况的概括和研究》，《传播学研究集刊》第一辑，上海古籍出版社 2003 年版。）

2007 年，唐·塔普斯科特和安东尼·威廉姆斯推出了专著《维基经济学——大规模协作如何改变一切》，揭示了颠覆性的规模化合作方式——由于互联网的出现，在传统等级边界外的大众可以自由参与创新，生产新的内容、商品和服务。

“维基经济学”展示了个体力量的聚合是如何改变商业社会传统规则的，这种利用大规模协作生产产品和提供服务的新方式，正颠覆着我们对于传统知识创造模式的认识。

维基经济学正在取代一些旧的商业教条，许多成熟的传统公司正在从这种新的商务范式中受益，如 Google、亚马逊、IBM、乐高、英特尔、宝马、波音、百思买、Youtube、MySpace 等。

宝洁公司，这家全球消费品的翘楚拥有全球范围内 7900 名研发精英，但其产品创意仍然有 50% 来自公司的高墙樊篱之外。宝洁公司研究发现，公司内部的每一位研发人员有能量在公司的围墙之外找到 200 位相同素质的人才！这样的话，通过公开产品信息、与外界研发人员合作，宝洁在全社会可用的人才将达 1000 余万！

维基经济得益于网络，也使网络“自传播”有了长足发展。

根据美国网络对话以及国际商标协会的调查，在网络使用中，有 1/3 的使用者会因为网络上的品牌形象而改变其对原有品牌形象的印象，有 50% 的网上购物者会受网络品牌的影响，因此在网络上的品牌传播，塑造网络品牌形象目前已成为一个重要问题。

●官方网络与大众自传播平台

互联网 2.0，即新一类互联网应用的最大特点送给交互作用，用户既是网站内容的消费者（浏览者），也是网站内容的制造者。中国电信广州研究院院长蔡康以《做 2.0 的综合信息服务提供商——从维基的成功看电信企业创新》为题发表文章，认为，开放能吸引更多的客户参与到协作过程中。电信运营商的网络如果像互联网一样出现用户自吸引、自传播的“美好场景”，就必须向“开放式平台”转型。在互联网时代，大规模的客户群体本身就是一个良好的销售与传播资源。由于网络向社交型媒体发展，消费者不再是单纯地看完、听完品牌广告之后决定是否购买，而是在第一时间了解品牌的创意后，就会去参与，然后传播给别人，增强了传播的效果与针对性。（蔡康：《做 2.0 的综合信息服务提供商——从维基的成功看电信企业创新》，《人民邮电报》2008 年 4 月 15 日。）

●品牌自传播

自传播这么时髦、方便、高效率，商品经济自然不会错过它。于是品牌自传播的概念就应运而生。

周云在《品牌学——原理与实务》一书中，以"基于信息熵的品牌自传播理论"为题对品牌自传播的本质原理作了研究，认为，自传播尽管是传播的一种形式，但与其他传播形式有本质的区别。品牌自传播，对于信息的制造和传播两个步骤分别由两个主体完成，而在其他传播形式中，这两个步骤是由一个主体完成的。品牌的自传播现象，是品牌价值的重要组成部分。自传播遵循信息无代价传导原理，在自传播过程中，不需要付出代价，可以自动完成，新闻的自传播既是这个道理，品牌亦不例外。当然，在品牌塑造过程中有许多需要付出成本的活动，但这些成本不能算到传播环节上，只能归入品牌制作成本。

第五节　品牌口碑传播

●什么是口碑?

伊曼纽尔·罗森说："口碑是关于品牌的所有评述，是关于某个特定产品、服务或公司的所有的人们口头交流的总和。"菲利普·科特勒的定义是："口碑是由生产者以外的个人通过明示或暗示的方法，不经过第三方处理、加工，传递关于某一特定或某一种类的产品、品牌、厂商、销售者，以及能够使人联想到上述对象的任何组织或个人信息，从而导致受众获得信息、改变态度，甚至影响购买行为的一种双向互动的传播行为。"

零点调查公司曾对十城市4851位居民进行过一项有关新产品口头传播的专项调查。调查结果显示，39.5%的受访者经常会和别人交流关于"购买及使用商品的经验"。根据麦肯锡市场咨询公司的研究数据发现，美国大约2/3的商业活动都涉及人们对于产品、品牌或服务的意见分享过程，商业活动因这些传播于人群中的意见交流而受到正面或负面的影响。调查发现高达90%的人视口碑传播为最好的获得产品意见的渠道，不仅如此，他们认为口碑营销的重要性比广告或编辑性宣传内容高出几倍。

●口碑营销的特点

1. 可信度高

一般情况下，口碑传播都发生在朋友、亲友、同事、同学等关系较为亲近或密切的群体之间。在口碑传播的过程之前，他们之间已经建立了一种特殊的关系和友谊，相对于纯粹的广告、促销、公关、商家推荐等而言，可信度要高。这个特征是口碑传播的核心，也是我们开展口碑宣传活动的一个最佳理由。况且，因为口碑传播的主体是中立的，几乎不存在利益关系，所以也更增加了可信度。

2. 传播成本低

口碑营销无疑是当今世界最廉价的信息传播工具，基本上只需要企业的智力支持，不需要其他更多的广告宣传费用。与其不惜巨资投入广告、促销活动、公关活动来吸引潜在消费者的目光，以产生“眼球经济”效应，不如通过口碑这样廉价而简单奏效的方式来达到这个目的。

3. 具有团体性

正所谓物以类聚，人以群分。不同的消费群体之间有不同的话题与关注焦点，因此各个消费群体构成了一个个攻之不破的小阵营，甚至是某类目标市场。他们有相近的消费取向，相似的品牌偏好，只要影响了其中的一个或者几个，马上，在这个沟通手段与途径无限多样化的时代，信息便会以几何级数的增长速度传播开来。

这时，口碑传播不仅仅是一种营销层面的行为，更反映了小团体内在的社交需要。很多时候，口碑传播行为都发生在不经意间，比如朋友聚会时闲聊、共进晚餐时聊天等，这时候传递相关信息主要是因为社交的需要。

所以，我们可以看到口碑营销不仅仅是一种经济学中的营销手段，它更有深层次的社会心理学作为基础。它是构架于人们各种社会需求心理之上的，所以它比一般的营销手段更天然自发，也更加易于接受。（祁定江：《口碑营销：用别人的嘴树自己的品牌》，中国经济出版社2008年版。）

●口耳相传，品牌自传播传统渠道

口碑广告，是人类最原始的行销形式，至今依然发挥着神奇的传播魔力，被称为“零号媒介”。

美国著名汽车推销员乔·吉拉德连续12年平均每天销售6辆汽车，至今无人突破。他发现了250定律：每一位顾客身后都站着大约250个人，这些人是他比较亲近的同事、邻居、亲戚、朋友，如果你赢得了一位顾客的好感，就意味着赢得了250个人的好感；反之，如果你得罪了一名顾客，也就意味着得罪了250名顾客。比如说，一个推销员在年初的一个星期里见到50个人，其中只要有两位顾客对他的态度感到不愉快，到了年底，就可能有5000个人不愿意和这个推销员打交道。吉拉德得出的结论是：在任何情况下，都不要得罪哪怕是一位顾客。

良好口碑能够也是“反映产品及品牌忠诚度”的重要指标。老顾客不仅是回头客，而且是品牌的活动广告。根据《哈佛商业评论》的研究，当你的顾客流失率降低5%，平均每位顾客的价值就能增加25%到100%以上。因此，回头客的多少，客户流失率的高低，对企业发展有着举足轻重的影响，也是赢得顾客忠诚的关键。

●网络，品牌自传播高速公路

博客口碑营销是目前全球最新的“互动式”新媒体营销方式之一。它通过组织符合厂商产品受众的博客人群参与个性化的产品体验，组织热点话题讨论，从而制造信息传播源，通过博客人际关系连接网络，以口碑传播的形式快速扩散影响，推进营销。

每一个博客都是一个自媒体，它的传播速度和影响面以及持久的影响力，是不可估量的。网络的强大传播力，能迅速把企业的资讯、形象、内容、活动，以文章、图片、视频、博客、专题等多种形式，将企业的产品信息推广到整个网络，直接覆盖大众及目标人群。与传统方式的口碑传播相比较，基于互联网的口碑传播方式，在传播速度和传播范围上已发生了质的飞跃，因而广告效果也是呈几何倍增长，而以博客为载体的口碑传播则更具备了受众精准和高信任度传播的特点，因此在提升企业品牌的同时，也更易于激发销售行为。

随着互联网营销和网络言论民主化的趋势推动，网络将成为企业最重要的营销传播和舆论建设平台。

●品牌马太效应

中国投资咨询网 2008 年 3 月发布调查《我国空调品牌尽显“马太效应”》：

十年前，中国空调市场还是洋品牌独霸天下；五年前，民族品牌夺得中国市场领袖之位；三年前，经过市场洗牌，从最初的 400 多家到只剩下较有竞争力的 50 余家。如今，中国空调市场仅剩下 20 余家空调企业。这些大品牌利用手中的资源以及规模优势，通过创新的产品、全面的服务、优惠的价格和促销方式以及规模化的制造能力，不断抢占弱小品牌资源，使得优势资源进一步向个别大企业手中倾斜，进而导致“强者愈强、弱者愈弱”的局面。在关注度排行的前十大品牌中，国产品牌占据六个席位，赢得 84.5% 的市场关注度份额。而关注度排行前四名又均被国产品牌所占据。空调行业已成为我国本土品牌完全压倒国外品牌的优势产业。

分析师预计，家电行业正处于新一轮景气周期，预计未来三年收入仍会持续增加，且行业集中度将持续提升。综合实力较为弱小的品牌，无力加入产品创新、资源争夺的竞赛当中，必然会被新一轮市场竞争所淘汰。

《深圳特区报》2008 年 7 月 12 日报道：“马太效应”在深圳制鞋业愈演愈烈。去年一年间，深圳共有 200 多家鞋厂悄然倒闭。同在去年，在深圳以百丽鞋业起家的百丽国际在香港成功上市，很快成为香港资本市场市值最大的内地消费零售股。2007 年，百丽国际的营业额和净利润分别大增 87% 和 102.7%。百丽国际的网站上充斥着收购、兼并新闻。上市后，百丽先后收购了欧洲 FILA 的中国区经营权、香港奥斯鞋业集团、江苏森达鞋业、香港美丽宝集团等，成为国内第一、国际第二大的鞋业经营连锁集团。深圳新百丽鞋业的百丽、思加图、天美意、他她品牌女鞋，均名列 2007 年全国销量的前十名，其中百丽品牌连续 12 年居中国女装鞋销售榜首。

面对这一现象，深圳市皮革行业协会副秘书长刘维东认为：“市场环境的变化和竞争加剧让资源向大企业倾斜，优势企业的规模越来越大，发展态势良好；而多数以接单生产为主的中小企业，在成本上升、利润下降中，遇到生存危机，面临关闭、转移的命运。实际上，这个行业的整体规模并没有减少，出口和销售仍在增长。深圳鞋业正迎来结构性调整，经过这个阵痛期，将来发展得更好。”

品牌的马太效应是指，某个行业或产业的产品或服务，品牌知名度越大，品牌的价值越高，其忠实的消费者就越多，其占有的市场份额就越大。反之，某个行业或产业的产品或服务，品牌知名度越小，品牌的价值越低，其忠实的消费者就越少，势必其占有的市场份额就越小，将导致利润减少，被市场淘汰，其让位的市场将会被品牌知名度高的产品或服务代替。马太效应在品牌资本领域内的市场表现是：强者恒强，弱者恒弱，多者愈多，少者愈少，输家淘汰，赢家通吃。

案例看板　　　　有一个品牌叫英语

英语是一个品牌吗？为什么不是？它具有品牌的一切特征。它有定位，有具体的产品形式，它为其拥有者带来巨大的利益。英语是一个品牌，而且是一个强势品牌。英语在知名度、认知度、美誉度、联想度等各个方面都十分丰满。有几个商业品牌能达到这一步呢？想想看，还有哪一种语言对我们的生活产生如此大的影响？还有哪一种语言的品牌能像英语这么强势？

品牌背后的推手

英语是如何被品牌化的呢？最重要的一点就是将英语定位为沟通的标准语言。西方的政府和媒体一直是在这样做的。这当中具体的做法有很多，其中最重要的就是将语言考试作为进入那个国家高等教育门槛的考试，比如美国的托福、GRE、英国的雅思等等。我们看到，如今西方社会尤其是英国在用体验营销推广英语品牌。其传播的立体手段无所不包：出版、学术交流、教育、培训、展览、会议、旅游、时尚、娱乐等等。总之，将英语赋予体验的内涵和理由。比如 British Council 英国文化教育委员会也通过科学咖啡馆、活动串串烧、定向穿越、英伦书讯等方式推广“英语牌”的时尚。相比之下，简单的英语课堂教学、英语考试、英语竞赛、相关的各种评奖等方式都显得有点幼稚了。

英语的品位

品位是某种符号，这种符号可以体现出人们重视什么，不重视什么，其实英语就意味着某种品位，至少很多将英语作为工作语言的人有这种想法。

英语价值观的形成

一个品牌的价值观是它的灵魂。其实英语的价值观来自于很多方面，是这样一个综合了各种价值的体系才是其价值观体系。其主要方面总结如下：

价值1：尊重传统

在英国，你经常可以碰到一些小店的店主很自豪地介绍：这个小店是我祖父开的，他在这里经营了30年，我父亲接着经营了30年，现在是我在经营。言下之意是：因为它很古老，所以它很好。确实是这样，英国人很为他们的传统而自豪。在英国随处可见非常古老的建筑，英国人都将其保护得很好，因为在他们看来，这是无价的财富。这种对于传统的尊重和自豪感塑造了英语对于传统的尊重。

价值2：尊重差异性

其实在英国，英语的口音是非常多的，比如伯明翰口音、利物浦口音和约克郡口音等。有的地方甚至还有自己的语言，英国从来没有明文规定过某一种语音是“标准音”。我们中国的学生都知道标准英语怎么说，但其实这个标准音是英国国家广播公司BBC播音员采用的口音，这是英国东南部的口音。

价值3：优雅

英语的发音是优雅的，而英美文学中大量的故事、诗歌、传说和文学作品将英语塑造为一种代表优雅的语言。有民意测验表明，由于传统和媒体的影响，今天的大部分英国人还是希望能操一口东南部口音的英语。不过近年来，为了强调多元文化，BBC的荧屏也特意增加了不同口音的出现频率。

价值4：沟通

注重沟通是英语的最重要的价值观。英语有一个很重要的特点就是注重沟通的效率和效果。

价值5：延续

有意思的是，在整个欧洲，只说英语的国家只有一个，那就是英国。其他的所有国家都有自己的“国语”，西班牙有西班牙语，德国说德语，法国说法语，但是英语是整个欧洲乃至整个世界的通用语言。这不能不说是一种境界！英语注重文化的延续和影响的广泛性。比如在印度，每个受教育的人都会说一口流利的英语。这和英国人在印度所施加的影响有很大关系，他们深知，语言是重要的文化符号，也是重要的通向文化的桥梁。

品牌价值观并不抽象，而是体现在很多的方面。这些方面互相影响，共同构成一个完整的品牌价值观的框架。在我们为企业提供品牌咨询服务的时候，也是从这些方面来界定品牌的完整价值观体系的。

英语，本是一种语言，因为精心经营，成了一个强势品牌。这对于我们打造商业品牌同样是很有借鉴意义的。因为无论是商业品牌还是概念品牌，核心价值观都是其品牌资产的核心。英语核心价值观营销的经验可以被我们应用于商业品牌的塑造中。打造商业品牌的各路好手，可以学学英语品牌的塑造。（林海：《英国品牌的启示》，企业管理出版社2007年版。）

第六节　品牌传播力法则

●品牌传播力

“传播力”近年的出现频率越来越高，但它似乎还是一个没有被定义的新词。有说它就是传播能力的，有说它就是传播效果的，有的说其实就是媒体影响力，等等。学界对“传播力”的研究，以广告界与电视界关注多些。郭明全写的《传播力》一书（南京大学出版社2006年版），研究企业如何利用媒体的新闻与广告巧妙传播企业和企业产品形象，达到开拓、扩大、最终占有市场的目的。

我们可以这样理解，所谓品牌传播力，实际上就是品牌整合传播的能力和效果体现。它包括战略的确定，计划的提出，各种工具、渠道、传播方式、媒介的组合，全程监控与反馈，长效机制与良性循环。

品牌传播力涵盖品牌推广力。推广力的主体是企业，是品牌持有者；传播力的主体除了企业以外，还有消费者、媒体等。品牌推广，是指企业塑造品牌形象，使广大消费者广泛认同的系列活动和过程。品牌推广有两个重要任务，一是树立良好的企业和产品形象，提高品牌知名度、美誉度和特色度；二是最终要将有相应品牌名称的产品销售出去。品牌传播不等同于营销传播，更不是单一的产品广告，它不但要卖产品，更要树形象，打品牌，培育顾客忠诚度，巩固和扩大市场份额。

品牌传播力是一种整合力。品牌传播的整合性表现在信息的聚合性、受众的目标性、媒介的多元性和操作的系统性等方面；品牌传播力是这些特性的合力。合力缺项，可以通过要素替代解决，这也是整合力的表现；合力摩擦，必须通过技术与工具解决，这更是整合力的要件。

品牌传播力是一种互动力。在品牌传播中，两端分别是品牌的拥有者与品牌的受众，两端之间是或多或少的中间环节，两端通过中间环节沟通，环环互动，首尾呼应，及时反馈，因势微调。相关要素、内外条件在起始两端和所有环节都要互补互动，相辅相成。离开互动，就没有传播。互动不足甚至互动偏差，都直接影响传播效果。

品牌传播力是一种执行力。所谓执行力，指的是贯彻战略意图，完成预定目标的操作能力。品牌执行力，是把品牌传播战略、规划转化成为效益、成果的必由之路。品牌传播是品牌树立、维护过程中的重要环节，它包括传播计划及执行、品牌跟踪与评估等，全部都要落实在行动上，由执行力作保证。

品牌传播力还是一种技术力。品牌传播是利用新媒介、新技术的急先锋；而每一种新媒介、每一项新技术的运用都将极大地提高品牌传播的速度、效率和效果。最后要强调的，传播力是一种战略能力，尽管能力多表现为技术、战术和策略，但根本性的能力是战略能力。离开战略高度谈传播力，在方向和目标上容易出问题。

离开品牌传播力，有关品牌的一切战略战术目标远景都是空谈。

●品牌传播力法则一：品牌传播全过程必须贯穿以人为本

“以人为本”是品牌传播的出发点。品牌是一个以消费者为中心的概念，在品牌传播中，必须重视消费者，努力强化品牌和消费者之间的关系。企业的沟通模式、经营理念和营销思想都开始逐渐由“企业本位”转向“消费者本位”。企业社会责任理论认为，除了对消费者负责外，企业必须对社会负责，才能持续生存和发展。

“以人为本”要贯穿于品牌传播的全过程。所谓品牌传播，就是指品牌制造者找到自己满足消费者的优势价值，用恰当的方式持续地与消费者交流，促进消费者的理解、认可、信任和体验，产生再次购买的愿望，不断维护对该品牌的好感的过程。无论是新品牌的诞生，还是老品牌的维护，都有赖于良好的传播沟通，没有传播沟通，就没有品牌。

品牌传播的技术层面也要“以人为本”。从某种意义上讲，品牌传播“以人为本”原则只有落实到技术层面，才可能实现。

●品牌传播力法则二：品牌差异化定位是品牌传播的出发点

品牌差异化定位是经典传播理论的精髓。独特的销售主张（UPS）、品牌形象和品牌定位等理论在出现时间上次第相接，在基本理念上一脉相承，但又有创新发展，其本质都是差异化。品牌差异化定位指为某个特定品牌确定一个区别于竞争品牌的卖点和市场位置，使商品在消费者的心中占领一个特殊的位置。

品牌传播，是企业以品牌的核心价值为原则，在品牌识别的整体框架下，选择广告、公关、销售、人际等传播方式，将特定品牌推广出去，使品牌为广大消费者和社会公众所认知，促进市场销售。品牌传播是诉求品牌个性的手段，也是形成品牌文化的重要组成部分。

品牌差异化定位是品牌传播的出发点。

●品牌传播力法则三：品牌传播力是品牌整合传播的能力和效果的体现

品牌传播力，就是品牌整合传播的能力和效果体现。它包括战略的确定，计划的提出，各种工具、渠道、传播方式、媒介的组合，全程监控与反馈，长效机制与良性循环。

品牌传播力就是品牌推广力，是企业塑造品牌形象，使广大消费者广泛认同的系列活动和过程。品牌传播不等同于营销传播，更不是单一的产品广告，它不但要卖产品，更要树形象，打品牌，培育顾客忠诚度，巩固和扩大市场份额。

品牌传播力是一种整合力。品牌传播的整合性表现在信息的聚合性、受众的目标性、媒介的多元性和操作的系统性等方面；品牌传播力是这些特性的合力。合力缺项，可以通过要素替代解决，这也是整合力的表现；合力摩擦，必须通过技术与工具解决，这更是整合力的要件。

品牌传播力是一种互动力。在品牌传播中，两端分别是品牌的拥有者与品牌的受众。相关要素、内外条件在起始两端和所有环节都要互补互动，相辅相成。互动不足甚至互动偏差，都直接影响传播效果。

品牌传播力是一种执行力。执行力指贯彻战略意图，完成预定目标的操作能力。传播计划及执行、品牌跟踪与评估等，全部都要落实在行动上，由执行力作保证。

品牌传播力还是一种技术力。品牌传播是利用新媒介、新技术的急先锋；而每一种新媒介、每一项新技术的运用都将极大地提高品牌传播的速度、效率和效果。传播力是一种战略能力，尽管能力多表现为技术、战术和策略，但根本性的能力是战略能力。离开战略高度谈传播力，在方向和目标上容易出问题。

●品牌传播力法则四：自传播是品牌传播力的飞跃平台

自传播就是：不需要信息制造者亲自传播，信息接受者主动成为信息的接力传播者，信息自发传播的传播形式。

在互联网时代，大规模的客户群体本身就是一个良好的销售与传播资源。由于网络向社交型媒体发展，消费者不再是单纯地看完、听完品牌广告之后决定是否购买，而是在第一时间了解品牌的创意后，就会去参与，然后传播给别人，增强了传播的效果与针对性。自传播一旦开始，往往会持续进行下去，直至达到饱和状态。

品牌自传播，对于信息的制造和传播两个步骤分别由两个主体完成，而在其他传播形式中，这两个步骤是由一个主体完成的。品牌的自传播现象，是品牌价值的重要组成部分。自传播遵循信息无代价传导原理，在自传播过程中，不需要付出代价，可以自动完成。

●品牌传播力法则五：品牌传播的理想境界是品牌马太效应实现

品牌的马太效应是指，某个行业或产业的产品或服务，品牌知名度越大，品牌的价值越高，其忠实的消费者就越多，其占有的市场份额就越大。反之，某个行业或产业的产品或服务，品牌知名度越小，品牌的价值越低，其忠实的消费者就越少，势必其占有的市场份额就越小，将导致利润减少，被市场淘汰，其让位的市场将会被品牌知名度高的产品或服务代替。马太效应在品牌资本领域内的市场表现是：强者恒强，弱者恒弱，多者愈多，少者愈少，输家淘汰，赢家通吃。

对于今天的企业而言，一个超值品牌已经成为比土地、资金、人才、政策等资源更为重要的第一资产。品牌授权，品牌输出，品牌替代力如入无人之境的发挥，品牌影响力淋漓尽致地扩张，品牌为王其余经营要素臣服的全部意义上的主宰，就是品牌替代的最高境界，亦即品牌传播的马太效应理想境界的实现。

●品牌传播力法则六："消费者主导律"——最终检验和决定品牌传播效果的是消费者

"消费者主导律"的含义是：最终检验和决定品牌传播效果的是消费者，最有效的品牌传播者是消费者。由此得出品牌传播理论要始终以

"消费者主导传播"为理念，把研究重点放在"自传播"的开发和促进方面。

第六章　品牌延伸力

——品牌延伸理论

品牌延伸力指将一个品牌资产（包括知名、品质、联想和消费者忠诚度等等）延伸到新产品或其他产品的力度和范围的能力。

品牌延伸法则一：可转移的品牌资产是品牌延伸资本。

品牌延伸法则二：品牌核心价值是品牌延伸主轴。

品牌延伸法则三：品牌识别是品牌延伸界碑。

品牌延伸法则四：产品相关性是品牌延伸斑马线。

品牌延伸法则五：品牌联想度是品牌延伸力向导。

为什么中国人用筷子，西方人用刀叉？幽默的回答是：在发明餐具时，中国猿人找到的是两根树棍，而欧洲猿人找到的是带叉的树棍。

如今，我们仍然是一双筷子挟天下，而西餐刀有食用刀、鱼刀、肉刀、黄油刀和水果刀之分，叉有食用叉、鱼叉、肉叉和虾叉之别，外加汤匙、甜食匙、茶匙，还另设一套公用刀、叉、匙。这就是产品延伸。品牌延伸就更神通广大了。据统计，世界各国过去10年成功的品牌中，只有三成是新推出来的，其他都是品牌延伸的结果。品牌延伸已成为许多世界级企业发展战略的核心。

大部分品牌学著作将品牌延伸作为企业经营策略研究，其实品牌延伸更是一个战略问题。品牌延伸是品牌运作中最重要的战略决策，关系到企业的命运发展。企业进行品牌延伸的决策和运作时，决策者们必须遵循科学品牌发展观和品牌延伸理论，最大限度利用品牌优势，充分发挥品牌资产增值作用，将品牌的利益、个性、属性、价值等延伸到新的领域，使企业借此获得大的发展。

第一节　品牌延伸

●品牌延伸定义

品牌延伸是将已有相当知名度与市场影响力的品牌使用到与原产品或现有产品不同的产品上，从而减少新产品进入市场的风险，以更少的成本获取更大的市场回报。它是品牌资产利用的重要方式。

●品牌延伸是企业发展规律的要求

1962 年，美国著名经济史学家钱德勒在其专著《战略与结构工业企业发展的历史阶段》一书中认为，美国企业的成长一般都经历了四个阶段，即：生产单一产品的数量扩大阶段；生产两种以上产品的初级多元化经营阶段；产品多元化、经营领域多元化阶段；不相关多元化阶段。范围经济理论认为，把两种或更多的产品合并在一起生产比分开来生产的成本要低，企业在同时经营多个行业时，会产生比单一行业经营更大的经济效益。在这种情况下，企业就必须处理好不同类型的产品用同一个品牌还是用多个品牌的问题，品牌管理成为比产品管理更重要的问题了。

在美国消费品市场上，开创一个新的品牌，费用大约在 5 千万至 1 亿美元之间。如此庞大的费用，促使相当一部分企业借助已经具有市场信誉的品牌推出新的产品。据资料显示，国外一些知名的消费品公司所开发的新产品中，有 95% 是采用了品牌延伸策略。

●企业进行品牌延伸的内部动力

一、品牌延伸有利于新产品市场的拓展

对消费者来讲，原先成功的品牌已经得到他们的认可，具有较强的亲和力。当企业利用原有成功品牌推出新产品后，成功品牌能够有效地将这种亲和力、忠诚度复制和转移到新产品上，消除消费者对新产品的排斥生疏和疑虑心理，以最短时间接受新产品。

二、品牌延伸有利于提高品牌资产的价值

品牌资产一般是经过企业长期的生产经营活动才能积累起来，其过程需要投入大量的资金和时间。但是一旦使品牌成功延伸到另一个产品时，品牌资产就会迅速增加。在各方面条件相同的情况下，集中宣传一个品牌比分散宣传多个品牌更容易提高品牌的知名度和品牌价值。

三、品牌延伸有利于品牌价值的充分利用

成功的品牌是企业巨大的无形资产。在珍惜保护名牌的前提下，正确的品牌延伸可以尽量地减少品牌价值的闲置和损失，充分利用这笔资产为企业谋取利益。品牌延伸能为新产品争取到更多的货架面积，容易获得经销商的认可，增加零售商对生产商的依赖，在销售领域为生产企业赢得竞争优势。

四、品牌延伸有利于企业规模化多元化生产经营

巨大的品牌效应可以使新产品一投放市场就抢占较大的市场份额，反过来又促使企业规模化生产，从而降低企业的生产成本，取得价格优势，使企业发展步入良性循环。另一方面，拥有名牌的企业不仅可以使用自身的力量实现品牌延伸，而且可以通过向没有名牌的企业输出品牌，实现名牌延伸策略，迅速达到企业实现多元化经营的战略目标。

五、品牌延伸具有自身的互动力

品牌延伸到新产品后，新产品鲜明的个性、良好的品质等如果得到消费者的认可和接受，必将强化消费者对原有产品的认可。扩大新老产品消费，这样同一品牌下的不同产品相互声援，有助于塑造企业品牌的整体形象，从而获得更大的经济效益。（邵一明：《企业品牌延伸策略探讨》，《现代管理科学》2004 年第 12 期。）

●品牌延伸方向

品牌延伸方向可分为三种：

一、同行业产品线延伸，即把现有的品牌名称使用到相同类别的新产品上。

二、同行业产品类延伸，即把现有的品牌名称使用到同行业内不同种类的新产品上。

三、跨行业延伸，即企业进行多元化战略时，依靠原品牌在新的行业推出新产品。

●品牌延伸类型

关于品牌延伸可分为四类：

主副品牌模式

以一个成功品牌作为主品牌，涵盖企业的系列产品，同时又给其他不同产品另起名字作为副品牌。海尔所有的产品都使用同一个商标，而以品牌下的不同系列进行区分，仅冰箱这种产品在海尔名下就有15种副品牌，如变频对开门的“领航系列”，变频冰箱“白马王子系列”、“彩晶系列”，电脑冰箱“数码王子系列”和“太空王子系列”，机械冰箱“超节能系列”、“金统帅系列”等等。使用主副品牌模式已经成为家电行业的通行做法，这样有效的划分不同产品的功能和特点，使得每组商品的特点得以彰显，同时也弥补了单一品牌过于单调的缺点。

多元化品牌模式

一个企业同时经营两个以上相互独立、彼此没有联系的品牌的情形，就是多元化品牌战略。多元化品牌战略为一个企业的每一个产品或每一个产品群都使用不同的品牌名称、不同的定位、不同的品牌识别，为每一个品牌营造了一个独立的成长空间。财富1000强中有75%的公司（不包括工业用品公司）拥有超过100个以上的品牌数目，平均每个公司管理着240多个品牌。

多品牌的优点很明显，它可以根据功能或者价格的差异进行产品划分，这样就避免了不同产品性能之间的影响，有利于企业占领更多的市场份额，增加了市场的总体占有率；多品牌也可以分散风险，某种商品出现问题了，可以避免殃及其他的商品。多品牌的缺点在于：多个品牌分别宣传，费用相对较高；多个品牌之间不可避免存在竞争；品牌管理成本较高，也容易在消费者中产生混淆。

多品牌战略的典型是“宝洁”。宝洁从1931年以来一直坚持的原则是：如果某一个种类的市场还有空间，最好那些“其他品牌”也是宝洁公司的产品。宝洁的多品牌策略让它在各产业中拥有极高的市场占有率，在日用品领域无人能敌其锋芒。

在多品牌战略中，也有些企业使用的并非功能划分，而是等级划分，也就是说，不同的品牌用于相同的商品，但是品质、级别不尽相同。比如说欧莱雅就选择了一个以档次为标准的区分。兰蔻、碧欧泉是它的高端产品，羽西、美宝莲则是它相对低端的产品。它们拥有不同层次的消费人群，各自占领着自己的市场份额。

一体化品牌模式

一体化品牌战略就是品牌从产业链的某一个环节延伸至其他环节的战略类型。一体化品牌战略最典型的特征就是除了在制造上发展品牌之外，在通路上乃至供应上都发展出了品牌。如杜邦不仅是床上用品品牌，也是尼龙、莱卡等供应品牌；家乐福不仅是零售商品牌，也发展出了自己的制造商品牌。在产业链上下游制约关系越来越显著的今天，这种品牌战略最大的好处就是能够整合产业链，提高控制能力。

一体化品牌战略的典型是宜家（IKEA），它拥有品牌、设计及销售渠道，成为融零售商品牌和制造商品牌于一身的一体化品牌。宜家的2万多种产品均建立了自己的品牌。宜家一直坚持“全部的产品、全部的专利”。宜家家居在全球34个国家和地区拥有240个商场。多年来，宜家一直位居全球最佳品牌的前50名。

一体化品牌战略的跨环节甚至是跨行业的多品牌的开发经营，在研发、传播、营销、管理等各方面的投入更大，在各种品牌战略类型中，风险最大。

品牌资产扩张战略

品牌资产扩张战略首先是打造知名品牌，提高品牌知名度和消费者对品牌的忠诚度，然后通过兼并、特许经营等方式，对品牌进行增值经营。

1. 兼并与收购。兼并指一家企业以现金、证券或其他形式购买取得其他企业的产权，使其他企业丧失法人资格或改变法人实体，并取得对这些企业决策控制权的经济行为；收购指企业用现金、债券或股票购买另一家企业的部分或全部资产或股权，以获得该企业的控制权。二者都以企业产权为交易对象。通过兼并、收购与战略联盟，企业可以降低成本、控制风险，以更有效、更经济的方式拓展国际、国内市场，取得可持续的竞争优势，因此被越来越多有实力的企业所采用。2004 年，联想集团收购了 IBM 公司的 PC 事业部；随后 TCL 集团实施了对德国施耐德、法国汤姆逊和阿尔卡特的三重收购。在中国 2007 年十大并购事件中，100% 是跨国并购，其中 7 宗是中国企业对外国企业的并购。

2. 连锁加盟。企业不用提供很多资金，主要提供品牌、技术和标准等无形资产，并收取加盟费。连锁加盟能使企业实现加速的扩张。并且，随着加盟店的增加，不仅企业的加盟费收入不断增加，其品牌等无形资产的知名度也不断提高，达到了增值的目的。因此可以说，连锁加盟形式是无形资产资本化运营的典型代表。

3. 贴牌生产。贴牌生产是公司提供设计、技术和标准，由别的企业进行生产，最后贴上统一的品牌，由持有品牌的公司统一进行营销。贴牌生产如今在服装行业和信息产业得到广泛运用。现有的国际名牌服装在我国内地几乎都有贴牌生产的厂商。

4. 专有权授予，专有权包括专利权、非专利技术、著作权、土地使用权、特许权等。专有权授予是通过转让专有权的所有权或使用权，收取一定的转让费或租金。通过专有权授予，企业不仅可以得到转让费等直接的收入，还可以通过这项交易影响甚至控制受让者的经营活动，从而获得额外的收益。

●品牌延伸的双刃剑现象

自从有了品牌延伸这个概念，关于它的利弊之争就没有停止过。对于刚拿起品牌棋子开始延伸布局的企业家来说，知晓游戏规则，懂得如何趋利避害应该是必修课。

品牌延伸的风险在于：高档品牌贸然延伸至大路货产品上会让其销量大

增，但容易损害原有品牌的高品质形象；如果主品牌延伸的广度和深度过大，必然会淡化主品牌在消费者心目中的形象；主品牌和延伸品牌如发生错位对立，自己和自己打架，就会造成消费者心理冲突；如果延伸产品与原产品对应度高，就容易同室操戈，抢去原品牌产品的市场份额；如果主品牌地位尚未牢靠便轻易延伸到新行业产品，容易出现新产品销量上去原品牌产品的市场份额却被竞争对手占领的跷跷板效应；一些实力强大的品牌由于在延伸时全力以赴抓新品牌，忽视了竞争对手对原品牌产品的进攻，也容易造成旧城失守；延伸产品的质量不过关会砸自己老品牌的“金字招牌”；延伸产品失败必然影响主品牌价值……

第二节　品牌延伸理论

●品牌延伸理论与品牌认知心理学

目前的理论研究认为品牌的强势度与产品相关性是决定品牌延伸成功的两个核心要素。其中品牌强势度受到品牌感知度、定位度和知名度三个因素影响，而产品相关性受到具体产品相关度和受众相关度两个因素影响。

消费者对品牌所传达的信息与同类产品相比的优势综合体验，决定着品牌的效应价值比。而消费者品牌感知特别是体验到原品牌质量越高，他们对延伸产品的接受程度也越高，反之则越低。因此品牌感知度的提高主要是通过产品广告、公关活动、服务等方式实现，同时消费者参与和体验也是提升感知度的重要方面。

原产品与延伸产品相关联性越高，消费者对延伸产品评价越高。产品相关度越高，消费者越容易接受，其品牌延伸也越容易成功，反之亦然。在品牌延伸中，将原品牌延伸到原有忠诚消费群及其所消费的产品中去，品牌延伸容易成功。

在品牌延伸决策时要考虑到两大力量。一是品牌延伸力即是指受原品牌资产（包括知名、品质、联想和消费者忠诚度等等）的影响。研究表明：如果某些品牌与特定产品类别的连接过于紧密，那么延伸力就弱。要使品牌延伸力提升，品牌结构要素要从产品、成本、专有技术等因素向利益、价值理念和自我体验等因素方向发展。否则，品牌延伸力将受到影响。二是品牌杠杆力。品牌杠杆力与品牌延伸力成反比关系，也就是说，如果消费者给予某一品牌很大的延伸力，则其杠杆力一定很低，反之，一个具有强有力意义联结的品牌，一般很难有延伸空间。

原品牌与延伸产品的适合性受到两个条件影响：一是产品—特征—相似性；二是品牌（非产品）—概念——一致性。前者是指原品牌产品特征或性能与延伸产品之间的相似性；后者则是对前者的发展，更强调品牌概念意义和联想与延伸产品之间的包容性。如果延伸产品被认为包容于原品牌意义和联想之中，则一致性（适合）就高，产品延伸就能成功，否则难以成功。

认知心理学研究表明，抽象概念的联想一般比具体概念的联想更丰富。这一原理运用到品牌延伸上，就是具体产品的特征联想在延伸时比抽象的概念意义联想更困难。也就是说，品牌意义联想越丰富，品质信誉越高，产品延伸的宽度就可能越大，在市场上成功的可能性也就越大。所以品牌延伸中原品牌概念形象是十分重要的方面。

品牌延伸效果受到来自广告、消费者使用经验、口碑等多方面的影响。在一定意义上可以说，品牌延伸的成功机会是由消费者的认知或理解所控制的。

案例看板　　　　中国汽车行业的黑马——福田汽车

福田汽车从一家小小的县城农用车企业发展为世界“轻卡王”，品牌战略起到了较大的作用。福田汽车的品牌战略，大致经历了三个阶段：

第一阶段，应用品牌跨越策略。在20世纪90年代中期，通过与北京汽车的资产置换，由没有任何特色的“黎明”品牌跨越到“北京”品牌，充分利用了“北京”品牌在中国农村的巨大感召力，使福田农用车成为行业销量第一、品牌第一，至今，“北京”牌农用车仍然保持20%—40%的品牌溢价能力。

第二阶段，应用品牌转移与提升策略。成立“北汽福田车辆股份有限公司”之后，在品牌应用上，基本采用“北京·福田汽车”、“福田汽车、时代轻卡”、“福田时代”的形式，使轻卡品牌与“福田”紧密关联，使人们对福田企业的认识逐渐转变为“福田汽车”，使福田企业的品牌形象由农用车形象逐渐转变为轻卡形象，档次上提升了一步。

第三阶段，应用品牌区隔目标定位策略。为了针对不同的目标消费群体进行营销，同时进一步提高企业品牌的档次，采用了分离品牌策略，推出"风景"、"奥铃"、"欧曼"、"冲浪"等较高档次的品牌。在实施初期，这些品牌的推广与"福田"进行一定程度的隔离，即便是较低档次的"时代"品牌，也与"福田"形成区隔，以便为福田企业品牌的整体提升留出空间。最后，应用品牌整合策略。当三个较高档次的品牌在市场上形成较大的影响力之后，与"福田"品牌建立高度关联关系，让用户认同"福田"品牌的较高档次形象，"福田"品牌与较为低档的"时代汽车"及更为低档的"北京农用车"拉开档次，隔绝认知关联。这样，通过一系列的品牌运作，福田汽车将在较短的时期内实现从一个农用车低档品牌向一个较高档次汽车品牌的大跨越。（赵玉峰、袁岳：《品牌动力学模型与应用》，http：//www. horizonkey. com/200505. htm。）

●品牌延伸力和品牌杠杆力理论

一个品牌要成功的延伸到新的产品类别上，首先要让消费者深信品牌在逻辑上是合适的，也就是说原有品牌资产能够转移到新的产品上，品牌新产品能够获得竞争优势。我们把这种品牌延伸广度和范围的能力称为"品牌延伸力"，而把品牌能够为新产品带来的间隔能力或者说差别程度叫做"品牌杠杆力"。品牌延伸力受原有品牌资本，包括品牌知名度、品质、联想、口碑和消费者忠诚度等的影响，品牌原有资本价值高，品牌延伸力就大，反之，则小。如果某些品牌与特定产品联结过于紧密，那么延伸力就弱，比如可口可乐的延伸力就很弱，因为它代表了可口可乐公司在可乐领域具有统治地位。

品牌杠杆力概念的提出，深化了品牌延伸的评价基础，使品牌经营者进一步考虑原有品牌是否能够给新产品带来很强的差别性，如果不能，那么使用新品牌就是更好的选择。一般来说，品牌杠杆力和品牌延伸力成反比关系，如果消费者给予品牌很大的延伸力，势必削弱品牌杠杆力。（郑昭、丁轩：《民企成长与品牌战略》，上海三联书店 2005 年版。）

第三节 品牌联想与品牌延伸

●品牌联想

品牌联想即是消费者看到某一特定品牌时，立即回忆起对该品牌的印象，包括感觉、经验、评价、品牌定位等。这些印象来自于消费者的自身体验或间接传播，如口耳相传、广告信息以及市面上的各种营销活动等。上述各个不同的来源，均可能在消费者的心目中建立品牌形象，进而影响消费者对该品牌产品的购买决策。

在品牌联想模型中，品牌是一个点，消费者的记忆库是一个点，两点之间进行联结，品牌联想即告实现。如果你的品牌在某个消费者的记忆库中是个空白，品牌联想就无从产生。消费者的记忆库对某一品牌的记忆，是与品牌有联系的任何事物。品牌联想发生时，消费者对某一品牌的记忆并不是有关品牌的全部信息，而只是少量信息，可以是一种模糊感触，也可以是一种明确指向，如品牌的某项要素或产品的某种特质。女士买化妆品时，一看牌子二闻味，品牌联想过程即告完成。在消费者进行一连串购买决策的过程中，品牌联想是决定这种品牌是否被最终购买的关键环节。

案例看板　　汽车品牌能延伸到笔记本电脑吗？

悍马（HUMMER）品牌是通用汽车旗下的一个著名越野汽车品牌。2005 年，通用汽车公司授权位于华盛顿州斯伯肯市的专用电脑厂商 Itronix 公司生产 HUMMER（悍马）品牌的军用级笔记本电脑。该品牌笔记本电脑主要面向的客户群是那些经常在户外工作，对笔记本电脑的耐用性和坚固性要求比较高的人群。通用汽车公司要求 Itronix 公司以制造军用笔记本电脑的标准和制作工艺来制造这款笔记本电脑，使得这款笔记本电脑能和悍马车一样轻松应付各种恶劣的户外环境，产品一经推出便受到客户的热烈追捧。

一个恰当的品牌延伸机会应该着眼于品牌的情感特征而非物理或产品性能。HUMMER（悍马）品牌向笔记本电脑延伸的成功源于客户对悍马卓越适应能力的品牌联想被恰当的移植到军用笔记本上。（张长江：《21世纪品牌管理的新趋势》，上海市场营销网，2007年5月8日。）

●品牌联想的内容

与品牌名字相联系的概念节点有很多，大卫·爱格归纳出11个类别，它们是：产品属性、无形的因素如产品评价、顾客利益、相对价格、使用或运用、使用者或顾客、名人或普通人、生活风格或个性、产品类别、竞争者、国家或地区。除此之外，诸如品牌历史或市场导入时间、包装、公司规模等也可能是与品牌名字相联系的节点。

品牌资产实际上就由三种联想构成，即品牌名字与产品类别的联想、品牌名字与产品评价的联想和品牌名字与关联物的联想。

●品牌联想度

“品牌联想度”是品牌评估体系中的一环。也是近年来引起国内企业重视的企业品牌要素之一。

品牌联想度，指透过品牌，联想到品牌形象，而这一形象与消费者需求吻合，有利于促使消费者做出购买决策。

品牌联想度的指标因素包括：品牌首先会使消费者产生何种联想？品牌的消费者利益是什么？品牌会使消费者联想到产品的什么样价格层面？品牌会使消费者联想到何种使用方式？品牌消费者的生活方式如何？品牌与同类品牌的差异点在哪儿？品牌为消费者提供了何种购物理由？品牌的产品有何附加值？消费者对此类品牌产品有什么期望？等等。

品牌联想度与品牌在购买者心目中的地位有关。品牌在购买者心目中的地位，从低到高可分为：知名、认知、联想、美誉和忠诚五个层次。其中，知名和认知层次是消费者对品牌信息的被动的感知，是对客观信息的接受；到了联想这个层次，消费者已经开始主动地对品牌信息进行加工，通过想象、推理等，产生正面或负面的心理联系；深化到美誉和忠诚层次的消费者，对品牌已经明显的产生了好感和喜爱。这五个层次依次称为：品牌知名度、品牌认知度、品牌联想度、品牌美誉度、品牌忠诚度。

品牌联想依赖品牌知名和品牌认知的深化，并且继续向品牌美誉和品牌忠诚深化。

案例看板　　英格兰湖区的联想启示

湖区，位于英格兰西部，靠着大海，被称为英国的旅游名片。

湖区的旅游品牌打造过程就是一个联想塑造的过程。它的品牌营销启示如下：

启示1：针对新一代打造类别联想

英国旅游局特意选择了美国全国的120所高校，覆盖了150万名学生。各种各样的手段都被用来推广，比如抽奖，让很多美国学生可以有机会到英国旅游。他们还可以通过活动赢得CD之类的奖品。

启示2：利用社区打造利益联想

品牌利益联想来自于两个方面：当地居民和游客。湖区的旅游业的发展应该有助于当地经济的发展，一般的英国老百姓非常关心社区经济的发展可以带来多少就业机会；游客的联想主要是湖区可以为他们带来什么样的心灵的享受。这种享受具有独特性。

启示3：情感联想

情感的联想是湖区品牌的核心。人们在欣赏美丽景色的时候，是被它的种种传说和故事所感染的。人被品牌所打动，不仅仅是被有形的东西所打动，更重要的是被无形的、心灵的东西所打动。

当我们到湖区的时候，已经是晚上8点了，随便找人问什么地方可以租到酒店，那个路人很热情地替我们打了很多电话，问当地旅游局，问他的朋友，还帮我们问当地人。发现所有的酒店都客满了之后，他又很热情地告诉我们可以租住当地人的家里，给我们介绍了一位很优雅的英国老太太。她将我们一行7人带到她的房子，这是一个非常大的带花园的房子，装饰得很英国化。第二天一大早，我们发现老太太已经在头天晚上将早餐准备好，放在厨房的桌上了，于是我们开始吃英式早餐。吃过早餐后，过了很长时间也没有发现老太太过来，我们就将谈好的租金70英镑放在桌子上，然后将钥匙交给邻居。推开门，出现在眼前的是阳光灿烂的街道和道路两旁盛开的鲜花。这真是天堂一般的地方。我们心情愉快，开始新一天的旅行。

这种互相信任的、舒适的、友善的人文环境是湖区的魅力之一。

启示4：使用者和使用场合联想

在对外宣传资料上，“诗人的湖区”这个定位反复出现，这就是使用者联想和使用场合联想。正因为湖区是诗人和艺术家的天堂，它才具有非凡的魅力。诗人华兹华斯隐居湖区，作为湖畔诗派和桂冠诗人，在英国文学史上他的地位是很特殊的。

这种使用者和使用场合的联想是湖区品牌价值的重要方面。人们来湖区可以有很多原因：它的传说、风俗、风光、草地、气候等因素都是可能的原因。但是最懂得欣赏湖区内在美丽的游客是那些发思古之幽情的“小资”们，他们会将自己置身于多年以前的湖区，那个诗人们在湖边走来走去的年代。

启示5：通过综合规划打造整合的联想

湖区旅游共同体对将来的湖区旅游作了一个规划，涉及关键信息、品牌营销、公共领域、节日和活动、主要建设项目等。

规划对2030年理想的湖区展望是这样的：

繁荣的经济：将这个国家公园的特殊品质和当地经济的发展联系到一起，增加就业机会，支持当地社区复兴，支持地产开发和可持续发展，创建一个有活力的生态环境。

有活力的社区：人们在这些河谷、草地和丘陵之间可以成功地生活、工作和娱乐；提供一切必要的卫生、幼儿护理和老人护理的服务，保证当地居民的生活保障和终生学习；保持当地的必要的学校、乡村礼堂、酒吧或者邮局、商店等；鼓励当地采取汽车的代用品；让每一个理解自己社区并认同自己社区的人都有机会为这个社区的将来做出贡献；听取年轻人的意见，采取改进措施，吸引年轻人到湖区的国家公园来旅游。

壮丽的景观：创造一个管理和提升当地文化特色、自然风光特色、野生动物和居民的和谐环境；保持国家公园水体和陆地资源的独特性；关注气候变化的影响并拟定行动计划；鼓励从国家公园的环境中得到的灵感；改进人们居住和生活的这个社区的环境质量；使人们可以和自然风光联系到一起，手段是理解、享受、教育和健康。

世界级的游客体验：游客的美好体验是湖区的当局所要实现的目标，这个体验是顶级的体验，在世界上是独一无二的；鼓励游客停留更长时间，并选购更多的当地旅游商品和服务；鼓励年轻人享受湖区的风光，让他们多年以后会再访；在当地形成自豪感和责任感，保证湖区国家公园的可持续发展。

湖区的品牌所有者从最大的方面说首先是英国政府，其次是湖区这个地方——土地和人民。其实这是个国家营销，一个国家有国家的定位。美国的定位是科技、强权、创新和制度；意大利的定位是时尚和艺术；瑞士的定位是奢华、雪山和享受；法国的定位是奢侈品、优雅和传统；而英国的定位是人文、创新和时尚。英国的定位和核心诉求正通过各种手段传播到世界各地，推广英国国家品牌。

英国政府在推广湖区品牌的时候，强调的是湖区的文化内涵，而绝不仅仅是自然风光。正是经过多年的打造，它才会得到人们的普遍欣赏，成为世界上著名的旅游胜地之一。

（林海：《英国品牌的启示》，企业管理出版社 2007 年版。）

●品牌联想在品牌延伸中的位置

正确的品牌延伸策略可以维护和提升品牌的联想，从而实现品牌延伸力，提高品牌的竞争力。品牌联想是品牌延伸力的心理投影。品牌延伸以是否符合品牌联想为准则。品牌联想是品牌延伸的起点和终点，也是增强品牌延伸力的依据和目标。

品牌联想是品牌基本价值的重要表现。对品牌经营者来说，品牌延伸能使他们更容易地了解消费者对品牌的感受，从而更准确地进行品牌延伸。品牌联想对于消费者来说，有助于人们更清晰地区分不同的品牌，同时还可能给他们提供购买的理由，创造积极的态度和感觉。

消费者在评判和接受延伸产品过程中，会根据其产品类知识和品牌所代表的产品之间联系的紧密程度和相似性，做出接受或拒绝的决定。

消费者评价品牌延伸可接受性的心理过程分为两步：第一步，是否认可延伸产品与品牌代表产品的匹配性；第二步，如果匹配性好，消费者就会把对品牌代表产品的正向态度施及延伸产品；如果匹配性不好，消费者则会更仔细地评估延伸产品，以形成一种相对客观的态度。所以，延伸产品要成功，必须建立起自己独特的、强有力而又令人喜爱的品牌联想。

为维护和提升品牌力，需要依据品牌联想来决定是否进行品牌延伸以及进行何种方向延伸。因此，首先要考察的是原品牌有何种品牌联想。这种联想是否在销售上是积极的，是否是经营者希望塑造的。

第四节　品牌延伸力法则

●品牌延伸力

品牌延伸力指将一个品牌资产（包括知名、品质、联想和消费者忠诚度等等）延伸到新产品或其他产品的力度和范围的能力。

品牌延伸力来自品牌拥有者的硬件和软件资本，包括：

（一）品牌资产

品牌资产是与品牌、品牌名称和标志相联系，能够增加或减少企业所销售产品或服务的价值的一系列资产与负债。品牌资产是由品牌知名度、品牌认知度、品牌联想度、品牌忠诚度和其他品牌专有资产五部分组成。品牌是代表企业或产品的一种视觉的感性和文化的形象，它是存在于消费者心目之中代表全部企业的东西，它不仅是商品标志，而且是信誉标志，是对消费者的一种承诺。消费者才是品牌资产的真正审定者和最终评估者。

（二）延伸相似性

延伸相似性可分为五类：产品、配方、专有技术、利益、价值。其中产品、配方、专有技术属于与产品有关的属性，利益和价值是属于与产品无关的属性，前三者的延伸范围比后二者小。以经营理念和价值为核心特性的品牌，延伸能力最强；以消费者利益承诺为核心特性的品牌次之；如果一个品牌完全成为了一种产品的代名词，那么它的延伸能力极小。

（三）品牌识别

一个品牌能延伸到多大的范围主要是由品牌的身份即品牌识别来决定的。

1. 品牌名称及品牌视觉识别，是决定品牌可延伸性的首要因素。

品牌名称有两个基本的特点即显著性和描述性。所谓显著性指品牌名称的独特、不落俗套、与众不同。从法律角度看一个显著性强的名称容易注册，从营销角度看描述性强的名称易于传播，从品牌的延伸角度来分析品牌名称，显著性强而描述性弱，则品牌的延伸性就强，反之，显著性弱而描述性强，则品牌的延伸性就弱。同样道理，标志及视觉识别也具有显著性和描述性这两个特点，一定程度上决定了品牌的可延伸性。

2. 产品及其所属特征是影响品牌可延伸性的因素之一。

提到一个品牌时，消费者会想到什么样子的产品。例如提到别克就会想到汽车，提到康柏就会想到电脑，提到喜之郎就会想到果冻。品牌与产品属性结合，尤其与优良产品属性如高质量、高价值等结合，往往能激发消费者购买和使用该品牌的意愿。品牌与产品用途相结合，让消费者需要这种产品时直接联想到这个品牌。

3. 一个品牌如果与企业联系密切，则品牌的延伸范围就广。

娃哈哈是以儿童营养液起家的，其名称及视觉识别都非常儿童化，按理讲，娃哈哈品牌的可延伸性是比较弱的，延伸的范围是有限的，但娃哈哈品牌与产品属性联系不密切，却与企业有着很大的关联。消费者听到或看到娃哈哈时，更多联想到的是娃哈哈企业的规模、实力、技术等企业因素，尤其在市场经济的初级阶段，消费者的品牌观念仍不成熟，消费者对企业识别要素更为关心，因而娃哈哈才有机会把品牌从儿童产品延伸到如八宝粥、纯净水等成人产品。

4. 品牌与产地联系密切的，品牌延伸到该生产地或生产国没有（形象）优势的产品，其延伸是很难成功的。

（四）企业因素

品牌延伸力的企业因素，包括企业实力和形象，品牌战略、品牌建设和品牌经营状况，母品牌的营销状况，延伸产品所属的行业和产品本身的特点、延伸产品所处市场的状况等。

（五）外部环境因素

品牌延伸力也受外部环境如国家法律政策、经济体制、目标市场秩序与行业竞争状况、相关行业科技发展、企业地域关系，乃至广义的社会、经济、文化、生态环境因素制约。

从具体要素讲，品牌延伸的支持因素有：品牌核心价值、品牌基本识别、新老产品的关联度、行业与产品特点、产品的市场容量、企业所处的市场环境、企业发展新产品的目的、市场竞争格局、企业财力与品牌推广能力，等等。这里我们选择一些主要因素作为品牌延伸法则加以阐述。

●品牌延伸力法则一——可转移的品牌资产是品牌延伸资本

品牌资产也称品牌权益，指只有品牌才能产生的市场效益。品牌不仅仅被看做区别商品或服务出处的标志，而且还被认为是沉淀企业信誉、累积企业资产的载体，品牌资产体现在相同质量的商品或服务之间的差价上，体现的是品牌相对独立的自身价值。

作为无形资产，品牌资产是可转移的，可以重复利用，并且在重复利用时不用另外付出成本的。有人说：只要有科学的态度与高超的智慧来规划品牌延伸战略，就能通过理性的品牌延伸与扩张充分利用品牌资源这一无形资产，实现企业的跨越式发展。这句话应该有个前提，就是你的品牌资产必须足够雄厚。

企业品牌延伸的原动力，是因为具有可转移的品牌资产。如果没有品牌，或品牌资产很少，就没有必要冒风险去进行品牌延伸，因为延伸一旦失败，就会影响核心品牌的形象和信誉，得不偿失。只有品牌具有一定的资产后，企业才会考虑利用现有的品牌去延伸到新产品中去，这是品牌延伸的基础。

案例看板　　　　　　　　哈利·波特品牌延伸

哈利·波特系列拍摄成电影后，促进了书籍的销售，而书籍和电影又促进了哈利·波特相关产品的销售。从出版开始，到电影、DVD、录像带，再到饮料、玩具、文具、游戏、服装等成千上万种特许经营商品，再到主题公园，以及英格兰正在策划中的哈利·波特旅游业，哈利·波特已经不再是一个小说人物，而成为一个产业，一个最终价值可能超过千亿美元的产业，创造儿童文学、乃至小说史上一个绝无仅有的商业奇迹。

在罗琳女士一直反对将"哈利·波特"过于商业化的情况下，华纳公司声称他们对于授权什么产品，以及授权给谁都极其小心谨慎。对与可口可乐公司的合作，华纳公司提出了极其苛刻的条件，甚至不允许将哈利·波特的肖像印制在可口可乐的包装上。

哈利·波特的授权方式目前主要是授权生产在电影中出现过、但哈利·波特的名字不一定出现其中的商品。这一方面的授权包括魔法师的最爱——柏蒂全口味豆，这个产品由美国加州的 Jelly Belly 糖果公司生产，已经推向市场的口味包括耳屎口味、沙丁鱼口味和呕吐物口味的产品，国内也已经有了特许店。随着每部哈利·波特电影的推出，都会有与哈利·波特相关的新产品推出，由此可见其品牌延伸的力度。

有些企业已经获得了授权在全球生产销售哈利·波特相关产品：乐高推出的积木使你在家也可以搭建自己的霍格沃茨城堡；专门生产芭比娃娃的美泰玩具公司推出了哈利·波特玩具；世界领先的电脑游戏及控制台游戏出版商中英文换序推出了与哈利·波特有关的电子游戏，使你也可以参与规则莫名其妙的魁地奇，它是魔法世界的著名体育项目，就有点像马球比赛，看谁抢到那个球，不过是太空版的，参赛者都是骑在扫帚上满天飞。哈利·波特品牌延伸的广度已经到了无以复加的地步。

目前在美国，仅有约 75 种与哈利·波特有关的商品获得了生产许可授权，在其他国家则更少。世界顶级商标授权代理商集团估计，像哈利·波特这样的品牌在美国可以产生 200 至 300 项生产许可授权。许多获得了授权的商家非常欢迎这种谨慎的态度。现在要获得哈利·波特相关产品的生产，将面临更严格的评估。

图书只是营销的第一步，时代华纳已经买断《哈利·波特》前四部的电影版权，并已经推出《哈利·波特与魔法石》、《哈利·波特与密室》、《哈利·波特与阿兹卡班的囚徒》等电影。其中前两部票房收入接近18亿美元。华尔街有分析师预计，待到七部电影全部完成，《哈利·波特》票房总收入可望超过100亿美元，还不包括DVD与录像带的收入。时代华纳还买断了哈利·波特的商品化经营权。可口可乐仅买断电影《哈利·波特与魔法石》的全球独家营销就出价1.5亿美元，它必将打造一个市场价值高出1.5亿美元数倍的饮料市场。与此同时，医药巨头强生、玩具制造商乐高、游戏商EA等已经向时代华纳购买"哈利·波特"特许经营权，哈利·波特已经像米老鼠、加菲猫一样，出现在成千上万种商品上。时代华纳尚未排除建造哈利·波特主题公园的可能。

2002年，在美国加州一个特许经营权展会上，有80家公司向时代华纳购买特许经营权，涉及2000多种商品，这一次就为时代华纳带来10亿美元左右的收入。根据好莱坞巨头的经验，以哈利·波特非同寻常的受欢迎程度，有分析师预计，哈利·波特相关商品将超过10000种。

（林海:《英国品牌的启示》，企业管理出版社2007年版。）

●品牌延伸力法则二——品牌核心价值是品牌延伸的主轴

品牌核心价值是品牌权益的主体部分，它能够使顾客和消费者清晰地识别并记住品牌的利益点与个性，是驱动消费者认同与偏好一个品牌的主要动力。市场环境中产品不断地变，包装在变、价格在变、广告在变，但不管怎么变化，在同一个品牌之下的产品，总会有一根维系主线是不变的，它们有着共同的基因——品牌核心价值。

一个品牌是否拥有核心价值，不但是品牌经营成功的重要保证，更是品牌延伸的前提。实施品牌延伸规划，首先考虑延伸产品是否与原品牌核心价值相容，或者说，品牌核心价值能不能包容延伸产品。核心价值是品牌的终极追求，是品牌延伸活动的轴心，企业的一切价值活动都是围绕品牌核心价值而展开，这一点，在品牌延伸中演绎得更为充分。

案例看板　　　　从轿车到服饰——宝马的核心价值延伸

知道万宝路牛仔系列服饰卖得不错的人不少，但知道宝马轿车延伸到服饰的就不多了。宝马把品牌延伸到服饰行业，中国的第一家专卖店就开在北京东方广场，产品有男女正装、运动休闲与配饰系列。宝马服饰销售对象是时尚、崇尚健康、喜爱运动的成功人士。宝马之所以能延伸到服饰，是因为宝马不仅象征着非凡的制车技术与工艺，还意味着“潇洒、优雅、时尚、悠闲、轻松”的生活方式，车和服饰都是诠释宝马核心价值观的载体。宝马服饰选用纯棉、纯正美利诺羊毛等优质面料，并且强调时尚和功能并重，比如在受力点采用高科技的材料以加强拉力牢度，在冷风进口处，加上恒温面料来保暖。这些都是功能化的具体表现。从外观看，宝马服饰在设计上力求与宝马汽车的风格一致；在颜色的选择上绚丽而不失稳重，线条上也保持宝马汽车流线型的设计。宝马汽车代表了豪华，宝马服饰也是服装中的贵族，在北京东方广场宝马生活方式店，衬衫的价格为 1823 元，带汽车抽象图案的领带 1571 元，女士丝巾 1571 元。车和服饰都能传神地体现宝马核心价值观“潇洒、优雅、时尚、悠闲、轻松”的生活方式，这种延伸无疑是对的。宝马延伸到服饰不仅能获得服饰的利润，但还有另一层深意，更重要的是通过涉足服饰领域向更多的消费者推广宝马生活方式与宝马这个品牌。宝马注意到，人们空闲时很少到汽车展示厅闲逛，而去商业中心成为都市人们的一种休闲方式，因此宝马希望通过宝马生活方式店的服饰向人们直接展示宝马精良的品质和完美的细节，从而将人们培育成为宝马汽车的潜在消费者。宝马希望在消费者还很年轻的时候，就钟爱宝马这个品牌，成为宝马汽车的潜在消费者。刚从大学毕业的男士，要购买一部宝马汽车，可能力不从心，但他可以先购买一件宝马服饰，从中感受到宝马生活方式。如果他的女友对他这款宝马服饰赞美有加，他将对宝马品牌留下很深的印象。因此对宝马品牌的信任和忠诚度可提前培育，等到他事业有成，选择高档汽车时，就会先入为主，对宝马汽车情有独钟。这是培养市场、抢占商业先机的高招。这让我们看到宝马的长远战略眼光和创新者的开拓精神。

宝马的案例说明核心价值是否兼容于新老产品是品牌延伸能否成功的

决定因素。品牌核心价值具有包容力而使类别较远的产品共用一个品牌成功的例子比比皆是。万宝路延伸到与香烟类别相距很远的牛仔服、牛仔裤、鸭舌帽、腰带获得了很大的成功，因为这些服饰与香烟一样都张扬着“勇敢、冒险、进取”的品牌精神。而万宝路没有延伸西服，那无疑是明智的，西服品牌需要的是“绅士风度”，与万宝路的核心价值是相背离的。

（翁向东：《宝马为何能将品牌延伸到衣服》，马圈网，2005 年 2 月 2 日。）

●品牌延伸力法则三——品牌识别是品牌延伸界碑

一个品牌能延伸到多大的范围主要是由品牌识别来决定的。

品牌识别的本质存在于这些问题中：品牌的价值是什么？品牌的个性是什么？品牌的长期目标和最终目标是什么？品牌的一贯性如何？品牌的基本实际情况如何？品牌的辨识符号是什么？

可以在这六个问题后再加一个问题：这些问题如何贯彻于品牌延伸中？回答了这七个问题，便回答了品牌延伸的基础问题。

●品牌延伸力法则四——产品相关性是品牌延伸斑马线

所谓产品相关性是指延伸产品与原品牌之间的“相似性或关联性”即消费者头脑中原品牌知识与新产品认同的相关联程度。而原产品与延伸产品相关联性越高，消费者对延伸产品评价越高，反之则越低。

延伸产品与主产品的关联度包括：主品牌核心价值的包容性；主品牌所对应的产品与延伸产品的相似程度；原产品与延伸产品的使用者、销售渠道是否相同或相近；品牌定位的相似性。

如果主品牌的核心价值不能很好地包容延伸产品所需的核心价值，则品牌延伸难以成功。在主品牌具有包容性的前提下，主品牌对应下的产品（原产品）与延伸产品相似程度越高就越易获取成功。当然这种相似度可进一步细分为技术相似程度、类型相似程度、可替代度等。延伸产品与原产品在销售渠道上相同，则可充分利用企业在创造主品牌过程中形成的强大销售网络，迅速进入终端，在原品牌渠道伙伴的倾情促销推广下，很易为消费者所认识，并很快成功切入市场。娃哈哈常常作为一个市场跟随者，即自己一般不会率先推出一类新产品，而是等到某一品类成长起来后才跟进，往往取得了成功，其纯净水产品如是，茶饮料也如是，这都得益于其在渠道方面的掌控能力。原产品与延伸产品若使用者相似，则在广告吸引、通路设计、定价、促销等方面都可共享消费者资料，采取相近的对策，于营销成本的节约大有好处，自然易于获取成功。原产品与延伸产品的定位相似，则消费者对品牌的联想度高，易于接受新品。

●品牌延伸力法则五——品牌联想度是品牌延伸力向导

品牌延伸成功的条件之一是品牌有美好的联想。如果品牌没有什么美誉度和知名度，品牌延伸与重新推出新品牌并没有什么区别。因此，消费者在评判延伸产品过程中，会根据其产品类知识和品牌所代表的产品之间联系的紧密程度和相似性，做出接受或拒绝的决定。只有当延伸产品与品牌产品所代表的类相似或紧密相连时，消费者才会把对已有品牌的美好联想和积极态度转移到延伸产品上。

前面谈到过，品牌联想度的指标因素包括：品牌首先会使消费者产生何种联想？品牌的消费者利益是什么？品牌会使消费者联想到产品的什么样价格层面？品牌会使消费者联想到何种使用方式？品牌消费者的生活方式如何？品牌与同类品牌的差异点在哪儿？品牌为消费者提供了何种购物理由？品牌的产品有何附加值？消费者对此类品牌产品有什么期望？等等。

延伸产品要成功，必须建立起自己独特的、强有力而又令人喜爱的品牌联想。为维护和提升品牌力，需要依据品牌联想来决定是否进行品牌延伸以及进行何种方向延伸。因此，首先要考察的是原品牌有何种品牌联想。这种联想是否在销售上是积极的，是否是经营者希望塑造的。一般来说，成功的品牌无论是有意识或无意识，都能满足这两个要求。那么在对成功品牌进行延伸时，就要考虑延伸产品能否维护和提升这种品牌联想，从而使品牌力更为强大。

这些便构成品牌延伸一大法则：品牌延伸力取决于品牌联想度。

第七章　品牌区隔力

——品牌标识系统

在技术与质量日趋同质化的今天，市场竞争的关键就是品牌的竞争。

品牌的核心是品牌识别，构建差异化的品牌识别符号系统是关系企业成败的关键。

品牌符号化最大的贡献是：帮助消费者简化他们对品牌的判断；帮助企业节省沟通成本取得更大的品牌效益。品牌命名法则：

品牌核心价值形式 7 项法则

品牌命名 8 项法则

品牌标识语创作 8 项法则

如果用一个词替代“品牌定位”，这个词就是“区隔”。

品牌定位的目的就是建立区隔。就是为品牌在市场上树立一个清晰的、有别于其他竞争对手的、符合目标市场客户需要的形象和特征，从而在目标客户心中占据一个有利位置。

区隔就是在我们与竞争者之间画一道线，我们在消费者这边，对手在那边；区隔就是在我们与竞争者之间放一盏聚光灯，我们在聚焦点，众“望”所归，对手在暗光处，相形见绌；区隔就是在我们与竞争者之间放一顶轿子，对手们抬着，我们坐着……区隔线越宽，聚光灯越亮，抬轿子的越多，我们的区隔就越成功，我们的品牌区隔力就越强。

品牌区隔力，就存在于品牌识别符号工程之中。

第一节　品牌符号与品牌认知

品牌符号是品牌的核心，是能引起人们对该品牌美好印象的联想物。一个强势的品牌必须有形象独特含义丰富的识别符号。品牌识别体现了企业希望品牌所代表的东西，品牌识别要产生效用就必须与消费者产生共鸣，使品牌的符号意义被消费者认可。

品牌符号包括名称、标志、基本色、口号、象征物、代言人、包装等。这些识别元素形成一个有机结构，对消费者施加影响。品牌符号是形成品牌概念的基础。成功的品牌符号是公司的重要资产，在品牌与消费者的互动中发挥作用。品牌符号化，是最简单直接的传播方式。品牌符号化最大的贡献是：帮助消费者简化他们对品牌的判断；帮助企业节省沟通成本取得更大的品牌效益。

品牌的核心价值是品牌精神，而品牌精神是抽象的概念，如何将抽象的概念编码，变成具象的符号，再通过各种传播手段，传递到消费者的感知中，让消费者在不断重复的感知记忆中，产生意象，从而还原出品牌所要传递的精神，完成品牌精神的传播过程，是品牌建设要解决的首要问题。

●品牌符号在品牌关系中的地位

我们在第三章阐述过品牌关系问题，认为品牌是符号、企业、产品、消费者之间的关系；强调品牌符号是品牌的本质，是整个品牌关系的动态表现。我们就此提出了品牌向心力法则六——品牌关系的本质体现于品牌符号。

品牌符号是品牌的本质，是整个品牌关系的动态表现。著名品牌策略大师艾·里斯认为实际上被输入到顾客心目中的根本不是产品，而只是产品名称，它成了潜在顾客亲近产品的挂钩。品牌符号能帮助消费者简化他们对品牌的判断，将品牌想表达的无数的信息，用一个符号来全部表达，消费者只要看到这个符号，就想到了该品牌，并联想到品牌背后的内涵；这对于企业而言是最节省沟通成本的做法。

从品牌理论发展的六十多年历程来看，从物化的品牌标识到经济化的品牌资产，再到人性化的品牌关系，品牌理论在短短几十年时间便有了质的飞跃，开始在人的需要的层次上研究品牌关系，成为当代品牌理论研究的统领理论和企业品牌实践的主要理论依据。在品牌关系理论发展的各个阶段中，品牌符号的地位发生了几次变化。这个变化不是品牌符号重要性的变化，而是品牌关系科学化的过程，也就是对所有品牌关系有机互动整体运转的认识越来越科学了。

基于这种认识，我们再来看品牌定义商标说或符号说，就可以理解这类定义并不是用符号代替一切，而只是有所强调。美国市场营销协会认为品牌是用以识别一个或一群产品或劳务的名称、术语、标记、符号或设计，或是它们的组合运用，其目的是借以辨认某个销售者或某群销售者的产品或服务，并使之同竞争对手的产品和服务区别开来。菲利普·科特勒认为："品牌是一种名称、名词、标记或设计，或是它们的组合运用，其目的是借以辨认某个销售者或某群销售者的产品，并使之同竞争对手的产品区别开来"。大卫·爱格的定义是："品牌就是产品、符号、人、企业与消费者之间的联结和沟通，品牌是一个全方位的架构，牵涉到消费者与品牌沟通的方方面面。""除了品牌就是产品外，品牌认同的基础概念还必须包括'品牌就是企业'、'品牌就是人'、'品牌就是符号'的概念，品牌实际上是由其本身整合诸多品牌信息构成的。"

●品牌符号与品牌认知

我们已经知道一种基本的品牌关系模型：品牌关系＝企业＋产品＋消费者＋符号。品牌关系的运动轨迹是：符号沿着品牌资本化——品牌符号化——品牌意识化方向运动。品牌客体被意识化后相对稳定地存在于消费者头脑中。这个模型以品牌与消费者接触过程中消费者的感受为主线，将品牌关系发展细化为"品牌定位——品牌个性——品牌认知——品牌态度——品牌情感——品牌忠诚"六个阶段。

那么，品牌符号与品牌认知之间存在什么样的关系呢？

品牌认知度，指消费者对某一品牌在品质上的整体印象。它的内涵包括：功能、特点、可信赖度、耐用度、服务度、效用评价、商品品质的外观。这些认知，都是附着于品牌符号之上的认知。

我们在第四章曾提出过品牌替代力法则——品牌往往可以替代其他经营要素。这个法则指出：完整的经营活动是由众多的经营要素组合而成，这些要素在特定的条件下可以相互部分的替代，依然能够达到经营的目的或效果。作为经营要素的"品牌"往往可以替代其他经营要素。品牌作为巨大的无形资产，其重要性已超过土地、资金、技术和人力资本等诸多要素的总和。

需要强调的是：品牌替代其他经营要素的表现形式，往往是品牌符号。

人被别人认知只需要很短的时间，因为每个人的外形体貌尤其是五官是不同的。品牌也应该是这样。品牌的标识尤其是名字能明显区别于其他品牌，就容易被消费者记住。

在新品牌推出的初期，企业营销的重点是在消费者心目中建立品牌认知；当品牌步入成长期时，提高品牌的认知度是企业营销努力的重点；进入成熟期的品牌，才能将主要力量用于品牌的维护。消费者通过感官来认识品牌，所以，建立品牌认知的关键是，让消费者熟悉品牌名称、品牌标记、品牌标识语等符号。

品牌形象可以定义为在消费者记忆的品牌联系中引起关于某一品牌的所有感知。品牌识别、品牌形象及品牌联想都是品牌符号在起作用。

●选择品牌要素

建立品牌符号体系，首先要选择品牌要素。

品牌要素有显性、隐性之分，显性要素即品牌认知，指品牌外在的标记性符号系统。标记性符号主要包括品牌名称、标识、标记、象征物、标识语、广告曲和包装，以及各种概念或多种要素的综合等。品牌在表达主题时往往运用多种要素的组合，以便让消费者获得一个立体印象。

品牌识别系统要覆盖4个方面12个元素：产品识别（产品领域、产品性质、品质价值、用途、来源国），组织品牌（组织性质、本地化或全球化），个性品牌（品牌个性、品牌与顾客之间的关系）及象征品牌（视觉意象、暗喻、品牌传统）。

品牌要素选择与设计要遵循以下标准：

第一，识别性。品牌要素的组合要容易识别，容易回忆。

第二，含义性。品牌要素的组合要向消费者传递信息。如产品的性质、品牌的个性等。有人将可含义性解释为描述性、说服性、趣味性、联想性。

第三，延展性，可转换性。品牌起码有两个方向的发展，一是走出去，扩大市场地域；二是铺开来，进行品牌延伸。品牌要素的组合要能适应这种发展，能跨越时段、地域、品类、文化圈。

第四，前瞻性。品牌是不断发展的，品牌要素是要随之更新的。品牌要素选择组合时就要考虑到这些因素，留有余地，即所谓五十年、一百年不落后。

第五，可保护。一是品牌要素的组合能获得法律的保护，如注册等；二是竞争保护，避免被轻易模仿。

●品牌视听符号

品牌要素符号化内容包括视觉符号识别和听觉符号识别。

品牌传播最重要的两大载体就是声音和视觉。品牌符号化就是用视觉符号和听觉符号代表品牌。

品牌视觉符号识别包括：

（1）标志：标志是品牌识别传播的重要载体，它能够将品牌的价值理念用艺术的方式传递给顾客，进而影响到品牌形象的形成。

（2）象征物：象征物常常用隐喻的方式传达品牌识别和个性情感。

（3）品牌代言人：能让人们通过对其知名度、职业、形象、个性、品行的联想，产生对某种品牌美好印象的人。品牌形象代言人发挥作用的机理是情感移植，通过品牌形象代言人引起品牌形象联想、体现品牌个性、造成品牌识别、增加品牌权益。

品牌听觉符号识别包括：主题歌曲、有声商标等。

视听综合符号识别包括：品牌名称、品牌标识语等。

关于品牌视觉标识的理论研究和专业化操作已经相当成熟，这里不再赘述。

●品牌符号设计的六大原则

品牌形象是指消费者对接收到的品牌信息，经过选择与加工后，在大脑中形成的有关品牌的印象。品牌符号是品牌战略者设计出来并希望人们如此理解的品牌，而品牌形象则是消费者自己加工处理过的品牌印象。

对于品牌拥有者来说，品牌符号与品牌形象越接近越好。这是企业品牌建设的终极目的。

品牌识别设计的原则有6条：

1. 个性化原则

个性化，就是差异化、特色化。

2. 关系性原则

品牌符号是一项系统工程。它和企业的品牌意识、品牌战略、品牌管理，以及企业的其他资源，聚焦于消费者，构成品牌关系。离开这个系统，品牌符号全无意义。

3. 全员化原则

品牌符号要求企业用一个形象展示，用一个声音说话。大卫·爱格指出：企业应把内部品牌的传播工作放在优先考虑的地位，即在得到外部认同之前，首先在内部推行，达到内部认同，因为内部认知的差异可能误导策略的实施。企业的营销、服务、公关和广告要能够吸引公众，打动公众，使公众关注品牌形象，热心参与品牌形象的塑造，使以品牌符号为代表的品牌形象牢固树立在公众的心目中，产生永久的非凡的魅力。

4. 长效性原则

品牌符号，即品牌的名称、标志物、标志字、标志色、标志性包装的设计和使用必须标准统一，不能轻易变动。

5. 情感化原则

品牌符号塑造过程要融入情感因素，使品牌具有情感魅力，以实现和公众的良好交流，形成所谓“情感品牌”。情感品牌使人们认识到产品的部分价值是情感上的而非物质上的，从而拓展了产品和服务的平台。

6. 整体性原则

所有品牌符号构成一个整体。从各个符号的功能来说，都有其独到之处，一般说不可替代；从品牌形象整体来说，集多种符号的功能之长，发挥整体大于部分之和的效果。

●品牌要素互动综合符号化趋势

传统的品牌符号都是围绕着品牌名称、标志、象征符号三要素为中心设计宣传。随着信息化社会的到来，企业在实施品牌战略时，越来越重视对品牌各要素的整合规划和综合设计。

可口可乐从2003年起转变其新的形象，以我们熟悉的瓶装形象取代了自1996年一直沿用的飘带图案，重新强调新品牌形象中的要素及飞溅的气泡、水滴，还在可口可乐经典的包装中加入“Always”、“Delicious”“Unique”等标语。现在可口可乐的视觉识别、包装更好地把握了品牌内涵，综合运用了标志、色彩、标语、包装、音乐等要素，而且还将街头看板、交通广告作为理性诉求的传达信息。可口可乐俱乐部专用包装设计，虽然没有任何可口可乐的文字信息，但可顺畅调动消费者的品牌联想，无障碍地传达可口可乐的印象。同样，英特尔也在采用品牌名、标志、象征符号、标语及音乐各要素进行整合互动的方法来建立和传播自己的独特品牌形象。

国内的现行品牌战略大多还是单一品牌要素的传播战、促销战、终端战，企业与营销公司、广告公司、媒体设计公司、制作公司等的合作都是点对点的合作，使得产品设计与广告设计、广告设计与媒体传播、媒体传播与促销活动形成不了互动，各要素“自扫门前雪”，使得企业虽然投入了大量人力物力资源，却难以使品牌得以持续稳定的发展。针对这种状况，应在借鉴欧美等国对品牌要素的先行研究成果基础上，结合各地具体的市场状况与各自企业自身的条件，从多方位对品牌要素的构筑战略进行探索，开拓出适合本企业的品牌战略。

第二节　品牌核心价值概念

●品牌核心价值概念

“品牌核心价值”的定义有多种说法。

科勒认为，品牌核心价值是一组抽象的能够描述品牌的最基本、最重要的特征的产品属性或利益的组合。

于洪彦、银成钺说，品牌核心价值是品牌权益的主体部分，它能够使顾客和消费者清晰地识别并记住品牌的利益点与个性，是驱动消费者认同与偏好一个品牌的主要动力。核心价值是品牌的终极追求，是品牌营销传播活动的圆心，企业的一切价值活动都是围绕品牌核心价值而展开，是对品牌核心价值的体现与演绎。没有清晰的品牌核心价值，品牌构建便无基础，企业便很难以令人信服的方式同他人进行品牌沟通（《市场研究》2006 年第 9 期）。

同心动力认为，核心价值就是组织拥有的区别于其他组织的、不可替代的、最基本最持久的那部分组织特质，是组织赖以生存和发展的根本原因，是一个组织 DNA 中的核心部分。

吉姆·柯林斯和杰里·波拉斯在《基业长青——企业永续经营的准则》中指出：高瞻远瞩的公司小心地保存和保护核心价值，但是核心理念的所有表象却都可以改变和演进。最重要的，是不要把核心理念与文化、战略、战术、作业、政策或其他非核心的做法混为一谈。日久年深之后，文化标准必须改变，策略必须改变，产品线必须改变，目标必须改变，权限必须改变，管理政策必须改变，组织结构必须改变，奖励制度必须改变。到最后，公司如果想成为高瞻远瞩公司，唯一不应该改变得是核心理念。

我们在这里谈到核心价值，是为了阐明标识系统与价值理念是“主题”与“思想”的关系，强调作为精神理念性的“价值理念”在品牌符号系统终端主要作用，所以，我们暂且给出一个定义：

“品牌核心价值”即“品牌核心价值观”，它是体现品牌独有价值的、贯彻于企业经营始终的、长期坚持广为传播并力求消费者认同的核心主张。

核心价值产生于企业发展中，起始可能是单一的口号；随着企业发展，可能扩展为一组相关联的或几个关联不紧密的核心价值，用来显化企业经营理念或各个管理活动的成功要素；企业进入成熟期后，必然对企业的各个关键成功要素优化选择，固定为核心价值。核心价值在企业发展过程中不断得到验证和强化，得到所有员工的认可，再通过产品和服务最终达到客户满意，使客户认可企业的核心价值，这样，就完成了企业核心价值植入利益相关者心里的全过程。

在品牌运营时代到来之际，企业核心价值与品牌核心价值统一的居多。

●品牌核心价值的构成要素

史光起提出品牌核心价值的构成可以在 8 项要素中选择组合：

1. 个性

品牌的核心必须具有高度的个性，以明确区别于其他任何品牌。没有个性的品牌只会被淹没在品牌的汪洋大海之中。具有高度差异与个性的品牌核心价值就等于给了目标消费者一个独一无二的购买理由。

2. 一致性

这里说的一致性是指品牌的承诺与事实相符合，不仅是停留在传播层面，更要从品牌层面落实到产品层面，甚至是经营管理层面。只有把统一的品牌核心承诺落实到每一个经营环节上，才能使品牌的核心价值变得真实并具有力量。

3. 文化

一个品牌力量的强弱决定于其文化内涵。好的品牌文化会让品牌变得有思想，有生命力。

4. 象征

一个优秀的品牌要具有某种象征性意义，即消费者通过选择某品牌的产品可以表达其思想或代表其形象。

5. 使命

一个品牌存在的意义是什么？可以为顾客及社会创造什么价值？当一个品牌可以为顾客及社会创造出价值时，这个品牌即使不做广告，也会被消费者所铭记。品牌使命是品牌核心价值中超乎功利的一种重要因素，它不是口号，而是为顾客所能解决的实际问题。

6. 信任

信任包含了各种感性因素，有产品可以达到甚至超过消费者预期时产生的信任感，有品牌遵守承诺产生的信任感，也有产品性能稳定带来的信任感等。

7. 习惯

一个品牌做到极致时，不仅仅是销售产品，而是为消费者创造一种生活方式或者是融入消费者的生活中、思想中。当想到某个品牌就会习惯性地想到要做什么，或做什么时一定想到某个品牌，这时这个品牌就已经变成了消费者生活中的一种习惯。

8. 一贯性

每一个品牌都有自己的品牌基因，它可以在时代变迁、企业变革，甚至是市场发生颠覆性改变时都不产生动摇。可口可乐、路易威登、奔驰的品牌定位始终没有丝毫的改变，使忠诚于他们的消费者认为，这些品牌是他们最可信赖的朋友。（史光起：《走进品牌深处——探索品牌核心价值》，全球品牌网，2008 年 5 月 6 日。）

●品牌核心价值的确定

确定品牌核心价值的最好方法是"墓碑假设"。人们在选择一个品牌时，往往没有想过品牌对于自己有多重要。当我们假设某个品牌有一天突然消失的时候，人们会怀念它的种种好处，这些好处就是品牌的核心价值。而这种确定品牌核心价值的方式就是"墓碑假设"。

品牌的核心价值是公司全体员工对客户的一种承诺。它一经确定，就必须渗透到公司的品牌文化之中，渗透到每一个员工的思想之中；公司的所有员工都应该能够准确理解他们应该做什么，不应该做什么，只有这样品牌才有可能对客户兑现它所有的承诺，公司的品牌才有可能成为客户值得信赖的品牌。

有了品牌核心价值之后，我们还要想办法把这些价值用简单明了的语言传递给客户，并通过长期的传播与沟通将其植入客户的大脑当中，这些表达品牌核心价值的语言就是品牌核心信息。

品牌的核心信息必须能够准确传达品牌核心价值、简单、容易被目标客户理解与接受、具有很长的时效，并与竞争对手的品牌的核心信息能够完全区隔。

一个品牌核心信息一旦确定下来，就要进行持续传播，并在 5 至 10 年之内不要轻易改变。（资料来源：《创建强势工业品品牌所需的五种元素》，世界品牌实验室 ICXO. COM，2007 年 5 月 16 日。）

●品牌核心价值的分类

品牌核心价值的三大价值主题：理性价值、感性价值和象征性价值。强势品牌常常兼具这三层价值主题。

理性价值（品牌利益）：理性的品牌核心价值着眼于功能性利益或者相关的产品属性，如功效、性能、质量、便利等，在快速消费品行业相当常见，是绝大多数品牌在品牌塑造初期的立身之本和安身之所。

感性价值（品牌关系）：感性的品牌核心价值着眼于顾客在购买和使用的过程中产生某种感觉，这种感觉使消费者拥有和使用品牌具有了更深的意味和更密切的关系，很多强势品牌的识别在理性价值之外往往包含情感性价值。

象征性价值（品牌个性）：象征性的品牌核心价值是品牌成为顾客表达个人主张或宣泄的方式，有个性的品牌就像人一样有血有肉令人难忘。近年来品牌个性在品牌核心识别中的地位越来越重要，以至于不少人认为品牌个性就是品牌的核心价值。（刘威：《品牌核心价值的三重奏》，中华商界专家网，2007 年 12 月 25 日。）

●品牌的核心价值的基本特征

品牌的核心价值的基本特征表现为：兼容性、差异化、感召力、执行力。

兼容性。品牌的核心价值应包容企业的所有产品，并且为企业日后跨行业发展留下充分的空间。

差异化。对应品牌环境分析结论，品牌的核心价值应是独一无二的，与竞争品牌有明显的区别，具有可识别的显著特征，体现品牌的本质属性。

感召力。品牌资源支持的品牌核心价值，能够为消费者提供一定的附加值，能体现出其对人的终极关怀，引发消费者的共鸣，拉近品牌与消费者的距离。

执行力。指企业有充分的执行品牌核心价值的能力。在企业发展各阶段各时期各种情势下都能执行品牌核心价值的坚持力，形成坚持品牌核心价值的长效机制。

●核心价值形式法则

大致了解了核心价值的定义、内涵、分类和原则，那么，这些内容如何体现在具体的核心价值文本上呢？我们可以通过分析国内外著名品牌的核心价值，从形式上抓住一些特征：

1. 企业精神表述

汉高的核心价值：我们开发更为优异的品牌和技术；我们立志品质卓越；我们力求创新；我们拥护变革；我们成功的秘诀在于我们的员工；我们承诺维护投资者的利益；我们致力于可持续发展和企业社会责任感；我们公开和积极地沟通；我们维护我们的传统，一家开放的家族式公司。

丰田公司的核心价值：上下一致，至诚服务；开发创造，产业报国；追求质朴，超越时代；热情友爱，亲如一家。

这类核心价值类似于企业文化中的企业精神。企业精神，在美国称之为“企业哲学”，在日本称之为“社风”。指企业员工所具有的共同内心态度、思想境界和理想追求。有人认为它是企业全部的精神现象和精神活力；有人认为它主要是指企业经营管理的指导思想。共同点是，大家都认为企业精神是现代意识与企业个性相结合的一种群体意识。每个企业都有各具特色的企业精神，它往往以简洁而富有哲理的语言形式加以概括，通常通过厂歌、厂训、厂规、厂徽等形式形象的表达出来。企业精神作为企业内部员工群体心理定势的主导意识，是企业经营宗旨、价值准则、管理信条的集中体现，它构成企业文化的基石。美国著名管理学者托马斯·彼得曾说：“一个伟大的

组织能够长期生存下来，最主要的条件并非结构、形式和管理技能，而是我们称之为信念的那种精神力量以及信念对组织全体成员所具有的感召力。”所以，有人把它同企业价值观等同起来。

2. 体系性组合

对于有历史的公司来讲，大都对已经存在的核心价值进行过梳理，使其有一定的逻辑性，便于记忆。

惠普公司是 1939 年创立的，到 1957 年上市时，才确立了一系列的公司宗旨和价值观，最初的宗旨共有 6 个（利润、顾客、业务领域、发展、职工和公民义务），其基本核心是“客户第一，重视个人，争取利润”。这些宗旨后来经过多次修改，并制定许多具体规划和实施办法，最终形成了被业界誉为“惠普之道”的七大核心价值：我们热忱对待客户；我们信任和尊重个人；我们追求卓越的成就与贡献；我们注重速度和灵活性；我们专注有意义的创新；我们靠团队精神达到共同目标；我们在经营活动中坚持诚实与正直。

同类的还有，松下电器的核心价值：遵奉“十精神”，即工业报国精

神、实事求是精神、改革发展精神、友好合作精神、光明正大精神、团结一致精神、奋发向上精神、礼貌谦让精神、自觉守纪精神和服务奉献精神。

安利企业的核心价值：一是伙伴关系、二是诚信、三是个人价值、四是成就、五是个人责任、六是自由企业。等等。

3. 入耳易记

上面几例的排列，我们有意突出了从繁到简的变化。其实，这正是一种趋势。信息爆炸时代，没有人有时间有兴趣听你引经据典娓娓道来。所以，简化成为必然。最好的简化是有序简化。

强生公司的核心价值："客户第一，员工第二，社会第三，股东第四"。

统一企业的核心价值："品质好、信用好、服务好、价钱公道。"可以概括为"三好一公道"。

具有简短有序、入耳入心、上口易记的特点。

4. 简洁明了

以简短为追求的核心价值表述，有时很像品牌标识语或广告语。

麦当劳的核心价值：以人为本，优质、服务、清洁、价值。

IBM 的核心价值观：诚信负责、创新为要、成就客户。

波音公司的核心价值：永为先驱，尽善尽美。

希尔顿酒店的核心价值：微笑服务、宾至如归。

刘威曾将一些品牌核心价值与品牌标识语作了比照，可以看出两者的联系：

辉瑞：核心价值——关爱，品牌标识语——关爱生命，辉瑞使命。

吉列：核心价值——阳刚、男人味，品牌标识语——男人的选择。

海尔：核心价值——真诚，品牌标识语——真诚到永远。

海信：核心价值——创新，品牌标识语——创新就是生活。

商务通：核心价值——科技、简单，品牌标识语——科技让你更轻松。

科健：核心价值——专心、专业，品牌标识语——专注做好每件事。

提炼到这种程度的核心价值，可谓极致精练。

5. 差异化

仅仅以有序、简短为追求的核心价值表述，有时候容易以文害辞。所以，越来越多的核心价值表述，把差异化作为主要的追求。这样的核心价值表述，从内容和形式上更接近品牌标识语或广告语。

福特汽车的核心价值观：客户满意至上，生产大多数人买得起的汽车。

星巴克的核心价值观：为客人煮好每一杯咖啡。

本田汽车的核心价值观：实现顾客利益的最大化。

但是，直到今天，雷同仍然是核心价值创作的通病。据统计，在某一年度的世界百强中，55%的公司声称“诚信”是它们的核心价值观，44%的公司倡导“客户满意度”，而40%的公司信奉“团队精神”；在对某一年中国企业文化建设30强的核心价值观分析中，“创新”、“奉献”、“诚信”、“团结”、“艰苦奋斗”等词语出现较高。

6. 人本化

以消费者为中心的品牌关系理论赋予差异化更多的感情成分，体现在核心价值表述上有：

联合利华的核心价值：以最高企业行为标准对待员工、消费者、社会和我们所生活的世界。

摩托罗拉公司的核心价值：高尚的操守和对人不变的尊重；全面的顾客满意。

惠而浦的核心价值：以自豪、热诚及卓越表现进入世界每个角落，每个家庭。

肯德基的核心价值：以人为本、顾客满意、沟通合作、奖惩分明、提供机会。

人本化核心价值设计常常模拟怀旧、承诺、回报、情感结合等人际关系，合作共事关系，以及自我概念关系等等。

第三节　品牌名称

●名字是品牌第一符号

品牌名称是品牌的符号，代表着品牌的所有内涵，代表着价值。品牌名称是品牌之魂，体现了品牌的个性和特色。

任何品牌都有一个名称。面对琳琅满目的商品世界，我们很难区分不同企业生产的同一种类型的产品，更不用说不同企业生产的不同类型的不同产品了。品牌就提供了区隔标志，将一个品牌与其他品牌明显区分开来。

品牌名称以符号的形式传递着丰富内涵和最重要的信息。一提到某一品牌名称或符号人们很快对该品牌所代表的产品质量、技术、售后服务等等有一个总的概念。每一种品牌名称都给人们带来了有关的信息，而且长期影响人们的看法。美国营销大师阿尔·里斯在《打造品牌的22条法则》中说："从长远观点来看，对于一个品牌来说，最重要的就是名字。"

品牌名字的要求有：独特，简洁，易记，上口，有寓意，能延展。

"力士（Lux）"是当今世界著名的香皂品牌，该品牌之所以风靡全球，与它杰出的命名创意不无关系。19世纪末，英国联合利华公司向市场推出这种新型香皂时，曾用过"猴牌"、"阳光牌"等作为品牌名称。但是，"猴牌"与香皂没有任何联系，还会带来不干净的联想；"阳光牌"也流于一般化。所以这种香皂的市场销路一直不好。1900年，联合利华公司为这种香皂换了一个令人耳目一新的品牌名称"Lux"，产品销量顿时大增，并很快风靡世界。业内人士认为"Lux"是一个近乎完美的品牌名称，因为它几乎涵盖了优秀品牌名称的所有优点。第一，它只有三个字母，易读易记，简洁醒目，在所有国家的语言中发音基本一致，易于在全世界传播；第二，它来自古典语言"Luxe"，是典雅、高贵之意，它在拉丁语中是"阳光"之意，它的读音和拼写令人很自然地联想到另外两个英文单词Lucky（幸运）和Luxury（华贵）。无论作何种解释，这个品牌名称都对该产品起到了很好的宣传作用，因为它本身就是一句绝妙的广告词。

示范案例　　"太子龙"品牌名分析

独特：把"太子龙"放进名字堆中，它会脱颖而出，不撞车、不串门、不流俗，独辟蹊径。看一个名字独特不独特，最简单的办法就是上网搜索，信息指向越集中的唯一性越高；一搜一长串的名字必然要在海量信息中淹死。与众多服饰品牌相比，"太子龙"也有独特之处：在服饰品牌中，传统的三字品牌一般是三个祥瑞词，义大于象，或者有义无象；现代的二字品牌，应该说既多又好，各树一帜，各有千秋；现代的三字品牌，大多是有音无义，只要听起来不像中国名字就行了。太子龙能做到避三者之短而兼三者之长，也真不容易。

简洁："太子龙"由两个词合成。太子作为两个字，笔画简单；作为一个词，含义单一，无歧义。太子龙虽然用了三个字，比众多品牌名字多一个字，但给人的印象是整体的，简洁的。

易记：太子龙不是抽象的，而是具象的。龙在人们心目中有各自不同的固定形象，太子在人们心目中也都有不同的大致印象，这二者都是人们心中本有的。一旦把二者组合成"太子龙"，一个新的形象马上产生。所谓过目不忘，就是这种效果。

上口：太子龙，去声，轻声，平声；重读，轻读，长读。疾徐错落，轻重有致，可以说朗朗上口。

有寓意：太子，是一种身份，含义单一；龙，既是意象又是具象，既是实指又是象征，而其中任一元素又都具备多样性，不确定性；二者相加，意象具象组合，联想丰富，但划定一定范围，不会成脱缰野马；寓意深远，又基于具体物象，不会是无边无际。

能延展：太子龙作为大型多元化民营企业集团，旗下有投资公司、包装公司、文化传播公司、进出口贸易公司、制衣厂，大部分仍叫太子龙；集团拥有三个品牌：太子龙、77 品牌、龙太子。太子龙是母品牌，龙太子是文化传播公司的动漫产业的延伸品牌，放牧人是前卫原创品牌。可见品牌延展性很好。我们还记得"太太"品牌。2000 年，这两个字曾被权威评估部门认定无形资产价值 18.3 亿元，后来太太药业将女性保健产品的定位抛弃，而定位于从预防到治疗的整个健康产业，"太太"名字已不适用，不得不忍痛割爱，将公司名称变为深圳健康药业集团股份有限公司，同时更改了英文名称。这就从反面说明延展性的重要了。

●品牌命名法则

先定要求后命名

命名不是随便定个名字，而是要有讲究。首先得弄清楚你有什么要求，如果你没有特殊要求，就依照一般规则。一般规则有很多，你可以选择、组合，所以你仍然得弄清楚自己对品牌名字有什么要求。

英特尔公司的"Pentium"（奔腾）名字就是先定要求后定名字。1989年英特尔开始研制代码为P5（俗称586）的处理器，期望1992年秋天导入市场。由于由数字构成的名字不能作为商标，英特尔公司组建一个广告团队来为新处理器起名。团队决定名字必须符合的条件是：①竞争者难以仿造；②可作为贸易标志；③指出新一代技术，以便有效地从上一代过渡过来；④有积极联系，且适应全球；⑤支持英特尔品牌资产；⑥听起来像一个部件，以便它能与英特尔合作伙伴的品牌名字相配合。条件既定，英特尔开创了一项历史上最昂贵的调查研究。除了任务团队自己采用脑力风暴法产生的数以百计的名字之外，英特尔还雇佣了一家命名公司为他们服务，同时在公司范围内举办命名竞赛，全世界有1200名英特尔雇员参加，最后选择了"Pentium"。Pentium的"Pent"来自希腊语，意思是"5"，暗示新的芯片是家族的第五代；加上"ium"使得芯片看起来像基本元素。最后选定的"Pentium5"，符合了这些条件，既体现了品牌和产品特点，又指出新芯片是第几代。从此英特尔进入了新品牌时代。

本土品牌国际化

我国的绝大多数品牌，只以汉字命名。由于《汉语拼音方案》是拼写中文人名、地名唯一的国际标准，有的品牌采取了汉字加注汉语拼音的方法，但是外国人并不懂拼音所代表的含义。例如长虹，以其汉语拼音CHANGHONG作为附注商标，但CHANGHONG在外国人眼里却没有任何含义。

现在许多国际品牌设计时并不考虑词义，由于拼音文字的特征是表音不表意，所以容易做到首先追求字母组合独特，达到这一要求后，再查与这一组合接近的词义，有正面意义当然好了，没有意义也行，只要没有负面意义就行。这个单词在英文中原先并不存在，由于你的企业或品牌创造并使用了，它就属你专用。正是这种专用性，使围绕这一单词的信息，全是有关你的企业或品牌的。相反，若这个单词是既有的，是原本有意义的，就没有专用性，公众接触这一单词时，脑海反映的这一单词的信息就比较杂乱，影响企业信息准确清晰地对外传达。没有专用性的品牌名还会存在歧义，不易保护。

谈到索尼（SONY）命名，盛田绍夫在其自传《日本制造》一书中写道："在任何语言中，SONY都没有什么实际意义，但是，在任何语言中，

SONY 的发音都一样，这就是我们的名称所具备的优势”。由于从 SONY 名称上不会联想到任何类型的产品，这样就为品牌扩展到新的领域预留了巨大空间。

定位之父艾·里斯 2008 年 9 月 25 日接受中国企业家采访时，记者提问：“中国公司品牌的英文名字会是一个重大障碍吗？”艾·里斯回答：“有些中国公司品牌，即使已经翻译成英文，都无法使其品牌更加有力，对于英语国家来说难以理解。英语是国际语言，人们已习惯了英语单词，倾心于那些听上去像英文的品牌。不一定是英语单词，但必须听上去像。比如 SONY，简单上口。”

国际品牌本土化

国际品牌本土化并不是上一条的反推。两者的出发点不同：本土品牌国际化是我们的品牌走出国门必须迈过的门槛；国际品牌本土化是我们的品牌已经成为国际品牌后向他国市场渗透时对品牌名称所作的技术处理，也就是国际品牌的当地叫法。

国际品牌本土化，首当其冲的是译名问题。

“可口可乐”Coca Cola，中文直译为“古柯”、“可乐果”。“可口可乐”是音译，这种译法意思上既达意又传神，可以说比原名含义更丰富，且由口感美妙递进为精神愉悦，两个词组翻出两层境界，确实了得；读音上既上口又入耳；字形上既简单又写意，四个字中三个“口”，不是进口的是什么？确实是绝妙好辞。据说，可口可乐在 20 世纪 20 年代首次进入中国市场时，译成“口渴口蜡”，很多人因理解偏差而不买，市场销售极低。后来可口可乐公司在研究了四万个汉字译名的基础上，最后确定了“可口可乐”这四个中国字，一举获得成功而经久不衰。“Coca Cola”在日语中译做“口咖口拉”，这一译名在日语中不会唤起什么联想。中野美代子在《中国人的思维模式》中说：“今天日本人一提起‘口咖口拉’，三岁孩子也会想起那种饮料的味道、颜色以及瓶子的形状等等。但是，在日语中没有任何理论根据能使发音为‘口咖口拉’这个词同美国的清凉饮料可口可乐相一致。日本人只是根据记忆和习惯将二者等同起来。”

中国人自古就讲究“正名”，名称翻译历来备受重视。中国人特别讲究“口彩”，常用溢美之词。人家翻成“米国”，我们翻成“美国”，还有“英”国（英杰之国）、“德”国（重德之国）、“法”国（有道之国），等等。当今品牌王国中，汉译名称仍然沿用古习。诸如电器中的“康佳”，交通工具中的“宝马”、“捷达”，服饰中的“金利来”、“富绅”，化妆品中的“雅黛”、“俏丽”，卫生用品中的“美加净”、“护舒宝”（Whisper），不一而足。

奔驰（Mercedes—Benz）是大陆译法，香港译为“平治”，台湾译为“宾士”，都是音译，而大陆则音义兼顾，译为“奔驰”，更有气势，容易将品牌与消费者的理想融为一体。BMW 汽车 1992 年以前在中国直译为“巴伊尔”，一直得不到广泛传播，后来改为“宝马”，名声大振，既突出了宝马车系高贵豪华的风格气质，又与中国的传统文化契合。“开奔驰坐宝马”已经成为不少人的梦想，奔驰宝马成为豪华生活的象征，译名之功，不可小觑。

繁者简化

索尼公司原名“东京通信工业株式会社”。这个名字有两大缺点，一是太长，二是一般化，东京是通用地名，通信是行业通用名，株式会社是公司通用名，毫无特点可言。1953 年，当盛田昭夫到美国考察时，发现竟无人能把这个名称念下来，为此，他发誓一定找一个全球通用的名字。他们翻阅字典时无意看到拉丁字“Sonus”，意为“声音”，恰好与公司行业有关，于是他们从该词开始找起。当时日本使用外来语的现象日渐普遍，人们把聪明可爱的男孩叫做“Sonny”，而属于同一词根的“Sunny”和“Sonny”都有乐观、明亮的意思。为了避免被仿造滥用，他们把原词简化为 SONY，一个世界性的名称就这样诞生了，它有聪明、可爱、乐观、光明等丰富的精神内涵。

宏碁电脑对外的英文品牌叫“Multitech”，由于字母太多，难以记忆，又有注册纠纷，宏碁公司便设计了新商标：Acer。

海尔起初是“琴岛——利勃海尔”。这个名字长，读起来不上口，也不便于记忆。后来它简化为“利勃海尔”，再简化为“海尔”。

缩写也是一种简化。IBM 全称是“国际商用机器公司”（International Business Machines），BENQ 是“明基”Bringing Enjoyment and Quality to Life 的缩写，原名冗长难记，不易读写，在传播上自设障碍，不得不简化。

避免歧义

2008 年北京奥运吉祥物福娃的英译最早是 Friendlies，本意是想表达好客之意，谁知从字面上竟然可以理解为“撒谎的朋友”，这种译法和 Friendless 同音，后者的意思是“没有朋友”。这一缺陷被公开指正后，决策层干脆采用汉语拼音 FUWA。不料 FUWA 是美国一个便携式干衣机的品牌名，也是日本一个制衣企业的厂名，同时还是广东省顺德一家生产半挂车零部件企业的注册商标。要打起官司来，知识产权保护的是人家。于是热心的网友绞尽脑汁想译名，贡献了“FORWORLD”（世界大同之意）、“FORWARD”（勇往直前之意）等等，可惜都不好采用（李光斗，品牌博客，2006 年）。问题出在哪里？品牌命名之初。

韩国贸易协会国际贸易研究院不久前曾发表报告，提醒韩国企业在中国慎用韩式汉字品牌，以免产生歧义。报告以“好丽友”巧克力派在韩国和中国的品牌名称为例进行了说明。“好丽友”巧克力派的生产厂家是韩国 ORION 公司。这家公司巧克力派的品牌名称是“东洋”这两个汉字。“东洋”一词在韩国是只对应“西洋”的词语，但在中国有可能被认为是日本的品牌。ORION 公司注意到这一点，转而采用公司名称的中文音译“好丽友”作为品牌名称，既朗朗上口，又容易被中国消费者接受，为产品较快打入中国市场发挥了重要作用。

汉语的多音多义性质，使词语歧义可以在多种情况下发生。拼音文字分解到字母就没有意义了；而汉语最小的单元——字，也是词，也有意义。有些品牌为了与国际接轨，也套用缩略拼写的方法，大部分无伤大雅，小部分不妥，如“HH”，可以理解为“黄河”，也可理解为“黄海”、“红河”、“淮河”、“洪湖”、“黑海”、“红海”，往负面想，可以是“黄祸”、“谎话”、“后悔”、“混混”，等等。因此，为了避免歧义和误解，在品牌命名时就应考虑周到。

不要忽视声音标识

在品牌标识理论中，声音本身也属于品牌标识设计的一项内容。

INTEL 不仅是视觉标识，也是听觉标识。它的声音符号与品牌广告形影不离，已经形成了一种固定的品牌认知。人们一听到广告最后畅快的四音符，就知道它是属于 INTEL 的。

据说，吉普（GP）汽车是“通用型”的英文 general purpose 缩写。但也有说法称其来源于传说中怪物的叫声“吉——普，吉——普”。柯达“Kodak”是个象声词，像照相机快门的咔嚓声。过去有一个杀虫药曾以

“我们是害虫”的动漫声音设计而闻名。“田七”以替代合影口令“茄子”的创意，成为品牌的声音标记。恒源祥的“羊羊羊”尽管烦人，却也是品牌的显著标志。

这里特别值得一提的是“克咳”。克咳（keke）被认为是中国市场“符号传播”的先锋。将声音符号“keke”作为品牌识别的一部分，并使其成为“在中国建立对咳嗽的解释权”战略的组成部分，配合产品结构系统的扩张完善，终于使企业从单一产品发展成拥有20个止咳药产品的克咳家族，并为消费者提供专业和系统的咳嗽知识和资讯体系，成为行业发展范例。据说，“keke”是梅高公司为克咳品牌服务时突发奇想而来的，既是产品品牌名，又是咳嗽声，标志性强，充满童趣，容易推广。本案例我们将在第八章详述。

看重文化含量

国际化妆品巨擘REVLON进入中国市场时，将品牌名称译为“露华浓”。借用李白名句：“云想衣裳花想容，春风拂槛露华浓”，将品牌与中国的传统文化联系在一起，使中国人对REVLON刮目相看。同时由于李白对杨玉环容貌的赞美诗句城市的联想，也导致中国女性对REVLON的神往，拉近了与中国女性的距离，最终为REVLON迅速占据了中国高端化妆品市场铺平了道路。

预留延展空间

品牌命名要预留延展空间。我们常说“一百年不落后”，靠技术、靠产品、靠市场，都做不到，只有靠品牌。所以在品牌命名时就要考虑到品牌架构和发展方向。对于一个多元化的品牌，如果品牌名称和某类产品联系太紧，就不利于品牌今后扩展到其他产品类型。通常，一个无具体意义或不带负面意义的品牌名，比较适合于今后的品牌延伸。

品牌修改、品牌切换，是国内企业为适应国际化不得不为之的举措，主要是将标志从原来的“图形+中文+英文”组成结构，变为统一英文。用英文字母组成的洋名是企业迈向国际化、进行跨国经营所必需的。

TCL品牌名释义的“三段论”变化过程很有意思。它的形成原因很简单，就是电话通讯有限公司（Telephone Communication Ltd）的英文缩写。后来，这三个英文字母被赋予新的含义，演化为“Today China Lion”，即“今日中国雄狮”。近年来，集团自身作了重大战略调整，品牌释义也有了调整，将“创意感动生活”作为核心诉求，并首次为“TCL”三个字母注入了明确、个性鲜明的内涵，即“通过对大众生活的敏锐洞察，推出富有创意的工业设计产品，创造令消费者感动的生活”。

●品类名上大有文章

开创新品类永远是打造品牌的首选。开创新品类是营销中最困难的事情，没有市场，没有分销渠道，也没有可以参考的竞争对手。但是它的营销回报率最高。一旦打开局面，劣势就会转换为优势，就能创造市场。

如果不能开创新品类，那么，能不能开创一个类似新品类的说法呢？

我们口渴了，首先要选择的是喝什么，水，饮料？然后再细分，茶，凉白开，矿泉水，纯净水，果汁？再下来是选择产品品牌。这个过程只是一瞬间。抓住这一瞬间，就创造了商机。这就是，创造品类名，或者创造一个类似新品类的说法。春节期间要上映多少片子？可谁都没有想到起个品类名。冯小刚给它起名叫“贺岁片”，立马赢得了巨大的票房收入。

首因效应体现在品牌认知上就是，消费者看到的第一个品牌极易成为该品牌的第一种产品的代名词；同样，消费者看到的第一次以某个品类面目出现的产品或品牌，也极易成为该品类的代名词。

著名营销大师杰克·特劳特曾为一家阀门公司做咨询，这家公司的产品的名字按照工作原理叫做“四分之一转临界伺服阀门”。特劳特研究了产品手册后，才发现它其实就是“不漏气阀门”——于是，一个符合产品主要特征的名字诞生了。用“不漏气阀门”的说法，把自己的产品划出来，独占一类，创造了类似于新品类的概念，这就是成功。实践证明，许多品类就是这样出现并最终被规则所承认的。

全球第五大啤酒商美国康胜啤酒公司推出新饮料 Zima 时，用的广告语是：“这种饮料不同于所有其他饮料。”可怎样不同呢？Zima 到底是什么？标签上说是清麦芽，但没人知道那是什么意思。后来他们的广告就具体多了，“连前总统福特到科罗拉多州度假返回白宫时也要用空军一号带上几箱康胜产品”，语言啰嗦了点，但诉求是独特的。现在许多广告的差异化诉求就是“与众不同”、“不一样就是不一样”，其实还可以更具体一步：找出你的“不一样处”，加以强调，就是差异化诉求。

冰茶、能量饮料、防蛀牙膏等，就高明在这里：在产品“分类”上绞尽脑汁，将别的产品全部划拉到一边，只把自己的品牌捧为第一、唯一、领军者。已有的品类也可以出新：换一个说法。豆浆改叫“豆奶”，遂成为流行的饮品品类，产生了维维豆奶等知名品牌。

你创造的品类名，必须首先具有开创性：独创，无人用过；其次，具有通用性，别人可以使用，别人乐意使用，有追随者。没有追随者，就没有领先者。新品类名，最好能代表一个行业或产品类别，起码能体现一个类似于产品类别的概念。要处理好商标保护的内容和实施保护的尺度。旭日升首创的“冰茶”品类，并实施了有效的保护，别人不能用这个说法。于是，卓别林以“大独裁者”对付“独裁者”的手段派上了用场，“冰红茶”、“冰绿茶”等概念出笼，又将你的品类细分，将你的产品划拉到“大多数老产品”一边。起品类名，最重要的不是准确描述新品类的好处，而是尽可能用简单的方式将新品类划出来另占山头，直接插上你的品牌之旗。

从这个意义上说，一个品牌需要两个名字，一个是品类名，一个是品牌名。从战略意义上看，品类名有时候比品牌名更重要。

但是，有一点必须强调：绝不能用品类名代替品牌名。

淡啤酒最早是美国米勒公司推出的新产品，取名为 Lite，即英文 light 淡字的变异。米勒淡啤酒生意兴旺，其他啤酒厂纷纷仿效，也推出以 Lite 取名的淡啤酒，如舒立滋淡啤酒、柯尔淡啤酒、白威淡啤酒，等等。闹到法庭后，由于 Lite 是直接描绘某类特定产品的普通词汇，法院判决不予保护，因此，米勒公司失去了对 Lite 的商标专用权，受到了巨大的经济损失。而淡啤酒真正成了世界范围的啤酒新品类。

有些企业在使用抢占品类名策略时，往往是品类名加品牌名，或者直接将二者融为一体。比如“维维豆奶”，“有药的创可贴”，而哈尔滨制药六厂的“护彤”、“盖中盖”、“补血”，则是直接将品类与品牌绑在一起，都属于在品类上做文章一类。

“定位之父”艾·里斯认为，企业建立的新品牌应该让自己看上去像一个新品类。新品类通过针对原有品类展开攻击而进入心智，新品类把原有品类当成它的敌人，确定已有品类为竞争对手，进行攻击，才能达到移开既有品类、进入潜在位置的目的。在美国，威士忌曾是美国销量最大的蒸馏烈酒。尔后，杜松子酒成长为新品类。杜松子酒的策略就是把威士忌当成敌人，其攻击要点是：威士忌是过时货，而杜松子酒是最“流行”的饮料。同时，企业还应该记住，每个创新品类的品牌实际都包含两个名字，一个品牌名，一个品类名。先有品类名后有品牌名。如果企业无法用简洁易懂的语言定义这个新品类，这个新品类就不可能获得成功。为品类取了简洁清晰的名称之后，就是选择暗示品类本质的品牌名。在对待品牌名与品类名方面，企业通常会出现以下误区：试图把品类名包含在品牌名中。实际上，两个名字应该独立存在，通过认知上的概念联结，而不是靠文字的重复。有的企业喜欢用品类名或者通用名作为品牌名，企业认为这样做可以垄断整个品类，这是一个命名上的致命错误。因为品牌名首要的特征就是独特，品类名首要的特征则是符合常识，两者恰好相反。

第四节　品牌标识语

●标识语与品牌核心价值

品牌标识语，与品牌核心价值、品牌愿景密切相关；它是品牌识别的组成部分。品牌标识语，有人直接叫它品牌核心价值，更多的说法是战略广告语、中心广告语、长期广告语等。

●品牌标识语创作要求

品牌标识语要求与品牌核心价值要求相同。它要具备功能性价值、精神或情感性价值、自我表现或自我实现价值。

1. 功能性价值，给消费者一个购买理由；
2. 精神或情感性价值，给消费者一个生活方式；
3. 自我实现价值指游离产品的精神诉求，给消费者一个身份地位象征。

品牌标识语要符合四个基本原则：兼容性、差异化、感召力、执行力。

●品牌标识语创作法则

1. 要照应品牌定位，忌定位偏移

标识语创作与品牌核心价值、品牌定位必须一致，许多标识语就是品牌核心价值表述。雀巢咖啡的“味道好极了”，是人们最熟悉的一句广告语，简单而有“味”。雀巢曾以重金在全球征集新广告语，发现没有一句比这句话更经典，所以就永久地保留了它。

乐百氏“27层净化”的理性诉求定位，可能源于“喜立滋啤酒瓶是经过蒸汽消毒的”定位创意。“27层净化”并不是一个新发现的概念，但它是第一次被用于广告定位的概念。单一诉求，概念独享，可谓得了真传。

由于品牌定位与市场竞争有直接的关系，所以品牌标识语也常常为战斗而生。战斗力怎样，就看定位。看看可乐界三对手的标识语。可口可乐——“永远的可口可乐，独一无二好味道”，一副舍我其谁的姿态。可口可乐的广告语每几年就要换一次，但还是这句用的时间最长；百事可乐——“新一代的选择”，找到突破口，把自己定位为新生代的可乐，全力博取青年人的青睐，标识语准确地传达了品牌的定位，开辟了一个市场；七喜饮料——“非可乐”，面对可口可乐和百事在可乐市场的垄断，小兄弟七喜汽水应该说处境尴尬，但它一个定位使自己成为另类老大，成功地与可口可乐和百事可乐划清界线，成为碳酸饮料市场上第三大品牌。长江后浪推前浪，差异化一波胜一波。品牌玩的就是差异化，差异化是品牌标识语之魂。

2. 要发扬统率力，忌高射炮打蚊子

标识语创作与一般广告语不同，它是坐中军帐的。它往往直接表述品牌核心价值，宣扬品牌定位，多年一贯，坚持不变。而与产品策略、销售策略配套的广告语群却不断出新。二层次的、阶段性的广告语群都归属品牌标识语麾下。这些广告语有的可以成为中心广告语即品牌标识语，但品牌标识语决不等同于一般广告语。有的企业经常换广告语，老不满意，实际上是中军帐里出了问题——本身的品牌定位不准或核心价值没有做出来。

百事可乐“新一代的选择”，就又统率着“渴望无限”，“祝你百事可乐”，“做最精彩的一代”，“我们追求独立自主的生活，更对未来充满无限憧憬。我们深信世界充满机会，相信生命将会无比精彩”等广告语群。

3. 要聚焦，忌诉求点过多

用放大镜怎样点燃火柴？对焦要准，恰到好处。聚焦准了，轻轻一点就有效果。什么都想说的广告语，说了也白说。如某种子公司广告“某某品种稳产、高产、抗旱、抗涝、又抗虫”。

4. 要独创，忌雷同

有人统计过十家房地产企业的标识语，发现一半以上的使用了“创”、“造”字眼；一半以上使用了“生活”，三分之一使用了“空间”；同时使用“生活”、“空间”的占到44.4%。比如合生创展的“优质生活、完美体现”，华侨城地产的“创新生活每一天”，万科的“建筑无限生活”，金地的“创造生活新空间”，复地的“共创理想空间”，万通的“创造最有价值的生活空间”。这些标识语哪家开发商都可以通用。相比之下，广州的几条楼盘广告语如珠江帝景的“每天的水岸心情”，保利百合的“爱家的男人住百合”就各有特点。

5. 要有格调，忌流俗

格调是个抽象的概念，很难树立什么标准。但流俗比较容易感觉到。南京机场高速公路上曾打出卷烟厂广告牌，写的是“至尊南京——厅局级的享受”，比之于“鹤舞白沙，我心飞扬”，即见泾渭之分。

6. 要简洁，忌冗杂

要简单、易读、易记、易于传播，要注意信息的单一性，一般以6至12个字为佳。卖点太多，语句太长，都不便于消费者记忆和传播。耐克：“just do it”，现在就行动！“联邦快递：使命必达”，联邦快递拥有数百架专用飞机，洲际业务也可以24小时内送到，标识语很好地传达了快递公司服务的“快”和“准时”。

7. 要有涵容，忌浮躁

“英特尔：给电脑一颗奔腾的芯”，可谓出神入化，出了公司品牌（英特尔）、产品品牌（奔腾）、产品（微处理器）、功能（驱动）之神（奔腾的芯），入了汉字多彩多义之化（奔腾的芯——奔腾的心）。李宁的“一切皆有可能”，内涵有多大，任你驰骋想象。

8. 要加强感染力，忌文字游戏

感染力高于文采。德芙巧克力的“牛奶香浓，丝般感受”，一下触动你的感官体验、心理体验需求，妙不可言。把巧克力细腻润滑的感觉用丝绸来形容，比酸奶“初恋的味道”更具体，真不容易。

丰田汽车的“车到山前必有路，有路必有丰田车”，日产汽车的“古有千里马，今有日产车”，顺口就把品牌与中国俗语结合起来，既拉近了与中国人的距离，又体现出自信和霸气，二者手法风格一样，却不混淆。

感染力，最难做到的是道理感染。台湾山叶钢琴的“学琴的孩子不会变坏”，不讲我的钢琴多好，只讲学钢琴的孩子怎样，攻心高招，一出手就抓住了为人父母者的心。

●品牌标识语创造步骤

品牌核心价值的提炼步骤，同样适用于品牌标识语创作，有时候，品牌核心价值的提炼与品牌标识语创作就是一回事，或者是一个主题思想的两种表述形式。

首先，梳理已有的品牌广告语群，从中挑选出三四条“备选”标识语。

接着，从备选的品牌标识语挑选、提炼出一条标识语。

然后检验：一是要符合企业总体战略和品牌战略以及核心价值的原则要求；二是要得到企业上下成员的共同认知。

这样经过企业实践的归纳、品牌标识理论的规范、上上下下的讨论切磋，品牌标识语才算通过。

第五节 品牌在消费文化中的符号价值

●从商品消费到符号消费

一个人的衣着、所使用的物品品类，客观上确实反映了一个人所处的社会阶层和地位。不同社会阶层的人，开不同品牌的车，穿不同品牌的衣服，住不同社区的房屋，参加不同场所的聚会，使用不同品牌的化妆品，抽不同品牌的香烟，每一个社会阶层都会选择属于自己的品牌。品牌使用的情况一定程度上反映一个人的经济收入与社会地位的晴雨表。

品牌符号与消费文化有着密不可分的关系，消费文化将品牌符号提到了重要的地位，从而使品牌的塑造成为企业竞争的核心内容。

消费文化是社会文化一个极重要的组成部分。当今世界，消费已经不单单是传统政治经济学范畴所指的需求和满足，在许多消费者眼里，消费的目的已经不是为了实际需要的满足，而是为了追求被制造出来、被刺激起来的不断增长的欲望的满足。换句话说，人们所消费的，不是商品和服务的使用价值，而是它们的符号象征意义。

符号价值是新的消费文化的核心内容，它是指物或商品在被作为一个符号进行消费时，是按照其所代表的社会地位和权力以及其他因素来解决计价的，而不是根据该物的成本或劳动价值来计价的。从使用价值和交换价值的角度看，一个物品的价值中所包含的劳动价值可以很少，甚至没有，但是如果把它作为符号进行消费，那么其价值就会远远地超越其使用价值和劳动交换价值。由于符号本身所具有的价值，符号消费或者品牌符号塑造被提到了企业的重要日程。打造品牌成为许多企业生存、发展的核心任务。

●品牌代表一种符号价值

消费文化学者鲍德里亚认为，“由于科学技术的发展和现代社会生产力的提高，现代资本主义社会已经是一个产品过剩的消费社会。人们已经从原来为物所役转变为被符号所支配”。现代社会已经不仅仅是一个商品和物的世界，而是成为一个符号的世界、符号的王国，电视广告、网络媒体等等都是符号的载体，人们的消费是在报纸、电视、网络媒体的符号里。而符号创造价值是基于品牌的树立，品牌就是一个符号，品牌价值的提升、品牌效益的实现就是一种符号价值。

随着经济的高速发展，广告、包装、展销、时尚、景观、旅游以及各种商品品牌，以一种符号价值存在，在现代传播媒介的推动下，借助品牌的力量，已经构成一个“物品——符号”系统。现代社会产品或商品不只是具有使用价值，人们的消费目的也不是仅为了物质消费，它们的品牌已彰显了某种社会意义。某些产品在品牌上的不同远远大于它们在质地和适用功能上的区别，在什么时间、什么地段、什么商店、购买什么品牌的商品，其重要性远远超过了商品本身实际使用价值本身。消费在某种程度已被符号系统化成品牌了。这时的品牌符号已承载着个性、品位、风格、财富、权力、地位、成功。品牌代表着一种符号，品牌包含在符号价值中。

●消费文化中的符号价值催生品牌建设

消费在消费文化里既不是物质实践，也不是现象上的繁荣，而成为一整套的指意符号系统。正如鲍德里亚所言“消费是个神话，也就是说它是当代社会关于自身的一种言说，是我们进行自我表达的方式。”在消费文化里每一种商品都通过品牌符号彰显出社会功能，商家销售的不再是商品而是商品的符号价值即品牌。对于一个企业来讲，通过技术创新，增加品牌的高附加值，提高自己的知名度，是当前我国市场经济环境下必须考虑的重要问题。

现代消费不仅要满足人的生存需要，而且还确证了人们的尊严、品位。人们力图借助这一品牌符号来展示自己的地位和身份。因此，消费符号把消费给系统化了，使消费进入了某一级程序。这种消费符号的程序化使品牌建设也被程序化了，并使品牌建设显得更加必要和可能。（邢立：《品牌与消费文化中的符号价值》，《商业时代》2007 年第 15 期。）

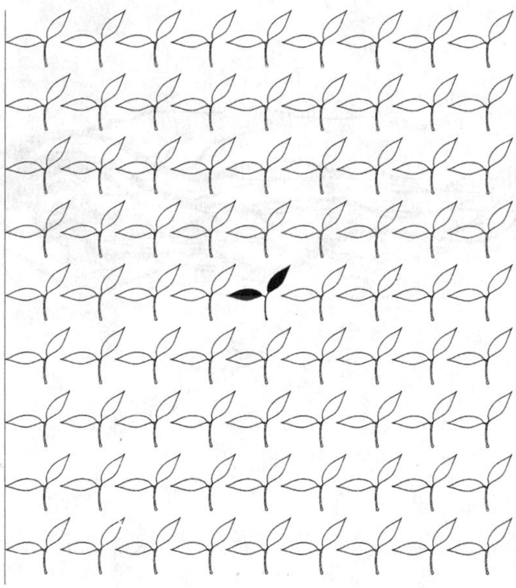

品牌延伸力-品牌延伸理论

第八章　品牌控制力

——品牌战略管理

品牌战略是企业在产品、技术与服务的同质化竞争日趋激烈的环境中，将品牌作为企业的核心竞争力，谋求以品牌差异化经营取得竞争优势的战略。

企业战略的核心是品牌战略。

品牌战略规划八步流程：

第一步：分析品牌环境。

第二步：确定品牌战略目标。

第三步：提炼品牌核心价值。

第四步：完善品牌识别系统。

第五步：确定品牌架构。

第六步：分解品牌战略空间结构。

第七步：设置品牌管理机构。

第八步：分解品牌战略目标时间。

第一节　品牌战略概念

●品牌战略概念

“企业的战略考虑是什么问题？所有的企业战略只是一个名词而已。实际上所有的企业对决策层来说就考虑四个字，头两个字叫生存，后两个字叫发展。生存和发展背后是什么？是对生存和发展依托的环境的分析和判断。这是什么呢？这是人或者说一个组织与生俱来的本能。很多的企业不管有没有战略，实际上都有，它来源于什么呢？来源于对市场周围环境直观的判断。而从这个直观的也好，直觉的也好，或者说自己能够系统的把它整理出来也好，形成的决策就是企业的战略。只不过讲得好听一点，就是写出来往往给取个名字叫企业战略。写不出来的这是老板的命令或者叫决策，实际上都是战略。”这是海王集团总裁王霄鹏在一个论坛演讲时谈到的看法。

当“品牌”和“战略”两个概念组合成“品牌战略”词组时，含义众说不一。宽泛一点讲，它可以指与品牌有关的所有方式方法；具体一点讲，它指企业品牌发展计划。我们可以这样理解：品牌战略，就是企业围绕品牌制定的全局性的、长远性的、根本性的发展规划和行动方案。

品牌战略是企业在产品、技术与服务的同质化竞争日趋激烈的环境中，将品牌作为企业的核心竞争力，谋求以品牌差异化经营取得竞争优势的战略。

品牌战略作为职能战略，是企业战略的重要组成。企业战略的核心是品牌战略。品牌战略是品牌建设的基础和指南。

●基于让渡价值的品牌战略概念及类型

刘威在他的《品牌战略管理实战手册》中感叹道，品牌战略是品牌中最令人困惑的一个问题，即便是最渊博的品牌专家大卫·艾克也没有向我们正面回答过这个问题，混乱的结果是有些人把品牌识别当做品牌战略，有些人把品牌结构当做品牌战略，然而这显然和把4P当做营销战略同样误入歧途。另外品牌战略是否存在基本的范式也是一个令人神往同时沮丧的问题，如果不存在基本的品牌战略类型的话，我们会发现天花乱坠之后依旧不知道路在何方，因为连路标都没有。他认为，品牌战略是对顾客如何评价和选择品牌的响应方式。

顾客让渡价值是指顾客总价值和顾客总成本之差，顾客总价值是顾客期望从品牌中获取的各种理性、感性和象征性利益的总和，顾客总成本则是顾客在搜寻、评价和使用该品牌时费用、时间、精力和体力性代价的总和。顾客不会单纯追求顾客总价值最大，也不会单纯追求顾客总成本最低，而是追求两者之差亦即顾客让渡价值最优。品牌战略就可以从中导出四种类型：1. 专业化顾客总成本优势战略。2. 专业化顾客总价值优势战略。3. 多样化顾客总成本优势战略。4. 多样化顾客总价值优势战略。（刘威：《品牌战略管理实战手册》，广东经济出版社 2004 年版。）

●品牌战略的特征

品牌战略有以下特征：

全局性

品牌战略是企业为了创造、培育、利用、扩大品牌资产，提高品牌价值而采取的各项具体计划或方案的指南。它所解决的不是局部或个别的问题，而是全局性的问题。我们平时所说的战略意识、战略思想和战略眼光，就是从全局出发，掌握整体的平衡发展，不拘于局部或眼前的利益。品牌战略的制定要求通观全局，对各方面因素和关系加以综合考虑，注重总体的协调和控制。

长期性

品牌战略是一个长期的概念，它的着眼点不是当前，也不是近期（1 年以内），而是中期（3 年左右）和长期（5 年以上）。品牌战略并不注重品牌经营短期的成败得失，主要在于谋划品牌的长期生存大计，具有相对的稳定性。

导向性

由于品牌战略是站在全局高度制定宏观总体规划，从而决定了其对下属的各种具体措施和活动计划具有导向作用。在规划实施期内，所有的具体行动均要与品牌战略的总体要求一致，如有背离，须及时调整。

系统性

品牌战略的系统性包括了品牌的创造、推广、发展、保护、更新、撤退等一系列环节，它是一个系统工程，而系统内的各个环节与过程都是相互联系和相互影响的，并可以转化和连接。

创新性

制定品牌战略是一个过程，每一个企业的自身条件不同，所处的市场环境以及面对的竞争对手也不同，必须有针对性地制定战略，才能起到出奇制胜的作用。品牌战略是现代企业经营战略的核心，它的价值就在于有别于他人的独特性。一个企业如果采取简单模仿竞争对手的做法，跟着竞争对手行动，那么在激烈的市场竞争中它就会始终处于被动，不可能赢得市场竞争的最终胜利。（俞明阳、杨芳平：《品牌学教程》，复旦大学出版社2005年版。）

第二节 品牌战略管理的内容

一般说来，品牌战略管理包括品牌化决策、品牌架构模式选择、品牌识别界定、品牌延伸规划、品牌管理规划等方面的内容。

●品牌化决策

狭义的“品牌化决策”概念很简单，指公司是否要给产品安排一个名称。

广义的“品牌化决策”包括很多内容。如：

品牌使用者决策：在决定对产品使用品牌时，制造商在如何使用品牌方面有多种选择，产品可以用制造厂商自己的品牌，也可以使用经销商的品牌，还可以在两者之间选择其他方式。

品牌质量决策：决定其品牌最初应采用什么样的质量水平（高质量、低质量或中等质量），以匹配其品牌在目标市场上的地位；企业决定其品牌的最初质量水平以后，随后还要决定如何管理其品牌质量（质量水平是提高、降低，还是维持原质量）。

家族品牌决策：决定用什么形式使用品牌名称。要在个别品牌名称、统一品牌名称、各大类产品单独使用不同的品牌名称、企业名称与个别品牌名称并用和品牌扩展策略、多品牌策略中做出选择。

品牌化决策解决的是品牌的属性问题。不同的品牌经营策略，预示着企业品牌发展的不同道路。

●品牌架构模式选择

关于品牌战略架构的分类法很多，这里从便于实际操作出发列出六类：

单一品牌模式

单一品牌又称统一品牌，指企业所生产的所有产品都同时使用一个品牌。这样在企业不同的产品之间形成了一种最强的品牌结构协同，使品牌资产在完整意义上得到最充分的共享。

主副品牌模式

主副品牌战略的具体做法是以一个成功品牌作为主品牌，涵盖企业的系列产品，同时又给其他不同产品另起名字作为副品牌。

多元化品牌模式

一个企业同时经营两个以上相互独立、彼此没有联系的品牌的情形，就是多元化品牌战略。多元化品牌战略为一个企业的每一个产品或每一个产品群都使用不同的品牌名称、不同的定位、不同的品牌识别，为每一个品牌营造了一个独立的成长空间。

一体化品牌模式

一体化品牌战略就是品牌从产业链的某一个环节延伸至其他环节的战略类型。一体化品牌战略最典型的特征就是除了在制造上发展品牌之外，在通路上乃至供应上都发展出了品牌。

品牌资产扩张战略

品牌资产扩张战略首先是打造知名品牌，提高品牌知名度和消费者对品牌的忠诚度，然后通过兼并与收购、连锁加盟、贴牌生产、专有权授予等方式，对品牌进行增值经营（详见第六章《品牌延伸力》）。

联合品牌模式

所谓联合品牌，是指两个或更多品牌联合出现在同一个产品中，以实现“1 +1 >2”的品牌增值效应。联合品牌比较成功的典型是Intel公司与世界主要计算机制造商之间的合作。世界上最大的计算机芯片生产者Intel公司鼓励各大计算机制造商在其产品上使用“Intel Inside”标识获得成功。以至是否使用“Intel Inside”标识成为消费者购买计算机的分辨标准。

广义的联合品牌，包括捆绑促销、技术联合、渠道合作等品牌联合方式，不一定形成新的品牌名称。如中国市场的“索尼/爱立信”、“柯尼卡/美能达”、“美的/东芝”等；在日本，日立的照明灯泡使用“日立”和“GE”两个品牌。

●品牌识别界定

品牌识别界定确立的是品牌的内涵，也就是企业希望消费者认同的品牌形象，它是品牌战略的重心。以品牌核心价值为中心的品牌识别界定，从品牌的理念识别、行为识别与符号识别三个方面规范了品牌的思想、行为、外表等内外含义，其中包括以品牌的核心价值为中心的核心识别和以品牌承诺、品牌个性等元素组成的基本识别。

品牌识别界定的目的是：将品牌核心价值落实到企业的经营层面、产品层面、符号层面上，使品牌识别与企业营销传播活动的对接具有可操作性；使品牌识别元素执行到企业的所有营销传播活动中，使每一次营销传播活动都演绎和传达出品牌的核心价值、品牌的精神与追求，确保企业的每一次营销广告的投入都为品牌做加法，从而为品牌资产做累积。

●品牌延伸规划

品牌延伸规划是对品牌未来发展领域的清晰界定。明确了未来品牌适合在哪些领域、行业发展与延伸，在降低延伸风险、规避品牌稀释的前提下，以谋求品牌价值的最大化。

品牌延伸是在已经创立起来的有一定知名度的品牌上进行，品牌延伸过程从顺序上来说是后于品牌创立。但是，从战略的角度看，品牌延伸可以先于品牌创立来进行规划。在企业开始创立品牌之前，对于品牌名称、标识、图案等品牌要素必须慎重选择，使该品牌容易传播和成长。

做好品牌延伸规划，可以搭乘品牌列车使新产品快速进入市场，将消费者对原先成功品牌的认可有效复制和转移到新产品上，消除消费者对新产品的排斥、生疏和疑虑心理，以最短时间接受新产品。做好品牌延伸规划，可以促使企业规模化生产，从而降低企业的生产成本，取得价格优势，这又会进一步扩大市场规模，使企业发展步入良性循环。另一方面，拥有名牌的企业不仅可以使用自身的力量实现品牌延伸，而且可以通过向没有名牌的企业输出品牌，实现名牌延伸策略，迅速达到企业实现多元化经营的战略目标。

●品牌战略规划

品牌战略规划是将品牌建设提升到企业经营战略的高度，规划品牌的发展远景，明确品牌战略目标与企业总体战略目标的同一性，制定品牌发展各阶段的目标与衡量指标，细化品牌战略目标的空间分解和时间分解，从组织机构与管理机制上为品牌建设保驾护航，其意义在于坚持品牌核心价值，塑造良好的品牌形象，彰显品牌文化，科学管理品牌，扩大市场占有率，有计划地做大做强品牌并实现可持续发展。

我们将在后面专节阐明品牌战略规划的意义与内容，并在下一章介绍品牌战略规划示范模板——八步流程法。

●品牌战略管理与品牌战术管理的区别

谈到品牌管理，有些人偏重于战略层面，有些人偏重于战术层面，有些人把两者混为一谈，也有人把产品管理也叫做品牌管理，因为它也有牌子。

在这里，我们先对品牌战略管理与品牌战术管理这两种主要模式做对比区分。

品牌战略管理，即将品牌管理上升到企业战略的高度，作为企业核心竞争力来打造，使品牌成为企业各经营要素的核心。企业通过长期不懈的品牌建设，使品牌资产不断积累，品牌通过本身的附加值，使企业持续获取盈利的能力。例如，可口可乐、耐克、宝洁、宝马等公司都是通过品牌战略管理取得成功的。特别是耐克公司，自己在全球未兴建一家工厂，完全通过品牌经营获取巨大成功。

品牌战术管理，或称品牌策略管理、品牌常规管理，就是将品牌管理作为企业营销的一种手段，只是企业的一般竞争力构成。品牌战术管理作为企业参与竞争的要素之一，往往只起到品牌视觉形象树立、广告宣传等有限作用。

两种品牌管理模式并无优劣之分，重要的是企业应该选择适宜自己的管理模式，并结合自身特点，形成自身品牌管理风格。

品牌战略管理同品牌战术管理在组织地位、管理深度、管理作用等方面都有不同之处：

1. 组织地位：品牌战略管理模式下，品牌负责人（公司总经理、副总或有“小总经理”之称的品牌经理）组织、协调研发、生产、市场、销售、财务等各部门工作，品牌负责人在公司内部，是消费者的代言人；在外部市场，则是公司内外营销力量的代言人。品牌战术管理模式下，品牌经理往往设在市场部中，与研发、销售等部门并列。

2. 管理深度：品牌战略管理是企业管理的核心，是全方位多层次的管理，企业的研发、生产、销售、物流、财务等各项工作紧紧围绕品牌战略展开，品牌负责人往往拥有产品开发制造权、市场费用支配权、产品价格制定权，把握品牌发展的大方向。而品牌战术管理只是企业管理的组成部分之一，不能主导研发、生产、销售等部门的工作，管理内容也仅限于品牌形象设计、广告宣传等。

3. 管理作用：品牌战略管理形成企业的核心竞争力，构成企业唯一的竞争优势，品牌是企业赖以生存的生命线，品牌战略管理起到长久、深远、全局的作用。而品牌战术管理只构成企业的一般竞争力，只起到短期、浅层次、局部的作用。

可见，品牌战略管理是企业管理的核心，构成企业的核心竞争力，成为企业生存发展的基石，对企业的发展起到力挽狂澜的决定性作用。而品牌战术管理是企业达成营销目标的一种手段，只构成企业的一般竞争力，对企业的发展起到锦上添花的作用。（杨兴国：《品牌管理如何在企业管理中定位》，全球品牌网，2007 年 2 月 26 日。）

第三节　企业品牌管理组织

●企业品牌管理组织类型

品牌管理的组织形式，是公司在分析、计划、组织、协调与品牌运营相关的各项活动时所作的制度安排，它反映了在品牌运营活动中公司内部各部门、各机构的权力与责任及其相互关系。

职能管理制

20 世纪 20 年代至 50 年代职能管理制在西方盛行，许多企业沿用至今。其主要做法是，品牌管理的职责由企业各职能部门分别承担，各职能部门在各自的权责范围内行使权利、承担义务。也就是说，有关品牌的决策与计划都由各职能管理部门的负责人或主管人员共同参与、研究制定、分别执行。

如果企业内部分工合理权责明晰，在职能管理制下就会相当程度地消除了凭经验管理的弊端，提高工作效率，提高企业管理水平，有利于品牌形象和企业形象的提高。

品牌职能管理制下的品牌管理效果主要取决于各职能部门的相互合作，而由于各职能部门是彼此平行的机构，不可避免的出现矛盾与相互推诿，这是品牌职能管理制的内在的、固有的缺点。当企业的品牌数目较多时，企业高层管理者不得不将越来越多的品牌决策权力下放，此时，拥有较大决策权的彼此平行的各职能部门之间的难以协调性会进一步加剧。

品牌经理制

品牌经理制由美国宝洁公司创立。宝洁公司在全球经营 300 多个品牌的产品，成功的原因之一就是品牌经理制的灵活有效运用。至 1967 年，采用品牌经理制的生产企业已达到 84%。

品牌经理制具有较强的品牌运作协调性，相当程度地克服了扯皮、拖拉等弊端，有利于提高品牌运营效率，有利于维系品牌整体形象，使得品牌运营活动适应市场变化的能力大大加强。

品牌经理制也存在缺点，如品牌经理及品牌管理部门与其他职能部门的权责划分不清晰，赋予品牌经理权力空间不易把握，对品牌经理的业绩考评也比较棘手等。

为了减少企业内各品牌的相互竞争和协调各品牌与零售商的关系，宝洁公司设置了品类经理这一职位；坎贝尔公司按地区设置品牌经理。

市场部门体制

这是一种多品牌的组织形式，其重点在于为不同的市场提供相应的产品和品牌，使品牌能充分满足不同市场的需求，这种组织形式是一种矩阵式的结构，品牌管理和市场管理互相交叉，比较复杂。其优点在于能够兼顾产品和市场，但是组织的效率不高，需要进行充分的沟通。

品牌领袖制

这种体制认为品牌管理与保护必须基于高层管理者的高度重视，所以最高管理者（首席执行官或总裁）应该是当然的品牌领袖。以雀巢为例，其营养 SBU 的副总裁就是 Carnation 的品牌领袖，速溶咖啡 SBU 的副总裁就是 Nescafe 的品牌领袖。

集团企业品牌管理部门

拥有多元化品牌的集团企业在集团层次设不设品牌管理部门，一直是个有争议的问题。争议点是要不要介入下属企业的品牌管理。

传统的品牌管理仅着眼于具体品牌的管理，所以集团层次的管理部门自然可设可不设；但是在品牌战略管理层面上，除了具体品牌需要管理之外，品牌组合也需要管理，而这正是集团品牌管理部门的职责所在。正是基于这样的考虑，越来越多的集团企业开始设立集团品牌管理部门，像 GE、惠普、3M 等都设立了直属于最高决策层的“品牌管理委员会”，在中国润迅通信集团也设有类似的“不再隶属于市场营销部门而直属总裁的企业品牌推广部”。

集团品牌管理部门有三大主要职责：对品牌组合的管理、对集团公司品牌的管理和对 SBU 品牌的管控。品牌组合管理包括：确定品牌组合的使命，确定品牌组合的范围、成长方向、协同效应，建立品牌管理的组织架构、业务流程、业绩管理等；集团公司品牌管理包括：公司形象系统管理，确定公司品牌与下属品牌之间的关系，对公司品牌进行战略性分析，创建公司品牌的识别体系以及公司品牌的推广、提升和巩固；对 SBU 品牌的管控包括：管控 SBU 品牌的核心识别、战略性传播和品牌资产评估。

品牌管理金字塔结构

如今，很多跨国企业已经开始对企业内部品牌管理机构的组织进行变革。变革的方向是强化企业品牌与品类品牌的管理职能、品牌战略管理职能和产品线品牌的管理职能。同时负责两个以上品牌的品牌经理和产品线品牌经理的出现不但能减少子品牌之间的冲突，而且可以更好地实现资源整合，应对激烈的外部竞争，帮助企业更有效地管理品牌形象和品牌资产。

新型的企业内部品牌管理机构是金字塔形的结构，金字塔最上层的是主管品牌的总裁、品牌副总裁或品牌管理委员会，金字塔的中层是品类（家族）品牌经理，而金字塔的基座则是各个产品线品牌经理和产品品牌经理。

很多成功的跨国企业都设有品牌副总裁或品牌总监这一职务，比如耐克、德国大众、微软公司，等等。而美国金融服务市场第三品牌大通曼哈顿银行的个人业务主管就是全面品牌经理，负责公司的品牌的开发和实施，公司还设有品牌管理委员会，委员会成员由各业务部门的品牌维护者组成，品牌管理委员会直接向该银行的董事会汇报工作。

新型的品牌管理组织对品牌管理团队的能力方面也提出了更高的要求。品牌管理人员必须具有市场营销方面长期的专业知识和技能，品牌管理团队应该以更宽广的胸怀广泛吸收外部专家顾问和内部资深人士加入；品牌管理人员必须对目标客户群需求和个性要有深入的感性认识和敏锐的洞察力以及创新意识；品牌管理人员自身的价值观和个性要与品牌的核心价值保持高度一致。（张笑峪：《跨国公司秘笈》，中国商务出版社 2006 年版；刘威：《品牌战略管理实战手册》广东经济出版社 2004 年版；张长江：《21 世纪品牌管理的新趋势》，上海市场营销网，2007 年 5 月 8 日。）

●品牌管理组织制度

企业的品牌管理，要有三个方面的保证：一是品牌管理机构；二是专门管理人员；三是健全的品牌管理规章制度。

品牌管理规章制度，应明确品牌部门与其他职能部门的职责，以此来规范各职能部门的行为，进而保证品牌运营活动在企业内部各职能部门的通力协作下有效地开展起来。

健全的品牌管理规章制度，要靠专业性强、责任心强的管理人员执行。品牌管理工作的专业性较强，没有专门的机构和专职管理人员，是很难完成品牌管理使命的。只有设立专门的组织机构和专门管理人员，才有可能从企业自身角度监控品牌竞争状况，及时发现品牌竞争乏力的问题，并及时采取富有针对性的对策解决问题，保证企业品牌运营减少或避免盲目性，提高企业品牌运营效果。

●品牌管理组织职能

品牌管理的基本职能在于三个方面：盘清品牌资源、协调品牌关系、策划品牌经营。

盘清品牌资源：明确企业的资源现状以及获取外部资源的能力。包括企业人力资源、财力、物力、技术、创新力、核心竞争力、生产工艺、成本、企业文化建设等各个环节的企业现状，明确企业资源相对于竞争者而言的核心资源区域所在；明确以企业现状可获取的外部资源，包括可选择的外部合作伙伴的范畴（调研公司、广告公司、咨询企业等外脑的实力和服务素质，品牌合作企业等），可获得的政府资源等其他方面，从而依据企业的实力，制定出着实有效的品牌发展规划。

协调品牌关系：从营销链的视角来看，品牌管理不仅要搭建外部营销平台，同时也要搭建内部营销平台。外部营销平台是实现品牌与目标市场的沟通，内部营销平台则是建立销售、生产、采购、人力资源等部门在品牌管理的框架下展开工作。通过与各职能的协调实现以品牌为核心的企业内部作业规范，促进以品牌为核心的企业经营理念的落实。

策划品牌经营：制定品牌战略规划，并通过战术实施促进品牌成长。要确定品牌在消费者心目中的长期地位，通过市场研究及企业资源整合运用制定相应的营销组合、行销策略等实现品牌的稳定成长。

依据品牌管理的三大基本职能，品牌管理人员的工作职责有五条：研究、规划、实施、协调和检讨。

1. 研究

研究包含战略层面和业务层面两部分。战略层面是对品牌成长具有影响的外部经济环境、产业环境、竞争环境、政策、社会人文等的态势研究。业务层面则是针对具体业务开展的竞争动态、顾客需求的研究。由于具体的市场调查工作由专业人员来完成，因此，品牌管理的工作在于明确调查对象、调查目标、调查时间等，并对调查结果结合工作实际更深入剖析和作为制定相关策略的依据。鉴于品牌管理的工作是不能脱离市场实际的，因此，品牌管理人员也需要亲自到市场中去感知市场的变化，感受顾客的需求。

研究是品牌定位的基础，而品牌定位又是品牌规划的先决条件，对于没有明确定位或定位不当的品牌，品牌管理人员需要通过研究的成果对于品牌进行定位或重新定位。品牌定位是承诺对于哪些人提供哪些产品或服务。

2. 规划

规划又分为品牌形象规划和品牌发展规划。首先是品牌形象规划，是以市场研究及品牌策略为基础，对于品牌形象的创建和维护，要建立品牌名称、品牌标识、品牌视觉及理念识别体系、品牌口号、发掘品牌历史和故事等，并要维护品牌管理形象的一致性，以免造成品牌定位认知的模糊。

品牌发展规划是计划品牌与顾客和社会利益群体沟通的对象、时间、方式和目标，是对品牌的培育计划，包含长期规划和短期规划。长期规划是根据企业的经营战略规划制定品牌长期的发展计划，是项目整体运作过程中及运作之后对于品牌发展的总蓝图。对于业务层面而言，更注重于短期规划，短期规划又包括年度计划、季度计划、月度计划和动态计划或按照项目开展的周期确定不同运作阶段的阶段性品牌传播计划。首先要有全年或全阶段的整体计划，其次将总的阶段再区分为不同的小的阶段，制定分阶段的品牌发展计划。在具体执行过程中，还需根据市场的动态变化制定一些应变的计划及方案等。

品牌规划是以整体的战略或策略为依托，实现与目标对象的长期和立体沟通关系。其基本逻辑体系是：背景环境及数据分析——达成目标——策略生成——用于实现策略和目标的实施方案——方案实施效果预估——方案实施及效果评价。

3. 实施

对于品牌管理工作的具体方案的实施：广告表现、媒体、公关活动、销售促进、品牌联合、形象设计等，有些需要品牌管理人员具体实施，有些则需要组织协调或进行实施中的监控，目标是要保障有效执行，使规划的理想能有效着陆，从而达到品牌规划所预期的效果。

4. 协调

品牌管理人员面临和企业内部及外部相关职能人员的工作协调，包括部门内部的市场调研职能、促销执行职能、媒体职能等，企业内部的上级主管、销售职能、生产储运职能、采购职能、财务职能等，企业外部的与工作相关的职能单位等的工作协调，其目的是促进相关人员了解品牌管理工作的进展以及能协调各方在品牌管理的框架内履行各自职责。

5. 检讨

对于品牌实施过程中的各项工作及方案，品牌管理人员需要定期不定期的检讨，一是自省，通过例行的工作检查，对于实施的过程及结果进行评价，如果出现与目标的偏差应及时提出矫正方案；二是来自外部同僚及上级的批评意见和建议，这些都是品牌管理人员知识库中不可或缺的财富。（淡云鹏：《浅谈品牌管理的工作职责》，中国营销传播网，2003 年 12 月

12 日。)

●品牌管理组织的跨部门协作

研发中的品牌管理

品牌管理组织要与研发部门就品牌发展环境、品牌战略规划、品牌目标与愿景等战略性问题进行沟通，以保证产品研发方向的正确；品牌管理组织要定期向产品研发部门提供品牌发展现状和趋势的资料，提供品牌对于产品基础的要求，帮助研发人员了解准备开发的产品在品牌结构中的位置；帮助研发人员在品牌识别指导下，确定产品开发的形状、特点、复杂程度、包装等要素，以做到和品牌相对应。

生产中的品牌管理

品牌管理组织要定期协同质量管理部门检查产品的品质状况。要将品牌的要求分解成具体的质量指标，包括合格品的标准、检验的标准、责任标准等内容，使产品的品质能保持稳定的状态；要将品质控制的重点和要求传达到质量管理人员和生产主管人员，同时要定期对品质状况进行检验，确保品牌拥有良好的基础。

财务中的品牌管理

向财务部门取得品牌的成本、毛利、净利等财务数据，以此来评判品牌的健康状况，同时也要会同财务部门共同对品牌价值和资产进行评估，并作为一项重要的财务指标反映到企业的资产表上。要依据品牌环境变化，制定价格的高、中、低层级策略和价格变动策略，从而达成品牌的战略目标和盈利目标。

销售中的品牌管理

向销售部门传达品牌的策略思想、发展方向、策略规划和战术计划，同时协助销售部门开展品牌建设的具体执行工作，使品牌价值得以真正实现。企业与经销商之间，以品牌利益为纽带，共同开发新的市场机会，通过联合发挥资源的协同作用来规避风险并获得品牌效益；企业利用品牌来整合双方的利益，例如评选优秀经销商、设立品牌联销体、为经销商提供培训等附加价值；以品牌为契约建立特许经营销售网络，扩大品牌的影响范围；销售人员就是品牌的延伸，销售人员与客户的关系处理不好，必将影响到品牌价值的实现；业务管理包括售卖、回款、仓储、配送等环节，这是品牌价值实现的最后一环，如果发生问题则意味着前功尽弃，所以品牌管理在业务管理的每一个环节都不能放松；品牌在与客户和消费者接触时的表现，是否能抓住他们的视线，就品牌本身而言，必须做好终端工作，以整齐、清洁、统一的形象来表现品牌。

传播中的品牌管理

向传播部门传达品牌的战略思想、战略识别、品牌定位、品牌形象等要素，使其在品牌表现形式和传播策略的执行上充分符合品牌整体策略的要求。品牌推广如要发挥更大的效果，就必须与品牌的渠道运作和传播运作整合起来，放在统一的整体策略架构下运作，从而产生一种合力，取得更大的品牌收益；品牌推广的主要目的是促进品牌价值的尽快实现，是一种短期即时效益的实现，但是在开展品牌推广时，一定要将品牌长远利益的实现考虑在短期的推广活动中，即要考虑到品牌形象的树立和品牌忠诚度的建立，使品牌价值在每个环节和过程中得到不断积累；在品牌推广过程中要吸引消费者的参与或者回应，不是让消费者被动地接受品牌推广的压力，而是要激发消费者心目中对品牌产生认同的亲近感。（刘威：《建立品牌聚焦型组织》，全球品牌网，2005 年 8 月 10 日。）

●品牌驱动的业务流程管理体系和绩效考核体系

国内很多企业都把品牌管理职能放在营销部门。这种做法是典型的业绩驱动而非品牌驱动，近期效应明显而远期效应差。要想实现批评可持续发展，必须实行品牌驱动机制。

品牌驱动体系不仅强调协调、沟通，更强调监控；不仅要监控营销行为，更要监控与品牌有关的所有企业经营决策（如投资、预算、财务和兼并等等）对品牌可能造成的影响。

如：企业可设品牌管理的部门主要是品牌战略管理委员会和营销中心品牌管理部。品牌战略管理委员会是来自于企业的高层的决策层，品牌管理部是执行机构。品牌管理部负责起草制定品牌宪章、品牌规划、品牌管理制度，负责品牌规划执行的推动、品牌管理制度执行情况的监控，建立和维护品牌管理信息系统、就品牌管理事宜所进行的跨部门跨职能的协调，等等。

企业的品牌管理制度涵盖产品设计开发、质量控制、渠道、广告、公共关系、价格管理、售后服务、供应链管理、人力资源、投资、预算、外部并购、危机管理等几乎所有业务，并对每一项业务在开展时需要报请品牌战略管理委员会和营销中心品牌管理部评估和审批的事项作了详细的规定。还应建立科学的绩效考核体系，对品牌管理制度的执行进行严格的考核。对营销中心品牌管理部的绩效考核，既有依据品牌生命周期制定的阶段性目标考核（例如：近期目标——提高品牌知名度，接受度；中期目标——提高市场份额，顾客满意度；长期目标——提高利润率，品牌忠诚度，持续提升品牌价值等），也有由品牌知名度、品质认知度、品牌忠诚度、品牌联想和品牌其他资产等可量化指标构成的品牌资产考核，还有市场占有率提升、品牌溢价水平提升和品牌管理成本等业绩指标的考核，形成了科学而全面的品牌驱动绩效考核体系。经过几年的努力，以品牌驱动的业务流程管理体系为企业带来了丰厚的回报。

一个科学的品牌管理绩效评估体系应该包括科学合理的指标和权重设定，兼顾定量指标和定性指标、内部考核和外部市场等因素。（张长江：《21世纪品牌管理的新趋势》，上海市场营销网，2007年5月8日。）

第四节　品牌战略规划

●品牌战略规划的定义

品牌战略规划是以塑造强势品牌为核心的企业职能战略。品牌战略规划将品牌建设提升到企业经营战略的高度，规划品牌的发展远景，明确品牌战略目标与企业总体战略目标的同一性，制定品牌发展各阶段的目标与衡量指标，细化品牌战略目标的空间分解和时间分解，从组织机构与管理机制上为品牌建设保驾护航，其意义在于坚持品牌核心价值，塑造良好的品牌形象，彰显品牌文化，科学管理品牌，扩大市场占有率，有计划地做大做强品牌并实现可持续发展。

●品牌战略规划八步流程模板

关于品牌战略规划的一般流程，我们制作了一个“品牌战略规划八步流程”模板。

品牌战略规划八步流程图如下：

第一步：分析品牌环境

▼

1. 产业环境分析（产业面对的国际国内大局）；

2. 竞争环境分析（五力模型分析：行业现有的竞争状况、供应商的议价能力、客户的议价能力、替代产品或服务的威胁、新进入者的威胁）；

3. 品牌资源分析（四项判断：品牌是否与企业战略一致；是否有竞争优势；经营状况良否；消费者评价良否）。

▼

综合结论：优势、劣势、机会、威胁（SWOT）四要素的权数加总分析

▼

第二步：确定品牌战略目标

▼

确定和分解企业总体战略目标与品牌战略，确定公司在业内的品牌定位，确定品牌文化内涵，建立品牌推广和管理体系；

对应企业总体战略目标之分阶段目标，确定品牌战略目标之分阶段目标；

细化企业总体战略目标之预设部分和应变部分，制定品牌建设规划与品牌安全预案。

▼

第三步：提炼品牌核心价值

▼

1. 提炼品牌的文化内涵或情感性价值（给消费者一个全新的价值观或先进的生活方式及美好感觉）；

2. 锻造品牌的梦幻性价值（游离于产品之上的精神诉求，给消费者一个梦幻空间和更高级别的目标希望，比如给予像总统权力、盖茨财富或诺贝

尔奖荣誉更高级别的成就向往）。

3. 刻画产品功能性价值（用产品的实体功能来准确揭示或表现品牌的核心文化和梦幻价值，给消费者一个精准而值得的购买理由）。

▼

品牌的核心价值基本特征：创新性、普世性、差异化、感召力、执行力。

坚持品牌核心价值的长效机制。

▼

第四步：完善品牌识别系统

▼

界定品牌的企业理念文化、价值观和使命，品牌在同行业中的地位、品牌的企业社会责任感、品牌的企业行为制度、员工行为制度等。

组成品牌识别的四方面12元素：产品识别（产品领域、产品性质、品质价值、用途、来源国），组织品牌（组织性质、本地化或全球化），个性品牌（品牌个性、品牌与顾客之间的关系）及象征品牌（视觉意象、暗喻、品牌传统），体现品牌识别的六个本质问题：1. 品牌的价值是什么？2. 品牌的个性是什么？3. 品牌的长期目标和最终目标是什么？4. 品牌的一贯性如何？5. 品牌的基本实际情况如何？6. 品牌的辨识符号是什么？

▼

第五步：确定品牌架构

▼

1. 确定战略类型：单一品牌战略、主副品牌战略、多元化品牌战略、一体化品牌战略、品牌资产扩张战略；

2. 理顺企业品牌与产品品牌的关系。

▼

第六步：分解品牌战略空间结构

▼

1. 分解品牌战略目标于各职能部门：设计部门、生产部门、营销部门、供应部门、服务部门、财务部门，等。

2. 制定品牌战略二层次规划：

企业品牌在各业务单元协同性规划；

企业品牌战略实施步骤及支撑策略规划；

企业品牌战略实施资源整合及资源配置规划；

企业品牌战略结构（各子战略系统）规划；

品牌管理体系规划；

品牌传播推广体系规划；

品牌延伸规划；等。

▼

第七步：设置品牌管理机构

▼

1. 品牌领袖制；
2. 品牌经理制；
3. 职能管理制（多部门参与的机动的品牌管理组织）；
4. 专业职能机构（如品牌运营部、品牌事业部等）。

品牌管理组织应拥有产品开发制造权、市场费用支配权、产品价格制定权等，从而把握品牌发展方向。

▼

第八步：分解品牌战略目标时间

▼

品牌战略规划实施分阶段时间表。

本节对品牌战略规划中属于技术操作内容的后三步作重点介绍，前五步可以与第二章的品牌建设全程示范模板通用，所以不再详述。

●第一步：分析品牌环境

品牌环境分析的内容包括三个方面：产业环境分析、竞争环境分析和品牌资源分析。

●第二步：确定品牌战略目标

品牌战略目标确定公司在业内的品牌定位，确定品牌内涵；对应企业总体战略的分阶段目标，确定品牌战略的分阶段目标。

确定品牌战略目标要经过战略目标拟定、论证、决断三个环节。

●第三步：提炼品牌核心价值

"品牌核心价值"即"品牌核心价值观"，它是体现品牌独有价值的、贯彻于企业经营始终的、长期坚持广为传播并力求获得广大消费群体认同的理念主张，具体是指独特而普世性的价值观或前沿且科学的生活方式。

核心价值提炼流程是：前期调研——明确品牌核心价值条件——头脑风暴——提炼——评估选择——检验——确定核心价值——专用保护。

●第四步：完善品牌识别系统

品牌识别是通过对产品、企业、人、符号等要素进行设计以体现品牌核心价值从而形成品牌区隔的体系。

品牌识别系统实施流程为：定义和设计品牌识别——建立和消费者关系——品牌形象的传播——消费者体验。

●第五步：确定品牌架构

品牌架构内容有：1. 理顺企业品牌与产品品牌的关系；2. 确定战略类型：单一品牌战略、主副品牌战略、多元化品牌战略、一体化品牌战略、品牌资产扩张战略。

●第六步：分解品牌战略空间结构

如同品牌战略目标是企业总体战略目标的职能化分解一样，品牌战略空间结构分解就是将品牌战略目标分解为各职能部门的目标，再由职能部门把它们逐层分解到岗位个人，形成一个层层目标明确、岗位职责清楚的目标体系。只有在组织机构与管理体制上落实品牌战略规划，才能保证品牌战略目标如期实现。

品牌战略要靠企业全部资源、全体人员合力实施，仅靠一两个部门搞定的想法和做法都会使品牌战略规划搁浅。品牌战略空间结构分解是否科学到位，决定着品牌战略执行质量的优劣。在企业中，不少人认为品牌战略规划是务虚的。实际上，从务虚到务实的转换，就在品牌战略空间结构分解这个关键点上。当品牌战略规划科学分解到各部门、岗位，落实到人头上时，这个规划就是一个操作性强的实实在在的体系了。

分解品牌战略目标，就是将品牌战略与营销战略和相应的经营战略以及企业所有部门的发展战略进行对接，使企业的所有组成部分在品牌战略的组织下，有机互动，形成合力，为品牌战略规划的执行打好组织基础。组织机构与管理体制问题是一个带有战略性的复杂问题，必须在规划中进行综合平衡各系统协调。

本模板设置的品牌战略分解内容有：

1. 分解品牌战略目标于各职能部门：设计部门、生产部门、营销部门、供应部门、服务部门、财务部门，等。

2. 制定品牌战略二层次规划：

企业品牌在各业务单元协同性规划；

企业品牌战略实施步骤及支撑策略规划；

企业品牌战略实施资源整合及资源配置规划；

企业品牌战略结构（各子战略系统）规划；

品牌管理体系规划；

品牌传播推广体系规划；

品牌延伸规划等。

●第七步：设置品牌管理机构

企业品牌管理机构的职责和运作，我们在前面已经论及，并根据国内外企业品牌管理部门设置，对职能管理制、品牌经理制、市场部门体制、品牌领袖制、集团企业品牌管理部门等模式进行了分析。

本模板列出四种品牌管理组织设置备选：

1. 品牌领袖制；

2. 品牌经理制；

3. 职能管理制（多部门参与的机动的品牌管理组织）；

4. 专业职能机构（如品牌运营部、品牌事业部等）。

●第八步：分解品牌战略目标时间

品牌战略目标的时间分解，就是把品牌战略规划制定的长期目标，从时间上分解成为一个个短期目标，明确规定什么目标，到什么时候完成到什么程度，以利于实施，便于检查。

示范模板　　**太子龙控股集团有限公司中长期品牌战略规划**（2008—2013 年）

战略目标：创领民族品牌文化的示范工程

战略主题：太子龙·铸就品牌的力量

战略口号：品格、品质、品位

（一）2013 年力争成为中国品牌文化的首席代表

1. 品牌文化战略

继续高举科学品牌发展观这杆引领式大旗帜，用 3 到 5 年时间把太子龙品牌文化打造成中国品牌思想的启蒙与领航者。因此，我们就必须放眼全球和民族产业，要在产业理论和品牌文化的系统化建设上先人一步，高人一筹，而这也是我们太子龙品牌为什么要始终倡导责任文化和大气文化的真正原因所在。

2. 品牌文化建设

首先，从 2008 年开始出版第一部科学的品牌文化专著《科学品牌发展观》，2009 年末再出版第二部《中国品牌运营新时代》，到 2013 年末争取出版 5 部左右国际最前沿的品牌文化专著。以此来确保太子龙品牌在国际品牌理论建设领域中的首席地位，以此使太子龙品牌理念成为 21 世纪国际品牌思想的领航者和首席倡导者。

其次，逐步把太子龙品牌正确的价值观点和宝贵的业务运作经验一一整理提炼出来，从而使太子龙的品牌文化，太子龙品牌独特的审美观和消费观，成为中国和世界的第一部集前沿品牌思想、科学产业发展、专业运营实践于一体的多层次、系统化的品牌运营新模式，借此树立起太子龙品牌在民族品牌之林的高端时尚，文化科学的竞争市场主导地位。

最后，多途径地引导和帮助更多的民族乃至国际品牌，逐步建立起科学的品牌运营模式，使太子龙品牌文化最终成为引领世界品牌走向的工具书和指南针，从而奠定太子龙品牌在全球品牌舞台上最终的权威地位。

3. 品牌文化传播

全面实行“三去三来”的立体品牌文化传播新模式。这就是未来传播一定是产品的美感联想化替代产品功能的卖点化、品牌文化思想的系统化替代片面单薄的口号化、品牌思想传播的新闻发言人制度+学习引导化替代硬性滞后的广告灌输化。

（二）2013年力争成为中国品牌服饰市场销售增长率最强劲的品牌

1. 品牌战略的创新举措

在深入贯彻科学品牌发展观思想指导下，立足于品牌的产品质量——品质（品牌的艺术格调）、品位（品牌的品德修养）、品格基础上，以品牌文化思想运营为核心，全面展开的旨在提升品牌核心竞争力——品牌文化支柱三要素——产品研发的艺术创造力（产品美感力）、对外传播的魅力彰显力（宣传诱惑力）、企业管理的科学营运力（营销服务力）的全面打造。

2. 产品研发的艺术创造力（产品美感力）

在全面导入国际最先进的新产品研发模式——品牌主题开发模式基础上，不断地通过产品创新来强化和提升品牌的核心思想宣导力、先进生活方式的写意力、流行时尚的引导力。在具体的新产品研发上，进一步实效、引进品牌主题开发模式，也就是在每个季节通过科学的预测方法，设计出引领季节动向的时尚主题，预测出流行的款式风格、主打颜色和面料，导入先进的工艺卖点和科学的订货模式。从而使每季开发出来的新产品，最终通过“时尚响亮的主题宣导、别具一格的视觉吸引、简洁特色的流行风格、实效对路的促销刺激，温馨别致的销售引导”等一系列高度迎合消费者偏好的组合性新策略，来确保终端的营销实现。

3. 企业管理的科学运营力（营销服务力）

企业管理在深入贯彻实行企业法人治理结构的基础上，率先在企业引入全球最先进的职业经理人运营模式，实行总裁领导下的首席文化官（CCO）、首席技术官（CTO）、首席财务官（CFO）的职业化+人性化运营制度，全面替代滞后的首席执行官（CEO）制度。在业务运营模式上，逐步实行战略事业部（SBU）模式，把业务绩效与人的能动性整合发挥到极致境界，以此来为品牌营销做好后勤保障服务工作，从而实现个人、企业、社会、民族、世界多赢的战略目的。

4. 对外传播的魅力彰显力（宣传诱惑力）

首先，在具体的传播模式上，将改变过去千篇一律，依靠央视媒体那种花大钱、难落地的粗放型传播模式，转为品牌效应提升和终端实效营销并重的立体集约化传播模式。

其次，在高端文化传播上，走以品牌文化宣传引导的渗透式传播策略，这里主要是借助2009年全新启动的萧山江东工业园的先进的办公地点和高档的商务文化会所这一具有特色的硬件，举办大量的文化研讨活动，积极广泛地参与行业学会和各类学术研究机构的专业活动，提升太子龙品牌的全新形象。

最后，在终端实际传播上，采取和高端文化紧密一致的全方位的视觉武装+特色的新品陈列+实效性促销活动+别具一格和针对性的销售导购等复合性手段，确保从根本上拉动终端销售。

5. 差异化的市场运营执行力

把重点放在老客户的实效帮助和业绩提升上。具体策略是采取逐步拉开等级距离、突出重点、采取点对点式的帮助和显著的等差式激励措施，全力扩大优质客户的比例结构和逐步扩大太子龙品牌的强势市场区域，确保市场销售上新台阶。

第五节　品牌战略在企业经营中的作用

●品牌战略是企业总体战略中的核心战略

尽管企业品牌战略与企业组织战略、人才战略、投资战略、产品战略、技术战略、跨国经营战略一样，都是企业职能战略之一，是企业战略选择的一种，但它是企业战略中的核心战略，对于整个企业战略有着决定性作用。

品牌战略作为企业总体战略的重要组成部分，必须与企业总体战略一致。企业的愿景、价值观、战略规划、组织、业务流程、生产销售、管理和运营、人力资源、企业文化等等，所有构成企业竞争能力的一切，无不通过品牌战略来实现。因此，品牌战略必须服从总体战略的指导方针与基本原则，并通过诸如产品、价格、渠道与广告媒介等战术性操作实现总体战略。可以说，品牌战略就是将品牌建设提升到企业经营战略的高度，是以建立强势品牌、创造品牌价值为目标的企业经营战略。

●品牌战略是打造企业核心竞争力的重要途径

品牌作为巨大的无形资产，其本质上属于知识产权。在国际兼并和收购品牌企业的浪潮中，收购价格往往是被收购企业净资产的数倍，凸显出被收购企业品牌资产的比重大、弹性强。一份调查称，美国企业品牌资产平均占公司市值的37%。而著名品牌资产可达公司市值的70%左右。品牌的知识产权属性，不只是体现在企业及其商品和服务的标识上，还体现在靠先进技术的支撑、优良品质的保障、诚信经营的依托、先进文化的铺垫等所形成的多维和多项知识产权的集成上。创新，包括技术创新、管理创新、文化创新以及营销创新，是品牌创立和价值提升的源泉。在知识产权体系中，品牌主要以商标、商号名称、专有技术、经营管理的方法与经验等方式表现出来。品牌所蕴涵的知识产权，是最具价值的知识产权。

品牌是知识创新和知识产权商业化的重要载体，也是企业无形资产的构成要素之一。有学者将品牌战略定义为："企业为获得和保持市场竞争优势，运用商标制度提供的保护手段，达到树立企业形象，促成产品或服务占领市场的总体性谋划。"跨国公司几乎都拥有自己的知名商标，在培育自主品牌时往往不遗余力，通过商标战略来占领市场的制高点，扩大自己的行业领先优势。他们在全球市场的激烈竞争，已经形成了从品牌设计、品牌选择、品牌注册，到品牌经营、品牌管理和品牌保护等一整套成熟的品牌战略运营体系。而我国外贸企业，则因为自有品牌的缺乏，经常在知识产权的国际贸易纠纷中处于不利地位。

●品牌战略是企业无形资产的放大器

一个企业资产的多少，将直接体现企业的经济实力，而企业经济实力又决定企业在市场中的地位。随着技术创新和全球经济一体化进程的加快，无形资产已经成为左右企业发展的重要因素，一个企业拥有无形资产数量的多少、价值的高低是其技术水平和竞争能力的标志，无形资产是一个企业的科技水平、设计水平、工艺水平、研发水平、管理水平和营销水平等综合实力的集中体现。在诸多无形资产中，品牌无疑是最为重要的。企业其他无形资产可以通过品牌增值。品牌战略是企业无形资产的放大器。

●品牌战略直接为企业创造附加值

品牌产品能够带来溢价，也使产品的销售量增加，从而使销售额大幅增加，利润增加。品牌产品的利润率远远高于无品牌产品；名牌产品的利润率远远高于一般品牌产品。同一类型商品，名牌产品与普通商品的售价可相差数倍、数十倍。由此不难看出，品牌作为企业的无形资产，是企业的一笔巨大财富。某一品牌在消费者心中产生了信誉，这品牌就有了价值，即使价格相对其他同类产品要高很多，消费者仍买它，并把它的高价作为一种高贵身份的象征。

●品牌战略是维系顾客的主要手段

品牌的创建在企业，但品牌的价值在于用户、消费者群体对品牌的认同。著名品牌不是与生俱来的，也不是企业自封的，而是由社会公众决定的。

品牌是企业就其产品和服务，面向市场、面向用户、面向消费者所做出的承诺。著名品牌向社会提供的，是包括物质的和精神的、技术的和艺术的、传统文化和现代时尚的价值。具有国际知名度的大品牌，凝练了企业多年持续创新、科学管理、卓越品质、优良服务和企业文化，其品牌声誉和企业诚信可以换来公众对品牌的忠诚。在顾客经济时代，品牌战略必须以顾客为中心，注重对重要客户的区分来实现品牌战略的实施。品牌战略的规划目的和执行过程，就是品牌与消费者之间关系的沟通与发展过程，也是品牌价值的实现过程。

●品牌战略通过品牌文化为企业带来美誉度

品牌文化是品牌战略的精神支持。它是在品牌核心价值体系指导下，通过各种途径传播品牌的核心价值观，建立一种品牌文化，以此培养顾客忠诚度，最终通过品牌文化营销的方式建立一个强大的品牌。

在某种意义上，品牌是企业按照社会文化方式运作的结果，其独特的文化内涵已成为现代公司的一种必备的素质和形象。名牌产品的畅销能给企业带来信誉、声誉和知名度，这些形象反过来可以推动品牌进一步发展。如此循环，企业的地位得以确立和提高。与此同时，品牌独特文化内涵的形象拓展，也就是一个人、一个企业、一个民族在理想信念、价值追求、意志品格和行为准则等精神方面的传播和宣传，这就使人们在自我实现的追求方面得到了最大的满足。

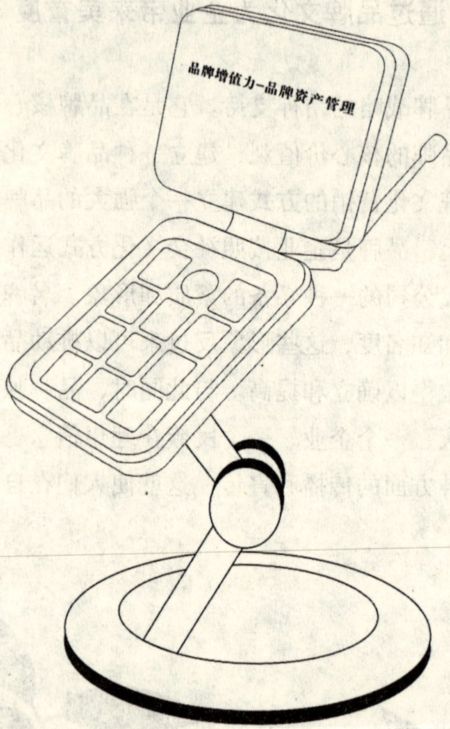
品牌增值力—品牌资产管理

第九章　品牌增值力

——品牌资产管理

品牌资产的核心内涵便是如何为消费者建立品牌。如果品牌对于消费者而言没有任何价值，那么它也不可能向投资者、生产商或零售商提供任何价值。

品牌资产最主要的要素是品牌知名度、品牌的认知质量、品牌形象、品牌忠诚度。

品牌资产增值力法则一——品牌资产的核心是为消费者建立品牌。

品牌资产增值力法则二——品牌资产增值力首先表现为品牌成长与扩张的能力。

品牌资产增值力法则三——品牌资产同时为品牌买卖双方创造价值。

品牌资产增值力法则四——增加顾客购买的整体价值或者减少顾客购买的整体成本，是品牌资产增值的基本途径。

品牌资产增值力法则五——溢价定价法是企业品牌资产增值的基本手段。

品牌资产增值力法则六——为竞争对手设置进入壁垒也会使品牌资产增值。

第一节　品牌资产概念

●汇源收购案告诉我们什么？

2008 年初秋，汇源收购案冲击波带来的愤怒、忧虑和思考，搅动了全中国。国人的爱国热情像潮水般倾泻在跨国并购这样的商业行为事件上，说明了什么呢？

下面我们来看两个公开资料。

清科集团《2008年第二季度中国并购市场研究报告》对中国企业跨境并购情况的分析显示：2008年第二季度共有出境并购案例15起，占跨境并购案例总数量42.9%；入境并购案例20起，占跨境并购案例总数量57.1%。从并购金额上看，本季度出境并购金额45.13亿美元，占跨境并购总金额77.7%；入境并购金额12.97亿美元，占跨境并购总金额22.3%。值得注意的是，出境并购数量占跨境并购案例总数量的比例已由2008年第一季度的18.2%，上升到接近跨境并购案例总数量的一半。中国企业已经不再是被动的出境寻求机会，而是更多的考虑企业自身发展需要。从战略的眼光，以获取有色金属、铁矿石等资源作为出发点出境并购境外资源类企业。在资源类产品价格逐步走高的趋势下，出境并购将保持不断增加的趋势。

由全国工商联并购公会等单位发起的“十大并购事件”2007年度的榜单是：达能·娃哈哈控制权争议案；中国移动收购巴基斯坦运营商，这是中国电信运营商实施“走出去”战略零的突破；中国投资公司入股美国黑石集团，持股比例为3.1%，并向巴克莱银行派出一名董事；中国工商银行以约409.5亿人民币（54.6亿美元）的对价收购南非标准银行20%的股权，并成为该行第一大股东；中国航空业东航竞购战，虽被叫停，但终于完成了“中国民航历史上第一次市场化行为”；中信证券与贝尔斯登互相持股约75亿人民币（10亿美元）；印度米塔尔计划分两步分别收购中国东方集团第二大股东和第一大股东所持股票，共将获得约73%的股权并最终控股东方集团，交易总额共涉及约127.5亿人民币（约17亿美元），如果交易顺利完成，这将是外资控股国内钢铁企业第一案，并将给未来国内钢铁产业格局带来重大影响；中国平安人寿购入富通集团约9501万股股份，占富通股本约4.18%，总价约为195.5亿人民币（18.1亿欧元）。平安成为富通最大单一股东，有权向富通董事会提名一名非执行董事，是国内保险业最大的一笔海外投资；中国国家电网为首的财团险胜对手赢得了菲律宾电网未来25年的经营权，是中国国家电网规模最大的一笔海外交易。

趋势显示：一直是外资在中国并购市场上兴风作浪的状况在2007年有所改观，随着中国经济的发展和中国企业竞争力的提高，中国企业海外并购也风起云涌。“纵观十大并购事件我们会发现，它们无一例外都是跨国并购动作。”全国工商联并购公会副会长费国平介绍：“其中7宗是中国企业海外‘亮剑’的典型代表，3宗是外国企业对本土企业的收购。”对此，全国工商联并购公会会长王巍给出如此评价：中国企业正在加快“走出去”的步伐，西方发达国家并购中国企业为主的格局开始转为双向互动式的并购浪潮。

与此相对应的是，从2006年开始，外资财团在中国并购市场的工作已经不那么顺畅了，从三一重工狙击凯雷并购徐工到爱仕达等搅局SEB并购苏泊尔，中资狙击外资并购的案例在各大行业都初显端倪。在2007年，国航反对新加坡航空和淡马锡收购东航、达能·娃哈哈控制权之争两大事件将中资狙击外资并购推向高潮。也由此引发了人们对“国有资本贱卖”、“民族产业安全”、“民族品牌保护”更深层次的思考和讨论。（资料来源：《十大并购事件预示2008年五大并购趋势》，首席财务官，2008年2月11日。）

扫描大局势，回过头来再看汇源收购案，把争论的对错与事情的结局暂且放在一边，先体味一下整体的感觉吧。

是不是这样的：国家品牌、民族资本、无形资产，这些过去离老百姓很远的概念，如今离老百姓越来越近，甚至到了休戚相关的程度。这是一种好现象。这就叫觉醒，这就叫爱国，这就叫责任心，这就叫迫切感！

一个国家，一个民族，不是全民喊政治口号，而是全民关心国家经济大事，这才是真正的整体的政治责任心的体现！政治是经济的集中表现，注脚就在这里。

●品牌资产概念的三种定义

品牌资产的概念，一开始就与品牌并购行为相关联。

20世纪80年代以后频频发生的品牌并购案，有些被并购公司提出有形资产之外的品牌价值问题，要求并购方承认品牌资产的存在并给予品牌资产正确的测评方法。同时，由于当时许多西方国家经济不景气，失业率有所提高。为了尽快摆脱这种状况，企业管理人员除了采取各种方法降低企业成本以外，还开始寻找其他可以提高企业利润的方法，其中一种方法就是试图为企业所有财富赋予财务价值，其中包括品牌。

迄今为止，对于“品牌资产”的定义有多种说法。有代表性的有三类：

从财务角度来定义、从品牌成长角度来定义、从消费者角度来定义。

一、基于财务的观点认为：公司必须对股东负责，如果不给每一个品牌赋予货币价值，公司管理人员就无法知道其公司的真正总价值。而公司必须对所有投资者负责，必须向股东提供有关公司资产的准确信息，包括所有的有形资产与无形资产。品牌作为公司的财产之一，其市场价值也必须反映在公司的资产负债表上。同时，品牌兼并、收购和租赁也要求为品牌赋予财务价值指标，如果对品牌的价值缺乏真正的理解，公司的总价值就会被低估，从而导致公司股东财富的损失。

二、基于品牌成长的观点认为：财务的方法只是在考虑品牌收购或兼并时才重要，但是公司除了应该了解其品牌的现值以外，更重要的是要着眼于未来的成长，品牌资产的大小应体现在品牌自身的成长与扩张能力上，例如品牌延伸能力，主张运用品牌资产来实现公司的长期目标。

三、基于消费者的观点强调消费者在品牌资产中的中心地位，认为：如果品牌对于消费者而言没有任何价值，那么它也不可能向投资者、生产商或零售商提供任何价值。因此品牌资产的核心内涵便成为如何为消费者建立品牌。品牌资产最主要的要素是品牌知名度、品牌的认知质量、品牌形象、品牌忠诚度。基于消费者的品牌资产定义的著名模型是大卫·爱格的品牌资产的“五星”概念模型，我们已在第三章《品牌向心力》中做了简要介绍。

品牌资产就是消费者关于品牌的知识。它是有关品牌的所有营销活动给消费者造成的心理事实。这个定义表明品牌资产具有四个特点：首先，品牌资产是无形的；其次，品牌资产是以品牌名字为核心；再次，品牌资产会影响消费者的行为包括购买行为以及对营销活动的反应；最后，品牌资产依附于消费者，而非依附于产品。

●显性品牌资产与隐性品牌资产

高松、庄晖（2006 年）认为品牌资产价值增长包括两个方面因素的积累，一个是显性品牌资产，另一个是隐性品牌资产。显性品牌资产说明了品牌的现有价值，而隐性品牌资产更多地表现出品牌的持久力和生命力，显性品牌资产是企业运用隐性品牌资产的结果。

显性品牌资产是从消费者层面研究消费者认知对品牌资产价值的贡献。

品牌资产的大小取决于顾客掌握的品牌知识的多少。首先，一个品牌必须拥有提示前知名度，这与品牌管理者对顾客的品牌知识传播有很大关系；其次，必须建立与消费者需求的联系，能够满足消费者的某种核心需要，这与获取顾客的品牌知识，掌握顾客对品牌的需求和欲望有很大关系；第三，品牌的产品功能和绩效必须达到消费者的要求，这与品牌知识的内部共享和整合有很大关系；第四，品牌必须表现出相对于竞争对手独特的优势，与竞争对手相区别，这与品牌创新有很大关系；在最后一个阶段，品牌必须与其最终消费者建立某种情感联结，这离不开和顾客双向沟通和学习以及品牌知识的共享。可见，显性品牌资产的提升和品牌知识管理密不可分，主要是顾客品牌知识能力影响着显性品牌资产的大小。

隐性品牌资产是从企业层面研究企业品牌经营能力对品牌资产价值的贡献。企业在品牌管理过程中，除了考虑消费者的需求之外，还需要适应客观环境的发展趋势，包括竞争者和技术的发展动态，以及利益相关者的需求变化，同时，还要考虑企业资源等因素。而企业在这些因素的处理上，表现出企业在品牌资产经营方面的能力，这种能力是其他企业无法轻易复制的，是企业在市场中长期积累起来的营销经验和技能，这种经验和技能无法在财务报表上体现，也无法用市场调研的方法，用市场指标表示，但是它对品牌未来竞争力的确起到了至关重要的作用，是品牌持续竞争优势的来源。隐性品牌资产包括创新能力、学习能力、管理与控制、品牌文化四个方面。（高松、庄晖：《品牌资产价值增长要素分析》，《价格理论与实践》2006 年。）

第二节　品牌资产怎样为消费者创造价值

●顾客让渡价值

现代营销理论的前提是，买方将从企业购买他们认为能提供最高顾客让渡价值的商品或服务，而所谓顾客让渡价值是指整体顾客价值与整体顾客成本之间的差额部分。整体顾客价值是指顾客从给定产品和期望得到的全部利益，这包括产品价值、服务价值、人员价值和形象价值。整体顾客成本则是顾客在购买商品和服务过程中所耗费的货币、时间、体力和精神成本。

顾客让渡价值概念为企业经营方向提供了一种思路。首先，让渡价值认为顾客价值的实现不仅包含了物质的因素，还包含了非物质的因素；不仅需要有经营的改善，而且还必须在管理上适应市场的变化。其次，由于顾客在购买商品和服务时，总希望把有关成本，包括货币、时间、精力和精神降到最低限度，而同时又希望从中获得更多实际利益。因此，企业还必须通过降低生产与销售成本，减少顾客购买商品的时间、精力与精神耗费从而降低货币非货币成本。显然，充分认识顾客让渡价值的含义，对于指导工商企业如何在市场经营中全面设计与评价自己产品的价值，使顾客获得最大程度的满意，进而提高企业竞争力具有重要意义。

所谓品牌资产可以为顾客创造价值，体现在：品牌资产有助于解释、处理与储存与产品和品牌有关的海量信息，同时也可以影响顾客在做出购买决策时的信心（基于过去的使用经验或者对品牌及其特性的熟识程度）。此外最为重要的可能是品质认知度与品牌联想能够提高顾客使用的满意度。

●增加顾客购买的整体价值

使顾客获得更大让渡价值的途径之一是改进产品服务、人员与形象从而提高产品或服务的总价值。

产品价值

产品价值是由产品的质量、功能、规格、式样等因素所产生的价值。产品价值是顾客需求的核心内容之一，产品价值的高低也是顾客选择商品或服务所考虑的首要因素。产品价值的实现是服从于产品整体概念的，现代营销学认为产品包含三个层次的内容：核心产品（主要利益）、形式产品（包装、品牌、花色、式样）和附加产品（保证、安装、送货、维修）。与此相对应，产品的价值也包含三个层次：内在价值、外在价值，即形式产品的价值、附加价值，即附加产品的价值。企业在经营中全面考虑产品的三层价值，做到以核心价值为重点，三层价值整体实现。

服务价值

服务价值是指企业向顾客提供满意服务所产生的价值。服务可分为追加服务与核心服务两大类：追加服务是伴随产品实体的购买而发生的服务，是生产经营的追加要素，是技术和产品的附加物；核心服务是消费者所要购买的对象，以服务内在的价值为主要展示对象。服务价值的本质是：服务是决定实体商品交换的前提和基础，实体商品流通所追求的利益最大化应首先服从顾客满意的程度。

人员价值

人员价值是指企业员工的经营思想、知识水平、业务能力、工作效率与质量、经营作风以及应变能力等所产生的价值。企业的全体员工是否就经营观念、质量意识、行为取向等方面形成共同信念和准则，是否具有良好的文化素质、市场及专业知识，以及能否在共同的价值观念基础上建立崇高的目标作为规范企业内部员工一切行为的最终准则，决定着企业为顾客提供的产品与服务的质量，从而决定顾客购买总价值的大小。

形象价值

形象价值是指企业及其产品在社会公众中形成的总体形象所产生的价值。形象价值是企业各种内在要素质量的反映。任何一个内在要素的质量不佳都会使企业的整体形象遭受损害，进而影响社会公众对企业的评价。形象价值与产品价值、服务价值、人员价值密切相关，在很大程度上是上述三方面价值作用的综合反映。

案例看板　　“酷儿”的“顾客让渡价值”

可口可乐公司于1997年推出“酷儿”果汁饮料，首先在日本上市，便获得巨大成功，成为最受欢迎果汁饮料之一；2001年在韩国成功上市，“酷儿”成为韩国果汁饮料第一品牌，销售量超过预计量6倍；2001年在新加坡成功上市，2个月内，成为新加坡第一果汁饮料品牌；2001年在香港和台湾成功上市，结果香港产品完全脱销，台湾订单是原计划的2.5倍。2001年12月，“酷儿”在杭州和西安上市，一夜之间，“酷儿”产品及形象便席卷了两地的饮料消费市场，占据了当地果汁饮料市场的头号位置，将果汁饮料行业其他品牌远远甩在后面。后相继在北京、广州、郑州等地上市，短短几个月，全国各地便也“QOO”声一片，这个小精灵基本覆盖了整个中国，消费者饮用后交相赞誉，知名度和美誉度一炮打响。

论果汁市场的背景，“酷儿”不如汇源的积淀；论对果汁市场利好的反应速度，酷儿不及国内众多厂家；论包装、论口味，你也无法在盲测试验中把其列为最佳。但“酷儿”为什么能够在如此短的时间中掠城夺池？

“酷儿”的成功，在于向消费者提供了比竞争对手更多的“顾客让渡价值”，使得消费者在消费选择时犹豫少了，指牌购买的信心强了。下面让我们看看“酷儿”到底增加了哪些“顾客让渡价值”。

1. 产品价值

“酷儿”将消费人群细化锁定在儿童及青少年身上，因为天然维生素的摄入对其身体有所帮助，这一点容易获得认同。同时又借中国保健品在儿童市场所形成的独特消费习惯，在包装上注明添加了“维生素 C 与钙”。结果家长往往通过简单比较就自己总结出“酷儿”的一些产品利益点。消费者觉得物有所值，物超所值，掏钱的速度远比你想象得快。

2. 服务价值

“酷儿”在服务价值方面沾了可口可乐母品牌的“光”。可口可乐的“三 A”原则——买得起、买得到、乐得买其实是一种服务价值增值的体现。可口可乐强大的配送体系使得消费者不仅在超市、卖场，同样在住所附近的杂货铺、校园附近的饮料摊，甚至包括德克士连锁店都可以很方便地消费。所以有时看似简单的上摊、上柜，其实是企业核心竞争力的表现。所以“酷儿”的服务价值较其他品牌就有所溢价。

3. 形象价值

“酷儿”不仅依托可口可乐强大的形象价值，同时利用角色行销建立起了自身独特的产品符号，满足了消费者在消费产品的同时获得了心理上的鼓励与支持，同时“酷儿”借助许多新颖、独特的传播方式，真正利用整合、系统的手段完善和丰富着产品的内涵，使其产品形象丰满而富有吸引力，所以消费者又多了几条选购的理由。

（黄江伟：《酷儿：跟随者与挑战者的差异》，《品牌世家》2004 年 9 月 5 日。）

●减少顾客购买的整体成本

要实现最大程度的顾客让渡价值，仅仅创造价值是不够的，还应该同时设法降低顾客购买的总成本。顾客总成本不仅包括货币成本，而且还包括时间成本、精力成本等非货币成本。通常情况下，顾客购买商品首先要考虑货币成本的高低，因而货币成本是构成整体顾客成本的主要和基本因素。

时间成本是顾客为得到所期望的商品或服务而必须处于等待状态的时间和代价。在顾客价值和其他成本一定的情况下，时间成本越低，顾客购买的总成本越小，顾客让渡价值越大。因此，为降低顾客购买的时间成本，企业经营者必须对提供商品或服务要有强烈的责任感和事前的准备，在经营网点的广泛度和密集度等方面做出周密的安排，同时努力提高工作效率，在保证商品和服务质量的前提下，尽可能减少顾客为购买商品或服务所花费的时间支出，从而降低顾客购买成本，为顾客创造最大的让渡价值。

精力和精神成本是指顾客购买商品时，在精力、精神方面的耗费与支出。在顾客总价值与其他成本一定的情况下，精力与精神成本越小，顾客为购买商品所支出的总成本越低，让渡价值越大。因此，企业如何采取有力的营销措施，从企业经营的各个方面和各个环节为顾客提供便利，使顾客以最小的成本耗费，取得最大的实际价值是每个企业需要深入探究的问题。

案例看板　　　　“IBM 意味着最佳服务！”

2008 年年初，IBM（美国国际商业机器公司）推出“先锋计划”——寻找希望在全世界做大做强的企业，帮助他们做大做强。在中国，一眼就被 IBM 相中的对象有三家：中国工商银行、中国银行和华为。IBM 在中国成立了三个全球整合客户部门，分别服务于这三家公司的全球化运营。这就是 IBM 最新版最佳服务。

20 世纪 20 年代，IBM 的创始人沃森就为公司确定了“以人为核心，向所有用户提供最优势服务”的宗旨，明确提出了“为职员利益、为客户利益、为服务利益”的三原则，后来发展为“尊重个人、服务和完全主义”三信条。这就是 IBM 公司一直坚持的经营哲理。靠最佳服务赢得顾客和占领市场，是 IBM 公司成功的秘诀。

一位在菲尼斯工作的服务小姐，驾车前往某地为顾客送一个小零件。然而，突降的大雨使河水暴涨，交通堵塞，25 分钟的车程变成漫漫无期的爬行。这位小姐认为不能这样失去整整一个下午的时间，她想到车里有一双旱冰鞋，于是抛下汽车，穿上旱冰鞋，一路滑行，为顾客及时送达了所需的零件。

为了帮一家公司迁移数据处理中心，IBM 花了 18 个月时间提前制定行动计划，利用电脑系统对搬迁进行管理，把细节分为 4000 种工作，精确到每分钟做什么、每辆汽车的日程安排和运什么东西及运到后怎么办等。

迎接各种具有挑战性的服务难题已经成了 IBM 活动的重要部分。视顾客为上帝，奠定了 IBM 繁荣兴旺的基础，从而塑造 IBM“世界上最讲求以服务为中心的公司”这一声誉。

IBM 有一条规矩，选用表现优异的业务人员担任三年主管助理。在这三年中，他只负责一项工作，就是在 24 小时内解决任何顾客的抱怨或疑难。

公司管理人员千方百计接触顾客，听取他们的意见，以赢得顾客的信任和好感，凡客户或职员对产品提出的重大意见或建议均由总裁亲自处理；客户的计算机如果出现了故障，几小时内技术支持人员或工程师就会及时赶来，甚至可能是专程出国修理。

所以 IBM 的服务被公认为是完美无缺的。公司对职员的考核与奖励也视顾客满意程度而定。推销员每月都会聚集在一起讨论失去某些客户的原因及服务中存在的各种问题。

IBM 公司总裁小托马斯·沃森说：“我们相信一家公司的成功和失败的真正差别可以归因于：公司是否充分发挥了全体雇员的精神与才能；是否使雇员认识到彼此具有共同的奋斗目标；各雇员之间能否求同存异，向一个正确的目标前进。”

第三节　品牌资产怎样为企业创造价值

●品牌资产为企业增加价值的途径

品牌资产除了能够为顾客增加价值以外，还可以通过以下途径增加企业的价值：

第一，品牌资产可以增强吸引新顾客或留住老顾客的营销计划的效果。例如想通过促销活动让顾客尝试一种新香料或者新产品，如果该品牌是顾客熟悉的品牌，促销的效果会更好些。

第二，品牌认知度、品牌感知质量、品牌联想、其他专有资产这四种要素可以增强品牌忠诚度。品牌认知度、品牌联想、知名度很高的品牌名称可以促使顾客购买产品，并影响顾客使用的满意度。这些因素可以打消顾客的疑虑，减少顾客尝试其他品牌的动机。当竞争对手改良产品并获得产品优势时，不断提高的品牌忠诚度对于顾客购买何种产品尤为重要。

第三，品牌资产往往能够使企业采用溢价定价法，并减少企业对促销的依赖程度，从而获得更高的利润。

第四，品牌资产为企业通过品牌延伸达到增长的目的提供了平台。

第五，在分销渠道中品牌资产能够起到杠杆作用。对于顾客而言，如果消费者能够识别该品牌名称、并且能够产生品牌联想的话，交易的不确定性将大大降低。在实施营销计划时，强有力的品牌不仅可以使产品在面市时获得优势，而且可以获得协同作用。

最后，品牌资产通常会为竞争对手设置进入壁垒，从而使企业获得竞争优势。例如，汰渍洗衣粉适于家庭洗涤那些难洗的衣物，对于既定的细分市场而言，这一品牌联想就占尽先机，其他品牌就会发现很难在“难洗的衣物”这一细分市场上与汰渍洗衣粉竞争。

●管理品牌资产就是发展品牌与消费者关系

从消费心理学角度来看，管理品牌资产就是发展品牌与消费者的深度关系。要把消费者当做一个独立的个体，了解品牌是如何与消费者的自我观念、生活方式以及个性发生联系的。具体说来就是要观察消费者的价值观与信仰、行为偏爱和兴趣等内容，也就是了解他们是什么，做什么，想要什么三个方面的问题，进而深入认识他们为什么会这样做。

品牌能与消费者相互作用产生深度关系的一个重要因素是他们的价值观与信仰。另一个能与消费者产生深度关系的因素是他们的行为偏爱和兴趣。如果品牌能成为这些行为偏爱或兴趣的一部分，并为消费者带来额外的功能性和情感性利益，这时品牌就深入到消费者的生活。

消费者的拥有物也是品牌与他们产生深度关系的重要因素之一。个体所拥有的东西体现了他的生活方式、价值观念以及行为偏爱等。拥有物的定义在此非常宽泛，包括人员、场所、思想、群体和物件，所有这些拥有物都能表现和加深自我概念。有时候，品牌本身也是拥有物之一，表达着情感性和自我利益。

一个强势品牌形成过程就是品牌与消费者之间关系的沟通与发展过程，也是品牌价值的主要体现。品牌与消费者的沟通与发展的程度可以从品牌知晓、品牌知名、品牌美誉和品牌忠诚等四个方面的关系即价值的发展中得到体现。具体而言，品牌知晓与品牌知名主要解决消费者如何认知品牌的问题，品牌美誉与品牌忠诚主要解决消费者心目中该品牌地位稳定程度的问题。简言之，品牌的成长就是一个不断地维系企业（服务与产品）与消费者（包括各类关系利益人）关系的过程。（〔美〕大卫·爱格：《管理品牌资产》，机械工业出版社 2006 年版。）

说到底，两个问题成了一个问题：解决了品牌资产为消费者创造价值的问题，也就解决了品牌资产为企业创造价值的问题！

这就是科学品牌资产理论的核心所在——为消费者打造品牌。

案例看板　　　　宜家与消费者的全方位沟通

打造品牌的过程就是不断强化消费者的认知的过程，必须与消费者进行全面而又深层次的沟通。我们以宜家为例，看看它是如何通过沟通成就其品牌的。

战略沟通

“物美价廉耐用”成为宜家畅销世界的通行证。我们将“低价”抽离出来，看看宜家是如何与消费者进行沟通的。在宜家客厅区，醒目的广告会告诉你：“一个完整的客厅只需要 2599 元”，并在下面一一注明沙发、电视机柜、茶几、书柜、书桌加隔板、折叠椅、隔板的价格，加起来是 2599 元；到了卧室区，宜家又告诉你：“一个崭新的卧室只需要 2760 元”，然后再进行卧室家具组合，并标明每一款家具的价格。到了不同的功能区，都会有类似的告示。宜家并没有至此为止，而是由此进入与消费者更深入地沟通——“为什么宜家有如此价廉物美产品?”因为：宜家的设计师首先设计产品的价格；宜家采取平板式包装，可以降低仓储和运输费用；在宜家顾客要自己动手组装家具，顾客就节省了组装费，等等。通过全面深入的沟通，宜家在消费者的心上打下了深刻的“低价”印记。

产品沟通

家具产品对于消费者是处于信息不对称状态。消费者并不能从家具的表面了解到产品的质量可靠与否。

宜家是怎样让产品与消费者进行沟通的？以床垫为例，宜家会通过图示，将这产品进行分解，告诉使用了什么样的材质、它能承受多少重量，宜家还提示你“躺下来试试”。宜家有一款非常著名的产品 POANG 休闲椅，其椅架是弯曲的层压板，造型优雅。但是由于没有直接的支撑架，所以给人的感觉不是很可靠。为了消除人们的疑惑，在欧洲所有的商场里，都有一个 POANG 测试区，那里有一台测试机，分别从正上方和前方模拟人坐下去的动作向椅子施压测试，下面的电子计数器显示累计的挤压次数，给顾客一种直观概念：宜家的设计是安全的，宜家的产品质量是可靠的。

终端沟通

家具的终端是最重要的传播媒介和品牌的表现机会。但终端的沟通，并不是陈列、促销、现场气氛营造等外在形式这样简单，而是一个综合的系统工程。宜家利用好了终端这一宣传品牌的阵地，与消费者进行了全方位深层次地沟通。宜家会在不同的时期与顾客进行不同的沟通，如：“女儿要上小学了，她需要更多的学习空间和玩耍空间。我们需要重新整理我们的家和生活。以适应这个新的开始。”在春节和情人节期间，宜家在这个时期推出“三色”系列产品组合，名曰“红色恋情”、“橙色友情”和“蓝色亲情”，整个卖场沉浸在色彩的海洋中。如在“蓝色亲情”系列产品中，有送给母亲的马瑞达围裙、手套或隔热垫以及格拉纳软靠垫，送给喜欢读书的父亲舒适又造型独特的阿尔让休闲椅，或者送给喜欢园艺的父亲可爱的斯米尔洒水壶等。宜家营造出的浓浓人情味，让顾客倍感亲切。

在宜家的终端里，如果你因带着小孩而感觉购物不便，可以把孩子放到“儿童乐园”里；如果你渴了，你可以来一杯咖啡或者一瓶饮料；如果你饿了，可以来一份正宗的欧式甜点；如果你累了，你可以在沙发上歇一歇，甚至可以在床上躺一躺……宜家还利用消费者崇尚欧美的心理，在卖场里尽显北欧的风情。让消费者感觉好像购买的不是家具，而是北欧的风情、北欧的生活方式！

媒体沟通

宜家在与消费者的沟通中，做的广告并不多，更为倚重的是《美好家居指南》——产品目录手册。产品目录由150位专业家居设计师和摄影师参与制作，彩色印刷，融商品信息、家居时尚、家居艺术为一体，为顾客选择宜家产品提供了更为直观、简洁的方式，并指导顾客布置个性化的家居环境。宜家目录在中国发放数量一年多达200万册，超过了许多名牌商业杂志。在与顾客的直面沟通中，宜家目录更易打动顾客的心，它传递的不仅仅是产品的价值和性能，更重要的是激发了顾客的需求欲望。

服务沟通

服务沟通分为售前、售中、售后。家具产品由于其独特性，对服务要求更为重要，具有要求高、时间长、快速及时的特点。在服务沟通的工作中，重中之重是做好售后服务。比如，落实好家具空间设计、家具安装、家具维修等各个环节，并建立好客户档案，跟踪顾客对产品使用的满意程度，定期或不定期地加强与顾客的联系，通过与消费者的服务沟通，赢得顾客的信任和好感，树立和巩固自己的品牌形象。宜家以前在售后服务方面一直实行“精兵简政”政策，为业界所诟病，比如不提供免费送货（在宜家看来，顾客自行运货可以省掉运输费用，是符合其“低价”战略的，但这一策略在发达国家是可行的，因为发达国家的私家车普及率非常之高，他们确实可以自行解决货运问题。而对中国的消费者而言，拥有私家车的毕竟是少数，因此这一策略却无疑增加了消费者的消费支出。）由于服务是一个与消费亲密接触的界面，如果这个界面冰冷，也很容易让消费者感觉不舒服。宜家也是这样的，因为精简的服务慢待了许多消费者，最后给人留下了傲慢、小气、自以为是、趾高气扬等许多负面的成见。这是宜家与消费者沟通的一大败笔。不过，现在宜家已开始在慢慢地进行微调，比如当你购买产品达到一定的额度时，可以得到免费安装的优惠等等。宜家售后服务的最大亮点是，消费者如果对已购货品不满意可在60

天内无条件退款，将顾客购买决策的风险承担到了自己的身上。

（谭维金：《宜家之道：沟通成就品牌》，价值中国网，2008 年 3 月 18 日。）

第四节 品牌溢价

上节我们谈到，品牌资产能够使企业采用溢价定价法获得更高的利润。本节则特意展开这个小专题，在实用理论和实例方面为感兴趣的企业家提供借鉴。

●日本天价大米震撼了谁?

2007 年 9 月，一度停止对华出口的日本大米，重新回到中国市场。它的卖价为每公斤 99 元，是国内大米的 10 至 30 倍，它一下子给市民、农民带来了强烈震撼。

《解放日报》在《日本天价大米震撼了谁?》的文章中说，此前上海就出现过天价“瓷器大米”，被装在景德镇瓷器里的江西大米分别卖出了每瓶 5 千克 680 元和每瓶 5 千克 300 元的惊人价格。以过度包装制造高价吸引眼球，“瓷器大米”似乎过了头。目前不少企业还是把“优质大米”、“中国大米”等模糊品牌作为展示重点，并常常把注册的商标品牌做成一个很小的标识放在不显眼的位置，这些都不太明智。

这就是差距，好像都是在“做品牌”，但对“做”的理解不可同日而语。

在中国市场卖每公斤 99 元的日本大米品牌叫“越光”。越光大米在日本已畅销五十多年，上至首相下及百姓都喜爱越光大米，越光也成为日本品牌大米的象征。在 2006 年 12 月 16 日世界稻米中日国际学术讨论会上，中日专家曾将中国黑龙江五常品牌大米“香裕”与“越光”做过对比品尝。两国专家通过对比分析，认为两种大米都是上等米，很难分出谁优谁劣。

这就是差距，都是品牌，品牌和品牌的价值不一样。

日本天价大米震撼了谁？深受震撼并还要从震撼中思索的，应该是所有关心中国品牌的人。

●为什么会有溢价？

汇源收购案扰动国人情绪的一个原因是可口可乐的出价，高出当时股价3倍多的溢价收购，使我们不得不重新掂量自己的品牌。

杰尼亚、登喜路、浪琴、江诗丹顿、夏奈儿、娇兰……都是比一般品牌贵10倍乃至上百倍的超级溢价品牌。高档服饰、名酒、名烟、名表、顶级化妆品品牌之所以能获得很高溢价，主要是因为消费者购买这些产品品牌的主要驱动力是情感性与自我表达型利益，功能型利益已退居到很不重要的地位。

品牌溢价是一个具体的品牌产品销售价格超出本品类商品销售基准价格的那一部分差价。比起没有品牌力的竞争对手，具有品牌力的企业多赚的部分，就是品牌带来的利润。“品牌溢价”的企业利润比一般产品要高出23%以上。

消费者在购买商品时，自己对某种商品品质的信息了解不多，相反，卖方对该商品品质的了解更加充分。这样相对于卖方来说，消费者拥有的信息不充分，正是这种信息不对称的现象使得一部分消费者愿意为那些拥有好的信誉的品牌付出更多的代价，以减少不确定性带来的损失。这样，拥有好的品牌的厂商便能获得较好的品牌溢价，并且为了保持或者提高其品牌溢价能力，他们会加强产品的质量管理，建立长期的信誉，提高自己品牌的价值。

●消费者的溢价承受力

消费者接受品牌溢价大小的程度是由多方面的因素决定的，比如消费者的品质偏好，消费者的经济能力，消费者购买该商品的频率，消费者对该类商品的品质评价，该类产品品质变动程度等。

研究溢价要关注有关消费者的几个问题：

1. 并不是所有的消费者都愿意支付品牌溢价的，那些对质量敏感的消费者比那些对质量不敏感者更愿意支付溢价。所以消费者对质量关心的程度影响他是否愿意支付品牌溢价。

2. 品牌的经营必须建立在产品服务的良好质量基础上，只有提高质量，才能发挥品牌作为信誉载体的作用，增强它向消费者传递品质优秀的信息。

3. 购买频率也是影响品牌溢价大小的因素。首先从质量和购买频率的关系看，购买频率低的产品，卖方要在较长时间之后才能享受溢价，这样，只有溢价足够大才能抑制其质量欺诈倾向。相反，对于购买频率高的产品，卖方在未来存在更多地以降低质量来牟利的机会，故在每次交易中要求补偿其守信行为的溢价就较小，即溢价大小与购买频率成反比。再从消费者接受品牌溢价大小与购买频率看，对于那些购买频率高的产品，由于消费者经常购买该消费品，所积累的品质评价经验很丰富了，所以当一个品牌的产品比另一个品牌的价格高许多而评价品质相差不多时，他所可能接受的溢价支付就比较小了。这里我们可以发现这样一个有趣现象，就是购买频率可能降低品牌传递品质优秀信息的能力。

4. 一个品牌只有当其知名度高时，才能更好地向消费者传递信息。公众对一个品牌的认可，实际上是对该品牌的信心，为了规避购买其他品牌所带来的风险，一些消费者更愿意购买知名度较高的品牌，所以知名度越高的品牌越能获得高的溢价。

5. 一种产品品质的变动幅度也是影响品牌溢价大小的重要因素。如果在同一市场上，不同厂家生产的产品由于技术、行业标准、政府管制等原因，被消费者视为大同小异和在品质上相差无几，则消费者所感知的品质不确定性很小，此时他就不会或只愿意支付很小溢价。这就是说，同一市场产品品质变动越小，产品溢价越低，反之则越高。这也意味着，产品在新产品市场较在成熟产品市场可收取更高溢价。一种产品品质变化幅度小，那么品牌传递品质优秀信息的能力就比较弱，所以品牌溢价就比较小。

6. 一种商品的品牌所获得的溢价大小和市场上类似商品的品牌数量成反比，即随着类似商品的品牌数量增加，这个商品品牌的溢价能力会下降。因为众多的品牌之间肯定会进行激烈的竞争，这种竞争容易演变为价格的竞争，再加上消费者选择品牌的机会很多，很可能从一种品牌转移到另一种品牌，这样厂家可能为了短期的一些利益，降低价格，从而导致该品牌的溢价能力下降。

案例看板　　　　　　　相信质量，不问价格

日本有一家染布公司叫 konishi，在第一次世界大战前他们公司使用德国的染料，因为德国染料比日本的染料好，染色鲜艳、牢度高。一战时，公司不能进口德国染料了。为了保证产品品质，已经六十多岁的老板将库存的坯布全部剪碎，他怕自己死后公司会用日本染料去染布，导致产品的品质下降。一战结束后，他们公司才继续进口德国染料，该品牌卓越的品质一直延续到现在。他们公司大堂前挂着当年那个老板剪下的一缕一缕的坯布，在这些坯布的旁边写着这么一句话："一生只做一件事"。现在的日本人只要一听到 konishi 的名号，都会肃然起敬，问都不会问价格，就把 konishi 的布买走，因为他们相信 konishi 的布是全日本最好的，是不用置疑的。消费者对一个公司的品牌相信到了这样的程度，他们宁愿多化数倍的钱，也要购买该公司的产品，为什么？一句话，这个品牌代表了卓越品质。

（袁波：《浅议品牌溢价》，百年企业在线，2008 年 2 月 11 日。）

●品牌溢价从何而来？

品牌溢价由品牌创新而产生，品牌的创新与溢价关系十分奥妙，品牌创新又分品牌价值的创新和品牌商品的创新两大范畴。一个品牌只有具备独特的"稀缺价值"才值钱。品牌商品技术的创新分两类，一类是全新技术的研发和导入；另一类是对现有成熟技术的整合与复制。技术创新的产品可以带来较高的品牌溢价，尤其是一个新兴品类崛起的时候，因为新技术开创的品类会给消费者带来较大的消费价值，同时也给品牌企业以新的成长空间，这个阶段对手进入不多，竞争不充分，可获得较高溢价。在一个成熟的产业，整合与复制成熟技术，辅之以工业设计，也可获得较高的品牌溢价。

案例看板　　品牌高溢价符号企业——艾美特

中国八十多年的大众化电风扇行业，近三十年来一直都是低价位经营。有一家电风扇巨头企业，年出口电风扇1000万台以上，但每台电风扇毛利竟然只有一元钱。

但就在这个行业，有一家坚持了17年品牌高溢价策略，先后开发了上百种功能先进，造型独特的电风扇，最高出口售价每台创利120美元的品牌，它就是中国精品电风扇的符号企业——艾美特。

在中国电风扇市场上，艾美特和美的两个品牌的市场份额超过整个品类市场份额的50%。美的产品注重销售规模和价格驱动；艾美特注重品牌价值导向，走高端精品路线，平均溢价高出美的15%—25%。艾美特在电风扇的品类消费中定位在中、高端消费群，区隔美的大众消费群，只做精品风扇。艾美特坚持17年做高端风扇产品，在品牌内涵中建立精益品质这一“稀缺价值”，和美的明显区隔，牢牢占据风扇的中高端的市场，并成为中国风扇的品类符号。

艾美特成为中国小家电创新技术与设计艺术完美结合的典范，每年的研发投入占销售收入的7%—8%，工业创意设计团队的人员配备达到五百多人。艾美特一直坚持高端品牌定位，用一流产品的生产能力和品质管理能力做品牌，终于成为中国市场最高溢价的电风扇品牌企业，它的产品也受到国际市场的追捧，艾美特出口海外的高端电扇，市场零售价能达到99美元一台，而中国绝大多数出口的空调只卖七八十美元。

（博锋：《艾美特：启迪中国品牌价值创新》，《中国现代企业报》2008年8月29日。）

●品牌溢价的符号策略

除了品牌资产价值雄厚、产品质量过硬、建立了品牌稀缺价值等实质性要素外，打造一个品牌的溢价能力，还要通过围绕品牌核心价值的品牌识别体系与整合营销传播手段来实现。

（一）建立高溢价品牌的品牌核心价值

高溢价品牌核心价值要建立起高区隔的能打动消费者内心的联想与认知。如浪琴表的品牌核心价值是“优雅人生”，这种给消费者的联想是稀缺的，大多数人可能并没有优雅的人生，这种联想是消费者所向往的，所以能打动消费者的内心世界，而如果有一个手表品牌把品牌核心价值定位为“平凡生活”，这种给消费者的联想一点也不稀缺，大多数人都是平凡的生活，所以这样一个品牌肯定就只适合作为大众品牌，而产生不了品牌溢价。

（二）打造高溢价品牌的品牌识别体系

包括稀缺的产品品质、稀缺的企业领袖与品牌故事、高溢价品牌的气质识别、高溢价品牌的责任识别、高溢价品牌的成长与创新识别，等等。

肯德基“炸鸡五分钟内没有卖掉就丢弃以保证食品的新鲜”的产品特色识别，给消费者的联想是稀缺的，所以消费者会认同肯德基的鸡块价高，如果国内所有的炸鸡都有这样一个产品特色，消费者就不再会认同这样一个高价的鸡块。

产品的档次识别，主动定高价也能一定程度来引导消费者。如海尔的电器的价格总会比同类同质的产品品牌要贵一点。主动降价的品牌都会慢慢失去品牌溢价能力，甚至把品牌做死。如果宾利哪天推出低档车，英国女王可能是第一个换车的人，因为宾利已不再稀缺，英国女王脑海中没有了对宾利稀缺的联想。

大品牌的地位与领导者形象都是稀缺的，普通大众都是信任领袖的。即使产品没有覆盖全国，只要品牌在中央电视台一亮相，马上让普通受众认为这是大品牌，很快就建立了很高的品牌形象。一些品牌都是用这样的战术，靠中央电视台迅速打响知名度，建立起大品牌的品牌识别，在中小城市做起品牌溢价，马上就成为中小城市被顶礼膜拜的大品牌。从市场调查中显示，在有些小城市，安踏的知名度甚至比锐步还高，锐步卖高价在小城市会被当做骗子，因为锐步在中央电视台没有广告。

（三）赋予品牌高档感、高价值感

要让品牌有高档感和高价值感，功能型利益为主的品牌应持续提高技术与产品使用价值，如一个品牌几款电器技术领先、功能人性化、外观精美，只能有限度地提高单单这几款电器本身的售价。如果企业不断地推出这么好的电器，久而久之品牌就具有了高档感与价值感。品牌的溢价能力就能涵盖所有产品。

情感型、自我表达型利益为主要价值的品牌，应主要通过广告塑造品牌豪华、成功、时尚等内涵，同时在工业设计与做工上精益求精，并在豪华高档场所设零售终端。

（四）打造高溢价品牌的终端

终端的表现往往能左右品牌的溢价。高端品牌除了通过广告片、平面广告或路牌外，还需要依靠终端来落实品牌的高端形象。许多世界顶级奢侈品品牌并不在电视上做广告，除了一些高端杂志广告和路牌外，他们都把更多的金钱和精力花在终端上。依靠终端的精细化运作和终端给消费者带来近乎完美的购买享受，完成产品到消费者手中的最后一跳。

消费者对高端品牌更为挑剔：因为付出得多，因此，消费者会格外关注高端品牌在终端的所有细节，包括售卖场所位置如何、面积大小、装修的档次、导购人员的态度、衣着、专业水准等等。一个细节不到位都可能失去消费者。

打造高溢价品牌的终端要注意：第一、选好店面或者专柜的位置终端，黄金位置和宽敞的空间，使消费者能够迅速调整自己的心理价位；第二、终端定位实际上是一个高端品牌核心价值在终端的具体展现；第三、终端硬件建设和环境的陈设，要给消费者一种非常舒适的购物感，为了这种感觉，消费者是宁愿多花一些钱的；第四、终端传播与导购道具，要体现品牌的真意；第五、高端品牌的导购人员一般要求是专家+亲人型的，首先要对自己的产品知识了如指掌，要能够对消费者提出的问题给予很好的解答；即使消费者没有更多的问题，导购人员也要察言观色主动介绍；第六、终端促销是可取的，但必须选择同等档次的精美促销品，否则促销赠品不如不送；终端促销活动必须有良好的组织，绝不能因混乱降低品牌的信誉。

（五）有效区隔同品牌的中低档产品

品牌麾下有高、中、低不同价格的产品是正常的。要注意的是，如果不能有效地标识区分出高中低价产品，就会有损品牌的高档感与溢价能力。一种较好的策略是用品种名称、包装与工业设计来区别出高中低档。像手机，用型号、外观也能较好地区隔出高中低档产品，消费者容易识别。如果外包装、品种名、副品牌不足以区分出高中低档，就应该发展多品牌，绝不能把低价产品混入溢价品牌中，身份象征型产品尤其如此。（李杰：《如何提升品牌的溢价能力》，中国营销传播网，2006 年 2 月 6 日；蒋云飞：《高端品牌的终端精细化营销之道》，全球品牌网，2005 年 9 月 7 日。）

第五节　品牌资产管理模型

如同品牌资产概念的多样性一样，品牌资产管理的内容界定也说法不一，用于指导品牌资产管理的模型也有几十种之多。

这里介绍一种便于操作的模型。

●顾客品牌资产的全程管理模型

吴斌、黄妍提出的“顾客品牌资产整合模型”，认为企业应该从品牌知识（品牌认知、品牌联想）、品牌关系（品牌满意、品牌信任）两个方面共同构建发展企业品牌资产的全程模型。从品牌知识角度管理品牌资产，可以把握顾客对企业品牌的感知和评价，从短期上左右顾客购买；而从品牌关系的角度，可以更深入地探索顾客与品牌的联结程度，长期影响消费行为。两个方面的结合，最终形成顾客对企业品牌的长久忠诚。

顾客品牌资产全程模型的构成包括：品牌知识的建立、品牌关系的形成、品牌忠诚的实现三个阶段。

1. 提升品牌认知度

品牌认知度越高表明消费者对其越熟悉，而熟悉的品牌总是令人感到安全、可靠，有助于赋予品牌更多的联想。所以品牌认知度越高，消费者对其喜欢程度也就越高，选购的可能性也就越大。目前企业在发展品牌认知上所面临的问题是，随着大众媒体广告越来越泛滥，市场收效日益减弱，利用大众媒体提高知名度的做法逐渐受到了挑战。越来越多的营销实践证明，只有针对目标消费者开展能凸显品牌个性的一系列活动，才能使消费者在活动中亲身感受并体验到品牌价值，从而将品牌真正铭刻在心，这是提升品牌知名度的有效途径。

2. 丰富与加强品牌联想

企业发展、丰富自己特别的品牌联想，有助于增强顾客的品牌认知，进而使一个品牌与竞争品牌相区别，为自己产生差异化，进而开辟一个细分市场，避免与同类产品品牌直接竞争。

一个品牌具有的联想不同，其市场地位、竞争优势就不同。发展企业品牌联想主要通过三种方式：（1）讲述品牌故事。（2）有效地借助品牌代言人。（3）形成品牌感动。未来学家奈比斯特研究表明，未来的社会将朝着高技术与高情感平衡的方向发展。因而，在消费者心目中建立一种发自内心的品牌感动，可以明显地加强顾客的品牌联想，形成品牌心理优势。

3. 引入品牌满意度管理

品牌满意度管理，指企业通过调查、分析、研究，在了解企业目前顾客满意度的基础上，找出影响品牌满意度的因素，通过在企业内部各部门导入顾客满意观念，并进行持续改进品牌满意度的行为。主要分为三个步骤：（1）顾客满意理念的导入。引导员工树立顾客满意意识，建立以顾客为中心的服务理念。企业通常可以通过外部机构培训、组织内部讨论、领导人推介来导入顾客满意意识，促使企业员工了解、认识什么是顾客满意，顾客满意的作用与推行品牌满意度管理的意义，从而在企业员工心目中有效地树立"以顾客为中心"的管理理念。（2）品牌满意度研究。企业需要不断认识、了解影响品牌满意度的主要因素，并建立品牌满意度指标的评价体系，发现顾客的潜在需要并创新产品去满足这些需要，使顾客感受到意想不到的满意，并且尽可能地预先把顾客的"不满意"从产品本身（包括设计、制造、供应和服务过程）剔除。（3）品牌满意分析处理系统的建立。用科学的方法和手段检测顾客不断变化的满意度，及时反馈给企业管理层，使企业不断改进工作，及时、准确地满足顾客需要的产品和服务。

4. 培育和维护品牌信任

顾客关系管理是培育和维护品牌信任的手段，良好的顾客关系管理不仅可使企业更好地挽留现有顾客，还可使企业寻找回已经失去的顾客。顾客关系管理现在越来越成为企业提高品牌信任度的必不可少的方法，它可以加强企业与顾客的沟通，简化顾客服务流程，提高顾客服务质量。据调查，近80%的企业都在努力建立适合自己企业的顾客关系管理体系。在促进品牌信任的因素中，个性化的产品和及时性服务是两个决定性因素。个性化的产品能增强顾客的认知体验，从而培养顾客的品牌认知信任；个性化的产品和及时性服务能使顾客产生依赖，进而培养品牌情感信任；只有个性化的产品和及时性服务适应了顾客的需求变化时，顾客才会发生品牌信任。顾客不可能自发地信任，品牌信任需要企业以实际行动来培养。

5. 形成品牌忠诚，实现品牌资产增值

品牌忠诚是品牌营销的核心，是衡量品牌知识和品牌关系对顾客影响程度的标准。企业在发展顾客品牌资产过程中，实行有效的品牌知识和品牌关系的发展和管理，最终会形成顾客对品牌的忠诚。市场研究表明，品牌忠诚者通常只占全部购买者的20%左右，但其购买量却往往高达销售总量的80%，每增加5%的忠诚顾客，就能将利润提高25%—45%。品牌忠诚者也可减少企业的营销成本，因为维持一个忠诚消费者比吸引一个新的消费者代价低得多。在销售渠道方面，品牌忠诚消费者可产生交易力量，同时有助于吸引新的消费者，减少竞争压力，赢得竞争时间。因为品牌忠诚者不会去寻求新品牌，也不会因新品牌的优势而转换品牌。

产生高的品牌忠诚的关键是传递高的品牌价值，是从本质上加强和巩固顾客的品牌知识和品牌关系。企业要加强内外部管理，从对供应商的材料采购、设计、生产、销售至售后等各环节上均要从发展顾客品牌资产角度开展全方位工作。（吴斌、黄妍：《构建顾客品牌资产的全程模型》，《营销学苑》2007年1月。）

第六节　品牌资产增值力法则

概括本章论述，可以归纳出如下法则：

品牌资产增值力法则一——品牌资产的核心是为消费者建立品牌

品牌资产就是消费者关于品牌的知识。它是有关品牌的所有营销活动给消费者造成的心理事实。这个定义表明品牌资产具有四个特点：品牌资产是无形的；品牌资产是以品牌名字为核心；品牌资产会影响消费者的行为包括购买行为以及对营销活动的反应；品牌资产依附于消费者，而非依附于产品。

品牌资产增值力法则二——品牌资产增值力首先表现为品牌成长与扩张能力

品牌资产增值力的大小，有多种测量方法。最直观的体现是品牌成长与扩张能力。

品牌资产增值力法则三——品牌资产同时为品牌买卖双方创造价值

品牌资产可以为购买品牌的消费者创造价值，在这个前提下，品牌持有者通过卖出品牌产品获得收益。品牌资产为品牌买卖双方创造价值是同时实现的。

品牌资产增值力法则四——增加顾客购买的整体价值或者减少顾客购买的整体成本，是品牌资产增值的基本途径

顾客让渡价值是指整体顾客价值与整体顾客成本之间的差额部分。整体顾客价值是指顾客从给定产品和期望得到的全部利益，这包括产品价值、服务价值、人员价值和形象价值。整体顾客成本则是顾客在购买商品和服务过程中所耗费的货币、时间、体力和精神成本。

品牌资产增值力法则五——溢价定价法是企业品牌资产增值的基本手段

品牌资产能够使企业采用溢价定价法，并减少企业对促销的依赖程度，从而获得更高的利润。一部分消费者愿意为那些拥有好的信誉的品牌付出更多的代价，以减少不确定性带来的损失。这样，拥有好的品牌的厂商便能获得较好的品牌溢价，并且为了保持或者提高其品牌溢价能力，他们会加强产品的质量管理，建立长期的信誉，提高自己品牌的价值。

品牌资产增值力法则六——为竞争对手设置进入壁垒也会使品牌资产增值

品牌资产可以为竞争对手设置进入壁垒，从而使企业在竞争中占据优势地位。

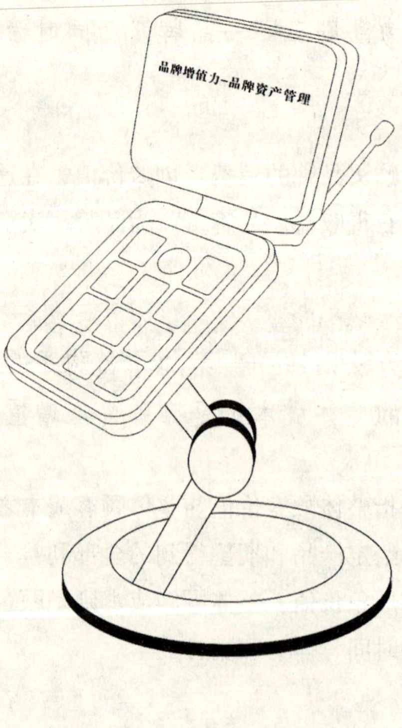

第十章　品牌普世力

——品牌国际化之路

科学品牌发展观的“以人为本，以先进品牌文化为旗帜，全面协调可持续发展”的实现背景，就是品牌国际化。

先进品牌文化的载体是国际化品牌，必须跨越区域、国家、文化、意识形态的差异，为不同社会、经济、文化背景下的消费者所接受。

近年来，关于“普世价值”和“普世价值观”存在与否的争论持续不断。这个问题其实很好回答。最大的或终极的普世价值是世界大同，这一条恐怕是没有人反对的。现在一提“自由、民主、人权”，好像都是资本主义国家的“独有专利”；一说“生存权、发展权、选举权、信仰自由权”，好像注定是非资本主义国家的天然缺欠，其实不然，普世价值观念各有差异，普世价值实现有先有后，但基本的普世价值观是存在的，不然，包括资本主义国家与社会主义国家在内的联合国的《世界人权宣言》何以签发？终极目标的共识不能掩盖发展过程中观念、制度、文化的交汇、摩擦，甚至对抗，这就是联合国等组织和调停机构存在的必要。

没必要把普世价值神圣化。普世价值就在我们身边，从认同广泛的奥运会，到拿钱买东西的商业秩序，都是普世价值规律在起作用。什么是商业社会？商业社会就是以努力满足不断增长和升级的消费群体的物质与精神消费为宗旨的社会阶段。什么是品牌？品牌就是能够实现这种满足的社会文明造血细胞。

品牌普世力，就是以品牌为标志在更大范围、更深程度、更长时间上满足消费者需求的能力。体现在范围上，就是通常所说的品牌国际化。

第一节　品牌国际化定义

●什么是品牌国际化

品牌国际化的最终结果就是国际品牌，国际品牌的本质是民族文化的国际化。也就是说从表面上看是国外消费群体认可了一个民族品牌的产品或服务的硬件功能、包装偏好、传播口碑等有型的载体，其实是国际间的消费群体，认可了一个民族普世开放的文化理念和先进科学的生活方式。反过来讲，也就是民族的个性文化上升为国际普世文化的接纳过程就是品牌国际化。

大卫·爱格认为，品牌国际化的过程是“发展一个企业能够唤起海外目标消费者关于品牌肯定态度的品牌资产的过程”。国内学者将其表述为：国际化是指品牌进入国际消费者思维、评判、选择、使用的范围而产生的好感和认可，并对品牌载体的产品和服务产生偏好的结果（魏农建，2007年）；“当一个企业用相同的品牌名称和图案标志，进入一个对本企业来说全新的国家，开展品牌营销，就是品牌国际化。通常，品牌国际化的目的是在异国他乡建立起本品牌的强势地位。因此，品牌国际化简单地说就是品牌的跨国营销”（宋永高，2003年）；也有的学者认为，“品牌国际化，又称为品牌的全球化经营，是指将同一品牌以相同的名称（标志）、相同的包装、相同的广告策划等向不同的国家、不同的区域进行延伸扩张的一种品牌经营策略，以实现统一化和标准化带来的规模经济效益和低成本运营”（韦福祥，2001年）。

苏勇、张明认为，品牌国际化是一个隐含时间与空间的动态营销和品牌输出的过程，该过程将企业的品牌推向国际市场并期望得到广泛认可和企业特定的利益。这个概念包含以下六层含义：

1. 品牌国际化的时间含义。是指品牌的输出具有一个时间过程。品牌的国际化实际上是一个系统工程，不仅需要企业有强大的实力（经济实力、技术实力、管理实力和文化实力等）作后盾，还需要一个良好的品牌国际化经营战略并且能够坚持不懈地得到有效实施。纵观全球国际化品牌，没有一个是一蹴而就的，而是几年、几十年甚至上百年长期积累的结果，可口可乐这个世界顶级品牌上百年的历史就是一个明证。即使在新兴的 IT 行业，像微软、戴尔、英特尔等这些世界级公司，也都具有十几年的历史。

2. 品牌国际化的空间含义。是指品牌输出的国际市场问题。很明显，品牌国际化含有很强的国别信息，至少走出国门才有可能是国际品牌。国际市场按不同的标准有不同的分类方法。按发达程度，可以分为发达国家市场、发展中国家市场和欠发达国家市场。

3. 品牌国际化的动态营销。首先是指品牌的国际化过程中需要因地制宜，适应当地的政治、经济、技术、社会和文化环境，"全球化策略、当地化实施"是其关键内容，即品牌形象、品牌个性和品牌定位应该全球统一考虑，而具体实施时需要根据当地的情况进行灵活调整；其次是指品牌的国际化经营也要与时俱进，要随着外界环境的变化及时做出响应和维护，保持与环境的动态适应性。

4. 国际化的品牌输出。国际化的品牌输出一般有三种方式：初级形式是品牌随产品或服务向国际市场输出，国际贸易是其实现手段；中级形式是品牌随资本输出，对东道国进行投资，使品牌根植于当地，更能取信于人；高级形式是品牌的直接输出，通过品牌的特许使用而获取品牌收益。这三种方式成递进关系，也是品牌国际化程度逐步加大的过程，其最高形式也就是品牌成为公认的国际品牌。

5. 品牌国际化的广泛认可度。品牌的认可度包含品牌的认知度和美誉度，仅有认知还不够，还必须要有美誉、信任的内容（至少不含反感、诋毁等贬义）才能成为"认可"。品牌的国际认可度是品牌国际化的基本标准和前提，没有广泛的国际认可，品牌是无法成为国际品牌的。广泛的国际认可度不仅是企业国际化实力的体现，也是检验品牌国际化运作成效的指标。

6. 品牌国际化的特定利益。品牌的国际化是一个具有特定的国际化目标或利益的行为：或是提高国际认可度、美誉度；或是谋取国际订单等等，不具任何利益的纯粹的国际化对于企业来说毫无意义，品牌国际化的实质是利益的国际化。因此，企业在进行品牌的国际营销时务必考虑其国际利益之所在。（苏勇、张明、吴志明：《试论品牌国际化的内涵及其标准》，《上海百货》2006 年第 18 期。）

●品牌国际化类型

品牌国际化的理论研究有两个端点：全球化和本土化。品牌的标准全球化经营能带来巨大的规模效应，而品牌本土化则可以更好地贴近目标顾客。企业国际标准化的程度越高，品牌具有的国际核心竞争力也就相应越强。在全球化和本土化两个端点之间，还有两种介乎其间的类型，可以称之为品牌模拟全球化、体制决定的品牌国际化。

1. 标准全球化

所有的经营要素均实行统一化、标准化，把每一个国家或地区都视为无差异特征的子市场。这种模式适用于拥有竞争者难以模仿的核心能力、独特的世界性品牌、规模化生产能力和销售网络强大的全球企业。实行这种模式的往往是一些高档奢侈品、化妆品，也有食品品牌，代表品牌有：Mars、Twix 等。

2. 模拟全球化

品牌定位、品牌形象等要素实行全球统一化，产品包装、广告策划等要素根据目标市场作适应性调整。如汽车行业，除了品牌标志、品牌个性等要素外，从产品设计到价格制定，全部由子公司根据目标市场情况决定。这种模式为大多数优秀国际品牌采用。

3. 标准本土化

指所有营销要素组合都充分考虑所在国的文化传统，并根据市场情况适当调整。如肯德基。

4. 体制决定的品牌国际化

受品牌营销所在国贸易和分销体制的牵制，只能在体制约束的框架内做出统一化或者本土化的决策。如美国的电影业，虽然在全球占有巨大份额，但必须受目标市场所在国的行业政策限制，所以它的全球发展并不均衡。

以上四种模式的国际化程度依次递减。四种模式的共同点是：不管采用哪种模式，都不会去改变品牌定位和品牌形象，以坚持品牌个性和促销力。

第二节　中国品牌国际化现状

●中国名牌和中国世界名牌

据中国新闻网 2008 年 9 月 2 日报道：中国国家质检总局从 2001 年开始成立了由各有关部门、行业协会以及主要新闻媒体为代表组成的中国名牌战略推进委员会，正式在全国开展中国名牌产品评价工作。八年来，共表彰了 1957 个中国名牌产品、10 个中国世界名牌产品。

国家质检总局、中国名牌战略推进委员会发布的《2007 年中国名牌战略发展报告》公布，在 2006 年全国工业增加值 9.035 万亿元中，中国名牌产品和省级名牌产品生产企业对工业增加值增长的贡献率达 25.81%，拉动全国工业增加值增长 4.39 个百分点。2006 年，11640 家省以上名牌企业投入研发资金 2192 亿元，占销售收入的 2.49%，拥有专利 117832 项，平均每家省以上名牌企业拥有发明专利 1.74 项。名牌战略工作推动了外贸增长方式的转变，提高了“中国制造”的竞争力，现有的 346 类中国名牌产品中，鼓励外向型发展、提高国际竞争力的产品有 173 类，占 50%，其中 144 类产品的行业规模达到了世界第一。（资料来源：《2007 年中国名牌战略发展报告发布》，《经济日报》2007 年 12 月 27 日。）

而在 2008 年世界范围的各种排行榜上，中国品牌的表现是：

2008 年 4 月 3 日，美国《福布斯》杂志评出了 2008 年“全球上市公司 2000 强”排行榜，共有 70 家中国大陆企业、39 家中国香港企业及 42 家中国台湾省企业入选。

4 月 17 日，美国《商业周刊》杂志公布了 2008 年“全球 50 家最具创新力公司”排行榜。中国企业至今没有上榜。

6 月 30 日，英国《金融时报》发布了最新的“全球市值 500 强企业”排行榜，共有 29 家中国企业入围。

7 月 9 日，美国《财富》杂志公布 2008 年度“全球企业 500 强”排行榜，中国企业上榜数量达到 33 家（大陆 25 家、香港 4 家、台湾地区 4 家）。

7 月 13 日，世界品牌实验室发布 2008 年“世界品牌 500 强”排行榜，共有15个中国品牌进入榜单。

●《金融时报》2007年中国十大世界级品牌排行

2008年3月18日揭晓的《金融时报》第二届"中国十大世界级品牌调查"，在对全球近百个国家读者作问卷调查后，公布联想、中国银行、青岛啤酒、中国国际航空公司、中国移动、中国电信、海尔、中石化、百度、中国建设银行十家企业荣膺"品牌影响力TOP10"桂冠，成为最新"中国十大世界级品牌"。

与2005年首届排名相比，联想从第二名跃居榜首，中国电信、中石化、百度、中国建设银行首次名列世界级品牌。在单项排名中，联想稳居品牌影响力（TOP10）、综合排名、社会责任、社会责任（海外）、市场领先性、市场领先性（海外）、品牌影响力（海外）七项榜单之首；青岛啤酒问鼎品牌价值、优质品牌、产品与服务、品牌价值（海外）四项榜单之冠。

这次品牌调查从品牌认知、信任度、产品及服务、创新和领导力等角度请全球受访者对30个候选品牌打分。榜单分为11个子榜单：品牌影响力；产品与服务；优质品牌；社会责任；市场领先性；综合排名；品牌影响力海外榜；品牌价值海外榜；市场领先性海外榜；社会责任海外榜。在这些子榜单上，入选企业排名各有变化。

●我国企业品牌国际竞争差距

从整体上看，我们的企业品牌国际化在很多方面存在差距，概括起来有：

（一）我国的品牌资产价值总体偏低

世界品牌实验室发布的2008年"中国500最具价值品牌"排行榜上，品牌价值在1000亿元以上的品牌有2个，在600亿元至1000亿元之间的有8个，在100亿元以下的有434个。中国移动以1206.68亿元的品牌价值名列榜首，其后是国家电网（1116.42亿元）、CCTV（824.25亿元）、海尔（801.31亿元）、中国人寿（668.72亿元）。2008年"中国500最具价值品牌”的总价值为34924.07亿元，平均每只品牌价值为69.85亿元。根据世界品牌实验室过去5年的观察，品牌建设已经成为中国优秀企业的管理重心所在，对品牌的投资已经开始显示出丰厚的回报。

美国《商业周刊》公布的2007年度世界最有价值品牌100强排行榜显示，可口可乐以653.24亿美元的品牌价值，位居排行榜首位；第二位微软，587.09亿美元；第三位国际商用机器公司，570.91亿美元；第四位通用电气，515.69亿美元；第五位诺基亚，336.96亿美元；第六位丰田汽车，320.70亿美元。在世界最有价值品牌100强中，美国品牌在数量上依然占据明显优势。在前十强中，美国品牌有七个。在前100强中，美国品牌占据了一半以上的席位。其他进入前100强的品牌主要来自日本、南韩和欧洲。

两相比较，中国企业的品牌价值整体偏低，品牌国际竞争力不强。

（二）中国企业品牌的综合实力较弱

相比欧美、日本等发达国家，中国品牌建设尚处于起步阶段。中国很多老字号企业，经济基础薄弱，缺乏明确的管理模式，竞争力较为薄弱，品牌的影响力主要在国内市场。已经走向国际市场的品牌，综合来看依然无法与那些国际知名品牌相提并论。联想、海尔、华为、TCL、同仁堂、国美等等，这些品牌代表了国内品牌的整体实力，但从品牌价值、企业规模、经营理念、全球市场份额、科技创新、信息应用等方面来看，与IBM、微软、通用、可口可乐、宝洁、沃尔玛等著名品牌相差甚远，这些跨国公司实力雄厚，在中国市场已具备较强的感召力，其品牌已对中国消费者产生了极大的影响。与世界品牌相比，中国品牌的劣势是相当明显的，在竞争中稍不留神，就有可能被这些国际品牌蚕食掉。

（三）现行企业制度和管理观念落后

国际化的关键问题是企业制度的国际化。完善的企业制度应当包括产权制度、法人治理结构、内部管理制度、组织机构、契约制度和企业人格化制度等内容。虽经多年努力，中国多数企业仍没有建立起完善的制度体系。跨国企业都是公众化的公司，产权清晰，管理结构科学，他们要解决的问题是技术、产品、营销等微观的企业发展问题。而中国的大多数企业还不是现代意义上的公司，国有企业或是国有控股企业以及民营家族企业，基本上都还在寻找真正关心企业增值和积累的利益主体。产权界定不清晰，没有真正科学的治理结构，也就没有真正的治理效果，因此企业不可能有真正的竞争力。中国企业目前对完善法人治理结构的概念尚停留在两权（所有权和经营权）分离、（董事长和总经理）职能分离以及企业管理体制建设等层面。事实上，这是30年前美国企业治理结构的内容，现在已经过时。真正的现代企业制度中强调两个新的利益主体概念，一是人力资本；二是货币资本。人力资本的概念不同于“人力资源”，人力资源是企业人事制度的范畴，而人力资本是企业产权制度的范畴。国外企业有38%的产权掌控在人力资本手中。现代企业制度中，货币资本的出资人对企业的直接控制越来越弱，董事会成员中，非出资人代表已经远远多于出资人代表。因此，人力资本对企业的发展越来越具有决定意义，成为国际企业制度中重要内容。

（四）缺乏有效的战略性品牌管理

品牌战略是品牌建设的基础，企业战略的核心是品牌战略。品牌战略就是要将品牌作为企业的核心竞争力，以获取差别利润与价值的企业经营战略。品牌战略的本质就是创造差异化的竞争战略，它是企业在激烈竞争环境中，在产品、技术与服务日趋同质化的趋势下，谋求以品牌创造差异化的战略抉择。我们很多企业缺乏品牌战略意识，缺少可操作性的品牌战略规划。很多企业领导认为只要产品有销量，广告不停地做，就能创品牌。这些错误的思想和做法很可能使企业风光几年就归于平寂。据调查表明，外国企业对品牌资产的重视程度明显高于国内企业。由于存在这些差距，中国企业在国际化方面势必要遭遇很大的困难。

（五）品牌建设投入过低

我国品牌建设在研发方面投入不足，产品品种单调，技术含量低，缺乏核心技术，产品附加值不高。据统计，我国大中型工业企业研究开发经费占销售额的比重只有0.76%，远低于发达国家2.5%—4%的水平；有科技研发活动的企业仅为38.7%，设立研发机构的仅为23.7%。长期以来，中国企业处于“重市场、轻研发”的状态，有限的技术和产品创新集中在非核心环节，对市场和行业发展的影响力非常有限。中国企业技术追随者多得挤破头，行业标准制定者却少之又少。

在广告传播方面，美国排在前20位的品牌，每个品牌平均每年投入的广告费用是2.3亿美元，排在前50位的品牌，平均每年投入广告的费用是1.58亿美元。北京大学开展的一项调查表明，我国出口品牌建设较好的121家企业2003年投入的境外广告费用平均不足300万元人民币。据了解，一个世界名牌的培育平均需要2亿美元。美国ABC、NBC等电视台黄金时段的广告每30秒的价格至少在20万美元以上，有些热门节目的广告甚至卖到每30秒100万美元左右。高昂的费用让中国企业难以在美国主流媒体上刊登广告。通过赞助国际大型的活动如奥运会、世界杯足球赛、NBA篮球赛等来提高企业的知名度是国际企业的首选，但过高的赞助费使中国企业力不从心。参加国际展览会是拓展国际品牌的一个窗口，然而高昂的参展费让一般中小企业很难承受。

还有一个重要问题是，中国国内品牌的产品作业成本中的人员工资大大低于国际平均水平。这样，别说什么卖品牌了，就是卖产品也没能够卖到国际品牌的产品使用价值的平均水平。因为国外品牌的劳动力工资水平本身就很高，它们获利的途径主要是品牌文化的附加值而不是靠获取产品的使用价值。因为单纯依靠出卖产品使用价值来获取利润终归是有限的，因为这部分的价值太透明了，它主要包含原辅材料成本、作业工资成本和相应的管理利润等，而品牌文化附加值就比较复杂了，它没有明确的衡量标准，也可以和普通产品的售价略高或持平，也可以高出十几乃至几十倍的售价。

（六）品牌产品不适应高成熟度市场的要求

目前中国品牌国际化的目标市场大都是以欧美的发达国家市场为目标。与中国高速发展的市场不同，欧美国家的绝大多数市场已经进入成熟期，总体增长要比中国缓慢。在这样的市场中，要求新进入的品牌具备为消费者提供真正差异化的价值，而有差异化的产品或者服务则是构成品牌价值的来源，也是企业获得消费者的根本所在。提供差异化和创新的产品不仅需要企业敏锐地发现客户的潜在需求，还要求在产品开发和创新方面进行相应的投入。在这种状况下，中国企业要想在理性价值方面进行差异化，在技术和产品的差异化方面超过对手，必然困难重重。

与早期日、韩品牌进入欧美市场的情况相似，“中国概念”还仅仅停留在廉价、低质量的印象上，并不能为中国品牌提供强有力的来自国家层面的价值支撑。

（七）品牌核心技术缺位

缺乏核心技术已成为中国企业国际化的瓶颈。由于研发投入风险较大，很少有企业真正在原创技术上作大的投入，甚至对引进的技术也没有进行有效的消化、吸收。有些企业宁愿购买别人的专利也不搞研发。只好做跨国公司的加工厂，跟在跨国公司后面买过时的技术。由于核心技术都在一些跨国公司手中，使得中国企业在国际市场上渐渐处于被动地位。中国企业只有自己掌握核心技术，才能在竞争激烈的国际市场中持续成长，否则国际品牌的理想只会成为一句被动的口号。

（八）品牌商标保护意识差

我国企业品牌商标保护意识差，拓展海外市场的传统思路在商标注册方面的表现是，产品卖到哪里商标注册跟到哪里，做不好超前注册，做不好续展工作，出了问题不会维权。根子是“商标短视症”。有的企业认为自己的商标知名度还不够，注册为时过早，想等出了名再注册；有的企业认为自己的商品不愁销路，无须注册；还有的企业认为办理商标国际注册手续繁、费用高，不愿到商品进口国去办理商标注册。大多数企业商标管理薄弱，尚未形成一套完整的知识产权保护战略，基本没有自我品牌市场的“监测预警”系统。

2007 年，中欧双边贸易额达到 3561.5 亿美元，比上年增长了 27%，但中国大陆企业 1996 年到 2008 年 8 月间在欧盟申请注册的商标只占欧盟受理总量的 0.37%，2003 年到 2008 年 8 月间申请的外观设计专利也只占 0.69%。而 2007 年国家工商总局商标局受理的国外申请人在中国的商标注册申请就达到了 10.3 万件，比上年增加了 6.1%。国内企业目前拥有自主知识产权核心技术的仅为万分之三；98.6% 的企业没有申请专利；60% 以上的企业没有自主品牌。

正是由于我国企业对国际贸易的游戏规则不熟悉，给竞争对手以可乘之机，导致出口品牌屡被抢注。据国家工商总局不完全统计，国内有 15% 的知名商标在国外被抢注，我国商标国外抢注案件每年超过 100 起。企业商标一旦被抢注成功，拥有这些商标的国内企业的产品或者被迫放弃被抢注地市场，或者必须向抢注者交上一笔不菲的品牌使用费。

我国企业拓展海外市场的传统思路在商标注册方面的表现是，产品卖到哪里商标注册跟到哪里，做不好超前注册，做不好续展工作，出了问题不会维权。

（九）中国品牌很难赢得国际消费者的信任

当外国品牌进入中国市场时，几乎所有的中国消费者都认为，外国的东西比中国的好，我们没有什么心理障碍和信任障碍就接受了洋品牌。然而中国品牌就没有这样的机遇，原因很简单，中国是发展中国家，发达国家的消费者不相信中国能制造出高质量的产品，虽然中国产品行销世界：服装、鞋帽、家电等等，但那些已经被贴上了国际著名品牌的商标，无人去追踪它来自何方，而中国没有贴牌的产品已成为价廉质次的代名词。另外，由于中国的假冒、伪劣产品太多，中国企业的信誉和道德已受到怀疑，中国品牌还无法被世界消费者所尊崇，这也造成中国品牌国际化的重重障碍。

（商务部：《2007 年中国品牌发展报告》，北京大学出版社 2008 年版；刘琴、王麟：《中国企业品牌国际化之路》，《中外企业家》2007 年第 11 期；林秋玲：《加强我国自主出口品牌建设的对策建议》，《国际经济合作》2006 年第 9 期；陈国华：《探析中国品牌国际化》，《商场现代化》2007 年第 14 期。）

第三节　品牌国际化的本土化途径

●品牌国际化与文化差异

文化差异，在我们的企业未走出国门前很难感觉到。我们认为自然的和理所当然的事，在品牌国际化时就很可能是错误的。在品牌国际化的过程中，我们会发现一些品牌已经成为该国人民日常生活的一部分，一个外来品牌很难有所突破。

在美国，可口可乐、GE、AT&T 等，在德国，奔驰、宝马、西门子等，已经伴随他们国家的人民生活上百年，是他们生活的一部分，成为他们的习惯，他们相信这些品牌，对他们有很深的感情。同样，美国、欧洲、日本进入中国市场的品牌中，没有成功的白酒品牌、中药品牌。为什么？因为中国人心目中有大量知名的白酒品牌，有的品牌有千年历史，有丰富的文化内涵，在这个市场上，外国品牌很难有所作为，只有追求异国情调的人们才偶尔会对国外的品牌感兴趣。中药更是如此，中国人一般不会相信外国品牌的中药。

品牌国际化，就是要改变这些人的消费习惯，更换别的品牌。因此，品牌国际化不仅是一种经济行为，而且也是一种文化行为。理解了这一点，我们就不难明白，为什么欧美的跨国公司如此不遗余力地从事中国的青少年“事业”，目的只有一个，让这些跨国公司品牌伴随中国新一代人的成长，成为他们生活的一部分。

对品牌深入的研究发现，品牌被认可和喜爱，关键在品牌的文化上。品牌消费本质上是一种文化现象，是一种文化消费。在时尚类产品上（如美容、时装、娱乐等），品牌的文化内涵尤其明显。如中国文化中“美就是更白、更细、更光泽”。在美国这个多肤色人种的国家，这个表述就有问题。经济发展水平和文化渊源的差异性还会导致消费文化差异，如食文化、穿文化、居住文化、日常生活方式等，这些差异对品牌的定位、包装和色彩的选择、展示和沟通策略的运用等都会产生显著的影响。

文化对品牌国际化的影响是全方位的，对中国这样一个与欧美等国家有很大文化差距的国家，在品牌国际化时要全方位地研究文化对品牌国际化的影响。没有特别的品牌定位、产品特色、营销策略，就不可能取得品牌国际化的成功。

案例看板　　宝洁为何在日本遭遇“滑铁卢”

“我们必须改变我们的产品去满足不同国家和地区对产品的需求，我们不能简单地用美国方式销售我们的产品，这样的方式不会成功，市场不会接受”，这是宝洁国际扩展战略中的语句。可是，在日本，他们忘了这句话。

宝洁公司在向全世界的全面市场渗透中，在加拿大取得了霸主地位，在欧洲占据了市场亚军宝座，在日本仍然沿用美国打法：“我们已经确定在其他国家成功的最好的办法是在每个国家精确地复制一套宝洁组织机构……我们相信在美国给我们成功的方法在其他国家一样能成功”。

在全球第二大消费日用化工产品市场日本，文化习俗和商业规范与美国截然不同。日本的家庭妇女是世界上最挑剔的顾客，追求产品完美的品质、价值、服务，看重产品的性能、质量、可靠性，降价和便宜货在她们眼里就是质量不好的代名词，宝洁以往降价促销方式必然面对质疑；宝洁商店密度高，是美国的4倍，而且日本人的住房通常较小，不适宜存储大量的消费品，所以日本妇女很少购买大包装的商品；日本的销售渠道结构比西方的复杂，批发层次多达4层，因此中间商的利益不可轻视，等等，这些都是宝洁没有充分意识到，但却绕不过去的难题。

宝洁挺进日本市场的“三驾马车”是宝洁的三个品牌：Cheer 洗衣粉、Bonus 洗涤剂和 Pamper 婴儿尿片。宝洁希望利用洗涤用品的品牌知名度初入日本市场，然后其他品牌产品跟进。与在美国一样，品牌广告轰炸和降价促销是宝洁的杀手锏，自然在日本也同样沿用了这两样法宝。

市场初期，宝洁搬来在美国最火的广告：“任何温度下表现如一的 Cheer”来撬动日本市场，并派促销员去零售商那里促销，以期得到更好的市场回报。虽然在开始的时候取得了市场的响应，但是爱挑剔的日本人并不买账：“洗衣粉在任何温度下表现如一是件再自然不过的事情了，没什么稀奇，广告里谈论效果是销售技巧，雕虫小技而已，可见 Cheer 洗衣粉的质量不过如此”。

宝洁公司的另一款产品 Pamper 婴儿尿片完成了营销试验，也打算进入日本市场。Pamper 是一款抛弃型尿片，在美国极为成功。Pamper 在表面有层高分子材料，吸水性与同类产品相比功效非常明显。宝洁进军抛弃型尿片市场是无所不用其极，电视狂轰滥炸，销售终端讲解，给妇产科诊所和有婴儿的家庭免费发放试用品。甚至雇用宣传车在公寓密集的小区宣扬：“如果需要尿片，请在阳台上挂一块，我们将马上给您送试用品供您试用”。

宝洁运用了激进的价格政策以图抢占更大的市场份额，在市场初期确实取得了极大的成功，1979 年，Cheer 取得了连续七年在市场份额增长的好成绩，已经在市场上无可争议地居于领先地位。Pamper 打算用两年的时间收回市场启动的花费，并锻造成一个盈利的品牌产品。

但是，这种不顾一切的抢占市场份额、不顾利润的做法产生了三个无法挽回恶果：一是宝洁遭到了日本商业媒体和商会等机构的公开谴责；二是激起对手猛烈的反击，使宝洁的市场份额直线下降。对手的婴儿尿片虽然比宝洁的贵40%，但是其更加舒适、合理的设计很快赢得了市场的认同，在不到一年的时间里，与宝洁平分秋色。值得注意的是，宝洁用强大的攻势和高额成本打开了日本的纸尿布市场，改变了日本人不用纸尿布的习惯，但是竞争对手的同类产品后来居上，抢占了宝洁的市场份额。此外，竞争对手推出使用酶技术的新型洗衣粉，其改进洗净度的效果给业界一个不小的震动，18 个月内市场份额上升到了19.3%，把宝洁的Cheer洗衣粉远远地抛在了身后；对手推出的无磷洗衣粉更比宝洁的洗衣粉先进两代。更为严重的后果是，宝洁没有想到，日本法律迅速对含磷洗衣粉进行了严格限制，这对Cheer洗衣粉是一个致命的打击，宝洁完全没有力量也没有时间推出新型的不含磷的洗衣粉；三是加重了自己的债务负担，1973 年到 1979 年之间，合资企业的投资从 20 亿日元增加到了 240 亿日元。在急剧扩张的过程中，宝洁日本公司的亏损达到了 260 亿日元。

面对竞争对手新产品咄咄逼人的攻势，宝洁只有降价一招了。但是，雪上加霜的是，原材料价格上涨，把宝洁重新推向运营亏损的深渊。宝洁在市场上的失利，不仅导致市场份额大幅跳水，也加剧了内部矛盾，本土员工对公司的前途充满着忧虑。《福布斯》杂志曾就宝洁在日本的遭遇发表文章，它的标题发人深思——“一家美国大型香皂和洗涤用品厂商，其全球销量9倍于其日本同行，在日本被挤出市场”。到1993 年，宝洁公司在日本已经累计亏损2亿5千万美元。就这样，宝洁公司在日本被本地公司花王（KAO）和狮王（Lion）打败，上演了一出老虎被兔子吃掉的悲喜剧。

在市场上，强者并不总是能够获胜。这或许对中国的企业也是一个启示。

（资料来源：《世界品牌实验室》，ICXO. COM，2006 年 11 月 2 日。）

●跨国公司文化冲突的解决思路

跨文化冲突表现在国际企业管理的各个方面，其中某些特定的管理职能对文化更加敏感些，主要表现在员工激励、协调组织、领导职权和人力资源决策等方面。延伸到具有不同的文化地域、背景的国家进行跨国经营的国际企业，必然会面临来自不同的文化体系的冲突。不同的文化环境必会形成较大的文化差异。所以说文化给企业开展国际经营带来了巨大挑战。

不少西方学者提出了许多有建设性的观点。根据加拿大管理学家南希·爱德勒的观点是有三种解决方案：

一是凌驾。即组织内的一种文化凌驾于其他文化而成为统治文化。好处是可以在短时间内形成一种“统一”的组织文化，但其缺点也很明显：其他文化因遭到压抑而使其他成员产生强烈的反感，最终反而可能使冲突加剧。

二是折中。即不同文化采取妥协与退让的方式，有意忽略回避文化差异，从而实现组织内的和谐与稳定。但是这种和谐与稳定背后往往潜伏着危机，只有当文化间差异非常小时，才适用这种方法。

三是融合。即不同文化在承认、重视彼此差异的基础上，相互尊重、补充、协调，从而形成一种你我合一的、全新的组织文化。这种文化不仅具有较强的稳定性，而且极具“杂交”的跨文化优势。因此，对于大多数跨国企业而言，通过融合的方式吸收异质文化中的精华，形成自身特有的企业文化和管理方式，是适应跨国文化环境，降低文化障碍成本，提高企业经济效益的最佳选择。

●本土化是沟通文化差异之桥

网上曾有一篇文章《国际品牌本土化，土得掉渣》说：春节时，可口可乐在包装上印上国人熟悉的阿福，麦当劳推出身着唐装的吉祥物猫，马爹利在“人人更显面子”的礼盒套装广告用的是京剧脸谱，喜来登苏州连锁店在两节期间的广告中用的是头戴红盖头的新娘形象。这些跨国品牌极力用中国文化符号，试图勾起深藏在每个中国人心中的文化情结。

为什么要这样做呢？伊莱克斯集团总裁麦克·特莱斯科在做中国市场调查时说，在开拓任何一个国家的市场时，我们都相当重视当地的民俗风情、生活习惯、消费方式等文化差异。只有尊重这些差异，充分了解、发现消费者对我们产品的认识，我们才可能赢得他们的信赖与尊崇。

有很多反面的例子。迪斯尼和米老鼠可以说是美国文化的重要组成部分，被美国人引以为骄傲。然而迪斯尼和米老鼠却兵败巴黎，米老鼠被巴黎人视为对欧洲文化的污染，称之为可恶的美国文化。原因是美国人在创建欧洲迪斯尼乐园决策中，不是以对欧洲人服务为出发点，而是以美国人的心理去揣摩欧洲人，在面对像法国这样具有悠久历史文化传统的国度时，傲慢的美国人仍没有任何收敛，导致欧洲迪斯尼乐园的失败。从米老鼠兵败巴黎我们得到启示：一个国家的文化若进入另一个国家、民族，而不与本国民族文化生态相吻合，必然会被本地文化所排斥。

因此，品牌本土化归于跨国公司品牌的国际化来说至关紧要。

中国在品牌国际化中，要突破品牌的文化的障碍，也只有一个方法，那就是品牌的本土化。但是，中国品牌国际化的本土化方式不能完全模仿跨国公司的运作模式。因为我们的背景和他们不同。跨国公司品牌中国化的背景是：我是世界上最高品质的品牌产品；在此基础上，他们要表现出“我们不是外人，不是高高在上的跨国公司，我们是自己人”。相反，中国的品牌大多还没有建立起良好名声，国外消费者很少知道中国的什么品牌。中国品牌的国际化，要像创一个新品牌一样，从零开始。

中国品牌的本土化，可以从三个方面开始：

人力资源的本土化

“没有比当地人更了解当地人的了”，这是海信到南非后的最大的体会之一，这也是品牌本土化的前提。文化差异的本质是人的差异，人力资源的本土化，可以化解品牌管理中的沟通障碍，理解当地的消费文化，创制出有效的营销策略。总之，中国品牌国际化首要的工作是人力资源的本土化。因此，寻找合适的合作伙伴——既能理解中方的品牌创建理念，又是地地道道的当地人，这是中国品牌国际化成功的重要条件。跨国公司进入中国市场为什么都先合资？除了政府政策规定外，很重要的是为了获得当地的人力资源。

设计和开发的本土化

中国品牌国际化中，缺乏品牌的核心技术优势，而且由于消费文化上的差异性，对品牌产品的要求不尽相同。如服装，在服装设计和板型制作时就要考虑，欧美男士高大，体形与中国人明显不同，而当地人对此就非常清楚，而且他们从小对人体的素描和人体模特的观察，在服装设计上比国内的人才要能胜任得多。其他产品的情况也非常相似。

品牌营销策略的本土化

营销的本土化要注意与品牌国际化的总体目标协调，在此基础上，充分考虑本土化的要求。在推广的方式、文案写作、形象的表达等方面，要通过本土的机构和人员来运作，不要用中国人去运作，那样是很会出错的。由于品牌的中国背景对品牌国际化的贡献值得怀疑，我国品牌国际化时，通过品牌名称当地化（并不用中文名称）进入市场，可能是明智的选择。国外的跨国公司虽然在进行品牌的本土化，但是我们可以发现，其西文名称始终还出现在显著的位置，这是出于它全球化的考虑。

在品牌国际化过程中把握好以上三点，那么品牌的国际化的文化障碍就能显著地减少，一些障碍还能自然消失。（Roking：《品牌国际化文化差异和当地化》，中国时尚品牌网，2005 年 2 月 3 日。）

案例看板　　　　从波音“郑和号”看全球品牌本土化

“我们不是一个消费品公司，而且我们也不想要一个品牌。”这是波音公司一位高级经理几年前说过的话，这句话已经成为笑谈。

确实，历史上，是传统的消费品销售商首先应用了品牌战略，但在其他行业，人们也已认识到了品牌及品牌管理的重要性。现在，品牌化和品牌管理对波音公司而言意义非凡。2000 年，公司正式确定了前所未有的品牌战略，品牌覆盖了从标识到公司总部建筑的所有事物。甚至公司总部从西雅图迁往芝加哥的计划也出于对波音品牌的考虑。

2005 年 6 月 28 日，波音首架 777—200LR 环球飞机在首都国际机场被正式命名为“郑和号”，以纪念伟大的中国航海家、探险家郑和下西洋 600 周年。600 年前中国的航海家郑和竟然影响了全球最大的民用飞机制造商，这一事件引起了政府相关部门的积极支持和媒体的高度关注。

在大家惊叹郑和的世界影响力的同时，波音公司和波音公司的这架最新型的客机也得到了一次全方位的展示和传播。

据波音中国有限公司负责传播事务的副总裁刘江向记者介绍，波音最新研制的这驾777—200LR飞机要做一轮环球之旅，由于中国大陆并没有航空公司预定这种新型客机，因此波音777—200LR飞机原定的环球之旅中并没有北京这一站。波音中国负责传播事务的工作小组在制定中国的传播计划时，希望能够把波音的品牌与一些厚重的事件或人物联系起来，而这个平台还必须要与波音的品牌相称。

此时，中国的一些政府部门牵头成立了“郑和下西洋600周年纪念活动筹备领导小组”，媒体对纪念郑和下西洋的活动十分关注。与此同时，一本由英国皇家海军退伍军官加文·孟席斯所著的《1421，中国发现世界》这本书也刚刚被翻译成中文出版。波音在美国的多位高管都看过这本书，对郑和有很深的印象。

于是一个灵感就这样闪现出来了，“波音”与“郑和”，二者某种程度上都是在进行和平的环球之旅，二者的精神都是在探索世界，而且最重要的是，郑和目前无论在西方还是在中国，都具有深远的影响，无论是从事件的关注度，还是品牌的相称度来说，“波音”与“郑和”都是十分匹配的。

波音中国传播事务小组考虑增飞北京这一站，并在北京将这架飞机命名为“郑和号”，使整个命名仪式成为中国政府纪念郑和下西洋600周年活动的一项内容。波音中国传播事务小组将这一计划向美国波音总部汇报之后，顺利得到了批准。

而波音中国向“郑和下西洋600周年纪念活动筹备领导小组”表达了波音中国的这一策划之后，该委员会也非常高兴和重视，很快就得到了命名的授权，交通部等领导指示尽全力帮助“波音郑和号”中国航权和航线的安排。

时空远隔的郑和宝船与波音飞机都同样代表着人类不同时代异曲同工的梦想；郑和600年前下西洋使用的航船是当时世界上最先进的交通工具，而波音公司所研制的客机也是目前世界上最先进的交通工具；郑和的精神与波音民用飞机的理念也是相吻合的：郑和的探索精神与波音民用飞机“探索无止境”的理念有着高度的一致；郑和当年下西洋称得上是一次环球之旅，而波音这次新研制的波音777—200LR飞机要进行的也是一次环球之旅，二者都是为了连接世界作贡献。

于是，波音公司就把777—200LR飞机的北京之旅命名为“再下西洋”。

从操作环节来看，波音的这次公关传播活动操作也很简单，主要活动就是6月28日当天命名仪式的三个小时，所有准备工作都是围绕当天这个活动展开的。

在活动当天，主要的一个仪式就是，波音公司向郑和下西洋600周年纪念活动筹备领导小组赠送了777—200LR飞机模型；领导小组向波音公司的代表赠送了国家邮政局于当天发行的纪念郑和下西洋600周年邮票及小型张首日封。随后，中方领导、航空公司代表与中外媒体参观了波音777—200LR。

根据刘江目前对这次公关活动效果的统计，这次活动在电视、印刷和网络媒体上得到了非常高的关注度和传播率。中央电视台1、2、4、9频道以及北京电视台1频道和5频道都对这次活动做了详细报道，其中中央电视台1频道的《新闻联播》用了35秒的时间报道这次事件，通过电视达到的传播覆盖率大概有8亿人次。整个活动大概还有200多家国内外的印刷媒体进行了报道，通过这一媒介大概可以覆盖7800万人次。而通过网络覆盖的人次大概有4000万，国内的主要网站新浪网都给予了专题报道，新浪网甚至将该事件的专题报道在其新闻首页头条的位置悬挂了一整天。

整个新闻报道是爆炸性的，热度大概持续了一周左右，在此期间，其他竞争对手的新闻报道几乎都被淹没了。

由于波音这次活动定位准确，媒体在报道这一事件时，准确地传达了波音公司所要传达的全部信息，包括波音民用飞机的理念，以及波音这次最新推出的777—200LR客机的特点、性能等等。

波音公司作为一个国际性企业和品牌，将自己的新型客机命名为“郑和号”的这一决定丰富了纪念郑和下西洋600周年的活动，使活动具有了世界性的影响，拉进和加深了波音公司与相关政府部门之间的合作与友好关系。

（〔美〕格里·赫尔姆斯、斯坦利·霍姆斯、穆恩·伊尔万：《全球最佳品牌》，《商业周刊》2007 年。）

第四节　先进品牌文化——品牌国际化不变的内核

●端午祭与回力鞋

2005 年，韩国申报的江陵端午祭被联合国教科文组织正式确定为“人类传说及无形遗产著作”，引起国人大哗。还有，在“申遗”问题上，无论国大国小、历史长短，每国每年只能报一项，对此我们颇有微词；中国的许多好项目报来报去不被认可，我们很是忿忿不平。

《中国回力球鞋欧美卖“天价”》，这是《联合早报》2008 年 8 月一篇报道的题目。法国人派特斯巴斯坦 3 年前在上海街头无意中发现了回力鞋并把它推广到海外。当初签署协议时，中方代表还对这名老外报以怀疑的目光，因为在地摊上廉价到 12 元一双、已淡出人们视线多年的“古董”，一名老外竟然想到国外卖上 50 多欧元。当时也没人会想到，3 年后，这双鞋在欧洲会火得一塌糊涂。

据《人民日报》海外版报道，前不久，主演过《指环王》的奥兰多·布鲁姆在一片场亮相时，脚上穿的就是一双中国回力球鞋。随后，奥兰多换了衣装和造型，但回力球鞋不变。在奥兰多的带领下，越来越多的好莱坞明星开始穿这种来自中国的球鞋。现在，这个牌子已开始被时尚圈所关注。该品牌系列的命名也大多来自中国武术，比如经典款叫“少林精神”、“螳螂”、“龙尘”、“猴爪”等，今年 8 月还将推出高帮的少林系列。

为什么同是一样的品牌、一样的质地、一样的款式和面料，在地摊上卖 12 元，在欧美却可以卖到 50 欧元？分析其原因，这里面既有欧美青年对其品牌认知度的因素，也由于法国人派特斯巴斯坦所作的广告宣传以及适合欧美青年人营销理念的转变，从而使其品牌的美誉度不断提升。巴黎街头，一群年轻人从 brooklyn 店（法国一家多品牌连锁店）走出，他们穿着入时，脚上都穿着一双来自中国回力球鞋。“这绝对是挑战 Converse（匡威）在年轻人心目中的时尚主导地位。”《ELLE》杂志法国版在报道中这样写道。(世界品牌实验室：《中国回力球鞋在欧美卖出天价的品牌启示》，WWW. ICXO. COM，2008 年 8 月 27 日。)

为何中国自己生产的地道的中国货，在中国却没有能够得到很好的发展，而一旦到了外国人手中，却变得如此时髦和畅销，甚至能卖个高价钱？这不能不引起我们的反思。

●奥运会，从民族主义理想到普世品牌

从某种意义上讲，奥林匹克之父顾拜旦创办奥林匹克之初完全是民族主义驱动，丝毫没有商业目的，因此他的这一主张获得了广泛的社会支持，而后来奥林匹克商业上的巨大成功事实上是副产品。

顾拜旦出生于法国巴黎一个贵族家庭，青年时期的顾拜旦经历了普法战争的失败，一个自以为拥有欧洲最辉煌文明的帝国被一个小小的普鲁士击败，这让他的心理很受伤害，而整个国家也迫切需要找到一种能够重塑民族自豪感和希望的信心基石。顾拜旦逐渐萌生了教育救国和体育救国的思想，而欧洲古代奥运会的遗址的挖掘让顾拜旦诞生了一个承载救国思想的体育载体。1892 年，顾拜旦在巴黎索邦大学发表了演讲，倡议凭借古希腊体育的历史经验和传统影响来推进国际体育运动，以“团结、友好、和平”的精神来指导比赛，恢复和创办现代奥运会。在他的奔走呼吁下，弘扬奥林匹克精神，举办世界性奥林匹克运动会的目标开始为越来越多的法国民众所接受。经过顾拜旦多年的努力和精心筹备，1894 年 6 月，“恢复奥林匹克运动代表大会”在巴黎召开，来自欧美 12 个国家的代表们一致通过了恢复奥林匹克运动的宪章，确定了现代奥运会的宗旨，并成立了奥运会的永久性的领导机构——国际奥林匹克委员会。

奥林匹克最初的影响力是很有限的，因为人们对奥林匹克精神的认同尚需时日，对于接受奥运会这种国际性的文化缺乏必要的思想准备，所以顾拜旦的主要精力都放在推广普及自己的价值主张上，不仅创办杂志，还四处发表演说寻求各个国家的支持。1908 年伦敦奥运会，“重要的不是取胜，而是参与”的标志性口号让人在几秒钟内立即明白奥林匹克倡导的理念和愿景，奥运会也随之获得了更广泛的普及和深入人心，品牌的张力得到了较大范围

的认同。

但是，奥林匹克倡导人人参与的精神原则与商业的功利目的形成鲜明的冲突，使奥运会走过一个尴尬的境地。雪上加霜的是，1972 年慕尼黑奥运会的流血事件和 1976 年蒙特利尔奥运会的财政黑洞，使国际奥委会入不敷出，几近破产的边缘。

普世主义的理想需要寻找商业力量的支持，而萨马兰奇率先寻找到嫁接这一平衡的商业模式，一举打破了现代奥林匹克的商业禁锢。1980 年，西班牙人萨马兰奇设计了奥林匹克的 TOP（The Olympics Partner）模式，并以《奥林匹克宪章》的形式固定下来，从法律意义的高度明确了五环是奥林匹克的专属资产，既保障赞助商的权益，也严格坚守自己的伦理底线，不让商业行为影响渗透到奥运赛场，捍卫了品牌的民众基础。两者相互制约共同促进，共同成就了今天奥林匹克的繁荣。也正是这一模式的确立，奥林匹克才在商业力量的推动下迅速成长；奥运会为举办国带来了滚滚财源，电视转播收视人数连创新高，在北美和欧洲这些主要市场，连 2012 年的奥运会转播权都已经售出。

奥林匹克成长为品牌巨人，即使在全球化的今天，仍然没有任何一项活动能如此吸引世人的眼光。纵观奥林匹克的成功历史，我们不难发现，奥林匹克品牌的成功更应该归结成为一种价值理念、一种文化的成功，商业不过是实现目标的技术手段，纯粹功利色彩的驱动是很难达到如此高度的民众认同的。而只有得到了广泛的认同，并且在事实上，能够通过商业的行为，给广大民众带来福祉，这样才能获得恒久的生命力。（仇里、罗建法：《奥林匹克：普世商业理想的成功》，英国《金融时报》中文网，2008 年 8 月 5 日。）

案例看板　　　　哈利·波特——品牌的文化征服力

据美国《福布斯》杂志网站日前报道，随着《哈利·波特》系列小说、电影、DVD 和其衍生商品在全球的热卖，哈利·波特已成为当仁不让的世界级强势品牌，这一品牌的价值已经超过 10 亿美元。

《哈利·波特》系列小说目前已出版了五部，在其基础上拍摄的电影也发行了三部。2004 年，《哈利·波特》系列小说在全球的销售量达到

2.65亿本，比2003年增长1500万本。作者J. K. 罗琳已经跻身10亿美元富豪之列。她现已稳居“英国在职妇女收入榜”季军，而美国《福布斯》杂志则将她列为“100名全球最有权力名人”的第25位。

品牌定位——孩子们的节日

品牌定位是品牌在消费者心目中的位置，是品牌打造的第一步。哈利·波特刚露面的时候没什么动静，但到了第四册书上市时已成为席卷全球的神话。其中很重要的一个活动是2005年7月8日的首发日，它被塑造成一个圣诞节般令孩子们期待的节日。

神秘色彩

这些书是靠什么来吸引读者的？哈利·波特这个形象的很大一个特色就是神秘色彩。罗琳对孩子们想要什么东西有一种直觉。每一本新书围绕哈利·波特的神秘感都使读者兴奋不已。布卢姆斯伯里出版社运用其出色的管理才能，严格控制新书上市前对其内容的泄漏，并选择在午夜投放市场，这样做使得每个新故事都引发人们十足的兴趣。

超现实主义的怀旧

英国是一个怀旧的社会，有些品牌就是专门怀旧的品牌。哈利·波特这样一个英国品牌有怀旧的色彩一点都不奇怪。罗琳这些书的成功很大程度上归因于任何市场机制或宣传费用都无法买到的东西。哈利·波特是典型的口碑畅销商品，每一个观众都可以很深切地感觉到里面的怀旧情绪，但是不一定可以用言辞说明。

品牌延伸

哈利·波特和周边产品之间形成了一个良性的互动关系：《哈利·波特》拍成电影后，促进了书籍的销售，而书籍和电影又促进了哈利·波特相关产品的销售。前4部《哈利·波特》在全球用55种语言销售了2亿本；根据第一部和第二部《哈利·波特》改编的电影在全球共取得了18亿美元的票房收入。

品牌产业化

伦敦的一家电影公司在1998年就买下了系列小说前两册的改编权。哈利·波特的鼎鼎大名也促成了相关产品的开发，如玩具、糖果、收藏卡片及音像、电子产品等。

罗琳成为媒体笔下的“灰姑娘”，她穷困之时写作的小咖啡馆成为当地名胜，有人预测她将是未来英国最富有的作家。大人给孩子买书、念书，自己也跟着看，出版商怕大人不好意思夹着儿童读物走来走去，早就出了成人版。

这是世界出版史上的奇迹：一套故事仍在进展中的少儿书已经印到3600万册，在全世界创下4.8亿美元的码洋。最新的一本《哈利·波特与火焰杯》长达734页，比狄更斯的《远大前程》还要多250页。你很难想象，在一个越来越不读书的世界上，竟然有人有本事让这么多的小孩子抱着一本大厚书到处跑！

品牌，就是征服心灵

在这个品牌的核心诉求里面，好玩是第一位的，其他的都是附属目标。比如这个魔法小子的道德品质，他的善良、勇敢、友谊、勤奋等都是附属的价值。好玩是文化。因为我们看看西方的教育体系就可以理解这一点。在西方的学校里面，老师都会使出浑身解数，让学生觉得好玩，西方教育的娱乐性是我们在中国所想象不到的。

品牌绝对不是对消费者需求的臣服。商品和服务是对消费者需求的无条件臣服，而品牌不是。品牌的语言是征服，品牌的行为风格是征服，品牌的逻辑是通过征服消费者心灵深处的欲望而征服消费者的行为。这种感觉是不是才有一点点像上帝？

（林海：《英语品牌的启示》，企业管理出版社2007年版。）

●中国文化遗产很多，成为品牌的很少

5000年文明古国，文化遗产不计其数，建筑上的长城、故宫、都江堰和整座的古城、古寨、古遗址；让无数外国人流连忘返的人文与自然景观；让世界叫绝的手工艺绝活和古乐演奏；持续高烧不退的中国功夫热；堪称世界哲学鼻祖的《老子》、《周易》；已经在世界军事理论与实战中发挥了巨大影响的《孙子兵法》、《武穆遗书》；自然科学方面的四大发明、数学定律、地震测试仪；沿用了几千年的象形文字，每一个字都有故事，都有美学、哲学，字与字组词更是变化无穷、气象万千；一看就懂、一进去就出不来的书

画同源……

自豪吧，因为在文化遗产方面，哪个国家也无法与中国相媲美。

可是，自豪后面是惭愧。我们没有用好这笔最大的资本，没能彰显有形无形文化资产的价值，没能创造更多的附加值……

中国有句成语“价值连城”，说得就是用有形有价之物交换无价之宝。无价转换为有价，就是价值的实现。上面提到的这些众所周知并中外认可的财富，哪一个不是价值连城？我们要做的不过是产品化、品牌化、商业化、国际化运作而已。

●中国传说英雄为外国商人赚钱

中国有一只虚拟的老鼠，每十二个人中就有一个属它，十二个属相中它是“首相”。这位几千年连任的“首相”身价多高？不知道。美国也有一只虚拟的老鼠，米老鼠，谈不上什么资历，也没什么文化，可它的品牌价值超过600亿美元。我们有全世界最有历史最有文化的老鼠，人家有全世界最有名气最有钱的老鼠。

改革开放，西风东渐，米老鼠们随着商品、技术堂皇登陆。迪斯尼大片《花木兰》、《花木兰2》扭曲异化的故事和过亿的票房收入，更是用我们传说中的民族英雄挣我们的钱。

2005年是郑和下西洋600周年纪念，中国的纪念活动可以说很有规模，同时也有外国人凑趣。一个叫加文·孟席斯的英国皇家海军潜艇舰长写了一本书《1421：中国发现世界》在西方引起争议，因此备受关注，最火时每45秒卖出一部，他现在已得稿费1.3亿英镑，在世界上是罕见的。按孟席斯在中国发行座谈会上说的，他的书在英国出版后，几乎所有的历史学家都持反对观点，可谓恶评如潮。但是，如此糟糕的评价却没有阻止这本书成为全球畅销书，也许是太过糟糕的评价引起了读者的兴趣。事实已经证明，这部书是有不少漏洞，连中国学生都可以指出该书地图、地名上的常识错误。那么，它凭什么畅销呢？凭世界对中国问题的关注。关于郑和下西洋的研究考证，国内著作要丰富严谨权威得多，但是我们所有的研究宣传著作，为什么卖不过外国非专业作者的一本书呢？

接下来的消息是，美国好莱坞宣布购买了这部著作的版权，并准备把这部研究中国航海英雄郑和的著作拍成电影。于是，又一个“花木兰”将再度上演。

●中秋节的普世价值被外国人“发现”！

新华网上海2008年9月14日报道《中秋节蕴涵的普世价值正在被外国人“发现”》：从德国汉堡来到上海经商的德克施罗德说：“这个夜晚，我会抬头看天上的月亮。”这个夜晚是中国的农历八月十五日——中秋节。他说，中秋节神秘而浪漫，德国虽然没有中秋节，但每个人都会思念家乡、想念朋友，中秋是能让所有人感同身受的节日。几天前，北京残奥村的空气里，已经飘散出几缕中秋的味道。从12日起，残奥村国际区咖啡厅新推出一道甜品——“中国小月饼”。这种分为黑芝麻馅和红枣泥馅两种口味的袋装月饼一经推出，就受到众多运动员的青睐。在咖啡厅里，一名来自哈萨克斯坦的残奥运动员说：“这是我第一次吃月饼、过中秋节，这和参加开幕式一样让我激动不已。”在另一侧，一群金发碧眼的外国人正就着咖啡细细咀嚼“中国月饼”，他们冲着记者开心地说：“中秋快乐！”三井住友海上火灾保险（中国）有限公司人事部副经理小田代伦夫今年29岁，在上海已生活了8年。他说，日本和中国一样，也有中秋节。中国古代许多悠久的文化仪式，传承到今天，已经是众多亚洲国家共同的节日。“我更爱在中国的生活，我会在中秋节买月饼，会在春节走访中国朋友，大年初五‘迎财神’这一天，我还会下楼看居民放鞭炮。中国文化里有一种随和、热情、善意的感觉，这其实是我们亚洲人心底里相通的一种情感。”“海上生明月，天涯共此时”，“但愿人长久，千里共婵娟”，成为中秋节表达团圆、和谐、美好、平安等人类普世价值的经典注脚。

多年来，圣诞节、情人节等西方节日在中国人气很旺，如今，许多西方人也对中国的春节、中秋、端午表现出了兴趣，甚至热情地追捧和庆祝，这是一个令人自豪的景象。

中秋节是中国的，但作为中国传统文化符号的中秋节也是世界的。来自不同文化背景的外国人已点出题目，这个品牌文章是我们自己来做呢，还是我们说说而已，等别人做了文章我们再站出来吵吵：你家的东西吗？轮得到你吗？你有发言权吗？你随便乱编胡演推广赚钱，凭什么呢……

●国际化品牌承载先进品牌文化

我们在第一章探讨过先进品牌文化的概念，认为：先进品牌文化的载体是国际化品牌，必须跨越区域、国家、文化、意识形态的差异，为不同社会、经济、文化背景下的消费者所接受。先进品牌文化必然吸收先进的品牌理论、科学技术工艺，吸收国内外诸多先进品牌文化的长处，必须与不同文化、亚文化兼容并存沟通互动。

先进品牌文化是开放、向上、兼容、普适的文化。品牌文化蕴涵着超越物质使用价值的价值理念、品位、情感等精神元素，是品牌核心竞争力的构成。品牌文化战略，就是吸收先进品牌文化，塑造个性化、人性化、兼容性和可持续发展的品牌文化。

由一个地域品牌成长为一个国际化品牌，没有先进的品牌文化是不可能的。先进的品牌文化，是个有根的文化，来自传统，不管它资历深浅，总是有来头，哪怕是昨天的一个故事，这个故事让你联想起更久远的一些记忆。先进的品牌文化，更是个有发展的文化，发展来自创新。创新的前提是整合，对国内外有形无形资源整合。品牌创新要求从经营理念、发展方向、价值观、核心技术、市场战略等内在要素到视觉识别、行为识别、形象整合、营销策略等外在要素都具备自主创新能力。通过创新，不断超越同行，超越自我，使品牌内涵不断丰富，境界不断提高。

●品牌国际化的开放心态

科学品牌发展观是以普世开放的全球化心态为发展前提的。也就是说，如果一个国家的品牌文化不能上升到国际普遍认可的文化，那么它就谈不上是科学的和可持续发展的品牌。

当前，品牌国际化呈现如下几个特点：（1）品牌形象国际化。（2）国家品牌竞争力趋于整体化。（3）品牌竞争非对称性趋势化。（4）竞争重心本土化。（5）品牌延伸多元化。（6）跨国强势品牌的战略垄断。

这些趋势，实际上是一组坐标，帮助我们认识品牌发展国际化的入伙台阶、游戏规则、馅饼与陷阱等，我们说的“普世，开放，全球化心态”，就是指对这种现状或趋势的承认、面对、适应、融入。品牌国际化，首先得熟悉国际市场的品牌格局、品牌文化主流和品牌发展趋势；其次要使我们的品牌和品牌文化既有个性化又有融合性，既不被视为异类排斥，又不被品牌海洋淹没。站住脚才能谈发展。你不懂得国际品牌市场的格局和游戏规则，就没有资格入局游戏；你以为弄懂了这些，可是别人不认可你这个品牌，不认可你的品牌文化，而你又没有办法改变别人的看法，你入局了还会被赶出局。所以说，如果一个国家的品牌文化不能上升到国际普遍认可的文化，那么它就谈不上是科学的和可持续发展的品牌。

●品牌国际化的普世目的

科学品牌发展观的目的在于引导世界消费者建立起健康科学的世界观、价值观、审美观和先进发达的生活方式，而不是单纯地为了迎合某些个体的狭隘甚至是错误的价值观，或是满足某个阶层眼下急需满足的物质功能等低层次的需求。因为科学品牌发展观是前瞻的，是不以满足单一的精神或物质功能需求为目的的最高境界的品牌发展观。

品牌，是指消费者和产品之间的全部体验。它不仅仅包括物质的体验，更包括精神的体验。品牌向消费者传递一种生活方式，人们在消费某种产品时，被赋予一种象征性的意义，最终反映了人们的生活态度及生活观念。产品是没有思想的冰冷的物质，而品牌是有思想的，它能和消费者进行情感的交流，产生灵魂的共振。在产品日益同质化的今天，产品的物理属性已相差无几，唯有品牌能给人以心理的不同安慰与精神的微妙差异，能够展现消费者的个性和身份。

从选择产品到选择品牌，人们的消费观念发生了根本改变。人们希望生活得更精致，更加个性化，消费也不再是简单的满足生活所需，越来越多的人在消费时已经摒弃了对品牌的盲目轻信、冲动购买，纯物质的、功能的标志已渐渐淡化，人们购买产品，主要是看重品牌能够满足诸如情感、希望、成功等更高层次的心理需求。人们渴望通过消费体现自己与众不同的品位，凸显自己的个性。品牌所表现出来的生活态度和价值取向，与消费者在消费的个性意识领域取得默契，品牌所表现出的内涵充分被消费者接受，品牌的附加价值得到充分诠释，消费心理被尊重，消费者的个性得到张扬，从此奠定品牌与消费者生活的密切联系。

“品牌”不满足于让消费者享受产品与服务所提供的高品质，更着眼于向消费者推销一种品位文化，并通过打包的形式提升产品的价值，最终来提升消费者对品牌的忠诚度，让消费者对品牌的依赖成为一种生活方式。

同国外的广大消费者在价值、信念和灵魂层面相遇，输出我们品牌的精神意义，满足世界性的消费者的物质和精神需求，就是品牌国际化的普世目的。

第五节　中国品牌国际化模板

●模板1：走出去，走进去，走上去——海尔的世界名牌之路

这是海尔集团首席执行官张瑞敏在一篇文章中的体会：

从立足国内质量竞争的思路上升到全球化竞争的思路

从质量来讲，第一个就是必须要满足标准，从国家标准到国际标准，这是最基本的。在全球化时代的竞争，仅仅满足标准是不行的，必须要满足当地消费者的需求。我们在巴基斯坦洗衣机的市场已经做到第一位。巴基斯坦一个家庭平均12口人，男士都穿大袍子，我们就设计了可以洗32件大袍子的洗衣机。在销售现场，别人的洗衣机转不动，我的洗衣机可以，一开始就让消费者眼见为实。我们的双动力功能，是上升为国际家电标准的。世界上有三种洗衣机，亚洲是波轮式，欧洲是滚筒式，美洲是搅拌式，双动力洗衣机就是轮和桶反着转，对衣服用力很大，也不会使衣服缠绕在一起，所以这种产品在巴基斯坦受到很大欢迎。在韩国，我们的洗衣机一开始就是打不进去，说我们洗衣机不好，电机会碰到洗衣机外壳。起初我们认为这不可能，因为我们完全符合标准。最后到韩国首尔发现，韩国人的洗衣机不放到房间去，放在阳台上，地面有一个12度的倾斜角度便于排水，所以，所有的洗衣机都是一放到那里就是斜的，这种“地方标准”别处是找不到的，那你就必须研究如何满足它的要求。因此，对于产品质量来讲，不仅仅是满足标准，更要满足用户的要求。

到海外去必须要改变观念，产品质量不应该是保修而应该是保证了。在

美国纽约上门一次平均费用为75美金。中国有许多家电在美国只卖100美金，75美金意味着什么？告诉用户不要买这种产品。因此在美国就不可以有修理这么一说，也就是说原来是保修期2年，现在应该是2年之内保证不坏。从保修到保证这是非常大的一个挑战。我们通过产品可靠性实验之后，所有问题在实验时就解决掉，到用户那里几乎不坏，所有的质量都没有问题。在设计过程中、所有原材料中、生产过程中有没有问题，是不是可靠？在这一点上中国企业和外国企业的差距非常大，首先是观念上的差距，通过实验室就算了，通过ISO9001认证就算了，就可以到市场上去了。所以这个就是对应了零缺陷的四个质量原则之一，就是质量是怎样产生的，绝对不是靠检验产生的，是靠预防产生的。可靠性实验应该一直到企业的全过程，所有的每个部分都是可靠的。这是非常大的一个工程，企业要做到这一点是非常困难的。

让现代质量管理技术成为每个人手中的武器

我们国家的企业要走出去，都要创世界名牌。世界名牌的产品要靠世界名牌的人保证的，没有人的名牌，就没有产品的名牌。

我们的6δ做的是最高的目标，设定的是用户期望值的2倍，CP能力的1.5倍，最后才能保证6δ。6δ不是一个事后统计工具，而是整个的一个过程，从所有工序到企业的整个体系，包括从市场调研、产品开发、采购、制造，包括制造销售产品的每个节点。现在我们根据这个思路全集团已经形成600个6δ项目小组，这些项目小组就在不断地推进产品质量。让6δ变成每个人手中的武器。同时，按照企业的上游来讲，就是供应商，现在有1000家供应商进行了6δ认证，过去往往是供应商来对产品进行检验，现在是对供应商资质进行检验。我们实行了一个有铜质品牌员工、银质品牌员工……的激励办法，每一档都是上一档的3倍，通过6δ小组的推进，创造个人价值，也为企业增值。比如这一年为企业创造25万，这就是铜牌员工，75万就是银牌员工……这样每个员工都发挥他的创造力，创造更多的价值，其实每个人都希望体现自身的价值，那么你自身价值的体现在哪里，就体现在为企业创造价值当中，最高的是6075万，到了功臣这一级。

从传统的质量管理上升到信息化时代的质量管理

按照终端来讲，用户是大的，企业是小的。其实在信息化时代已经是“用户决定企业”，而不是“企业决定用户”。谁合适，用户就选择谁，很多企业就因为承受不了这个压力而垮掉，但是没办法，信息化时代就是这样残酷。所以我们提供了很多使用户感到可以有很多选择的产品，更多的信息化的产品，如不用洗衣粉的洗衣机，给用户提供了一个非常好的新的选择，不用洗衣粉洗衣干净的程度可以超过用洗衣粉洗的，现在我们已经在世界很多国家推广这个产品。

以信息技术实现的三码合一使企业和市场零距离。这三个码：一个是订单码，另一个是员工码，再一个就是物码。海尔每年要生产几千万台产品，每件产品都要搞清楚它到哪里去了，是谁干的，这在原来是不可能的，有了信息化，这就是很简单的一件事情。

质量的经营是经营人。我们内部的指标也是不断优化，比方原材料和库存，过去是30天，现在是7天，下一个目标一定到4天，如果不这样，你就没有办法生产；成品周转原来是45天，现在是20天；在美国的直发率原来是27%，现在到了64%。

质量管理体系中有四个等级，我们希望做到最高的等级，就是精益生产方式的JIT，这个JIT就是即时生产，没有原材料仓库，原材料直接送到生产线，产品生产出来也没有仓库，直接送到客户手里。当然，质保体系前3个最基础的是ISO9001质保体系、现代品质管理体系TQM、零缺陷的体系。

从质量竞争优势上升到世界名牌

质量优势不是一个目标，也不是一个目的，它的目的和目标就是通过质量竞争优势，打造一个世界名牌。打造一个世界名牌很重要的就是建立一个信息化时代的组织体系。

美国《商业周刊》评世界名牌有个标准，我们总结为10、20、30原则，10就是品牌价值必须超过10亿美金，20就是海外市场销售额占所有销售额的20%以上，30就是海外市场获得的利润占利润总额的30%以上，其实后面30%是非常难的。现在中国企业出口往往是不赚钱，有的甚至赔钱。所以我们认为现在跨国大公司到了中国是以十攻一，我们出去到国际市场是以一攻十，这是质的不同。人家集中所有的力量打中国市场，我们走出去对于我们来说都是处女地，但是对其他国际品牌来说都是已经被占领完了的，我们去瓜分，确实非常难，所以利润就是一个非常大的压力。我们现在20做到了，30还是差距很大的，所以我们怎么来做？我们叫第一台引进，第二台国产，第三台出口，第四台境外生产。现在我们在境外有三十多个工厂，也有几个工业园，去了之后很重要的就是当地化。世界名牌很重要的就是在每个国家都认同你是名牌，我在美国感受最深的是美国人认同丰田汽车，因为在美国当地生产的丰田车不是日本的而是美国的，这才是真正的世界名牌，所以这不仅仅是 10、20、30 了，这种境外生产也融入到当地的市场当中了。

我们为成为世界名牌提出了三步走战略：第一步走出去，第二步走进去，第三步走上去。现在产品出口到国外都可以说是走出去，但是走进去你要融入到那个社会中去，进入销售主流渠道，这就难了，成为销售主流产品就更难了。我们曾经和美国第四大连锁 TARGET 合作，在纽约广场上 7 个小时销售 7000 台空调，很多人觉得不可想象，卖袜子也没有这么快，但事实就是这样，我们有这个资源，你自己是做不到的。但问题也来了，这是一个主流渠道，但销售窗式空调，不是主流产品，如果可以销售更主流的产品那就可以了，成为当地的主流品牌，完全被他认同，这个是非常困难的事情。

真正的一个世界品牌，在世界任何地方任何国家，都会被认为这个产品是为本国、本地区老百姓服务的、能为我创造更多价值的、被我认同它是一个非常有价值的产品，同时它也是一个可以为我增加价值的品牌，这就是我们努力奋斗的目标。

（张瑞敏：《海尔从质量竞争优势上升到世界名牌》，《国际商报》2007 年 1 月 4 日。）

●模板 2：民族品牌国际化升级“三步走”模板

这里，我们提供一个民族品牌国际化升级模板。

第一步：建立普世的价值观问题——MI 系统

怎样才能让一个区域民族的品牌文化成为世界人民都喜欢和接受的呢？这首先就需要建立一个普世的价值观。拿摩托罗拉和诺基亚手机做个对比，前者是诞生于全球第一超级大国驰名全球的百年品牌，后者是产于北欧小国不过短短二十多年历史的无名小辈。2008 年 3 月，摩托罗拉公开宣称其市场占有率已经从相对安全线 23% 降为 13%，并且因连年的巨额亏损导致大批地裁员。而诺基亚却长驱直入，不断扩大市场份额。为什么不到十年的市场搏击，摩托罗拉就败给了诺基亚呢？

我们先不谈这两大品牌的内部管理如何，单从这两大品牌的广告语就会发现问题。摩托罗拉的“飞跃无限”和诺基亚的“科技以人为本”，在基于消费者利益的差异化定位、亲和力、时代感、核心价值一体化等方方面面，诺基亚明显容易感受、容易体验、容易引起共鸣。“飞跃无限”的个人至上主义至少可以有两种理解：一是满足消费者的需求——物质上的飞跃沟通与精神上的飞跃联想；二是张扬企业大牌——不会动摇的行业老大地位与市场霸权思想。而后者无论对消费者还是竞争对手，都不会带来愉快。“科技以人为本”刚好相反，把消费者置于中心地位，强调科技，暗喻服务，激起了解愿望和服务期待。另外，“飞跃无限”诉求于精神满足，很难落实到产品的细部，比如你的按键、盖板、电池如何体现“飞跃无限”？而“科技以人为本”的核心价值则可以在企业、品牌、产品、服务的全程细节中得到贯彻。从理论上讲，科技无处不在；从执行上看，诺基亚做到了。另外，摩托罗拉在20世纪90年代初期进入中国市场时就一直坚持用英文输入法，如同二战时期的福特汽车一样的做法——不管世界需要什么，我的汽车永远是黑色的。所以这就是世界消费者为什么不能接受摩托罗拉手机的原因之一，而这也正是诺基亚品牌最聪明的地方，因为他们从一开始就迅速地抓住了这一千载难逢的历史机遇，并且树立起了不含任何民族主义色彩，专为全球消费群体真诚服务的品牌理念——科技以人为本，并且在产品研发上首先实行汉字输入法，从而为迅速占领中国市场凿开了绿色通道。

第二步：探求发掘国际前沿的生活方式——BI系统

国际品牌必须是能够蕴涵普世价值观的文化和承载科学前沿的生活方式。

因为，一个全新的品牌文化，除了蕴涵普世的价值观外还必须要能够深刻引领一种全新的生活方式。比如，在计划经济时期，人们的生活方式就显得比较简单和枯燥，基本上都是单位——家庭两点一线的二元生活方式。但是，到了新经济时代以后，随着工作压力的加大，生活方式也必然呈现出丰富多彩的全新生活格局，这就是居住——工作——学习——休闲的四维一体动静分区新生活模式。

所以，根据不同的生活环境和需要，适时开发出户外旅游版、商务工作版、居家赋闲版、爱情交友版等满足人们21世纪多元需求的时尚生活产品，打造引领全新的生活方式的品牌，是民族品牌国际化升级的关键环节。

第三步：探求多数人认可的审美观——VI 系统

品牌蕴涵的普世价值观，品牌承载的全新的生活方式，要符合国际多数消费者的审美观。以时尚服饰为例，要注意以下方面：

1. 国际多数消费者认可的颜色筛选

比如：红色、白色、黑色、蓝色、黄色、紫色、玫瑰红、灰色等色系是东西方皆能认可的颜色。比如红色和黄色在麦当劳、肯德基等快餐食品上的引用，黑白、灰色在服装和建筑上的应用等。

2. 国际多数消费者认可的款式风格

比如，西装和运动服之所以受世界大多数民众的喜爱，其根本原因还在于这两类服饰的开放包容和随心所欲的文化风格，被世界大多数国家民众所接受。相反，那些累赘烦琐和行动不便的民族服饰，也就始终难以上升到国际大多数民众都能接受的品牌服饰。

3. 尽量使用代表国际最先进科技水平的面料和工艺技术

在品牌服饰塑造过程中，品牌服饰要素中的服装面料和工艺技术在品牌的地位中仅次于颜色和款式，位列第三、第四位。所以注重高科技面料和工艺技术在品牌服饰的锻造过程中的运用是如虎添翼的明智做法，因为它可迅速助推品牌档次的提升。

4. 品牌主题开发模式的率先引进和深度融入

品牌产品的艺术创造力首先靠的是在新品研发上，率先全面导入国际最先进的新品研发模式——品牌主题开发模式基础上，不断地通过产品创新来强化和提升品牌的核心思想宣导力、先进生活方式的写意力、流行时尚的引导力。

在具体实践中，就是在每个季节通过科学地预测方法，设计出引领季节动向的时尚主题，预测出流行的款式风格、主打颜色和面料，导入先进的工艺卖点和科学的订货模式。从而使每季开发出来的新品，最终通过“时尚响亮的主题宣导、别具一格的视觉吸引、简洁特色的流行风格、实效对路的促销刺激，温馨别致的销售引导”等一系列高度迎合消费者偏好的组合性新策略，来确保终端的营销实现。

5. 锻造国际时尚潮流的终端店面新形象——SI 系统

在营销学里常有“终端是企业的窗口”之说，也就是讲终端可以反映出品牌运营的所有问题。比如导购礼仪可以反映出企业 BI 知识的培训问题，业务配合反映的是职责规划与管理流程问题，货品陈列和终端宣传事宜反映的是产品主题开发模式的科学性与传播充分化问题等。因为时尚潮流的品牌终端是品牌锻造的核心焦点，它关系到品牌是否为消费者认可接受的关键。

终端店面形象系统——SI 系统的建设包括两个部分：硬件要素主要指的是 LOGO、门头及店外风格、室内墙地顶、货架中导道具、收银台、背景墙等要素的风格设计和材质选择；软件要素指的是新品陈列布局、宣传导示、员工服饰、促销策略、导购技巧、人气营造等要素的精心谋划和氛围创建。(韩世友：《国际品牌的核心秘笈——民族文化的国际化》，2008 年。)

●模板 3：联想之路——追随、竞争、融合

中国改革开放的 30 年，也是很多中国公司对跨国公司追随的 30 年。

从 1980 年代联想集团对 IBM、惠普的追随，到 1990 年代李宁对耐克、阿迪达斯的追随，再到近几年春秋航空对西北航空的追随，这种对“偶像”公司的追随，贯穿着整个新中国市场经济的历史。现在，追随仍在继续，但是与最初的完全照搬早已不同。中国公司在与它们的“偶像”同台竞技的时候，并不总是落在下风，它们在中国本土市场的优异表现，甚至已经引来了跨国公司的追随。

从代理商到竞争者

当 1984 年柳传志与他的伙伴在一间 20 平方米的小平房里开始创业的时候，除了在中科院见过几台看起来很昂贵的 IBM 电脑，他对 IBM 并没有什么了解。他似乎也不需要了解太多，那时候他对领导的承诺是：“要做一家年产值 200 万元的大公司。”这一年，在遥远的美国，IBM 已经开发出第一款便携式个人电脑。

联想集团第一个成功的产品是汉卡，解决了当时进口的电脑只能使用英文的问题，那时的 IBM 几乎等同于电脑的代名词，所以联想的汉卡也几乎全部是安装在 IBM 电脑上面。仅仅是作为电脑的附属产品，就让联想、方正、巨人这三家主要的汉卡产品提供者各自赚了一大笔钱，其中巨人的老板史玉柱更是直接喊出做“中国的 IBM”的口号。在联想内部，柳传志也在接受着中科院院长周光召“向最终办成中国的 IBM 前进”的激励。

汉卡在中国IT产品史上是一个短命的产品，联想可以获得持续利润的是代理IBM电脑在中国的销售。第一次参加IBM代理大会的柳传志是没什么地位的，他坐在最后一排，没有发言机会，但是这让柳传志第一次与IBM直接打交道，开始了解IBM的管理理念。1987年，对IBM接触越来越多的柳传志，第一次有了对IBM的不信任的念头，因为IBM最新推出的电脑，加强了垄断策略，不再与其他技术和平台兼容。后来也被证明，IBM的确是出了一记昏招，接下来几年丢掉了很多市场份额。在当年年底，柳传志结束了与IBM的合作，转而代理兼容性更好同时价格更便宜的AST电脑。从这时起，联想就开始了后来持续近二十年与IBM竞争的历史。当然，在很长一段时间内，IBM并没有把联想这个竞争对手放在眼里。当IBM的一位副总裁在北京访问的时候，柳传志想去拜访一下也被婉拒了。

走“贸工技”之路的联想，在贸易领域取得了不错的成绩。AST本来是一家名不见经传的公司，但是在联想的代理下，在中国的市场份额却做到了第一名。事实上，AST公司80%的电脑产品都是通过联想销售到中国。

在有了代理经验和销售队伍之后，1990年，柳传志决定联想要做自己的电脑。

做IBM式的公司

柳传志一直没有放弃对IBM的研究。在联想创办初期，很多人对它向“高科技”方向发展抱有期待，认为联想应该开发出中国的个人电脑芯片，有人直接批评联想不过是国外电脑公司的组装车间和销售店铺。柳传志不这样认为，1995年他向国务院相关领导汇报的时候说：“现在全世界大约有2000万台个人电脑，苹果公司占的比例不到10%，其他的都是IBM。苹果机的性能远远强于IBM兼容机，但是苹果公司在全世界推广得不好，这是因为苹果公司的势能不够。也就是说，即使产品的性能价格比再好，若销售势能不够，也是不行的。”

这是柳传志第一次公开表示要做IBM式的公司。在当时有意做“中国的IBM”的公司中，大多都是对IBM技术的青睐，而柳传志却把重点放在了IBM对市场的把握上，这也决定了联想未来的道路。

1990年代初期，与联想同期，中国也冒出了几家电脑公司，但是到1994年，激烈的市场竞争让这些中国公司没有了市场。一些电脑公司对跨国公司的策略，由竞争变为合作，比如四通和康柏、长城和IBM、方正和

DEC 等。联想没有放弃电脑市场，在这一年的 3 月份，专门为电脑产品成立了微机事业部。这个新的事业部，就是由后来成为联想集团董事长的杨元庆来领军。

杨元庆找到了 IBM 以外的一个追随对象——惠普公司，那时的惠普已经成为仅次于 IBM 的个人电脑公司。杨元庆将联想电脑的直销改为分销，让代理商发挥自己的力量来帮助联想成功。这也是联想后来一直所依赖的销售体系，现在已经复制到国外市场。联想内部也认为这一体系奠定了联想后来的成功。柳传志曾经明确表示"惠普是联想的老师"。

2001 年，以 IBM 为参照企业，麦肯锡为联想做出战略规划，提出要做"中国 IT 产品服务供应商"，其中的含义是，不但像 IBM 那样卖电脑，还要像 IBM 那样卖服务。分拆后的联想集团和神州数码，联想集团向服务转型是失败的，其标志是 2004 年将 IT 服务出售给亚信；神州数码的 IT 服务业务则依然在路上，在中国公司中它是 IT 服务的老大，但是与 IBM 相比依然是稚嫩的。

买下"偶像"

联想 2003 年换标 Lenovo，2004 年成为奥运顶级赞助商，2005 年完成收购 IBM 的个人电脑部门，这是消息公布的顺序，联想内部的决策顺序其实要倒过来。

2002 年，IBM 表示有意将个人电脑部门出售给联想之后，联想才有了更换公司标识和成为奥运会赞助商的计划。此前，在个人电脑领域，奥运会的顶级赞助商是 IBM。

根据《联想风云》一书的描述，杨元庆让公司新标识 Lenovo 依然使用原来标识的蓝色，是因为"他喜欢蓝色，这一点很像他心中的那个蓝色巨人——IBM"。尽管多年学习 IBM 的管理体系，但是在与 IBM 的 PC 部门合并过程中，包括杨元庆在内的管理层依然对 IBM 的内部运作表示了惊讶。作为联想公司的创业元老、原 CFO 马雪征在接受记者采访时曾表示，作为公司财务负责人，最初大家只觉得这是一个管账本的人，后来才开始引入财务运作等工作内容。"原来我已经觉得我作为 CFO 参与的事情已经很多，但是 IBM 对 CFO 的要求期望值更多，确确实实要求你参与公司战略的制定，参与业务方向性的制定，然后到业务的监控，当然也关系到具体的财务等。"

现在，联想已经完全拥有了它追随多年的IBM个人电脑业务，高级管理层中有超过一半的人是来自于IBM、惠普，追随的意义已经不存在了，因为追随者与被追随者已经融为一体。（暴剑光：《联想追随IBM：从竞争到融合》，《上海证券报》2008年6月18日。）

●模板4：百度品牌国际化的七种表现

在英国《金融时报》2007年"中国十大世界级品牌"评选中，全球最大中文搜索引擎百度比肩中国移动、中国银行等老牌国企，成为最受世界追捧的十大中国品牌之一，也是此番唯一入选的互联网品牌。作为此次"十大品牌"中最年轻的一家企业，百度是如何迅速成长为十大世界级品牌企业的？可以归纳为以下七点：

1. 超强市场渗透能力

百度是互联网应用市场上渗透率最高的公司。据统计，百度首选市场份额已经超过74.5%，覆盖超过90%的中国网民。以中国目前2.2亿的网民总数计算，百度已经覆盖了约2亿用户——这样庞大的用户数目，可不是那么容易实现的。

2. 震撼资本市场

百度在资本市场上的表现，堪称"震撼"二字。2005年8月5日，百度在美国NASDAQ上市，首日股价疯涨3.5倍，上冲至122.54美元，是有史以来外国公司在美上市的最好纪录，令全球惊讶。2007年年底，百度受邀成为第一家入选纳斯达克成分股的中国公司，从而成为美国资本市场波动和发展状况的晴雨表。同时，全球权威财经媒体《金融时报》发表文章称百度在纳斯达克的股票交易量超过2000亿美金，成为当年最受资本市场关注的中国企业。百度单股价格也曾超过3000元人民币，成为名副其实的中国"最昂贵的股票"。

3. 缔造业绩狂飙神话

埋首于用户体验的百度，惯常以低调的姿态面对业界。然而，自2005年上市至今，已经创造了连续12个季度的营业收入同比翻番的神话。实际上，相比百度2000年创业时的原始资本120万美元，百度已经实现了超过7000倍的价值增长。

4. 世界级“品牌老板”

一个世界级的品牌企业背后，也往往有一个世界级品牌的核心人物。百度创始人李彦宏，就是这样一个角色。作为技术专家，其在美国留学期间研发出“超链分析”技术，被美国专利和商标局批准了专利，目前该技术已为世界各大搜索引擎普遍使用；作为企业家，李彦宏成为首名入围全球最佳商业领袖的亚洲互联网人士，拥有“打败谷歌的神奇小子”、“全球最优秀企业家”等称号；而作为公众人物，其个人魅力更是不容忽视。

5. 前瞻的国际性合作

百度的数次合作极富前瞻性。无论是与 IBM、诺基亚在产品、技术层面的合作，还是与维亚康母、百代在数字音乐领域的携手，抑或与英特尔、思科在未来技术储备方面的结盟，百度在国际化的市场合作和企业战略上，总是具有前瞻性，也非常瞩目。

6. 国际化首战初捷

众所周知，凭借日本市场起步的百度，是中国第一家启动国际化的互联网公司，也是第一家完全凭借核心技术进军国际的中国公司。索尼公司前董事长出井伸之，高度称赞百度“将成为亚洲高科技企业的新代表”，并应邀出任百度日本独立董事。值得关注的是，百度日本正式上线首月，其流量已经超过所有日本本土搜索，成为日本第四大搜索引擎。

7. “击败 Google”的中国榜样

百度品牌的崛起，除了其自身的因素外，还有很重要的一点外因，那就是——身处拥有全球最多网民的中国市场，又处于搜索引擎这个互联网最前沿的阵地。在这个竞争趋于白热化的“火线”上，百度给了竞争对手 Google 狠狠的一拳——接近 80% 的中国搜索市场份额，让后者望尘莫及，也为中国互联网品牌的崛起树立了榜样。（小扁：《百度品牌国际化的七种武器》，《硅谷动力》2008 年 3 月 20 日。）

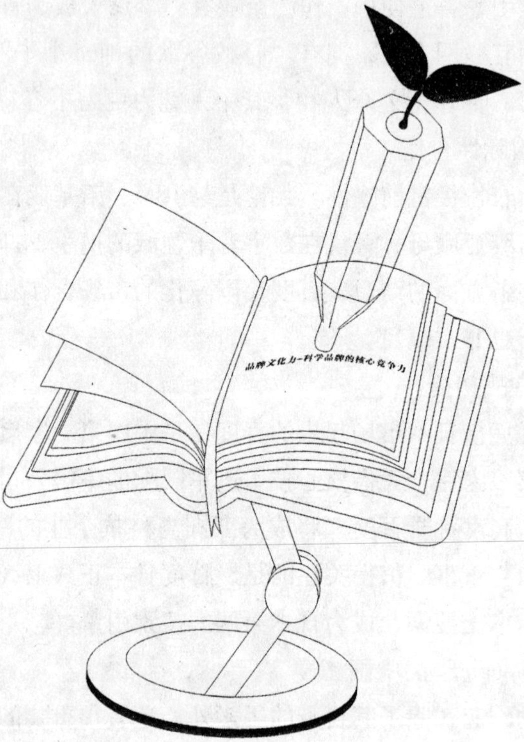
品牌文化力–科学品牌的核心竞争力

第十一章　品牌文化力

——科学品牌的核心竞争力

一个没有文化的品牌就像一个没有灵魂的人。

先进品牌文化是科学品牌发展观的旗帜。

品牌文化力法则一：体现全新价值观——21 世纪赚时间。

品牌文化力法则二：符合人类最高层次的需求——梦幻需求。

品牌文化力法则三：符合可持续化发展战略。

品牌文化力法则四：具备独特的个性。

品牌文化力法则五：引领积极健康的时尚文化。

品牌文化力法则六：倡导全新的生活方式。

品牌文化力法则七：体现民族文化特点。

品牌文化力法则八：契合本国经济发展趋势。

品牌文化力法则九：担当民族富强责任。

联合国教科文组织《文化政策促进发展行动计划》指出：发展可以最终以文化概念来定义，文化的繁荣是发展的最高目标。

在现代经济发展中，文化、科技、信息、人才等因素发挥着越来越重要的作用，经济活动中渗透着越来越多的文化内涵，经济竞争越来越依赖于文化竞争，也就是经济的文化化。

随着现代社会人们的社会需要的不断提高，物质消费与文化消费日益融为一体，对品牌的文化含量、文化品位越来越重视，同时，文化也越来越多地融入各种产业形式，为产品和品牌注入了文化含量和文化附加值。因此，文化要素成为产品竞争力的核心要素。品牌中注入的文化内涵越多，文化含量越大，产品附加值就越高，竞争力就越强。

香港特别行政区政府民政事务局局长何志平曾在全国政协十届三次会议上提案，建议发展文化，增进国家文化安全。提案认为，文化是综合的经济力量。文化影响经济、影响消费模式。文化在社会科学上所指的意义，是指日常生活中所持的信念、价值观和生活方式。现在，边界不再是以国界为准，而是以文化为组合，文化成了我们界定一个国家的准则。在新的世纪，国与国之间的竞赛，是军事竞赛，是经济竞赛，同时也是文化竞赛。换言之，全球化带来的更迫切的问题，其实是一种国与国之间文化竞争的问题。不难看出，一种新的秩序正在形成，国家与国家之间的界线日趋模糊，国家与国家间的分野，依靠的是各自的文化。下一个世纪的竞争，不是产品与产品的竞争，而是文化体系与文化体系的竞争。（何志平：《建议发展文化，增进国家文化安全》，全国政协第十届全国委员会第三次会议提案，2005 年 3 月。）

十六大报告指出："当今世界，文化与经济和政治相互交融，在综合国力的竞争中的地位和作用越来越突出。文化的力量，深深熔铸在民族的生命力、创造力和凝聚力之中。"世界经济发达的国家早已认识到文化力的重要性，在经济全球化时代，经济的扩张很大程度地表现为文化扩张，文化力不但是综合国力的重要组成部分，而且已经以一种核心力量的作用显现出来，文化力的竞争已成为经济竞争的重要表现形式。企业是经济竞争的主体，因而企业文化在企业竞争中的地位和作用也逐渐凸显出来。

第一节　先进品牌文化——科学品牌发展观的旗帜

●国家文化战略与先进品牌文化

美国前助理国防部长约瑟夫·奈在《美国霸权的悖论：为什么世界上唯一的超级大国不能自行其是?》一书中写道："一个国家可以在国际政治中得到所希望的结果，因为他国想追随他，欣赏其价值观，效仿其模式，可望达到其繁荣水平和开放程度。从这个意义上说，在国际政治中通过制定议程来吸引他人，与通过威胁或使用军事或经济手段来强迫他人改变立场同等重要。我把实力的这一方面称为软实力。"硬实力和软实力是通过影响他人的行为方式来实现我们目标能力的两个侧面。

文化战略是一个国家在全球的背景下对本国文化发展与世界战略的一种

长远考虑和谋划，集中反映了一个国家的文化意志和对于世界的文化意图。文化战略成为一种国家战略需求。文化本身不再是手段，而是一种目的，从而引发了全球性的文化竞争。由于当今的世界文化已经不能脱离文化产业这样具体的文化形态而存在，因此，对于文化产业的开发和市场的争夺，也就成为当今世界文化发展变化和软力量竞争的重要内容和领域。（胡惠林著：《文化产业发展的中国道路》，上海人民出版社 2004 年版。）

目前，我国文化产业的发展和文化产品的输出与崛起大国的地位极不相称。

政协委员、原国务院新闻办主任赵启正曾说："一个中国孩子可以说出美国电影的名字，美国球星的名字，一个大学生能说出很多美国政治家的名字，但反过来情况就不同了。""我们现在输入了很多外国文化，也因此同时输入了外国的某些价值观。中国输出了大量的电视机，却没有输出电视机里的表演——输出的电影很少，音乐很少，电视剧很少……我们是世界第一的电视机输出国，却不是一个能够输出电视机内容的国家。"

新加坡《联合早报》曾发表文章称，中国没有文化上的崛起。经济的崛起还没有带来文化的复兴，也没有造就一种新的文化。相反，传统文化正在加速度地消失，被商业文化、快餐文化所取代。经历着工业化和城市化洗礼的中国越来越难以见到传统的痕迹了。

在党的十七大的报告中，第一次使用了"软实力"这个提法——"提高国家文化软实力"，相关之处还有"文化越来越成为综合国力竞争的重要因素"、"增强中华文化国际影响力"以及"大力发展文化产业、繁荣文化市场、增强国际竞争力"等。可以看出，中国政府已决定从国家层面推动发展文化软实力建设，文化发展战略便是题中之意。

在 1986—1993 年乌拉圭回合多边贸易谈判期间，以法国为首的欧共体国家就提出"文化例外"的原则。"文化例外"原则反对将文化产品等同于一般商品任其自由流通。由于谈判期间法国的态度最为坚决，"法兰西例外"便成了最能体现法国文化特性的用词，也逐渐成为法国最为流行的用语之一。每年，法国政府拨款近 10 亿欧元支持文学、艺术、音乐、影视和媒体等行业的发展。比如，法国文化部 2001 年颁布了一项旨在扶持法语原创剧本的政令，用于资助那些致力于创作法语剧本的青年作家。此外，法国政府 1996 年还出台了一部旨在保护其文化产品的《视听产品保护法》。该法律规定，在电视台播放的影视作品和歌曲中，法国作品至少要占40%，欧洲作品至少要占60%，违者将会受到重罚。可以说，正是这种“法兰西例外”，才使法国这样一个幅员和人口都只能算中等的国家，依然能保持其欧洲文化大国的地位，并立足于少数世界强国之列。

2003年7月，在法国的提议下，欧盟各成员国同意把“文化例外”列为欧盟宪法中的一项条款。对于这一强调“文化特殊性”、“文化多样性”的国际公约，美国斥其妨碍了世界的贸易自由和言论自由，违反了自由市场竞争的基本原则，是彻底的文化保护主义。

实际上，绝大多数国家都认为，美国才是将文化保护执行得最彻底的国家。据报道，美国文化消费产品的进口比例还不到3%。美国反对制定文化多样性公约的主要动因是经济利益。美国知道，如果文化多样性公约获得通过，每个国家都可以采取立法，或使用财政、行政手段保护其本国文化或本民族语言。文化多样性公约鼓励发达国家与发展中国家合作进行影视生产，规定发达国家对发展中国家实施文化补助，并帮助它们打开发达国家的影视市场。由于影视产品是美国对外出口的拳头商品，这样的规定无疑会影响美国视听产品的出口利润。美国派驻联合国教科文组织的外交官曾直接表示，有关制定文化多样性公约的提议是一个“坏主意”。法国前总统希拉克则坚持认为，公约可以确保各国更加自信地向世界敞开大门。

从表面上看，“文化例外”是一种保护行为，实际上，保护与发展是并行不悖的。任何国家都不会，也不可能永远躲在“文化例外”盾牌后面，紧闭国门、严防死守的时代已经一去不复返。保护自己的弱点，发挥自己的优势，化解别国的文化侵略并加强本国的文化输出；站在自己国家利益立场上，从本国的综合实力出发，制定和实施有利于本国利益而又有可能通过谈判说服他国组成同盟的战略战术，早已成为不成文的国际惯例。

品牌文化，是国家文化战略的基础之一，是文化产品输出的侧翼盟军。

20世纪中叶，中国老百姓对伊拉克的全部了解就是蜜枣，买什么？伊拉克蜜枣！而良种猪是乌克兰，草帽是巴拿马。品牌或产品代表了国家概念。有日本人说：“日本人的左脸是松下电器，右脸是丰田汽车。”可见拿得出手的品牌是可以为国家“长脸”的。美国一家民调公司的调查表明，在全球各大国的国家形象中，品牌所占比重在不断加重，其中以日本、德国和美国领先，分别为38.5%、36%和34.3%，而中国的品牌对国家形象的影响仍处于较低水平。在2007年世界100个最有价值品牌排行榜中，美国54个、法国11个、日本7个、德国6个、英国5个、西班牙4个，而中国唯一上榜的只有中国移动。在全球化时代，如果一个国家的民族品牌在国际市场形成不了阵势，占据不了相当地位，就谈不上市场竞争力，更谈不上文化竞争力。这就是品牌文化与国家文化战略的关系。国家文化战略必然包括品牌文化的建设与输出，品牌文化的竞争在国家文化战略中发挥着相当重要的作用。

在文化领土之争中，品牌文化往往是排头兵、生力军，甚至发挥主力军作用。要发挥这种作用，一般的品牌文化不行，必须是货真价实的先进品牌文化。

●科学品牌发展观与先进品牌文化

当今市场产品的同质化趋势，使得企业单纯依靠产品功能、价格、质量、渠道等方面的差异化取得竞争优势的功效越来越弱；而蕴涵着超越物质使用价值的品牌价值理念、品位、情趣、情感等精神元素的品牌文化对消费者的影响却日见强大。先进的品牌文化，不仅仅着眼于增进消费者对品牌的好感度和联想度，更致力于倡导新生活方式、推行普世价值观，使文化真正成为品牌的核心竞争力。

品牌的物质基础是产品，品牌的精神力量是文化。

先进品牌文化是开放、向上、兼容、普世的文化。

先进品牌文化有两层含义：一是指成型的科学的品牌文化；二是指学说初创、体系单薄、理论尚待实践、实践尚未提升的，在科学性和学科性上尚待完善的品牌理论之中的先进品牌文化成分。尤其是后者，包含着许多创新思维、革命性理念和大有发展前景的科学萌芽，有的价值不可估量。

纵览世界文明史，横观环球文化圈，大到国家和国家联盟体，小到几人文化组织，都有文化门窗，文化之门大都是兼收并蓄，文化之窗绝对是选择展现，文化广场上则是摩擦不断。其实应该是“美美与共”的。费孝通先生说，“‘各美其美、美人之美、美美与共、天下大同’的设想，是我的心愿。要想实现这几句话，还要走很长的路，甚至要付出沉重的代价。比如要做到‘各美其美、美人之美’，也就是各种文明教化的人，不仅欣赏本民族的文化，还要发自内心地欣赏异民族的文化；做到不以本民族文化的标准，去评判异民族文化的‘优劣’，断定什么是‘糟粕’，什么是‘精华’。”我们在这里谈先进品牌文化，如果由于担心有些东西不成熟、没“标签”、不保险、而不去接触或者拒绝吸收杂糅在五光十色的品牌文化现象中的有益的品牌文化营养，我们的品牌文化就连基本健康都谈不上，还说什么先进不先进呢。

品牌的文化战略必须吸收先进的品牌文化，塑造个性化、人性化、兼容性，才能是可持续发展的品牌文化。先进品牌文化的载体是国际化品牌，必须跨越区域、国家、文化、意识形态的差异，为不同社会、经济、文化背景下的消费者所接受。先进品牌文化必然吸收先进的品牌理论、科学技术工艺，吸收国内外诸多先进品牌文化的长处，必须与不同文化、亚文化兼容并存沟通互动。

文化的整合与创新，是继承与创造的关系、借鉴与独创的关系、内部依据与外部条件相结合的关系。文化整合是创新前提下的整合；文化创新是整合基础上的创新。整合，是对国内外有形无形资源整合。创新包括技术创新、管理创新、制度创新和理论创新；技术创新不排除跟随创新、集成创新、原始创新等任何创新手段，但必须以自主创新为主。品牌创新不是一般创新，是本质创新，全面创新，全程创新，战略创新。品牌创新要求从经营理念、发展方向、价值观、核心技术、市场战略等内在要素到视觉识别、行为识别、形象整合、营销策略等外在要素都具备自主创新能力。通过创新，不断超越同行，超越自我，使品牌内涵不断丰富，境界不断提高。

先进品牌文化是科学品牌发展观的旗帜。

●品牌文化与普世的新生活方式

《中年》杂志登过一篇很有意思的文章《买生活方式，你会花这个钱吗?》，以一个中年人的疑问开头：我们用“垃圾食品”吓唬孩子们，却拦不住他们奔向肯德基、麦当劳的脚步；我们挖空心思教育刚刚工作的儿子量入为出，却丝毫动摇不了他宁可吃方便面也要按揭购车的计划；我们对花花绿绿的售楼广告所谓的“高尚社区”、“尊贵生活”嗤之以鼻，却毫不影响趋之若骛的房奴……是这个世界出了问题，还是我们的脑子有了毛病？当然是后者。因为社会生活观念起了变化。

消费心理学认为，消费者有两套生活方式：一套是现实的社会生活中的实际角色，一套是“渴望中的生活方式”的角色。德国美学家韦尔施指出：“今天，我们生活在一个前所未闻的被美化的真实世界里，装饰与时尚随处可见。它们从个人的外表延伸到城市和公共场所，从经济延伸到生态学。”在韦尔施看来，今天的消费者“实际上不在乎获得产品，而是通过购买使自己进入某种审美的生活方式。”“‘让生活更美好’是昨日的格言，今天它变成了‘让生活、购物、交流与睡眠更美好’。”

生活方式包括活动、兴趣、评价三个方面。消费者的惯常行为，消费者的关注对象及关注度，消费者对相关问题的解读、期望和对未来的期待等，构成生活方式。有人说，中产阶级是消费主力。这一阶层成长在改革开放的社会环境下，多数人受到过良好的教育，眼下正是各个行业的主力，是中国追求时尚的第一代人。他们懂得追求自我，享受生活，注意健身，因此这一代人又是高档家用电器、服装、化妆品、私人汽车等产品最主要和最有实力的购买群体。年龄在25至30岁之间的知识女性，是户外运动、自我形象与自我发展等项目的主要消费者。近年来兴起的健身热、瘦身热、美容热以及新知识的学习活动等项目，正是为了适应中等收入女性对这些方面的需求与渴望。还有调查表明，一般来说，年轻知识女性在选择商品时，影响她们消费的因素依次是品牌、自我形象（体验）、质量、价格，而其他阶层的女性正好相反。所以市场就瞄准了她们，把她们需求的生活方式卖给她们。

在专家眼中，经营新的生活方式，不光是广告语，更是商业方向。

商业设施的现代化，只是外部环境的改善，而经营理念的革新，才是商业革命的根本。这个革新说起来很简单：把经营商品，提升为经营新的生活方式。现代城市人在基本的生活需求得到满足后，越来越注重生活的品质。“享用生活方式”的概念已经成为一种需求。

衣服的价值，现已超越御寒遮体功能，成为一种时尚产品。在外观上，衣服是“流动的风景”、“新生活的画卷”；在用料上，天然彩色棉织成的面料避免了棉布印染过程中的污染。中国环境标志生态纺织品服装的问世，顺应国际“绿色消费理念”，顺利进入国际市场，把现代人引入了绿色环保衣着新时代。人们对服装的喜好，从崇尚流行款式延伸到注重面料功能，进而向往高科技含量的天然织品。被誉为“三新秀”的时尚丝织物，就给人们带来了超凡脱俗的享受和体验。奶丝织物穿在身上犹如拥有了第二肌肤；天丝织物着在身上既具吸湿透气性，又有悬垂感、滑爽感；亮丝织物穿在身上有媚人的光泽、宜人的手感，带有自然弹性，久穿不起皱。谁也不能否认，这就是新生活方式。

再说“吃”。人们对吃的追求已从吃饱到吃好，从口味到营养，再上升到功能指向，吃出营养、吃出健康。从国际食品业发展的潮流看，功能性食品的消费已经占到50%以上，这类食品对于增强人体体质具有调节和改善作用。现代人在追求食品的方便营养之后，更注重食品的功能诉求，这也是注重生命质量的具体表现。国际上越来越严格的食品安全标准，迫使我们的生产企业快步赶上；而“三鹿奶粉事件”却使我们把眼光收回来，盯住自己的健康。与其说，“三鹿奶粉事件”造成的人的生存危机忧虑远远大于行业危机，不如说，这些突发事件的价值，在于唤醒了国民与政府的全民生存质量意识。

绿色生活方式，是人类在环境友好和个性自由理念基础上的生产和生活模式，其内涵是科技人文化，生产环保化，产品品牌化，品牌文化化。消费者接受绿色产品和服务，保护自然环境，善待自然，最终会达成人与人、人与自然高度和谐的可持续性发展。（刘丽韫：《买生活方式，你会花这个钱吗?》，《中年杂志》2008 年 3 月。）

这一切，就是对品牌文化倡导先进生活方式的生动诠释。

第二节　品牌文化建设示范案例

●示范案例 1：品牌文化环境分析

消费者分析为欧莱雅带来的转机

男士护肤品市场在中国是具有发展潜力的市场，但中国男士消费者一直对皮肤护理持抗拒态度。巴黎欧莱雅为什么能成功地突破这传统观念障碍将男士护肤产品推向市场呢?

一是品牌环境和消费者生活形态分析；二是差异化品牌定位；三是国际

品牌本土化。

（一）屡试不爽的全球策略在中国大陆碰壁

近些年来，欧莱雅集团凭借对各年龄段各皮肤类型的深入研究和高科技突破，相继在欧洲、中国台湾和香港等地成功地推出了巴黎欧莱雅男士专业护肤系列产品，并决定于2006年10月在中国大陆上市。

针对不同年龄段男性皮肤的特质及需求的不同，巴黎欧莱雅男士专业护肤系列以“男士控油保湿啫喱”、“男士劲能醒肤露”和“男士抗皱紧肤霜”为主打产品，以“出现问题，解决问题”的形式，为男士皮肤在不同年龄阶段提供针对性解决方案，帮助不同年龄段男性解决去油光、抗倦容及抗衰老等不同问题。相比市场其他男性护肤品牌，巴黎欧莱雅男士专业护肤系列显然更为专业及全面。

欧莱雅的全球策略是基于西方男性修饰自己是为了取悦女性、接近女性的洞察制定的。所以广告以女士的挑战来提醒男士：“想让自己在女士眼里神采焕发、魅力逼人，你就要马上还击，用巴黎欧莱雅男士专业护肤系列产品来修饰自己。”这个策略在中国台湾和香港等地的中国人市场已被接受。但中国大陆男性消费者认为注重皮肤护理和使用护肤品会给人“娘娘腔”的感觉，甚至有消费者觉得男同性恋者才会关注护肤。而且，国内消费者总是认为护肤品一定是很贵的，是非必要的。

所以，欧莱雅始料不及的是：全球策略在中国大陆竟不适用！

（二）颠覆性的国际品牌本土化

经过一年的追踪调研，麦肯光明上海公司与欧莱雅组成的品牌上市小组终于在中国消费者生活形态调查中发现了中国男性消费者与西方男性消费者在修饰外表上的不同理解和不同追求。

中国男性伴随中国市场经济的蓬勃兴旺，普遍对未来充满希望。他们坚信只要自己不断努力，抓住机遇就一定能够取得成功，并为此不断补充和完善自己，激励自己学习更多的技能，让自己的表现更为出众。中国男性对事业的野心和专注与西方男性向往的潇洒随性有着本质区别。因此，对于中国男性来说，对自己外表的修饰并不在于取悦女性，而在于赢得别人的肯定和尊重，在社交圈中获得更多的机会。这样的肯定、尊重和机会是他们信心的源泉，也是他们构筑未来，事业有成的基础。就算他们心里有着想要取悦女士的想法，也不愿意被公然点破。

基于这样的发现，品牌上市小组当机立断，对全球策略进行了颠覆性调整。从原来“讨好女性”转变成为“男性的自我肯定和对自己生活的掌控”。广告创意也从原来的“女士的评判挑战”，变为“成功男士如何在繁忙的工作中自我调整、自我控制，时刻保持自信和出色表现”。平面广告也摆脱镜头只集中在脸部的做法，而是采用了除面部外表现男士时尚生活，自信面对挑战的生活形态照。

除“爱美”的目的与西方不同外，调研数据和访谈还显示，中国人眼里的“美男子”需要有男子气概，有款有型外，还需要看起来有教养，有责任心和有成就感。在品牌代言人的选择上，品牌上市小组于是也从本土消费者的品位出发，结合欧莱雅的品牌形象和品牌个性，选择了英俊阳刚，有责任心、进取心，事业有成又不乏幽默感的国际亚裔明星吴彦祖。代言人如此接近消费者对“美男子”的要求和期望，广告故事又以其社交、工作、休闲生活为原型延展，自然流露出他对男士专业护肤产品的需求和产品所带来的功能性利益与心理满足。

（三）骄人的营销效果

巴黎欧莱雅男士护肤系列产品上市初始阶段，销量超越原预计两倍，产品居巨形超市货架同类目产品首位。

广告溢出效果使同品牌其他护肤产品在没有广告支持下也有明显销售增长，而增长率超过历年。

在广告推出初始阶段，巴黎欧莱雅男士护肤系列产品迅即成为同类产品的最高意识品牌。

巴黎欧莱雅男士护肤系列的广告居巴黎欧莱雅产品投资回报率最高之列。

（四）当初的品牌文化环境分析

这个案例被选送参加2006年至2007年中国杰出营销奖评选，麦肯光明上海公司副客户总监在陈述和答辩中说：当我们把系列产品引入中国的时候，并不是把国外全套的产品引入进来，而是先了解市场的状况，分清消费者的需求处于什么阶段，才引入适当的产品。

首先从行业背景来讲，2006 年男士化妆品发展迅速，达到 300% 的整体增长速度，而整体的市场规模量只有 4 亿左右。据资料显示，欧美国家男士护肤品差不多占总量的 30%，而在中国，即使在最发达的北京和上海，只占 10% 左右，如果按全国范围来算，这个比例是 2%。由此可见，中国的男士美容市场，存在非常大的潜在增长空间。

从竞争环境来说，与女性化妆品市场品牌众多的情况类似，男性护肤品市场也有很多的品牌，本土有高夫、采诗，国外的有碧柔、曼秀雷敦和妮维雅等。通过对男士护肤品消费市场的调查，我们发现了一个两极化的现象，妮维雅、曼秀雷敦是几十块的市场，而资生堂等是高端的市场，缺少中间的价位，这给巴黎欧莱雅一个以价格取胜的机会。所以在价格策略上，巴黎欧莱雅将自己定位在中高档，价格在 100 元左右。在产品策略上，那些品牌偏向于一个基础的产品属性的诉求，没有真正的了解认识不同年龄阶段的男性对皮肤护理具有不同的需求。

从产品来说，巴黎欧莱雅有一个实验室，研究不同年龄男士的皮肤有什么需求，从而针对不同年龄阶段的男士推出相应的产品，由分别适合 20、30、40 岁男士的不同皮肤特点的产品。对于男士来说，20 岁时皮肤比较容易出油，需要控油保湿系列；30 岁时皮肤干燥，可以使用保湿系列的产品；从 40 岁开始，皮肤出现衰老、产生皱纹的时候，需要使用抗衰老、具有抗皱紧肤系列的护肤品，这种非常清晰的产品定位可以满足不同年龄阶段消费者的需求。

从机会来说，在男士护肤品市场，存在两个极端，即低端品牌和高端品牌，中间还有一片空白区域，这给了我们一个以定价策略来取胜的机会。我们将目标消费者定位在 30 岁左右的男士，不管是消费能力，还是皮肤的需求方面，这个群体的产品需求都是最大、最强的，所以将广告投入集中在这一年龄段。

由于巴黎欧莱雅的进入，很好地带动了这个市场，以前很多没有使用护肤品的都市青年男子，现在开始使用护肤品。

（五）结论

巴黎欧莱雅男士护肤系列产品的成功来自对中国市场本土文化、本土消费者的研究与尊重，最后赢得了来自消费者的掌声和骄人的商业效果。

通过对消费者、社会文化的分析，对行业和消费者沟通习惯的研究，整合思考制定沟通策略，真正打动消费者，使品牌与消费者的情感联结更加长久而牢不可破。这样才能为品牌创造需求，使品牌的商业价值持续增长。（李想：《欧莱雅男性护肤品：破传统观念，夺取新市场》，经济观察网，2008 年 6 月 16 日。）

●示范案例 2：品牌民族化战略

让外国人照相也喊“田七”

2002 年，高露洁、佳洁士及联合利华旗下的牙膏征服了中国牙膏市场。在国内中药牙膏品牌纷纷大幅萎缩的情势下，田七誓将中药牙膏进行到底，在不到两年的时间里，由一个年销售额只有 6000 万元的广西地方品牌，成长为年销售额 6 亿元的中药牙膏第一品牌。

（一）品牌环境分析

2002 年，中国牙膏市场已被全球企业征服，高露洁、佳洁士成为压倒性的领导品牌，第三位的中华牙膏实际上是联合利华旗下品牌，而被许多消费者视为民族品牌。过去的第一品牌两面针已极度萎缩。牙膏市场的国际化程度最高、竞争最激烈、营销成本高昂，而行业利润却很低下。

我国目前有牙医 6 万余名，平均每两万人才有 1 名牙医（美国为1600：1，瑞典为 800：1）。美国 60% 以上的人每年至少进行两次口腔健康检查与清洁；而在中国，60% 以上的百姓从未看过牙医，仅有不到 2% 的居民有定期进行口腔检查和清洁的习惯。但是，中国人有使用中药牙膏的习惯。

中药牙膏品牌市场大幅萎缩，其原因是国内各中药牙膏品牌均放弃了自己的价值和话语体系，盲目追随国外品牌。别人喊防蛀，我们也喊防蛀；别人加氟，我们加“双氟”；别人加盐，我们也做“盐洁”、“盐白”。结果是：在产品开发和广告诉求这两大阵地，都争相高举对手的旗帜。各国内品牌所开发的每一支产品，投放的每一则广告，都是在向全中国的消费者强调：高露洁、佳洁士才是权威，我们正在努力“跟上潮流”。而没有把营销资源用来强化自己的价值，建立自己的话语体系。

可以说，过去的十几年，是“中药牙膏价值话语空白”时期。用一句话来总结过去十几年的中国牙膏市场竞争史——“防蛀”的价值战胜了“清热去火止牙痛”的价值。

（二）田七的战略目标

实际上，中国的消费者从未抛弃“清热去火”的消费观念，也从未放弃中药牙膏。国内传统中药牙膏品牌的退缩，对中药牙膏的生存来说，是极大地威胁；对中药牙膏的发展来说，却提供了巨大的市场空间和话语空间。

2002 年 10 月，广西奥奇丽股份有限公司被哈尔滨晓升集团收购，从此踏上了新的征程。

田七确立的战略目标是：建立中药牙膏王国，领导中药牙膏在中国市场的复兴，成为中国牙膏市场的主流品牌。伴随中国文化的全球化和中国知识的全球化，在全球牙膏市场建立差异化品牌价值。

（三）用品牌战略目标领导一切

田七品牌战略目标确定后，整合规划了企业战略、产品开发、品牌设计、营销推广、广告创意等所有环节。

1. 核心价值——清热去火止牙痛，中药牙膏选田七

高露洁等使消费者都认同“防蛀”的价值，而“清热去火止牙痛”的价值被冷落。田七最重要的策略，就是坚守“清热去火止牙痛”的中药牙膏价值，坚信这一价值有着巨大的市场容量。

以中药牙膏的名义，建立雄厚的市场领地，从侧翼瓦解对手的主要阵地；伴随中国文化的全球化和中国知识的全球化，“清热去火止牙痛”有推广成为国外牙膏市场的话语潜力。

2. 传播营销战略——大广告、大流通、大增长

13 亿人口的中国市场，处于同一个语言文化和传播环境之下，使大广告、大流通、爆发式增长的企业成长模式成为可能。奥奇丽在 2003 年集中投入了超过 2 亿元广告，期待一举建立田七品牌，并最终如愿以偿。

3. 产品策略——低开高走；市场策略——农村包围城市

田七以低价位产品，大广告拉动，大规模流通，用最短的时间完成了对

全中国农村市场的覆盖。大流通的经销商现款提货模式，也使得公司能够将所有资金集中在电视广告投放上，迅速建立品牌。2003 年，奥奇丽实现了近 7 亿元销售回款，一举成功。

4. 品牌升级——拍照喊“田七”广告

拍照大声喊“田——七”的广告片在 2004 年 9 月推出，田七成为耀眼的明星，拍照不喊“茄子”喊“田七”成为中国年轻人的新时尚，将田七推向年轻化、时尚化、城市化。这则广告片超越了语言和文化的沟通能力，为田七未来成为全球品牌提供了强有力的传播武器。

5. 产品升级——田七本草牙膏系列

定位：《本草纲目》经典护齿配方，是中国人的牙齿护理智慧。天然、健康、安全的口腔护理。主打产品：田七本草银杏牙膏。

从中国传统的医学文化出发，借势于天然护理产品潮流，植物防蛀的中药牙膏文化给含氟防蛀文化的牙膏市场带来强大的冲击，外资高档牙膏品牌独占的领地中，插上了中药牙膏的旗帜。

田七本草系列牙膏的成功，既为田七牙膏挺进大中城市的超市提供了利润保障，也提升了田七牙膏的品牌价值，更为重要的是，它在外资品牌不断通过推出低价的“草本牙膏”，矮化中药牙膏的市场竞争格局中，为高档中药牙膏树立了标杆。

6. 公关活动——无氟战役

氟一直被广泛宣传能预防蛀牙，但摄入过量会导致氟斑牙和氟骨症，而在我国，很多地区都属于高氟区。在比利时含氟牙膏属于处方药，凭医生处方才能购买；而中国消费者几乎没有得到任何提示。

无氟防蛀，应该是最合适、最理想的选择。2006 年，田七银杏无氟防蛀牙膏上市，在高氟区开展了一系列的公益宣传活动，引起了强烈的市场反响。

7. 品牌延伸——田七娃娃儿童牙膏

田七本草系列牙膏的附加值远超过田七特效中药牙膏，在田七本草系列上市后，又推出了更高价值的子品牌——“田七娃娃”儿童牙膏：田七娃娃长牙牙膏，2 至 5 岁专用；田七娃娃换牙牙膏，6 至 12 岁专用。这一细分的产品设计，在终端赢得了妈妈们“对号入座”的直接选择。

8. 营销 4P 组合

从田七特效中药牙膏开始，田七目前一共开发出 19 个品种，共 29 个 SKU 的产品。通过多品种、多规格的高中低产品组合，田七牙膏实现了对消费者、对渠道的全面覆盖，也提升了利润空间，成功实现品牌化经营。

（四）战略成效

不到两年时间，一个年销售额只有 6000 万元的广西地方品牌，成长为年销售额 6 亿元的中药牙膏第一品牌；

通过拍照大声喊“田——七”的广告传播，让田七品牌成为中国人生活的一部分，并将消费者的拍照现场，变成了田七的“广告直播现场”；

在被国际品牌统治的中国牙膏市场，田七视中药牙膏为“中国人的文化遗产”，以民族信念，打造扎根于本土文化的田七品牌，仅用两年时间就夺回了 8% 的市场份额。

（五）海外发展战略展望

田七策划者认为：随着中国的强盛，我们将从代工产品输出到品牌输出、知识输出、文化输出、生活方式输出，今天扎根本土文化的品牌，正是明天在全球市场具差异化价值的中国品牌。策划者广西奥奇丽股份有限公司、上海华与华营销咨询有限公司的下一步目标是看到外国人照相也喊“田——七”。（方圆：《田七牙膏——本土文化重建本土品牌的市场话语权》，经济观察网，2008 年 6 月 16 日。）

●示范案例 3：品牌概念战略

差异化概念，让品牌光芒四射

中韩合资乐天澳的利饮料有限公司是国内最大的民营饮料生产企业之一。

澳的利，这个中原品牌年销售额高创五个多亿，居中国功能饮料的前列。澳的利的成功，首先，是把握了饮料市场的发展趋势，专业化企业战略的领先；其次，是差异化品牌行销的典范。从综合营养补充的概念差异，到以农村市场包围城市的营销战术差异；从葡萄糖饮料，到中国营养学会研制的产品差异，处处领先，走出了一条中小型企业发展的品牌突围之路。

（一）品牌突围方向何在？

澳的利1995年开始创业。葡萄糖饮料，快速补充体力，得到了市场的认可；2002年，请田亮、郭晶晶演绎“亮晶晶的澳的利，想要就给你”，一时蜚声全国。

在中国沿海的发达城市，也是国际、国内饮料品牌云集的区域，澳的利一直没有进入主流市场；在中西部偏远市场，其他品牌鞭长莫及的区域，澳的利却长袖善舞。但是，区位的优势逐步被娃哈哈、乐百氏等分销能力很强的品牌逐步蚕食，葡萄糖概念又需要进一步的提炼和超越，澳的利的竞争优势在哪？怎样进一步开拓城市市场，提高占有率？如何形成有效的狙击战略，走出重围？这些都是企划面临的重要课题。

（二）品牌环境分析

1992年以来，中国饮料市场先后经历了碳酸饮料、水饮料、茶饮料、果汁饮料、功能饮料领军时代。

澳的利要“二次创业”，必须要通过品牌环境分析，捕捉到饮料市场背后的商机：

首先，饮料市场的品牌和市场集中度非常高。每一个时代主导品类市场的三个强势品牌：碳酸饮料时代是可口、百事、非常可乐；水饮料时代是娃哈哈、乐百氏、农夫山泉；茶饮料时代是康师傅、统一、旭日升；果汁行业统一、康师傅、汇源；那么，功能饮料市场，要决胜未来，也必须进入前三甲。澳的利从葡萄糖饮料开始就在做功能饮料，同时涉猎其他品类，要在功能饮料大品类里塑造竞争优势，澳的利面临从多元化战略向专业化战略调整的选择。

其次，饮料市场的消费者喜好变化非常快。十年迎接了五次消费高潮的转变。而中国企业模仿跟进能力非常强，在技术壁垒不高的行业，一旦生机乍现，就会一哄而上。所以，澳的利又面临如何在最短时间范围内，拉开与竞争对手在市场和品牌位序上的差异，从规模、网络、品牌上与对手形成区隔。

最后，饮料市场“业”的最大概念是品牌。企业与企业之间的学习能力、累计的营销能力、产品创新能力都在缩短。可口可乐几百年一个产品长盛不衰，打破传统意义的产品生命周期，靠什么？就是靠一个品牌。在感性消费的未来，只有强势的品牌才能生存与发展。那么，澳的利品牌突围的方向，最好选择专业化塑造品牌，成为功能饮料领域专家。

（三）品牌战略目标

品牌战略目标：坚定不移地走专业化功能饮料的发展道路，做功能饮料领域专家。

功能饮料在国际市场颇受欢迎。中国市场消费已经越来越接近国际市场，功能饮料发展是大势所趋。

澳的利是第一个做葡萄糖饮料的品牌，快速补充体力早已深入人心；澳的利是第一个用黄色包装、黄色饮料的品牌，从产品力角度有很强的差异点；其他品牌除少数几个品牌如红牛、体饮是专做功能饮料的，几乎所有都是多元化运作的品牌，很难在企业品牌和终端建立起“功能饮料专家”的形象定位。而澳的利自始至终都是坚持以功能饮料为主导，企业品牌和产品品牌能够有效整合在一起。必须坚定走专业化功能饮料品牌的信心。

（四）品牌规划与管理

1. 品牌的差异化概念

竞争对手强调在运动后补水，澳的利就强调人体在各种状态下都需要补水；对手强调某一种元素的补充，澳的利就强调“全面补充”；对手强调水就是水，澳的利就强调水既是水又是营养物质。从而凸显澳的利的核心价值：拥有人体在各种状态下需要补充的各种营养微量元素，既包括维生素、矿物质、电解质，又包括人体所需的其他营养元素。

同时，澳的利与中国营养学会合作，采用中国营养学会针对中国人膳食特征研制的专门配方，开发新一代澳的利功能饮料。这不仅增强了产品的利益保证和承诺，也成为中国饮料行业第一个与中国营养学会成功合作的品牌。

2. 品牌概念结构

概念：全面补充；

利益：综合补充人体在各种状态下营养成分的流失；

利益保证：中国营养学会研制；

定位：综合营养饮料；

调性：运动、时尚、流行；

广告语：健康营养、每日必需。

3. 品牌架构

澳的利采用母子品牌管理结构，在统一主题定位下，分两线操作：在原有市场，以综合营养饮料取代葡萄糖饮料的定位；以“健康营养、每日必须”取代“快速补充体力”的传播诉求；保持以黄色为产品的基调色，坚持差异化，不让消费者有太大的认知转变，以求平稳过渡。在城市市场，开发子品牌，紧扣年轻消费目标群体，他们喜欢运动、反叛、时尚、追求有新鲜感、流行、前沿的产品。调研测试后，从三十几个品牌名中，注册了“来电”、“可能”品牌名，以新鲜的命名，清淡的口味，流行的包装，主攻城市市场。

4. 品牌传播

调整品牌传播策略，从明星代言向目标受众广域化延伸，加强品牌亲和力，强化了传播功能诉求，让受众能看懂广告，能一看就知道澳的利就是功能饮料。

为此，创意了新广告片“加油站”篇。以加油站影射人体需要加油，需要补充的概念。特意挑选出代表年轻、健康、活力的澳的利加油站服务员，挑选出代表青年、少年、白领、运动员等能反映澳的利目标人群的演员，配以富有磁性的男中音强调“健康营养、每日必需”的概念，充满现代感、体现出活力、激情、动感。使澳的利饮料的销售节节攀升。（康有正：《“澳的利”饮料的品牌大突围》，中国食品产业网，2006 年 3 月 4 日。）

●示范案例 4：品牌核心价值

沃尔沃，把“安全”核心价值溶化在血液中

2008 年 8 月 29 日，沃尔沃网站报道：沃尔沃三款车型获瑞典哮喘与过敏反应协会推荐，认为沃尔沃 S80、V70 及 XC70 三款车型的内部环境

对过敏患者是安全的。这是沃尔沃演绎"安全"核心价值涉足的又一领域。

始创于1927年的沃尔沃长期以来坚持"质量、安全、环保"核心价值观，特别是在安全系统方面，更有其独到之处。早在创立之初，沃尔沃公司就定位于制作最安全的汽车，安全成了企业一切经营活动的灵魂，因此在汽车的设计过程中如果操纵性、舒适性等其他性能的强化会不得不降低安全性能时，沃尔沃公司宁可降一点别的性能也必须确保安全。沃尔沃在安全这个目标上的锲而不舍，受到世界各国车厂及车迷的尊重和推崇。

从1945年到1990年，沃尔沃公司一共在出厂的各式新车上设计配置了32项主动或被动安全装置，其中有多项已被全球其他各厂广泛引用。沃尔沃的许多解决方案都已成为整个汽车业的标准。美国公路损失资料研究所曾评比过十种最安全的汽车，沃尔沃荣登榜首。

"对沃尔沃来说，每年都是'安全年'"，这句话源于沃尔沃的一则广告。沃尔沃的安全历史显示：这种说法毫不夸张。自公司于1927年成立至今，沃尔沃已推出大量具有前瞻性的安全发明。沃尔沃的安全理念始终以关注人身安全为准则。

沃尔沃首要的安全目标就是尽可能预防事故的发生；如果不幸发生了事故，就要最大限度地减少对司机、乘客和其他道路使用者造成的危险。目前，最重要的措施是为司乘配备安全带，并确保它们得到正确的使用。沃尔沃客车公司提供两点和三点式安全带，并且是世界上第一家提供增高坐垫的客车厂商，增高坐垫可以抬高儿童在坐椅上的位置，便于安全带正确固定儿童的身体。沃尔沃还制造了坚固的卡车驾驶室和客车车身来保护司机和乘客，增加车顶的强度以承受倾翻所带来的冲撞。在卡车方面，这些年也推出了安全驾驶室、可变形方向盘、FUPS前防钻保护装置和ESP电子稳定增强系统等多个创新解决方案。

沃尔沃现在正尽力帮助司机应付日益复杂的交通环境。研究人员的工作基于沃尔沃现有的安全解决方案，包括借助安全气囊和安全带的碰撞缓冲区和安全车厢笼架，直到动态稳定和驾驶控制系统。沃尔沃设想为汽车装备一套智能系统，它不仅有助于提高司机的注意力，且如果司机的反应不够迅速，它还能直接控制汽车，从而避免出现危险情况。

沃尔沃有自己的交通事故研究中心。多年来，利用从实际交通事故中掌握的第一手资料，开发研制出多种安全系统，广泛应用于沃尔沃汽车、卡车和客车中。在中国，沃尔沃交通安全总监表示，“我们必须了解和学习日益密集的中国交通环境的情况和知识，以保障我们高科技的产品在那里也能发挥其出色的性能。沃尔沃安全理念的根本就是要为所有沃尔沃客户提供同样高的安全标准，无论其身处哪个国家或地区。”沃尔沃自主交通事故研究在汽车行业领域中处于领先地位。自20世纪70年代初，通过建立在瑞典哥德堡的研究中心，联合在美国和泰国的分支机构，沃尔沃积累了大量的交通事故数据，建立了自己的数据库，包括近4万件交通事故的详细信息，涉及5万多名乘客。

“警惕、轻松、时刻注意周边情况的驾驶员是一个更安全的驾驶员。这就是我们为什么对您的驾驶环境，从仪表板到坐椅进行周密的设计，因为这样有助于您尽可能专注于您的驾驶，同时对周围情况也了如指掌。”这是沃尔沃的安全宗旨，它写在公司网站上，也写在它的所有产品、服务与活动上。(资料来源：www. volvocars. com。)

●示范案例5：品牌文化识别

独特的品牌文化识别——克咳创业利器

克咳胶囊是贵州益佰制药2000年以前在中国的第一个咳嗽产品，没有任何广告行为，采用包销的形式，一年销售3000万左右。2000年以后匹配了强大的广告和媒体的宣传，同时在2002年推出小儿止咳糖浆，年销售超过1.2亿。2006年克咳感冒止咳糖浆销售突破8000万。

“克咳”品牌战略的两大利器，一是差异化的品牌识别；一是典型的家族品牌架构。

“克咳”是中国市场“符号传播”的先锋，将声音符号“keke”作为品牌识别和营销的战略工具，以“在中国建立对咳嗽的解释权”为策略思维，建立了结构性的扩张力量和竞争壁垒，完善了产品结构系统，从单一的克咳胶囊，发展成拥有20个止咳药产品的克咳家族，并为消费者提供专业和系统的咳嗽知识和资讯体系，帮助消费者进行自我药疗。在制药行业动荡的政策环境和国际资本竞争压力下，克咳为行业树立了一个发展范例。

（一）克咳品牌战略目标

打造中国 OTC 市场最专业的止咳药品牌，形成销售额超过 10 亿元的止咳系列产品线。

（二）克咳品牌战略路径

克咳的竞争战略：最重要的是“在战略上建立优势”，创造和积累战略资源。

企业追求的最高境界是“话语霸权”和“市场垄断”。

（三）克咳战略三部曲：品牌占位——成为权威——瓦解对手

第一步，品牌占位：规划克咳未来的“地盘”，建立克咳的核心价值符号。

站到系列止咳药“止咳专家”的位置，把“克咳家族，专业镇咳”作为品牌定位。把第一个产品的成功变成一个品牌发展平台。以克咳胶囊为基点，建立“止咳权威品牌”的价值，使克咳品牌的价值符号成为插在咳嗽药战略高地上的旗帜。通过克咳胶囊的大规模电视广告传播，确立“克咳家族，专业镇咳”的价值定位，为未来更多的止咳类新产品的推出创建价值平台。

同时，克咳在“占位”阶段还建立了克咳品牌的核心价值符号——“keke——”，创造了克咳的品牌道具止咳药箱，进一步强化了克咳“专业镇咳”的品牌形象。为未来的产品构建了强势的传播平台。

第二步，成为权威。

建立完整的产品结构，通过几个品种的成功运作、持续的消费者资讯沟通、终端资源的占领及药店店员教育的积累，真正成为咳嗽药领域的权威品牌。实现“专业镇咳”的权威地位。

第三步，瓦解对手。

从克咳胶囊，到小儿止咳糖浆，到感冒止咳糖浆，虽然克咳已经是咳嗽药的大品牌，已经有相当的销售规模。但克咳一直活跃在咳嗽药类别的“侧翼”。对咳嗽药市场上销量很大的主流品种，如川贝枇杷膏、蛇胆川贝液等，都没有投资广告去推广。因为在益佰制药诞生多年以前，这些品种就已经是传统的大品牌。而当今天克咳建立了“克咳家族，专业镇咳”的品牌基础后，克咳将逐个去突破这些品种的市场。

（四）品牌传播．克咳的符咒系统

（1）一个声音一张表：止咳表——符。keke 唱音——咒；

（2）电视广告系统：将品牌价值深入到消费者的日常生活中去。

（3）终端促进系统：物料：《克咳止咳手册》、海报、台卡、封箱带；促销礼品：杯垫、日历卡、餐垫。

（4）行业媒体系统：《医药经济报》、《中国药店》、《社区医生》。

（5）通路传播系统：大型商业批发公司户外广告、经销商送货车车身广告、《克咳商业宝典》。

（6）止咳口诀：产品知识的浓缩、店员教育的最佳方式。如止咳表口诀、克咳胶囊口诀、小儿止咳糖浆口诀、感冒止咳糖浆口诀等。

（五）项目成效

1. 克咳不是成功地卖出了产品，而是建立了品牌和一个品类的话语权，占据了一个行业的战略位置。

2. 构建起比较丰富的止咳产品线，有止咳类产品 20 个。克咳家族的序幕才刚刚拉开。

3. 克咳家族全线产品销售已达到 5 亿元人民币，稳步向 10 亿咳嗽药王国迈进。

（周一：《权威化生存，符号化推进——克咳品牌战略营销策划》，经济观察网，2008 年 6 月 16 日。）

第三节　先进品牌文化力法则

一个没有文化的品牌就像一个没有灵魂的人。

可是究竟什么才是先进品牌文化呢？不同的企业，其生存的策略是相对有等级区分的，这就是四流的企业卖苦力、三流的企业卖品牌、二流的企业卖标准、一流的企业卖文化。以此对应，四流的企业家是包工头、三流的企业家是技术员、二流的企业家是策略家、一流的企业家是哲学家。根据国际工业协会和全球企业竞争力战略委员会对不同等级企业的不完全统计得知：技术型企业的经营利润为 15%、策略型企业的经营利润为 45%、战略型以上的企业经营利润为 100% 以上。

既然企业文化对于品牌有这么重要的作用，那么如何打造企业和产品的品牌与文化呢？我们事先要从对品牌文化的理解谈起。

●怎样理解品牌文化

所谓品牌，是指企业以产品为载体来传播企业独特性的思想或前瞻性的行为。

企业品牌首先是做文化思想的，而绝非是做产品的，产品只是一种工具和媒介载体，它是手段而不是目的。

思想和行为是构成文化的基本元素，但不是文化的核心元素，文化的核心元素是独特性的思想和前瞻性的行为。

品牌与文化建设是一项行为科学与系统工程，它包括了三个要素：行为的主体—企业组织；客体—消费者的思想和行为；行为的过程—品牌文化的建设过程。

比如，在中国20世纪90年代中期还不知名的九牧王和七匹狼，如今在中国已经是家喻户晓了，那句脍炙人口的广告语："简约从容"和"与狼共舞尽显英雄本色"，仅仅只是对品牌文化浅度演绎了一个最基本的层面，即产生出如此庞大的市场效应。另外，假如把麦当劳的炸鸡翅和汉堡包拿到普通小食堂里去吃，试想还会有温馨祥和、激情浪漫的感觉吗？这就是麦当劳独特经营的环境文化魅力导致了年轻人趋之若鹜的根本原因。

前面我们谈到了只有独特性的思想和前瞻性的行为才能成为品牌文化，究竟什么才是独特性的思想和前瞻性的行为呢？又如何打造这一富有市场前景和魅力灵魂的核心思想和行为呢？

●品牌文化力法则一：体现全新价值观——21世纪赚时间

韩世友在《20世纪赚金钱，21世纪赚时间》一文里提出了中国两个世纪的不同价值观问题。在20世纪，中国的物质文明还未达到一个相对丰富的阶段，中国人的价值观只能是停留在赚取金钱等物质层面；随着中国由计划经济的短缺型经济向市场经济的相对过剩经济时代的逐步转移，卖方市场已经不复存在了，代之而来的是买方市场。人们已经不再满足过去简单的物质需求，转而向精神需求的层面进军。因为，现代社会的生存压力太大、作为一个相对独立的自然人，在客观上要求有相对宽裕的时间来自由放松，要求调整和释放缓解生存压力。另外，作为企业本身它也需要加快物流、资金流、信息流的流转速度等客观要求，因此便出现了像“资讯速食主义”、“商务车”等产品的大量涌现。因为，只有具有“商务时速”理念的企业才能在21世纪立于不败之地，而那些抱着老皇历逆时代而行的企业则必然会被市场淘汰。

●品牌文化力法则二：符合人类最高层次的需求——梦幻需求

韩世友在《人类第六需求》一文中提出了21世纪人类的最高层次需求——“梦幻第六需求”。所谓“第六需求”是在马斯洛的五层次论上，再升华出“梦幻需求”。其内涵是：“当人类满足了基本的物质需求和精神需求以后，仍存在着临界于物质和精神之间的一些似无却有、似现非显的需求，其实这就是‘梦幻需求’。这种需求会随着前五层次需求的逐步实现而变得更加强烈。”比如，美梦、神游、想起梦中情人、热衷虚拟生活、沉浸于夜总会氛围、痴狂太空飞行，等等，都属“梦幻需求”之列。因此，“梦幻需求”是客观存在于现实和梦想之中为人们高度需要的东西，不是虚无缥缈的，其感受让人难以捉摸但却是非常的美妙，所以它是人类目前最高境界的需求。

而品牌正是能满足人们“梦幻需求”的绝好载体。所谓品牌核心价值的精神诉求，所谓产品的超值享受，所谓买生活方式，发展到最高境界，殊途同归，都集中到挖掘、诱发、创造、满足消费者的“梦幻需求”的路子上。

因此，要想打造现代企业和产品的品牌文化，就很有必要塑造梦幻功能，让人产生足够的想象空间，这个空间也就是企业品牌文化附加值的巨大空间，是品牌超额利润的源头。

●品牌文化力法则三：符合可持续化发展战略

当代国际间的竞争已经由过去的资本实力竞争、人才技术竞争、产品品牌竞争等要素转变为可持续化发展的竞争。与此同时，可持续化发展也由过去单纯的经济效应的可持续化发展，转变为社会效应和生态效应的可持续化发展。因为，企业的发展战略是长期性的，而只有可持续化发展才是真正的长期战略。一个满足生态环境效应、社会效应和经济效应等全方位的动力因素品牌文化，才是当之无愧的企业主题，才具有永恒的生命力。

●品牌文化力法则四：具备独特的个性

品牌的核心主张直接体现在其个性思维上。一个没有个性思维的品牌根本谈不上有文化。个性思维在信息爆炸和生产过剩的当代，有着极快的传播速度。它是适应市场经济发展的必要元素，正如一个个性突出的人能在众多的人面前脱颖而出和引人注目的道理一样。

●品牌文化力法则五：引领积极健康的时尚文化

时尚是某一时代所崇尚的一种思想态度或行为做法。但是这种思想态度也并非全是健康和积极向上的，比如，自私自恋、颓废和不思进取、冷漠和无同情心、急功近利与浮躁、没有公德心和社会责任感等，这种糟粕性的时尚往往会给社会发展带来强大的负面效应，特别是会让不谙世事的青少年产生错误的人生观和价值观。品牌文化，必须倡导和引领积极健康向上的时尚，使其发扬光大。

●品牌文化力法则六：倡导全新的生活方式

一个全新的品牌文化，必须要能倡导和引领一种全新的生活方式。比如，21 世纪的工作—居住—休闲—交友四维生活新模式，就是对计划经济下的家庭——简单二元呆板生活模式的彻底颠覆，与此相对应的就是劳动布工作服和中山装被当今时尚的约会装、西装、运动装、休闲装所替代。

●品牌文化力法则七：体现民族文化特点

一个国际化的品牌首先是要能够体现独特的民族性和社会发展理念，而并非是全盘西化或“广谱性”的发展理念才能算作是国际化的品牌文化。比如，云南的原生态歌舞它尽管是诞生于少数民族的特色文化，但这种淳朴善和自然优美的价值理念却是符合国际普世价值观的，所以云南原生态歌舞极受异国民众欢迎。

●品牌文化力法则八：契合本国经济发展趋势

只有适应国家产业化进程的需要，才会引起国家政府的高度重视，而只有适应本国经济发展的实际现状，也才会有立足市场空间的可能，所以，品牌文化必须首先适应本国经济发展的实际现状。比如，在计划经济时期生产高档西服是显然难有市场的，在资源禀赋国家里去畅谈文化输入显然是拔苗助长、缘木求鱼。

●品牌文化力法则九：担当民族富强责任

品牌文化是一个国家政治、经济、文化和社会发展到一定阶段的必然产物，是国家在一定时期内综合竞争力的直接体现。因为，在现代市场经济条件下，一国的品牌文化辐射力的大小首先表现在两个方面；其一是纵横国际市场空间究竟有多大；其二是品牌文化输出总量的多少。比如，美国仅在IT业就垄断了全球市场的2/3以上；2006年年底，美在华投资设立企业5万多家，实际投资超过540亿美元，在华美资企业利润总额约100亿美元。强大的经济动力使美国纵横于国际间大多数的疆土领域，把为其政治服务下的自由、民主、开放等政治主张，已经全面根植于全球大多数欠发达的国家里。品牌文化成了美国政治经济的绝对载体和殖民动力，可口可乐、麦当劳、戴尔电脑、通用汽车几乎成了美国发达经济和自由民主的代言物。因此，说品牌文化其实质是担当起了国家图腾输出和民族富强的重任。（韩世友：《如何打造有生命力的运动品牌》，《中国市场》2004年第10期。）

下　篇

解读品牌文化
解构新龙精神

第十二章　万年图腾民族魂

——解读龙文化

历数人类所有的文化品牌，能传承几千年、熏陶数百代、融化在民族血液里、活跃在时空文化中，可以融会贯通任何时代观念、顺利对接任何先进科技的品牌只有一个，这就是“中国龙”。

一个国家的文化形成一个国家的身份。文化是世世代代累积下来的，是我们溯本追源的地方。透过文化，我们知道自己的特性，我们的传统，我们的共同点。文化是证明自己身份的重要工具。文化的纵切面，是文化传统；文化的横切面，是文化的全球化及区域化……不难看出，一种新的秩序正在形成：国家与国家之间的界线日趋模糊，国家与国家间的分野，依靠的是各自的文化。下一个世纪的竞争，不是产品与产品的竞争，而是文化体系与文化体系的竞争。(何志平：《建议发展文化，增进国家文化安全》，全国政协第十届全国委员会第三次会议提案，2005 年 3 月。)

第一节　龙——神化的俗物与俗化的神物

在中国，从远古帝制到今日民俗，从正史经典到民间故事，从诸子百家到七十二行，从建筑到器物，从节庆到儿戏，到处可见龙的身影。龙文化覆盖了神州大地，龙精神浸染了民族心理。龙就腾飞在中国的九天风云里，龙就穿游于中国的山川大地上，龙就生活在中国人的衣食住行中。

龙的起源不会晚于新石器时代。辽宁查海原始村落的“石块堆塑龙”和葫芦岛杨家洼出土的“黄土堆塑龙”，经考证均为 8000 年前的遗存；内蒙古兴隆洼出土的龙纹陶器，距今也是七八千年；陕西宝鸡北首岭遗址出土的彩陶细颈瓶龙纹距今 7000 年，河南西水坡出土的蚌塑龙纹距今 6400 多年；辽宁、内蒙古、安徽、浙江等地出土的多件玉龙，都是距今5000年以上的文物。

研究资料证明，起源于新石器时代的龙，发展到秦汉时基本成形。但是，在基本定型的前提下，龙的形体构成和精神内涵，始终随着社会发展而变化丰富。这是中国龙不同于其他国家民族图腾的一大特征。

龙文化研究专家庞进认为：龙是中国古人对鱼、鳄、蛇、猪、马、牛等动物，和云、雷电、虹霓等自然天象模糊集合而产生的一种神物概念。先民们是以现实生物和自然天象为基础，将自己的对身外世界的畏惧、依赖、疑惑、想象、崇拜等等，都贯穿、投注、体现到龙的模糊集合中了。从审美的角度来看，龙是古人的一种艺术创造。它从具体物象而来，而又建立在各个物象之上，正所谓"源于生活又高于生活"，其间渗透着、灌注着古人的神话猜想、宗教体味、审美快感和艺术情趣。

我们说龙是"神化的俗物与俗化的神物"，正是对龙文化形成起源的一种定义。"神化的俗物"，指先民认为俗物——身边常见的可以为我所驭、为我所用的活物如猪、马、牛、鱼、蛇等是有灵性的；这些东西与人发生利害关联是由一种主宰万物的超然力量决定的；这种天意和神谕通过人能理解的方式传达给人，于是，聚合各种生灵独异体貌的物象——龙逐渐形成。"俗化的神物"刚好相反，人们无法支配的自然规律，但能感知自然及超自然力量对人的主宰；人们必然要使这种感知符号化、具象化，想象便发挥了决定性作用，意象聚合便演绎了必然的连缀过程；天、神附着于包括龙在内的各种形象示意于人类，于是，图腾与宗教信仰逐渐形成。

在世界各民族的历史文化发展过程中，往往使用某种动物的形象作为民族、城邦的象征、徽记，比如狮、虎、鹰等等。至今欧洲一些国家的国徽上还保留着这些形象。但这种图像都是具体的、单一的动物，戴着皇冠，或举着宝剑，甚至是双头；而中华民族的文化创造物和文化象征却是想象和抽象的产物。龙既能在空中腾飞，又能在水中遨游，还能在陆地上行走。从它诞生的那一天起，就体现了中华民族追求天、地、人沟通和统一，即追求人与自然沟通和统一的宝贵精神，在发展的过程中，龙的精神成为中国人精神的表征，代表自强不息的奋斗精神、爱国爱民的献身精神、勤劳智巧的创业精神、忠诚无畏的勇敢精神、仁爱敬孝的重德精神、追求光明的上进精神等。

第二节 龙文化的精神内涵

●中国传统文化基本精神与龙文化

什么是中国传统文化的基本精神，众说不一。概括起来，学者们有这些看法：

1. “刚健有为”、“和”与“中”、“崇德利用”、“天人协调”是中国传统文化的基本精神之所在。

2. 《周易》的“天行健，君子以自强不息”；“地势坤，君子以厚德载物”是中国传统文化的基本精神。

3. 中国传统文化之根本精神为融和与自由。

4. 以自给自足的自然经济为基础的、以家族为本位的、以血缘关系为纽带的宗法等级伦理纲常，是中国古代传统文化的基本精神。

5. 中国的民族精神可以概括为：主张人与自然、个体与社会的和谐统一的理性精神；反抗剥削阶级统治与外来民族压迫的自由精神；求实精神；应变精神。

6. 中国传统文化的基本精神可以概括为“尊祖宗、重人伦、崇道德、尚礼仪”。

7. 中国传统文化的精神是人文主义。不把人从人际关系中孤立出来，也不把人同自然对立起来；不追求纯自然的知识体系；在价值论上是反功利主义的；致力于做人。（张岱年、许思园、杨宪邦、张立文、刘纲纪、司马云杰、庞朴，等。）

我们把这些精神与龙文化精神作对比，可以发现两者完全一致，有的原本就是一回事。

“天人协调”，“刚健有为”，是龙形象与生俱来的本质属性。

“天行健，君子以自强不息”；“地势坤，君子以厚德载物”，在《周易》中与“潜龙勿用”，“见龙再田”，“或跃在渊”，“飞龙在天”，“亢龙有悔”等连用，置于经典之首，统领易学纲要。天地的代表者就是龙。龙的精神就是天地精神。

“和”与“中”，融和与自由，在民族文化中体现在龙与人、龙与天地云水的关系上，是龙的属性之一。

应变精神，也是龙的属性之一。

可以看出，在学者概括出的这些中国传统文化基本精神中，都贯穿着龙文化，或者说，龙文化是中国传统文化的渊源、体现、显化与演绎。两者密不可分，融为一体，中国传统文化就寄托于穿云驾雾的形形色色的龙形象、龙行为、龙效应上，龙就存在于博大精深的中国传统文化海洋中。

●龙文化的本质

庞进为中国龙定位为：对中华民族而言，龙是广义图腾、精神象征、文化标志和情感纽带；对人类文明而言，龙是智慧晶体、和世良方。

多年来研究者对龙文化的精神内涵有很多见解，其中有：

中国原龙最早曾一度起源于原始图腾文化，但本质与主流却不能简单归结为原始图腾文化。从“时代背景——具体内容——文化含义——社会功能”这四个方面来看，中国的龙都与原始图腾有重大差异，因而表现出以下本质特征：

中国的龙文化在现代中国绝非仅仅存在个别遗迹，而是依然保持强大生机，扬弃掉封建主义、神秘主义、专制主义的消极因素，中国龙文化在国家统一、民族复兴中虽不能起到历史上的那种主导作用、主流文化作用，但仍对中华民族有强大感召力、凝聚力、向心力。

图腾文化本质上是原始社会的氏族文化，而中国的龙，最初形态的原龙，即产生于公元前3000年前后，这是中国原始社会的解体期，中华文明时代的起源期，后来是中华文明象征的中国的龙，固然可以在自然界中找到某种原型，但本质上并不是自然界中的现有实物，而是基于民族文化观念的文化创造、文化符号。

中国龙以东方神秘主义的特有形式，通过复杂多变的艺术造型，蕴涵着中国人、中国文化中特有的基本观念：第一层，龙的观念从中国龙的形象中蕴涵着中国人最为重视的四大观念，天人合一的宇宙观；仁者爱人的互主体观；阴阳交合的发展观；兼容并包的多元文化观。第二层，龙的理念在中国龙的形象、龙的观念后面，包含着中国人处理四大主体关系时的理想目标、价值观念，追求天人关系的和谐，人际关系的和谐，阴阳矛盾关系的和谐，多元文化关系的和谐。第三层，龙的精神多元一体、综合创新的中国文化基本精神，这是中国龙形象、龙文化的最深层文化底蕴。（王东：《中国龙的新发现——中华神龙论》，北京大学出版社2000年版。）

●龙德即天德

《周易》的六十四卦，实际上是用“龙德”解释“天德”，认为主宰世间万物的神是上天，“天行健，君子以自强不息”。天命难以违抗，人要想生存发展，就必须顺应天道，而沟通天人之际，将上天的意志转达给人们的神物就是龙。在古老传说中，龙神通广大，善于变化，“嘘为风雨，吹为雷电”，能大能小，能隐能现，小则藏形于微芥，大则弥漫于宇宙，具有天的一切品德。龙作为图腾，既是上天的使者，又是祖先的象征，以龙为天，以龙为祖，就成为古人的宗教思想。

●龙为智慧化身

中国人一直将龙视为智慧的化身，经常将一些德高望重、学识渊博、卓尔不群、俊秀飘逸的人比做龙来予以歌颂赞扬。如孔子见到老子后，感叹说：“至于龙，吾不知其乘风云而上天。吾今日见老子，其尤龙耶!”诸葛亮隐居隆中，自称“卧龙”；名士华歆、邴原、管宁年轻时志趣相投，被誉为“三人成一龙”。

在中国古籍中，常以“龙凤”、“龙鹏”、“龟龙”、“龙虎”、“龙蛇”、“龙翰”、“龙蟠”等词语指代那些贤德君子、英雄人物或者非常之士。在十二生肖属相中，龙及其近亲蛇就占据了两个席位，被称为“大龙”和“小龙”，认为属龙的人天资聪慧，具有明确的人生追求目标和努力方向，性情浪漫，富有幻想，不拘泥于世俗之见，体现了龙的特质与气韵。至于以龙为名的人和事更是数不胜数。

●龙为造福水神

老百姓历代将龙作为水神来敬，俗称“龙王”。中国是一个传统农业大国，在古代科学技术和水利灌溉事业极不发达的情况下，人们只能靠天吃饭，老百姓每年的最大愿望就是风调雨顺，五谷丰登。特别在水资源极为短缺的西北干旱地区，在降雨量极为低微的情况下，祈雨于天、求雨于龙便成为经常性的群体祈祷活动。在四千多年以前的山西襄汾陶寺遗址发现的彩绘陶盘蟠龙图上，龙口衔了一支麦穗，可以看出当时的人们已将龙与农业生产结合起来，是迄今为止发现的把龙当做水神来崇拜的最原始的资料。龙的形象塑造经常和风、云、雨、雷、虹等自然天象有着密切的关系。

在庶民百姓的心目中，龙的地位超过了人间最高统治者帝王，超过了自己的祖先诸神，作为普济众生、国泰民安的最主要的神灵和吉祥物，出现在各种节日庆典和祭祀活动中。起于汉代至今不衰的舞龙便是一例。

●龙为吉祥象征

对于中华民族来说，龙既是的图腾，又是吉祥物。龙身上所具有的气势磅礴、阳刚雄健的气质神韵，兼容并包、和谐万方的精神内涵，通天入地、行云布雨的本领神通，无不体现先民们对美好愿望与吉祥人生的追求，他们试图得到龙的赐福和保佑，渴望获得如龙一样的力量，因此，龙在普通民众中的形象越来越完美，地位越来越高大，成为中华民族传统吉祥文化中占主导地位的神灵。在以龙为象征的吉祥文化中，完美吉祥的生活图景是“龙凤呈祥”、“二龙戏珠”，振奋人心的精神形象是“龙腾虎跃”，飞黄腾达是“鱼跃龙门”。至今民间的盛大喜庆活动中，都少不了龙的形象。

●龙的竞争精神

龙的竞争精神是不言而喻的。

起源于战国时期的龙舟竞渡，融传统纪念活动和娱乐竞技为一体，是中国的狂欢节。现在具有民族特色的龙舟竞渡已经走出国门，流行于世界各地。

龙还具备呼风唤雨、改天换地、惩恶扬善等众多特征。

●龙文化的兼容与综合精神

刘志琴认为，中国龙从外形到内涵都贯穿着兼容与综合的精神，中华民族自古就有追溯始祖和共祖的传说，在各种传说中以龙的传说历史最悠久，覆盖面最广阔；龙在中国兼有贵族性和平民性，是全民共赏的文化象征；复合龙的创生，体现了兼容和综合是中国文化的原创精神。

何星亮认为龙的精神包括着多方面的内容，主要有六个方面：创新性；综合性；兼容性；进取性；灵活性；独立性。

庞进在分析研究龙的基本神性（总结为八种：喜水、好飞、通天、善变、征瑞、兆祸、示威），及其同民族文化心理的关系（畏惧、飞离、悖逆、合和、彰力、求吉）的基础上，将龙的精神简洁地概括为团结兼容的精神、造福人类的精神、开拓奋进的精神和与天和谐的精神。（庞进：《中国的图章——说龙谈凤话麒麟》，陕西人民出版社 2000 年版。）

●龙文化体现中华民族团结合力的精神内涵

《人民日报》曾发表过时任副总理的钱其琛撰写的文章《深刻开掘和研究龙文化的精神内涵》，指出，从更为深层次的意义上说，龙文化首先体现出中华民族团结合力的精神内涵；龙的形象，最初就是中华民族团结合力的象征；龙文化，揭示了“团结就是力量”的深刻真理。

2007 年春节前，中共中央文明办和国家旅游局在“提升中国公民旅游文明素质行动计划”中，对龙的阐释是：“龙的形象象征了中国悠久的文化历史，具有亲切感，易于传播；动态的龙，表达了全民行动，投入到提高旅游文明素质行动计划中来。”

第三节　“弃龙说”为什么会掀起轩然大波

2006年末，上海《新闻晨报》报道说：有人正重构国家形象品牌，中国形象标志可能不再是龙。理由是：“龙”的英文“Dragon”，在西方世界被认为是一种充满霸气和攻击性的庞然大物，“龙”的形象往往让对中国历史和文化了解甚少的外国人产生一些片面联想，容易招致误读误解或别有用心的歪曲。

这个消息激起了激烈的舆论反对。

一位网友说：“我活了二十多年，我爷爷活了七十多年，都是龙的传人。为了与国际接轨牺牲掉我们自己的民族文化，有意思吗？这是典型的自卑心理。”还有反对者表示，德国和俄罗斯的熊、美国的白头雕等，形象也带有攻击性，人家为什么不换。

而主流媒体的报道，主要强调龙的标志已成为全民族共识，认为，西方的Dragon在主流文化中没有特殊地位，可以说无足轻重；中国龙则是中华民族的精神符号、文化标志和情感纽带，是吉祥兴旺的象征。我们民族创造和选用龙凤这样的文化符号，经历了万年上下漫长时光的考验，它凝结着中国人的智慧和理想，体现着五分之一地球人的心理认同。不说放弃了可惜，事实上也放弃不了。

《新闻晨报》很快站出来澄清事实：传为“废龙说”起源的上海外国语大学吴友富教授表示，他从未发表过“中国国家形象可能不再是龙”的观点，相反，他认为中国必须要坚持以“龙”作为国家的标志，因为龙象征着中华民族勇敢、顽强和一往无前的精神。同时，在对外宣传和传播时可以挖掘诸如“龙凤呈祥”、“龙王送雨”、“龙飞凤舞”等和谐元素，使“龙”的形象更完整、更丰满。吴友富说：在“构塑中国国家形象品牌”的项目中，完全没有改变“龙”作为国家标志的内容。只是期待通过对“构塑中国国家形象品牌”的研究，构建和谐文化，不断提升中国的国际形象。

那么，中国龙和西方龙有什么区别呢？

在英文中，中国的“龙”被翻译为“dragon”，而“dragon”在英语中原有所指，权威英文辞典《韦氏字典》解释为：巨大的毒蛇或者阴险的人；

神话中虚构的动物，经常表现为恐怖可怕的长有翅膀、鳞甲和巨爪的毒蛇或蜥蜴；形容或代表粗暴的、好斗的和严厉的人；可怕的或者有害的事物或人，等等。在文学作品，特别是儿童读物中，塑造了很多居住于深海的海龙、沉睡于火山的火龙、蛰伏于沼泽的毒龙以及九头龙、龙兽、亚龙、双足飞龙等，《哈利·波特》中，还有澳洲蛋白眼龙、中国火球龙、秘鲁毒牙龙、乌克兰铁肚皮龙等五花八门的形象，以增加故事的神秘恐怖气氛。

西方意象中的龙与中国龙的形象大致有这些差别：

西方的龙一般是毒龙、火龙、黑龙，凶暴、邪恶、丑陋、猥琐；有蝙蝠般的翅膀，有粗壮笨拙的身躯；会喷火或喷电；以人或者其他动物为食；多居于山洞，喜好财宝。

中国龙大多是祥瑞龙，修长飘逸，华贵威严，吞云吐雾，若隐若现，只管行云布雨一类大事，一般不攻击人；或居天上，或居深渊，不在人间久留，不与人类过多交往，不聚财宝，不食人间烟火。

西方的龙与中国龙在文化内涵、精神风貌、民族情感等方面也有巨大差异：

中国龙在起源初期就被奉为图腾，与天地神灵及民族始祖英雄合为一体，地位至高无上，是民族精神的象征。而西方的龙在基督教传说中就以食人恶魔的面目出现，擅长攻击手无缚鸡之力的妇女儿童，从来没有一个民族或者国家将其作为本民族的图腾或者国家的象征。

中国龙是虚构的神灵，象征着至尊和祥瑞；西方龙是虚构的怪兽，会带来瘟疫或火灾，象征着恐怖与邪恶。

中国龙代表着自强不息、奋发向上的民族精神，是民族凝聚力的主要象征。而西方龙在近现代史上往往与意大利黑手党、德国法西斯、恐怖主义分子紧密联系在一起，有着狰狞邪恶的面貌，是灾难和麻烦的同义词。在表现现实生活和未来幻想的小说电影里，中国的舞龙会、赛龙灯、龙舟竞渡等大型民间习俗活动都展示着祥和安乐的世界，洋溢着喜庆吉祥的气氛，闪现着爱好和平的光芒。而西方小说电影中所刻画的龙，不是给现实世界带来毁灭，就是给未来世界增添灾难，一般均为罪魁祸首，绝无吉祥和平之貌。

在内心世界里，西方文化观念中的龙都充满了贪婪和阴险，经常盘踞在珍贵的宝藏旁边或者圣洁的处女身边，心甘情愿地充当恶人之奴，对人类世界有着刻骨的敌视和报复的欲望。而在中国的文化观念中，龙作为神灵，心胸坦荡，无欲无求，以降福人间为最大的愿望，甚至甘愿为人类的利益与邪恶抗争，即使牺牲自己的生命都在所不惜。

通过以上对比，我们可以看出西方龙和中国龙是两个完全不同的概念，在形象、性格与本质特征上有着巨大的差异。所以有些学者建议应将中国龙的英文译法予以改正，按照汉语拼音翻译为“Long”，以区隔于西方文化中的“dragon”。

中国龙与西方龙的这些本质上的巨大差异，因为多年的宣传不足而不为外人所知。我们要做的工作是对外将西方之龙与中国之龙严格区分开来，消除因为文化差异和观念差异带来的不必要的误会，宣传和展示中国龙的文化内涵与精神实质，使中国龙伴随着中国经济的腾飞而影响全世界。对内大力弘扬中国龙自强不息、奋发向上、创新开拓、团结和谐的精神，以新的民族创造力和发展力不断丰富龙文化的实质内容，强化民族自尊心和自信心，为全人类的文化进步和社会发展做出更大的贡献。

案例看板　　汉堡的中国龙

2006年，德国汉堡出现一尊长7米、高5米、重4.3吨的铸铜巨龙。令人惊异的是，这条“中国龙”的设计竟出自生活在汉堡的波兰艺术家亚当·奥斯特洛夫斯基之手，铸造铜龙的是一家德国公司——北德精炼股份公司，原形参考是中国九龙壁。德国的“中国龙”在设计理念、表现手法、制造技术、材质选用、与周边环境的配套设计上，代表了现代科技文明的成就，体现了文化创意与科技创新的综合能力水平。

这条“中国龙”是汉堡市在中国中秋节举办“中国时代2006”中国节活动的吉祥物。汉堡市政府负责“中国时代”活动的官员介绍说：“铜龙将成为‘中国时代2006’活动的象征，同时也将成为汉堡市的幸运之龙。”北德公司总裁表示：“中国时代2006”活动对于德中关系，特别是汉堡与中国的关系而言，将是一场非常重要的活动，因此公司愿意资助制造这座极富象征意义的“中国龙”。

汉堡现已成为中国通往欧洲的一个桥头堡，在汉堡注册的中资公司达四百多家，多于欧洲任何一座大陆城市。同时，约七百家汉堡企业和中国有贸易往来。在“中国时代2006”活动的举办期间，用汉堡市长奥勒·

冯·伯思特的话来说："整整3周时间，我们这座城市成为'中国龙'的象征。"

中国龙不仅是中国的中国龙，也是世界的中国龙，它的形象已经深入到世界人民的心中。透过中国龙，人们看到的是一个日益强大的中国，一个生机勃勃的中国，一个勤劳、智慧的优秀民族。中国，不仅为世界经济发展贡献了巨大力量，而且因其历史悠久、博大精深、绚丽多彩、开放包容的文化吸引着越来越多西方人的目光，去探究它的内核、本质。（陆鸣：《德国惊现"中国龙"，世界尽吹中国风》，《科技智囊》2006年第10期。）

第四节　对龙文化的批判性继承

龙文化是最为复杂的文化现象之一。数千年传承下来的龙文化既有精华，也有糟粕。从一种文化现象本身的适应性来看，中国龙文化历朝历代都有所扬弃、有所创新，变化不断，既有性质上的变化，也有形式上的变化。没有与时俱进的特质，没有丰富内涵拱卫的独特核心价值，没有广泛持久的民族文化认同，龙文化不可能延续至今，不是被时代抛弃，就是被时俗改造成别的东西如恶魔或宠物。

如今，与现代社会不相容的宗教性和政治性的龙文化，已被存入历史或者变为龙文化活跃于民俗节庆中。艺术性、民间性和娱乐性的龙文化则至今仍具有重要的功能，活龙活现地充实着民族民间精神文化生活，也丰富着世界民族文化舞台。而千锤百炼、万变不离其宗的龙文化精神，成了中国独有并可以与其他文化交流共享的文化财富和精神瑰宝，得以世世代代传承和弘扬。

●对龙文化的批判性继承

全球一体化背景下的先进品牌文化，离不开世界文明发展的环境和营养，更离不开本土既有的文化土壤和种子。对中国龙文化，必须采取批判继承的态度，取其精华，弃其糟粕，以形成民族的、科学的、时代的文化主体和个性特色。

在经济全球化的背景下，我们应该重新审视中国龙文化，客观地辨识传统文化的优秀内容而加以弘扬，剔除传统文化的历史局限性和其他不科学成分，做出符合历史潮流的文化选择。应站在历史的角度认识龙文化，站在世界的高度对待龙文化，既不能彻底否定，也不能全面复兴，而是批判性继承。

对龙文化批判性继承包括以下几方面：

一是继承性，尊重历史、尊重民族文化传统，体现传承关系。

二是选择性，有重点、有选择、有扬弃，不包装封建腐朽的东西，不抛弃优秀的文化传统。

三是创新性，不是原封不动地复古，不局限于原汁原味，而是有所突破，有所创新，有所发展。

四是超越性，不能食古不化，要古为今用。选择优秀传统文化内容为新的时代所用，实现时代的跨越。

五是前瞻性，文化的进步性取决于它是否具有前瞻性，前瞻性就是前瞻未来，把传统、现在与未来连接起来，在超越传统的基础上，关注关系到人类未来的世界性课题，阐发文化价值观。文化底蕴越是丰厚，文化前瞻越容易创境界。

●中国龙文化的承古开新

中华龙凤文化研究中心主任庞进先生在《中国龙文化解读》中认为：对中国龙“承古”的职能，人们已看得很清楚，几乎没有争议；而对中国龙“开新”的职能，人们或重视不够，或表示怀疑。因此提出对中国龙的“扬弃”、“淘汰”、“新建”问题。

一、传承融合龙、福生龙、奋进龙

融合是兼容、包容、综合、化合的概称。融合是一种世界观，也是一种方法论。龙是融合的神物。中华民族的形成过程是一个融合的过程，融合龙参与、伴随、见证、标志了这个过程。

所谓福生龙，就是造福众生、诚心诚意为众生服务的龙。福生龙既是造福众生的龙，也是幸福自身的龙，是将造福众生与幸福自身相统一，且以造福众生为最大幸福的龙。

所谓奋进龙，就是奋发进取的龙。奋进龙首先表现在形象和内涵两方面的与时俱进。奋进龙彰显着龙的“好飞”的神性，总是以扬头挺胸、瞠目振鳞、意气风发、精神抖擞的面貌出现在世人的面前。

二、抛弃帝制龙、灾祸龙

所谓帝制龙，就是象征、代表帝王专制的龙。在漫长的封建社会里，帝制龙高高在上，实行的多是皇权独尊的专制统治。帝王专制的历史已成为过去，一个具有现代文明的劳动人民当家作主的国家，已不需要所谓的“真龙天子”了。

所谓灾祸龙，就是发洪施旱，给老百姓带来灾难、祸害的龙。这样的龙，通常被称为孽龙、恶龙、毒龙、歹龙、妖龙等。灾祸龙的出现，源自动物界和自然天象凶险无常，对人们的生产生活造成威胁的一面，反映了龙的融合过程的复杂性和龙文化的丰富性。对灾祸龙我们持清理和淘汰的态度，尽管其出现有不可避免性。灾祸龙的出路无非两条：改邪归正，成为福生龙，或被龙族彻底剔除。

三、创建文明龙、科学龙、环保龙

中国龙的纳新、融合的特质，已为历史事实所证明，如中国龙自身从形态到内涵的不断演进，如中国龙对佛教文化的吸收、融合等等。当代文明龙、科学龙、环保龙，其实就是具备时代精神的龙。符合科学发展规律的龙。（庞进：《中国龙文化解读》，《光明日报》2007 年 3 月 23 日。）

●全球化背景下的龙文化复兴

对于 21 世纪的世界冲突趋势，曾担任过美国国防部等部门顾问的亨廷顿提出了一个观点：在苏联解体和冷战时代结束之后，21 世纪世界的主要冲突形式将不再是意识形态方面的冲突，甚至也不再是政治和经济方面的冲突，而是文明的冲突。非西方世界中的传统文化（主要表现为传统宗教和伦理系统）的感召力和凝聚力将再度加强，不同文明之间的文化壁垒将取代意识形态和两大阵营的对垒，从而使文明的冲突成为未来世界冲突的主题。

20世纪末叶，非西方世界的人们在经历了全盘西化的迷狂之后，终于发现西方化的道路并不能解决自己国家和地区的根本问题，尤其是不能解决自己文化的精神根基问题，这样就不可避免地在全世界范围内掀起了一股“文化保守主义”浪潮。包括中国在内的非西方世界正试图从自己的传统文化根基中寻找一个精神支点，并以此作为基础来推进与殖民化和西方化迥然不同的现代化过程。

尽管在物质文化层面上世界正走向一体化，但是在精神文化层面上，我们将面临着一个多元化的时代。未来的世界和平只能建立在文明体系多元并立的基础上，只有在东西方各国和各大文明体系通过平等对话实现的一致性，才是真正符合人道的一致性。

全球范围内的经济一体化，也为弱势文化的发展提供了一定的物质条件。曾经辉煌一时的以龙文化精神为渊源的中华文化，在经历了痛苦的认识之后，不得不面对时代发展带给我们的全新考验。要以积极主动的姿态参与世界文化发展的洪流，就必须坚持两个方面的正确认识：一是正确对待我们的历史传统；二是正确对待外来的文化。我们对于人类文化发展规律的探讨，以及对先进文化建设的探索，最终都要归结为这一点、服务于这一点。

今天的中国正在逐渐发展为一个令世界刮目相看的现代化大国，东亚地区也正在成为一支足以与西方世界分庭抗礼的重要区域性力量。以龙文化精神为渊源的中华文化圈开始了它的现代化复兴，从边缘逐渐走向中心。以龙文化精神为渊源的中华文化将以现代化的方式贡献于世界文明。

以龙文化精神为渊源的中华文化的未来，必须依靠我们自己的努力才能取得。中华族群如果不能适应全球化发展的趋势和人类发展的动态，却又轻视以龙文化为渊源的中华民族文化精神，那一定是国家和民族之大不幸。继承创新、发扬光大以龙文化为渊源的中华民族文化，这是龙的传人的神圣责任。

文化对于一个民族和一个国家来说，是一种能够凝聚和整合民族和国家一切资源的根本力量。美国文化人类学家莱斯利·怀特认为，决定民族国家特征的不是其内部种族的外部结构，而是固存于他们身上的特殊文化心理或意识。

中国作为世界上最大的发展中国家和为数不多的社会主义国家之一，往往成为霸权主义攻击的目标。在这样一种形势下，坚韧的民族精神是真正不可摧毁的长城。而民族意识的激发和民族文化发展与国家文化安全的成长，可以为国家提供强大的凝聚力资源，塑造一个拥有强大精神家园的中国。

以龙文化精神为渊源的中华文化在21世纪振兴的希望就在于：通过自我批判的方式，从自己的文化传统中重建精神砥柱，以此作为嫁接西方先进的物质文化和制度文化的本根。这样一种前景不仅对于中国，而且对于所有的非西方世界都具有普遍性的意义。（乐后圣：《人类文明发展对龙文化开掘的启示》，《和谐是以龙文化为渊源的中国文化的根本精神》，战略家网，2006年。）

第十三章　新龙精神

——科学品牌发展观示范工程

新龙精神是："在立足中华民族的主体文化——龙文化的核心思想——责任文化的基础上，以海纳百川的开放胸怀，整合世界各民族的优秀文化与资源，为世界人民日益增长的物质和精神需求承担更多的义务。"

有一种说法，越是民族的就越是世界的，在这个全球化时代，中国的企业如何吸取本民族文化的智慧精华在全球化的舞台上取得辉煌业绩？有没有一种价值观念和竞争策略，它能刚能柔、能屈能伸；既能自我实现，又能与时俱进；既有刚强威猛的力量，又有包容担当的品格，既能鼓舞员工的士气，又能激发员工的自豪感，既能使中国的企业在全球化的舞台上有飞黄腾达的恢弘气势，又能得到国际社会的普遍敬慕；既能体现中国企业文化智慧、忠诚、仁爱、威仪、祥瑞的民族风范和品牌形象，又能在世界经济全球化的浪潮中彰显我们中华民族的经营艺术和文化品格？

有！那就是中国的"龙文化"、"龙精神"和"龙哲学"。

龙具有昂扬的生命力，任何力量都无法阻挡；龙飞腾于云水之间，永远英姿勃发。龙是祥瑞的征兆，是中华民族精神的象征，它体现中华民族团结合力的精神内涵，是维系全世界华夏子孙的精神纽带。在这个全球化竞争的时代，中国的企业家们需要有龙的刚健和气魄，龙的智慧和精神，中国企业需要有一种"天行健，君子以自强不息"的拼搏精神，才能引领这个充满竞争的全球化时代，才能体现出中国企业的社会责任和民族风范。

中华文明是唯一从未中断过的文明。一种绵延不断的古老文明，必定有其丰富而深刻的思想内涵贯穿其中，成为支撑其生命和发展的精神支柱。龙就是中华民族文化精神的载体。在中国文化中，龙超出了动物的范畴，成为了一种意象和象征、一种哲学思想、一种精神寄托、一种文化诉求和文化符号。（曹政钧．《探索中国龙文化的价值观和方法论》，中国总裁培训网，

2008 年 8 月 14 日。)

新龙精神，就是中华民族的新时代精神。

2007 年 2 月 18 日，农历正月初一，胡锦涛主席在兰州小西湖公园与市民们一起游园时，拿起画笔，同小学生一起“画了一条腾飞的龙，祝愿祖国蒸蒸日上”。

第一节　新龙精神内涵

●新龙精神定义

所谓新龙精神是指：“在立足中华民族的主体文化——龙文化的核心思想——责任文化的基础上，以海纳百川的开放胸怀，整合世界各民族的优秀文化与资源，为世界人民日益增长的物质和精神需求承担更多的义务。”

新龙精神建立在对龙文化公正的理解和科学的认识上。

新龙精神，是在全面研究龙文化，弃其糟粕，留其精华，弘扬道义，造福当代的前提下诞生的。

新龙精神是民族精神、时代精神、国际精神。

新龙精神体现为责任文化、大气文化和创新文化。由于这些文化元素，新龙精神才得以与龙文化一脉相承并有所扬弃形成独立内涵。

责任文化、大气文化和创新文化我们将专章论述。

新龙精神的特质特色还体现在许多方面，如包容、担当、造福、传承，等等。

●新龙精神内涵

一、新龙精神的认知特征体现在新龙形象上

新龙精神首先体现在对龙文化公正的理解和科学的认识上。

“龙”不应该是让人生畏的凶神恶煞形象。威力、震慑、惩罚，是传统龙形象的构成部分，但不是主流。霸气，是龙文化中应该淘汰的糟粕元素。

龙的主流特征，是贯通天地，滋润万物，保一方平安，是正义、善举和责任。龙向来是王道之龙。王道非霸道。霸道讲暴力，王道讲责任；霸道讲独霸，王道讲共赢；霸道讲专断，王道讲更新；霸道讲家天下，王道讲天下家。这就是新龙精神与旧龙形象的不同之处。

确认了中国龙滋润万物，保一方平安的正义、善举和责任形象，才能树立起“在立足中华民族的主体文化——龙文化的核心思想——责任文化的基础上，以海纳百川的开放胸怀，整合世界各民族的优秀文化与资源，为世界人民日益增长的物质和精神需求承担更多的义务”的新龙精神。

二、新龙精神的理性魅力体现在承担社会责任上

龙文化的核心是肩负滋润万物、造福世间、保一方平安的义务和责任。

新龙精神的诞生基础是中华文化，中华文化的主流文化包括龙文化，龙文化的魅力核心是责任文化。无论是传统龙文化的内核——滋润万物、造福世间、保一方平安，还是新龙精神的最终目标——为世界人民日益增长的物质和精神文明需求承担更多的义务，都体现出了伟大而崇高的“责任”精神。

三、新龙精神的人格魅力体现在大气和包容上

不论是在海纳百川、开放包容的豁达胸襟和处世态度，还是在兼收并蓄、整合世界各民族的优秀文化与资源的发展上，龙文化始终都能内外兼修，博采众家之长。这也正是为什么中华龙文化可以终生不老、历久常新，始终跻身世界民族文化之林而长久不衰的主要原因。

四、新龙精神的内在魅力体现在品牌核心价值上

新龙精神的“内修大气、包容，外练责任、发展，为世界人民谋福祉”的内涵，赋予品牌，就是品牌的核心价值，品牌魅力的核心源泉。科学品牌发展观的示范工程——新龙精神建设的原因也就在这里。这就是通向国际品牌的蓝海战略和康庄大道。

五、新龙精神的实践魅力体现在太子龙示范工程上

2008 年，太子龙集中贯彻科学品牌发展观及其示范工程——新龙精神

建设，推出全新主题“新龙起航，责任天下”和全新的广告语“太子龙，让世界责任起来”以及充满民族个性和时尚风格的全新 CIS 形象识别系统，成果显著，成为贯彻科学品牌发展观及其示范工程——新龙精神建设的典范。

新龙精神示范工程在硬件上，首家引入了国际最前沿的品牌主题开发模式作为产品研发方向；首次引进了中国顶尖级的专业人才整合机构——中服人才猎头中心长年为品牌运营提供 360 度的人才保障；首次引进国内高端的顾问咨询机构为品牌专业服务；首次引进了中国品牌建设功勋人物、中国策划 30 年标志性人物韩世友先生来集团亲临执掌品牌文化建设；启动太子龙人新家园——萧山江东工业园的动力板块。

●新龙精神与科学品牌发展观的关系

科学品牌发展观是新龙精神的诞生基础，新龙精神促进科学品牌发展观不断地丰富和完善；

科学品牌发展观是新龙精神的指导思想，新龙精神是科学品牌发展观的具体实践。

第二节　龙文化传承与企业文化

文化无优劣之分，但有贫富之别。如果你的一件东西有历史、有理论、有典故、有人情，你的东西就有文化；如果你的件件东西都这样，你就文化积淀丰厚；你凭借这些积淀做成了产业或产品，就打出了文化产品或产品文化；你的文化产品或产品文化被本土以外不同文化背景的消费者接受并喜爱甚至改变了他们原来的喜好，你的文化战略和经营策略就对头，久而久之，你背负的文化就是优势文化。

以龙文化为代表的中国民族文化，从过去的历史与未来的前景看，举世承认是优势文化。但问题就出在当下。我们的文化财富观念陈旧，老停留在对文化财富的精神满足层面；缺乏挖掘整理动力，商业化运营没有机制，国际竞争段位太低，总是败在我们眼中的“非优势文化”手下。

过去讲“天下兴亡，匹夫有责”，现在可以说“文化复兴，企业有责”。相对于文化产品这个重头戏来说，产品文化、品牌文化是文化输出的侧翼部队，但这支部队相当庞大，虽然建制不一、难以统一指挥，但能各自为战，而且战线长、接触面广、反馈迅速、适应力强，船小掉头快，是最有可能尽快取得成效的文化输出战略载体。我们已经欣喜地看到了凝聚在中国品牌上的“文化复兴，企业有责”的自觉。

21 世纪的中国功勋企业，将是制定和贯彻弘扬中华民族文化战略的企业。

●中华文化精华早已成为人类财富

“从孔夫子到孙中山，我们应该给以总结，继承这一份珍贵的遗产。”这是毛泽东 1938 年对全党的叮嘱。2008 年，75 位诺贝尔奖得主在巴黎发表宣言：“如果人类要在 21 世纪生存下去，必须回到 2500 年前去汲取孔子的智慧。”

公元 2 世纪以后，儒家文化的核心——伦理道德精神、社会伦常、天道自然观、人性修养，越来越被东方各国尊崇。《论语》被称为东方人的“圣经”。日本“近代工业之父”涩泽荣一所著《论语加算盘》一书，提倡道德经济合一论，成为企业家们的必读书。涩泽荣一说：“我的经营中虽饱含着辛苦和惨淡，但是由于常遵孔子之教，据《论语》之旨，故使经营获得了成功。”丰田公司创始人丰田喜一郎将“天地人知仁勇”用作自己的座右铭；日立公司创始人小平浪平把儒家的“和”、“诚”列为社训；松下幸之助则认为，企业家要仁爱惠众，生产出像自来水一样多而便宜的产品以回报社会。目前在日本，不少企业家把《论语》思想作为企业经营管理的根本方针，松下电器公司还把儒家经典作为其商业干部学校商业道德课的教材。王阳明的心学在亚洲四小龙的经济腾飞中被作为精神的源泉和动力，连《菜根谭》这种普及读物也被日本借鉴为商业经典。

中华文化成为世界财富，为世界所用的现象，几乎遍及各个领域。我们这里主要举了国外企业界的例子。

事情往往就是这样，当我们努力照搬成熟市场经济国家的管理模式时，他们却在我们的后院里掘宝。当他们把这些宝物镶进昂贵的框子里时，我们立马认可了它的价值，并花大价钱买回来！

民族的就是国际的。这句话用在这里，可能使我们心里不太舒服。但客观规律和游戏规则就是这样。文化一旦被更大范围接受，就一定会被更大范围使用，这就叫发扬光大。自己不好好用还霸着不让别人用，我们不能仅以祖宗的东西被认可推崇而沾沾自喜，更不能因祖宗的东西被别人赚了钱而忿忿不平，因为这在心态上是不大气的。

换一个角度看问题，中华文化为世界所用，实际上也是弘扬了中华文化，又为我们示范了文化商品化、产业化发展的思路、方法、途径和模式，只要我们放下穷老师的架子，当好富裕的学生，如何创造更大的财富也就只是个时间问题了。

●龙文化是企业文化的母板

龙文化代表着民族文化。民族文化是一个民族在发展中形成的为民族成员所普遍接受的从意识形态、社会规范、思维方式、经济活动、生产方式、文化艺术到风土人情的几乎无所不包的复杂体系。这个体系因自身动力而成长，随时代变化而调整，是一个在内外因素相互作用不断协调以保持平衡的可持续发展体系。一个个这样的民族文化构成了人类文化。

民族文化反映了一个民族的人际关系和价值体系，每一个民族都有其共同的民族价值观念和行为规范，这是保持一个民族尊严的根本所在。随着人类社会的交流发展，民族文化互相融合趋势越来越明显，所以，对本民族文化优秀因子的保护、弘扬和输出，成为各国各民族的基本发展战略之一。

企业文化是国家民族文化最活跃的细胞。企业文化是一个国家的微观组织文化，它是这个国家民族文化的组成部分，所以一个国家企业文化的特点实际就代表这个国家民族文化的特点。企业文化是社会文化体系中的一个有机的重要组成部分，它是民族文化和现代意识在企业内部的综合反映和表现，是民族文化和现代意识影响下形成的具有企业特点和群体意识以及这种意识产生的行为规范。

按哈佛大学 MBA《经营战略》教材中讲的，企业文化一般包括企业使命、经营战略、经营理念、企业精神、企业价值观、员工座右铭、企业道德、团体意识、企业形象、企业制度等。企业文化是企业的灵魂，是推动企业发展的不竭动力。它是企业在生产经营实践中逐步形成的，为全体员工所认同并遵守的，带有本组织特点的使命、愿景、宗旨、精神、价值观和经营理念，以及这些理念在生产经营实践、管理制度、员工行为方式与企业对外形象的体现的总和。其核心是企业的精神和价值观。企业文化关注的中心，在于对企业中人的因素的管理与激发，虽然如此做的终极目标在于企业价值的顺利实现，但这并不妨碍企业以开发人的潜能为切入点的管理模式为企业带来的巨大张力。

现在许多企业的企业文化套用西方现成模式，不合国情，不合传统，属于无土栽培的温室作物，小环境像回事，大环境不适应。早衰夭折或无疾而终的占相当部分。其原因之一就是没把根扎在中国文化的土壤里。

据报道，最近一些 EMBA 和 MBA 的毕业生对重读企业家国学班兴趣浓厚。有人士认为，国学受到管理者追捧，原因主要有三个：一是发掘传统、古为今用，提升企业文化竞争力，避免恶性竞争的需要。二是企业家的个人兴趣，很多企业家把学国学作为一种个人爱好，纯粹只是为了兴趣而学习。三是西方管理理论的“水土不服”，使得中国的管理者转而从传统文化中寻找管理思想。有关专家认为，此次金融危机给企业管理者提出一些难题。“如果说西方的管理培训告诉你的是技能与经验，那么国学告诉你的是企业发展的方向”。国学重“道”，侧重提升道德和管理智慧；西方管理重“术”，侧重于管理技能与经验。光有“道”会陷于空谈，光有“术”会陷于琐碎，“道”“术”的结合成为一些企业管理者学习和充电的最佳选择。

以龙文化为代表的民族文化，是企业文化的母板。外国企业可以从中国民族文化宝库中挖掘宝贝发扬光大并取得收益，我们更应该弘扬自己的民族文化并贯彻于经济活动中。

龙文化是企业文化不竭的源泉。但是，我们对龙文化的研究，对龙文化与企业文化的源流传承，远远没有做到学科化、科学化程度；我们对龙文化的认识和扬弃，还处于一个含糊随机的起始阶段。要做好龙文化研究，不只是专家学者的事，也是企业家的事。我们期待着：尽快成长出一批将龙文化与企业文化的源流传承做到位的企业家，创作出一批弘扬龙文化的企业文化模板，树立起一批承载民族文化的世界品牌，迎接中华民族优势文化价值普世实现的春天。

●企业文化与民族文化的导向本质

企业文化为什么是企业的灵魂？因为它的作用对象是人而不是物。

企业是管理行为一个载体，从管理学的角度看，企业本质上是群体围绕目标而进行协作。

企业的经营观念、行为准则、知识成果、精神风貌、职工心态、舆论环境等价值理念，对于提高职工的思想文化素质，充分调动职工的积极性、主动性和创造性，增强职工的事业心和责任心，促进企业又好又快发展，意义重大，作用显著。先进的企业文化具有六大功能：

熏陶和“保健”功能。使企业职工在精神文化熏陶下成长，永远保持健康的精神状态。

发展和创造功能。企业职工在生活条件得到满足之后，往往就会追求自我发展，渴望创造一些有价值的东西。企业必须用先进的企业文化去教育和培养企业职工，帮助他们学习文化知识，钻研科学技术，提高文化素质，创新实践，实现内心的愿望和追求。

净化和升华功能。先进企业文化的精髓是先进的思想观念、道德准则和进取精神，以此熏陶、教育企业职工，有助于帮助他们摈弃错误的思想观点、陈旧的价值观念，使他们的思想观念、精神境界得到净化和升华，从而为企业培养和造就出合格的管理者和劳动者。

引导和教育功能。为企业职工提供思想指导、价值观念、行为准则、文化知识等，帮助企业职工明辨是非，并在实践中及时调整自已的行为。

凝聚和激励功能。拥有先进企业文化的企业，会向职工们提供一种共同的、先进的价值观。这种价值观能把企业职工凝聚在一起，形成一股强大的合力，使广大职工同心同德地为企业的发展贡献力量。

协调和互惠功能，即先进的企业文化能协调企业内外各种关系，使大家各获其益。在协调和处理企业与社会的关系时，先进的企业文化可以引导企业的经营管理者正确处理企业和国家之间的关系，处理好企业利润目标与社会责任、眼前利益与长远利益的关系。在企业内部，先进的企业文化也会告知每一名职工、每一个团队，只有企业发展了，企业内的每一名成员才能得到更多的利益，因此要以企业整体利益为重，相互配合，相互支持，为实现企业的发展目标而携手奋进。（万长青：《先进企业文化的六大功能》，企业文化网，2008 年 7 月 7 日。）

企业文化的这些功能，从形式上看，可以各国通用，从内容上看，却必须符合民族文化规范。比如，企业文化中价值观、愿景、使命的定义分野和成套提出，过去我们是没有的，现在我们学习了西方企业文化理论，借鉴了成熟的企业文化构织模式，就不能照搬人家的价值观、愿景、使命，填这个空的，只能是民族文化。

上面说到的熏陶和“保健”、发展和创造、净化和升华、引导和教育、凝聚和激励、协调和互惠功能，是企业文化的功能，也是民族文化的功能。在价值理念的确认和推广上，民族文化与企业文化是一致的，或者说，企业文化担当了传承弘扬民族文化的使命。

把龙文化的精神底蕴和管理理论的科学方法结合起来，虚实互动，相得益彰，这就是我们建设既合乎国际化规则又具有民族特色的企业文化和品牌文化的捷径。

●龙文化是诊治“物质痛苦”的良药

企业是否应当追求利润最大化，这是中国企业文化研究的一个永久辩题。

经济理性即“最大化行为”一直是新古典经济学最核心概念。这是企业存在价值的最基础假设，引出了企业追求利润最大化的目标指向，也是多数企业投资者或者管理者的决策追求。

但是，利润最大化将使企业文化处于无尽的物质痛苦之中。诚然，经济学对于中国社会发展的影响是巨大而深刻的，它主张最大合理化的配置资源，以期获得最大的投入产出比的理念，帮助我们冲破了计划经济的束缚，打开了中国社会主义市场经济之门。但是，经济学内在的缺陷在于其基本假设建立在资源稀缺、人的物质欲望无限的基础上，而物质的追求只是人类的需求之一，而不是全部；对物质的追求是人类欲望的实现和满足，也是人类精神的痛苦和失落。这种痛苦和失落，已经在市场经济发展成熟的西方社会充分显现，有人呼吁精神回归，有人躲开商品世界寻找精神家园，“次贷”危机使《资本论》畅销，不少来中国淘金的人突然发现了更有价值的世界观……而在中国，物质文明建设与精神文明建设的失衡已引起广泛关注，企业文化尤其是核心理念的混乱，使得企业领导者认识到：必须找到企业文化终极的价值基础，发现文化本身的精神至上的独特作用，制定适合自己的、有根的文化支撑，构织自己的企业和品牌的文化战略。

企业文化是经济意义和文化意义的混合，即指在企业界形成的价值观念、行为准则在人群中和社会上发生了文化的影响。它不是指知识修养，而是指人们对知识的态度；不是利润，而是对利润的心理；不是人际关系，而是人际关系所体现的处世为人的哲学。企业文化是一种渗透在企业一切活动之中的东西，它是企业的美德所在。

包括龙文化在内的中国民族文化就是我们的精神家园和思想宝库。

龙文化的最大价值是精神价值。龙的传人，不过是近些年才出现在歌词中的词组，而且多义多解，为什么能被广泛认同呢？就在于新概念表述了老价值。龙的国度、龙的子孙、龙裔龙脉，仅仅一种说法，往往就能使我们热血沸腾。这就是归属感和价值认同的魔力。所谓精神归宿，所谓精神价值，所谓精神力量，这是医治“物质痛苦”症的良药。数千年的文化积淀，这样的药方太多了。

文化认同，实际上就是核心价值的认同。美国片《花木兰》为什么在中国没有市场，毛病就出在价值认同上，很丑的主角，怪里怪气的花氏祖先们，还有那条仰人鼻息的宠物龙，怎么看怎么不舒服。到了《功夫熊猫》，主角是中国国宝；功夫动作可以看出成龙、李连杰的影子；片头片尾是剪纸、皮影；片中的山水、庙会、针灸、筷子、毛笔字、熊猫阿宝带补丁的大裤衩，都是中国元素，再加上贯穿始终的勇敢自信、倡善惩恶的价值观，很容易引起中国观众的共鸣。如果说《花木兰》是好莱坞标准全球化品牌输出的话，《功夫熊猫》就是标准品牌本土化。

美国人研究中国文化都在不断深入，使其产品文化越来越接近我们的价值观。我们作为龙的传人，更应该弘扬真传，使精神文明的轮子与物质文明的轮子转得一样快。所谓复兴中华文明，就是创造更多更新的物质和精神的双重财富，满足国内国际大众日益增长的物质和精神的双重需求。

第三节　龙文化在品牌上的体现

●龙文化为企业注入龙的精神

武汉龙飞科技有限公司董事长熊以龙认为：龙身上蕴涵的凝聚力、彰显力、包容性和奋进精神为中国企业的企业文化建设注入了新的内容。

凝聚力。五千年来龙已深深扎根在所有中国人的心中，形成了具有强大凝聚力的龙文化。在中国传统文化中，龙是唯一能被不同民族、不同信仰、不同年龄、不同地位的人们所共同崇敬的神物。龙信仰，把整个民族凝聚在神异的信仰之下。

对于企业来说，要想取得长足的发展，也必须运用一种力量，把所有员工都凝聚于某种共同的信仰之下。优秀的企业文化是企业管理者和全体员工的精神家园。在这个家园里，企业管理者最重要的才能就是创造企业文化和影响企业文化的能力，最重要的职责就是使员工不后悔“把宝贵的岁月花费在这里”。成功的企业必然拥有强大的、深入人心的、极具凝聚力的企业文化。

彰显力。神通广大的龙是力量的象征，它集中了动物界的力量以及自然天象的力量。出于对龙的崇拜和敬畏，人们便希望能够借助于某种形式将龙的神力外化出来，使自身得到庇佑，于是就有了诸如穿龙服、舞长龙、龙舟竞渡等种种彰显龙力量的活动。

企业文化也同样需要这种彰显。任何一种企业文化要被公众认知，都需要一个被彰显的过程。对企业文化的彰显越到位，企业在公众心目中的影响就越大；当一种优秀的企业文化与一个成功的企业模式形神合一时，这个企业良好的公众形象就在市场上确立了。

包容性。龙的形象集多种动物优异性状于一身，显示出极大的包容性。

而包容性在提升、优化企业文化的过程中，也发挥着举足轻重的作用。成功的企业，都有一种以人为本、包容性极强的企业文化。

奋进。从古到今，龙具有与时俱进，开拓创新的奋进精神，而这种昂扬奋进、不断进取的精神在构建优秀企业文化的过程中必不可少。在这种精神的感召下，中国一定会有世界级大企业的产生。（张克复、庞进主编：《首届中华龙文化兰州论坛文集》，甘肃文化出版社 2007 年版。）

●龙文化为品牌增添根本魅力

《中外服饰》杂志曾就“龙文化”采访太子龙服饰有限公司及社会名流。

艺术家范武：

龙几乎是中国独有的。从远古的神话传说中诞生的，中华民族的子子孙孙用自己独有的尊敬与亲近，给了“龙”深沉而美好的含义。然而，很有意思，时至近日，“龙”这个神话传说中才有的现象，似乎与普通大众生活越来越近，首先，每一个中国人都可以把自己当为“龙”的传人，其次，“龙”的概念似乎无时无刻不在普通人的灵魂深处占据并产生影响。“龙”的这种平民影响，很大程度上来自“龙”的非神气质，也就是说，在漫长的生活与演变中，中国人早已不知不觉地把“龙”拉进自己的生活，并赋予了“人”的性格与特点。在现代社会，“龙”的非神气质，简单概括就是“修养、风度与坚强”。这种特质所体现的人性化品格，就是庄重中的洒脱与高贵中的幽雅，这正是龙永恒不变的象征。在现实生活中，“修养、风度与坚强”是成功男人极力追求的至高境界，作为“龙”的后人，我们喜爱龙，传颂龙，以龙的精神为美德，以龙的子孙为光荣。而在更为人性化、更为真实的意义上，中国男人追求“龙”的风采、“龙”的生活状态，才是意识深处的最终表达与倾向。

《民族画报》社记者陈立民：

时代需要龙的精神。“龙的传人”值得骄傲的主题是：百折不挠的民族精神和博大精深的民族文化。时代进步，个性纷呈，但对中华儿女来说，龙的个性不落伍，永放光芒。现代社会，竞争愈加激烈，龙的精神愈加重要，它是进取、脚踏实地的代表，是事业哲学中永恒的时尚。时代需要龙的精神，“太子龙”受到广泛关注是好事，它昭示着民众对“龙”的关注和“龙”的精神在社会上的回归。

著名广告摄影师张艺：

太子者，帝储也，是精致幽雅的；龙者，成功的代表，王者的代名词。

时代演变，龙成为民族之象征，是中国人永远的烙印与自豪。太子是时代的、龙是成熟的；太子是积极的，龙是稳重的；太子是前进的，龙是成功的；太子是个性的，龙是经典的；太子是精致的，龙是大气的；太子是璀璨的，龙是永恒的！现代社会赋予“太子龙”全新的时代含义，成为“精英”的另一种解释，是积极面对生活的典型。

著名美术设计家、画家春犁：

龙，何以凝聚炎黄子孙的心灵？我到英国近五年了，深夜里思念祖国，很多具体的形象会涌入脑海，构成记忆中曾经生活过的画面。然而，当所有的景象凝聚，“龙”的形象成为了我对国家与民族的唯一意念，每当这种时刻，伴随思念的是无上的自豪与幸福的责任。

因公回国，看到男装展览大饱眼福。毋庸置疑，“太子龙”的展台给了我最大的惊喜与感动。我相信这种惊喜与感动的来源，正是气势磅礴的传统文化与民族情结的重合。“太子龙”流露出了对民族文化的热爱、自信、希望与创新。在民族经济飞速发展，国家地位不断提高的今天，“太子龙”的做法不仅仅是一种商业行为，而且具有深远的社会意义。对民族文化的信心，同样是对民族前途的信心。

尤其在国外呆惯了，又回到祖国的人，看到在时尚的包围中，有企业独树一帜，大倡民族文化，感觉真的很震撼。

学者、自由撰稿人单开：

龙是高贵的，但当一种高贵到达了至高无上的境界时，它将回归平民，归属大众，如同广博的大地与天空。所以，在深厚的华夏文明中，龙的形象属于贵族，而它的精神却深入大众。这种精神借助真、纯、朴、淡的具体表现触动心灵。

真，没有人怀疑龙的美好内涵，它在每一个中国人虔诚的心灵中存在，祈求希望；纯，龙的内涵博大深厚，但同时纯洁无比，它与所有的丑恶对立，代表美好的一切；朴，龙象征安详平和，它为所有美好的心灵提供寄托，包括高贵与平凡；淡，龙以一种具象的意念存在，安逸淡泊，似乎永远安静的伴随在每一个人的身边。

至真、至纯、至朴、至淡，龙用平民化的形象传达高贵的精神。所以，才受到大众的普遍尊敬与热爱，这正是龙的真正价值和可贵之处。

广告公司市场总监冯玉彬：

当中国人以一个集体的形象出现时，往往只有“龙”可以代表。当今，中国同胞正同心协力轰轰烈烈地进行经济建设，光荣而自豪地面对世界。“龙”的形象更加光辉神圣、“龙”的内涵更负魅力与时代气息，“龙”的概念更加深入人心。崇拜龙，热爱龙，接近龙，成了朝气蓬勃的当代中国人的集体心理追求。“龙”与“中国”和二为一、密不可分，新时代的中国用自己的伟大进步，昭示“龙”的远大未来。（《底蕴的力量》，太子龙网。）

第四节　新龙精神十大关键词

2008年，太子龙在贯彻科学品牌发展观及其示范工程——新龙精神建设中，提出了“以国际化的视野升级品牌文化”，“以国际品牌的标准制胜国内市场”，以“科学品牌发展观”理性推动品牌的长远发展，以“新龙精神”支持品牌的快速发展，最终将“太子龙”打造成为一个享誉世界的国际化品牌的战略决策。

新龙精神赋予太子龙品牌时尚化、国际化、文化化。新龙精神既是太子龙品牌的核心内涵，更是企业日常经营管理的指导思想；是太子龙员工行动纲领，是新时代、新东方的人文关怀。

太子龙人对新龙精神的理解，可以概括为十个关键词：责任、大气、自信、时尚、经典、成功、亲和、个性、中国风和国际化。

●责任

“新龙精神”要求企业必须肩负社会责任。“太子龙”将从产品、质量、货期、营销上以“新责任”的观点承诺加盟商，承诺消费者，主动承担起为加盟商创造利润最大化的责任；通过企业内部管理、市场行为塑造、企业形象的打造，锻造“太子龙”内外一致的“负责任”的形象；今天“太子龙”的知名度和美誉度是用十二年的积累换来的，是在政府、员工、社会各界的关心和支持下发展起来的，得来不易，为此，公司在日常经营中对企业责任和社会责任的履行显得尤为重要，所以，太子龙——让世界责任起来的企业使命，一定会成为全球普世文化的轴心文化。

●大气

是敢于承担责任、勇于开拓创新、敢于包容兼纳、重事业轻名利的大气文化，是中华民族的英雄气节、传统美德，是太子龙企业一直提倡的作风，"太子龙—中国风"，体现着太子龙追求大事业、为振兴国家作贡献所表现的大气文化，也是新龙精神的重要部分。"新龙精神"提倡的是太子龙与时代碰撞的新灵感，是站在国际看中国，立足中国想世界；兼容东方文明和西方时尚的生活态度；体现新时代男人的敢想、敢创、敢负责的气度和坚强，所以，大气文化是太子龙品牌国际化的先决条件。

●自信

新龙精神与"自信，自然出色"、"敛于心，展于行"的太子龙企业文化吻合。自信，是发自内心的自我肯定与自信；是21世纪中国新男人的性格魅力；自信，是对中国传统文化的理解，对民族文化的自信；是新形势下对品牌经营的新认识。

●时尚

新龙精神的显著特点是科技时尚。"太子龙"品牌的消费者一直是追求时尚的痴迷者。新龙精神下的"太子龙"品牌将成为一个富有个性创造，不断地推陈出新，能引领潮流的品牌。这些具体的行为既可通过科技时尚的传媒展示，构建魅力时尚，还可以直接与国际化潮流相对接，这样长此以往新龙精神必将成为时尚魅力的代名词。

●经典

新龙精神追求锻造经典品牌。不论是企业理念、品牌文化还是产品质量都要经得起历史考验，成为业界经典。

●成功

新龙精神延续了“成熟、成就、成功”的企业文化。成熟、成就，指事业已发展到了一个欣欣向荣的程度。太子龙的服饰通过精细创意，运用丰富的设计语言，承袭精致洒脱的风格，以庄重的时尚理念营造新时代男人的成熟风范，把现代男性既时尚又不乏文化内蕴的形象气质表现得淋漓尽致。成功，指事业已经成功，它是一种积极的感觉，是达到理想之后一种自信的状态和一种胜利的喜悦，而“新龙精神”下的“太子龙”永远支持、帮助那些在事业道路上追求成功的人。“新龙精神”主张积极主动地面对问题，谋定而后动，要务优先，双赢思维，倾听沟通，协同合作和与时俱进。

●个性

个性是近几年来最具代表性的流行语，指跳出循规蹈矩的生活方式，摆脱大众气质，独树一帜的风格追求。“新龙精神”是有个性的精神，太子龙品牌从人的衣着打扮、言行举止、精神气质上塑造消费者特立独行、充满活力个性的特质。

●亲和

“新龙精神”的龙不再是传统中高贵而不可接近的龙，更不是西方人眼里残忍邪恶的龙，而是亲和的龙。“太子龙”是属于世界的。“新龙精神”理念下的“太子龙”是具有亲和力的，能贴近人民的，是吉祥的，是受人尊崇的。

●中国风

新龙精神体现东方精神和西方文化共荣。龙形象固然是体现中国文化的深层文化底蕴的重要载体，新龙精神则更把目光放置在挖掘和发扬中国以及东方文化精髓有益于品牌、企业、国家、人类发展的部分。例如自强不息的奋斗精神，爱国爱民的献身精神，勤劳智巧的创业精神，忠诚无畏的勇敢精神，仁爱孝敬的重德精神，追求完美的上进精神，等等。

●国际化

全方位开放、全方位接轨，不仅仅把目光停留在中国，而且放眼于世界，关注国际时尚以及全球文化现象，把中国文化与国际流行趋势对接，使创新独特的新龙文化，同步一流国际流行文化。

第十四章　责任文化

——新龙精神的道义追求

2008 年 11 月 22 日中国国家主席胡锦涛在亚太经合组织第十六次领导人非正式会议上的致辞发言中讲道："企业在追求经济效益的同时，应该在市场运作中采取谨慎、稳妥、负责任的态度，充分顾及整个经济平稳运行，认真应对各种风险和隐患，主动防止因自己经营不当给经济发展和人民生活带来冲击。这是每一个企业特别是跨国企业对社会应尽的责任。企业应该树立全球责任观念，自觉将社会责任纳入经营战略，遵守所在国法律和国际通行的商业习惯，完善经营模式，追求经济效益和社会效益的统一。"而太子龙品牌在 2007 年 10 月 5 日倡导的"太子龙·让世界责任起来"的企业使命，与胡主席的伟大号召是完全一致的，我们通过太子龙企业提出的企业使命与胡主席提出的国家民族的责任号召之间的高度切合与实践贴合性，一方面说明了市场经济条件下的国家创新主体是企业；另一方面也揭示出了只有先进的企业文化才能成为科学的企业经营战略，才能成为企业深入贯彻科学发展观的示范标兵。

当一家又一家的企业捐出巨款、回馈社会的时候；当一个又一个的品牌叫响国内、走出国门的时候；当绚丽多彩的舞台上企业家们动情地关注民生、聚焦社会的时候；当文化建设被众多的企业竞相追逐、奉为圭臬的时候，其实我们还远没有完整地把握企业文化的本意，我们还没有真正懂得企业责任的真谛，我们还远没有尽到作为社会组织一员的企业的义务，我们距离合格的"企业公民"还差得很远！

但是，因为我们是龙的传人、龙的子孙，我们的血管里奔涌着龙的血脉，我们的骨子里渗透着龙的精髓，于是，承接着中华龙的精神和龙的文化，传承着"勇于担当、福泽众生"的责任大旗，那些卓越的企业发出了振聋发聩、掷地有声的誓言——"让世界责任起来！"

责任，一个古老而又崭新的词语，今天，我们要揭示它的应有之义，赋予它新的内涵，来指引企业新的行动，引导企业新的追求，丰富企业文化的意义，这就是——责任文化！

第一节　责任文化解码

●责任文化定义

企业责任文化，就是企业始终坚持责任精神，自觉担负社会责任，不断发展责任文明，形成全员、全程、全面讲责任、负责任的企业价值观和企业品格的企业文化。

我们将可以量化的、具象的、显现的、外在的所有责任设施、文字符号、规章制度称之为"责任文明"；而将内在的价值观、行为习惯和企业品格称为"责任文化"。而责任精神，则是企业对于责任文明和责任文化的理念认知、战略贯彻、全程执行和品牌弘扬。

所谓全员，包括从企业高层到员工的全体成员、品牌关系的所有元素、企业经营的所有要素。文化是一个凝聚的观念，只有所有内外相关要素统一认知、同心协力并持之以恒，文化氛围才能形成，核心价值才会显现。没有全员认同，就不可能形成文化。全程，指企业发展全程、企业品牌运营全程、企业战略规划从制定到实施的全程。全面，指企业组织的方方面面、企业经营的各个部分、责任文化和责任文明即内容与形式的兼顾。换句话说，就是把责任文化融化在血液里，落实在行动上，贯彻在企业的一切活动中。

●"文化"与"文明"的异同

我们常把文化与文明混为一谈，其实它们的异同之争由来已久。在我们谈责任文化的时候，有必要先简述一下文化与文明的关系。

文化是指一个国家或民族的历史、地理、风土人情、传统习俗、生活方式、文学艺术、行为规范、思维方式、价值观念等。广义的文化概念包含文明。

英文中的文明（Civilization）一词源于拉丁文“Civis”，意思是城市的居民，其本质含义为人民和睦的生活于城市和社会集团中的能力。引申后意为一种先进的社会和文化发展状态。文明一般是指有人居住，有一定的经济文化的地区。它的含义有时与文化相同，但在人类学里，文明和文化有截然不同的含义。文明一词本身就有“城市化”和“城市的形成”的含义。

文化随人类出现而同步诞生，文明是随文字出现才逐渐形成。文化是文明的内涵；文明是文化的最高形式。文明是物质文化，文化是精神文化和社会文化。德国文化社会学家艾尔夫雷德·韦伯认为：“文化与文明的分别，便是文明是‘发明’出来的，而文化是‘创造’出来的。发明的东西可以传授，可以从一个民族传授到另一个民族，而不失其特性；可以从这一代传到那一代，而依然保存其用途。凡自然科学及物质的工具等等，都可目为文明……文化既是创造的，所以它是一个地方一个时代的民族性的表现，只有在一定时间与空间内，能保存其原有的意义，另个地方的人，如抄袭过去，总会把原意失去的。凡宗教、哲学、艺术等，都是属于文化一类的。”他所说的文明即是科学技术及其发明物，而文化则是伦理、道德和艺术等。文明是物质的，文化是精神的。文明具有扩散的性质，文化具有凝聚的性质。物质丰富与精神充实的人才是真正的人。

从形态上来看，文化偏重于精神和规范，而文明偏重于物质和技术。文明较容易比较和衡量；而文化则难以比较，因为各民族的价值观念不同，而价值是相对的。文明是扩散的；文化是凝聚的。

从承载者的角度来看，文化的承载者是民族或族群，每个民族或族群都有属于自己的文化；文明承载者是地域，一个文明地域可能包含若干个民族或多个国家。

●“责任文化”是“责任文明”的灵魂

我们之所以用“责任文明”这种提法，是想概括可以量化的、具象的、显现的、外在的所有责任设施、文字符号、规章制度。而相对于专指价值观、行为习惯和企业人格的“责任文化”。

责任文明与责任文化的形成，都是人类文明发展的同步成果结晶，在一般意义上，两者是一回事。在我们把“责任文化”作为命题的时候，它们的内涵区隔明显。

责任文明偏重于物质和技术；责任文化偏重于精神和规范。责任文明可以比较和衡量；责任文化则难以比较，因为各国、各民族的价值观念、行为习惯不同，在作为社会责任载体的企业层面上，各个企业之间的企业文化也不同，而且在本质上没有可比性。

责任文明是扩散的；责任文化是凝聚的。责任文明可以传授，可以复制，可以变通，可以在国家民族间直接传递；责任文化是一个地方一个时代的民族性的表现，只有在一定的时空环境中才能保存其原有的意义，不可能照抄照搬，可以移植但会改变原意。

责任文明承载者是地域或机构；责任文化的承载者是民族、族群或组织。

每个民族、族群或组织都有属于自己的责任文化；而责任文明则具有更大的通用性。

前边说过，企业履行社会责任有三种动因：自利性、自利与他利统一、利他性。责任文化批判纯粹自利性观念，树立自利与他利统一的观念，不排除完全出于对社会价值认同的纯粹利他性驱动力。

责任文化指导下的责任文明，不是企业为提升其形象和品牌的公关措施，而是企业文化与社会价值相容而主动承担的超出法定责任以外的一些社会责任，是企业自觉的社会价值追求。

责任文化将企业发展同地域、民族、国家的发展联为一体，与所有相关者的利益发展联为一体，将经济、社会、文化、环境、生态发展联为一体，在致力于更大范围的可持续发展前提下实现自己企业的可持续发展。

●企业责任文化的功能

一、企业责任文化的凝聚功能

凝聚功能是指企业用共同的价值取向、行为规范和精神信念使企业全体利益相关者同心同德，凝聚在一起。企业责任文化使其利益相关者改变了以自我为中心的价值观念，树立一种以企业为中心的共同的价值观念，从而潜意识地对企业产生一种强烈的向心力。企业社会责任作为企业文化中的一种伦理要素，大大加强了企业与利益相关者之间的责任关系，提高了企业的凝聚力。

二、企业责任文化的导向功能

企业责任文化的导向功能是指把企业利益相关者的个体目标引导到企业所确定的集体目标上来。企业文化作为企业及其利益相关者的共同价值观念和共同利益的反映，可以使全体的企业利益相关者在特定文化氛围中潜移默化地接受企业共同的价值理念，引导利益相关者自觉遵循企业共同价值观，使自己的行为和意愿符合企业文化的要求，形成一股企业发展的合力。托马斯·M. 莫里根认为，“企业的道德使命就是运用所能获得的想象力和创造性，为人类世界更加美好而创造产品、服务和机会。这一使命比企业可能行使的其他任何职责都重要。”企业社会责任为企业文化指明了明确的伦理方向，以道德伦理的软号召力引导利益相关者去共同实现企业的社会目标，凝聚起企业共同的社会价值观念，呈现出积极追求社会理想的精神风貌。

三、企业责任文化的激励功能

企业责任文化的激励功能是指通过企业文化的熏陶，激励企业利益相关者去解决企业面临的困难或实现企业的发展目标。这种机制能激发企业利益相关者服务企业的创造力和热情，推动企业形成强有力的文化价值氛围，产生巨大的企业凝聚力和集体智慧，并使每个企业利益相关者都乐意为争取企业的总体目标做出较大贡献。责任文化从思想意识观念到客观环境都对企业利益相关者进行全方位的积极渗透、影响、激励，同时，避免了传统方法所引起的企业各种行为的短期化、非集体主义的倾向，使企业的行为趋向合理化。

四、企业责任文化的约束功能

企业责任文化的约束功能是指利用共同的行为规范和思想意识对企业利益相关者的行为起到有力的约束作用。当企业文化一经形成，就形成一种“文化定势”，使其利益相关者自然而然地按照既成的模式思维和行动，而超出模式的思想和行为就会受到群众舆论和内在思想情感压力的无形约束。企业社会责任把外在的制度约束内化为企业员工自觉的行为，用一种无形的道德伦理上的约束力量，形成一种道德伦理规范，缓解自治心理与被治心理现实形成的冲突，削弱由其引起的心理抵抗力，从而使企业上下左右达成统一、和谐和默契。

五、企业责任文化的辐射功能

企业责任文化的辐射功能是指企业文化不仅对企业本身，还对社会产生一定的影响。企业社会责任作为企业文化中新型的价值观体系，不仅能在企业内部营造良好的氛围，而且还能辐射到整个企业界和社会。企业通过履行社会责任活动，进一步扩大企业在社会上的良性影响，进而在消费者和社会公众中树立良好的“企业公民”形象。同时，这种社会影响反过来又会影响社会文化的发展和进步，全面促进企业经济效益和社会效益的提高。

六、企业责任文化的融合功能

企业社会责任运动是由发达国家社会主导，发展中国家的企业跟进并加以发展的一种企业经营管理战略举措，具有鲜明的国际性特征。企业的社会责任要解决的是以捍卫消费者权益、劳工利益和环境保护等公众利益为核心的社会问题，关系到社会与企业的精神和文化，解决这些问题不仅是各国企业、也是整个人类社会共同追求的理想目标。因此，企业社会责任无论从影响的范围上，还是从人类的共同意识上或者提倡的内容上来看，它都是当前中外企业文化对接的平台。目前，把企业社会责任作为新时期企业文化整合和再造的内容，已成为国际企业文化发展的重要内容。

七、企业责任文化的更新优化功能

企业责任文化是社会发展的产物，随着社会发展而变化，具有明显的阶段性，企业文化的更新功能来自于企业内部的机制和社会对其影响力。企业社会责任作为一种新型的企业价值理念有其引导潮流的先驱魅力。企业社会责任对传统经济观念的对抗过程也是对传统落后企业文化的否定过程，必然促进企业文化的优化更新步伐。（黎友焕：《企业社会责任对企业文化功能的影响》，《亚太经济时报》2006 年 11 月 16 日。）

●企业承担社会责任的意义

社会是企业利益的来源，企业作为社会的一员，必须融入到社会群体之中，与各种组织产生互动。企业在享受社会赋予的自由及机会时，能以符合伦理、道德的行动做出回报。为企业发展营造更好的社会氛围，使企业得以保持生命力，保持长期可持续地发展。企业履行社会责任是企业执行发展战略的重要组成部分，必须有前瞻性的规划，既涉及体制、机制问题，也涉及政治、文化的范畴，所以要根据每个国家的市场和实际来运作。

总的来说，企业通过承担社会责任，可以赢得声誉和组织认同，同时也可以更好地体现自己的文化取向和价值观念，为企业发展营造更好的社会氛围，使企业得以保持生命力，保持长期可持续地发展。从社会角度来看，企业承担社会责任，在社会发生变革时，可以应对社会变革的消极影响，降低或减少由于社会变革因素而必须付出的改革成本。加速我国有特色的市场经济体制走向成熟的步伐。促进整个社会生产力的发展，有利于促进社会的进步。

企业承担社会责任意义表现为：

1. 满足公众利益：自 20 世纪 60 年代以来，社会对企业的期望越来越多，很多人支持企业追求经济和社会的双重目标。

2. 增加企业利润：有社会责任的企业，可获取企业的长期利润，这在很大的程度上归因于责任行为所带来的良好社区关系和企业形象。

3. 承担道德义务：企业能够具有且应该具有社会意识，企业承担社会责任不仅是道德的要求，并且符合自身的利益。

4. 塑造良好的形象，创造良好的环境。企业通过承担社会责任，无论在企业组织内部还是企业组织外部都会得到认可，可以在组织或个人心目中树立一个良好形象。通过承担社会责任还可以改善企业所在地生产经营环境。

5. 企业通过承担社会责任，注重可持续发展，有利于提高生活质量。

6. 阻止政府的进一步管制：在传统企业中政府管制致使企业的经营活动的经济成本过高，企业缺乏自主性，灵活性，而现代企业承担社会责任可减少政府的这种管制。

7. 责任和权力相称：没有无权力的义务，也没有无义务的权利，权利和义务是对称的，作为一个企业不能光有权利而不承担义务。

8. 符合股东利益：股价上浮，在股市来看，有社会责任的企业通常被看做是风险较低的和透明度较高的，从而持有该企业的股票会带来较高的利益。

●企业社会责任的标准化和国际化

2008 年 11 月 20 日，胡锦涛在秘鲁国会发表演讲时强调，在经济全球化深入发展的条件下，企业应该树立全球责任观念，自觉将社会责任纳入经营战略，遵守所在国法律和国际通行的商业习惯，完善经营模式，追求经济效益和社会效益的统一。各国政府要加强引导和监督，通过制定和完善法律，为企业自主履行社会责任创造良好环境。

美国安可顾问有限公司总裁兼首席执行官郭兰诗在 2008 年夏季达沃斯论坛上说，社会责任日益成为跨国公司核心价值的重要组成部分，下一代全球 500 强企业的核心价值离不开社会责任。

20 世纪末以来，管理学界对企业社会责任的研究主要集中于：企业社会责任与财务绩效关系，企业社会责任的标准化以及国际化。

企业社会责任与财务绩效关系的研究观点可归纳为三点：

其一，认为对社会负责任的企业其盈利能力更强，企业社会责任与企业绩效之间存在正相关关系；其二，认为企业的财务绩效对企业的社会表现起推动作用；其三，认为企业的社会表现、财务绩效和声誉三者间存在相互影响的关系，但很难确定哪一种因素影响最大。

多数实证研究模型证明企业的社会绩效与企业财务绩效之间正相关，即企业承担社会责任在大多数情况下可以促进财务绩效的增长。

在企业社会责任标准化的研究和实践领域，影响较大的是由美国经济优先权认可机构委员会制定的社会责任标准 SA8000，其宗旨是确保供应商所提供的产品符合社会责任标准，保护人类基本权益。它规定企业必须承担对社会和利益相关者的责任，对工作环境、员工健康与安全、工会权利等具体问题也制定了最低要求，是第一个可用于第三方认证机构审核的社会责任认证标准。SA8000 把人本管理、商业道德和精神文明等指标化，使关心人、理解人、尊重人、保护人有了可操作衡量的具体量化标准。这一标准通过对人身权益等要素的直接关注，调节人类在社会经济活动中人自身的平等发展关系。作为社会责任方面的认证体系，SA8000 不仅明确了社会责任规范，也提出了相应的管理体系要求。

但必须指出的是，SA8000 是以发达国家的立场和实际制定的，发展中国家往往难以获得这一认证。在经济全球化要求国际统一认证标准的趋势下，某种意义上这就使得企业社会责任认证成为发达国家制约甚至制裁发展中国家的一种手段。发展中国家在认知、理解和使用国际通用标准的同时谋求国内经济的稳步健康发展，无疑就成为一个普遍性难题。国外有关调查研究显示，多数企业对承担社会责任持积极态度，企业也更愿承担直接提升其所属社区福利状况的社会责任。但是，企业之所以积极承担社会责任，是它们深知这会对企业名誉和品牌带来增值潜力，由此带来可持续收益。

具有讽刺意味的是，西方专家在研究中发现：美国出售金融服务（信用服务）的企业社会责任感高，并得出结论：信用服务的企业承担了更多的社会责任。而“次贷”海啸恰恰是这个“承担了更多的社会责任”的金融霸主长期不负责任的政策惹出了大祸，把责任推给了全世界。

这说明，道德范畴的东西，尽管有的可以量化为标准，交给电子计算机去验收打分，但责任精神永远无法标准化。真正的责任在意识形态中、在制度精神中、在人的自觉中。有形的尽管量化，无形的更需强调，当越来越多的企业不是为了达到标准去“履行责任”而是出于自身道德需要尽到责任时，企业社会责任问题才有可能得到根本解决。

2008 年被人们称为“社会责任元年”，是因为汶川大地震的企业大捐赠和全社会大营救使世界对中国刮目相看。但是，这一年也发生了三鹿奶粉、完达山注射液、山西矿难、湖北山西鸡蛋等一系列重大社会责任事故。不光国内企业，跨国公司也是事故不断。《中国企业报》、《跨国公司周刊》评审推出的 2007 年至 2008 年跨国公司 10 大社会责任缺失案例，涉及三洋、米其林、宝洁、嘉士伯、星巴克、LG、联邦快递、本田、朗讯、今麦郎 10 家跨国公司，引起了强烈的社会反响。

不管是正在敲开国际化大门的国内企业，还是把国际化玩转了的跨国公司，面对企业的社会责任，站在同一起跑线上。树起责任观，增强责任感，打好责任牌，才是真正的安身立命之本。

第二节　考问企业经营的最高目标

当我们放眼整个世界，在跨国公司的产品和品牌扩张到了一个又一个国家和地区的时候，当各国本土企业的产品和品牌在这样的冲击下苦苦挣扎的时候，那些世界性品牌的背后，隐藏着的是什么样的竞争力量？而当我们还在亦步亦趋、模仿引进发达国家的生产线、技术和管理经验的时候，世界性的企业竞争却又开启了一个新的时代——企业伦理（也即企业社会责任）为核心和基础的竞争时代。这个时代，我们正在熟悉或者已经掌握的国际竞争的游戏规则又需要重新确立和制定。

●利润最大化是企业最高目标吗？

当问起任何一个企业或商家经营的最高目标时，绝大多数人都会说：获得利润最大化，甚至其中大多数人认为这也是企业这样的盈利组织的唯一目标。

经济学的教科书里基本上都是这样描述企业的：企业组织是以营利为目的的生产经营单位，就是说，利润最大化是企业持久永恒的主题和矢志不渝的目标。

但是，企业是社会中的企业，社会更是企业利润的来源。在追求利润最大化的前提下，企业与社会的关系应当怎样？很长时间没有人去深究，许多人甚至认为，企业只要能实现利润，只要能满足股东或所有者的利益，没有责任也没有义务去完成本应由政府或社会完成的工作，企业的行为只要不违法，以何种手段和方式去追求利润都无可厚非。就像美国著名的经济学家米尔顿·弗里德曼所说的，企业只要不采用欺骗和舞弊等手段实现它的收益目标，就是为整个社会谋求了最大的利益。

然而，伴随着企业组织的规模不断壮大以及企业在社会中所占的地位越来越重要，企业行为对企业内部和外部的影响也越来越大。

工业革命以来，有很多智者早已发现了不断扩大的企业王国和经济巨人所带来的严重危害人类生存与发展的种种灾难和挑战。这些灾难和挑战今天我们已经耳熟能详了，而人类也开始思索更深层次的问题，那就是：我们对利润和增长的不懈追求难道是天经地义、不证自明的唯一标准和最高目标吗？

从恩格斯警示人们要关注“自然界的报复和反抗”，到罗马俱乐部石破天惊的《增长的极限》，从倡导保护环境和实现可持续发展的《里约宣言》的提出，到减少温室气体排放的《京都议定书》的生效，这其中所蕴涵的思想基础和智慧火种已经提醒人们，我们的发展已经进入了误区，我们对丰富的物质生活过度追求已经威胁到了人类自身的生存与发展。

而这一切，不仅仅是我们的发展方式所带来的问题，更深层次的根源在于我们所秉承的功利主义的发展观念和发展理念，在于我们的文化和思想基础。

更进一步的哲学思考告诉我们，以追求利润最大化为企业发展的唯一目标的传统观念不仅是狭隘的，也是有害的。这种过分狭隘的企业经营目标，虽然推动了社会经济的高速发展，但也引发了种种社会问题和全球问题，如日趋严峻的生态破坏和环境污染，对员工利益的损害和践踏，对员工的安全和健康的漠视，对社会公众的欺骗和坑害，等等，这些都对社会生活和经济的持续发展产生了重大影响。这就使得西方国家的政府及社会公众不得不开始从社会利益的角度重新审视企业发展问题。

对于这种功利主义倾向，学者们也开始意识到了其不合理性。著名的企业伦理学家美国的罗伯特·F. 哈利特就曾提出过一种观点，他认为：“导致许多企业在经营活动中出现不道德的行为和见不得人的交易的原因固然很多，但其中最能诱发不道德行为的重要因素就是过分强调业绩。在绝大部分公司里，升职和提薪取决于是否获得更高的销售额和利润，不仅对每一个职员和经理，而且对职能部门、分公司及整个公司都是如此。公司股东、投资商、债权人和供应商对公司的支持在很大程度上都取决于公司的发展。而发展的表现就是日渐增长的销售额和利润。增长幅度越大，公司从投资商和债权人处以优惠利息获得的更大发展所需的资金就越多，供应商和顾客就越愿与之做生意，也会更容易吸引到高素质的职员和经营者。然而，这种对公司业绩进行量化评判的过分强调正是产生负面后果的潜在因素。”

于是，追求利润最大化这个一直以来被企业家们奉为圭臬、理所应当的功利主义信仰，开始慢慢地从企业神坛的顶端向下滑落。

●呼吁"合乎人道的经济增长"

美国著名经济学家萨缪尔森在其著名的《经济学》（第二版）中曾说，"无论在世界的哪一个地方，人们都全力关注于经济的发展"，"不容置疑，这种对于经济发展和对于合乎人道的经济增长的新兴趣，已经使得经济学成为一门引人入胜和具有重大意义的学科"。

那么，什么是"合乎人道的经济增长"呢？也许，我们可以从相反的方面来看一看什么是不合乎人道的经济增长。

一是不遵循经济发展规律的经济增长，比如把城市建设得像欧洲、把农村搞得像非洲的形象工程、政绩工程，自然就不是合乎人道的！

二是只追求数量上的经济增长，比如这边产量猛增、商品丰富、收入提高、消费高档，那边环境污染、生态破坏、假冒伪劣、公款消费，这也不是合乎人道的经济增长！

三是慷国家之慨的经济增长，如贪官借上项目、搞工程中饱私囊，把银行当做自己的账房，借钱不还，坏账、死账一大堆，这自然也不是合乎人道的经济增长！

四是只看到短期经济利益的经济增长，而不重视科技和教育、不尊重知识和人才，这样的经济增长不仅不合乎人道，还会葬送我们的未来！

五是不遵守规则、不讲究诚信的经济增长，如假冒伪劣屡禁不止，坑蒙拐骗大行其道，破坏规则、歪门邪道成了生财之道，讲究诚信、合法经营却是寸步难行，这样的经济增长当然更不是合乎人道的经济增长！

六是不尊重人的价值的经济增长，比如拖欠工资，不顾生产安全导致矿难频发、事故不断，这样的经济增长肯定是不合乎人道的经济增长！而连食物、吃喝都不安全的经济增长当然更不是我们所需要的！

凡此种种，我们还可以罗列很多。这些现象从反面说明：合乎人道的经济增长就是以人为本的经济增长！

合乎人道的经济增长，首先是人的价值的体现、人的权利的保障、人的尊严的实现和人的精神的解放，它不仅给予每个人物质生活的极大丰富，更体现在能使每个人获得平等、自由、权利和尊重，还每个人以蓝天、白云、绿水、青山；让所有的人普遍地遵循"天道酬勤"、"取财有道"的成功之路，使所有的人平等地获得积极进取、不断向上的发展机会……

一个合乎人道的、以人为本的社会，不是靠“单纯的经济增长”、而是靠“全面的社会进步”来衡量和实现的！

于是，我们再一次把企业的发展与社会的进步联系到了一起。企业身处其中的社会是讲道德、讲人道的，因此企业发展和经济增长也应当合乎道德、合乎人道。

而所谓道德或人道，简言之就是社会人的行为应遵循的原则和标准。道德和人道要求每个人既要考虑自己的切身利益，更要重视自己对他人和社会所承担的义务和责任。有鉴于此，社会中的企业组织，也要在追求利润最大化、实现企业所有者或股东的利益以及保障企业员工合法权益的同时，承担对社会的责任和义务，对人类的生存与发展的责任和义务，这才是合乎人道的表现。

在长期的商业活动中，有一对最基本的观念一直困扰着所有的经营者，这就是“动机”与“效果”的关系。说通俗点，就是“赚钱”与“良心”的关系。在我们的传统观念和现实的经营活动中，这两者常常是对立的。所以，在企业壮大发展到富可敌国的跨国性“企业帝国”阶段，就出现了“见利忘义”和“义利并重”的两种企业伦理观的公开交锋，在全球范围内形成了正、反两种企业伦理的激烈碰撞。

长期以来，大多数企业都把获得利润最大化作为唯一追求的目标，由此，贪婪欺诈、唯利是图等行为也一直与其经营活动如影随形、难以分离，于是也就有了“为富不仁”、“无奸不商”之类的说法。诸多的事例证实了这些说法。

我们来看看下面这些案例。

首先来详细看看埃克森公司的原油泄漏事件。

埃克森公司是美国第一个托拉斯组织，世界大工业公司之一，多年位居财富世界五百强的前列。1989 年 3 月 24 日，埃克森公司的一艘巨型油轮在阿拉斯加威廉太子湾附近触礁，800 多万加仑原油泄出，形成一条宽约 1 公里、长达 8 公里的油带。出事地点是美国和加拿大交界处，环境非常优美。事故发生后，大批鱼类死亡，岸边、礁石上沾满油污，纯净的生态环境遭到严重破坏，美、加两国的当地政府官员敦促埃克森公司尽快采取措施解决这一问题。然而，埃克森公司却无动于衷。它既不彻底调查事故原因，也不采取及时有效的措施清理泄漏的原油，更不向加拿大和美国当地政府道歉，致使事故进一步恶化，污染区域继续扩大。埃克森公司的态度激怒了美国、加拿大地方政府、环保组织以及新闻界，他们联合起来发起了一场“反埃克森运动”，指责埃克森公司太不负责任，企图蒙混过关。各国新闻媒介群起而攻之和国际环境保护组织的尖锐批评惊动了布什总统。3 月 28 日，布什总统派遣运输部长、环境保护局局长和海岸警卫部队总指挥组成特别工作组进行调查。此时，埃克森公司油轮泄出的原油已达 1000 多万加仑，成为美国历史上最大的一起原油泄漏事故。经过周密调查得知，这起恶性事故的原因是船长饮酒过量，擅离职守，让缺乏经验的三副代为指挥造成的。调查结果一经公布，舆论为之哗然。埃克森公司陷入极为被动的境地。

在社会各方面的谴责声中，埃克森公司被迫用重金请工人使用高压水龙、蒸汽冲洗海滩，甚至用双手刷洗巨大的岩石。埃克森公司仅此一项就付出了几百万美元。加上其他的索赔、罚款，埃克森公司的损失高达几亿美元。更为严重的是，埃克森公司的石油大王形象受到严重破坏，西欧和美国的一些老客户纷纷抵制其产品，转而购买皇家壳牌产品，这使埃克森公司顿感狼狈不堪，埃克森在人们心目中一夜之间变成了破坏环境、傲慢无理的公司。

那么，实力雄厚的埃克森公司当初为何会如此对待这起事故呢？其实，只要看看埃克森公司的伦理守则，就不难理解其所作所为了。

埃克森公司企业伦理的主要内容是：“我们公司的政策是，严格遵守与公司业务有关的所有法律。谨慎从事是公司的宝贵财富。我们的确在乎是如何取得经营成果的。我们期望各层次能坦率行事，遵守会计准则，接受控制。”可以看出，埃克森公司所秉持的经营伦理实际上就是两个主要内容，一是要注重获得经营成果，二是获得经营成果只要合法就行。言外之意，只要合法获得利润，就不用去考虑对社会、对公众和对环境保护的责任了。这样的企业伦理准则成为了埃克森公司一切经营活动的基本前提，以此为指导，企业的经营与管理制度和行为也就顺理成章沿着这条道路坚决地奉行了一百多年。但是这一次，埃克森公司为其经营理念和行为付出了沉重的代价——不仅是短期的经济上的损失，更是长远的社会形象的败坏。

还有，美国能源业巨头安然公司的财务欺诈问题，美国第二大长途电话公司——世界通信公司会计欺诈事件，以及瑞士的跨国猎头公司艺柯集团、荷兰的皇家阿霍德公司和意大利的帕玛拉特的会计造假和其他犯罪活动。

在中国境内，这样的事件也频繁曝光。如“郑百文”以做假账虚报利润来掩盖严重亏损和负债的丑闻，银广厦虚构利润最终停牌，湖北蓝田股份虚假财务黑幕，欧亚农业伪造土地文件虚增资产违规交易等。食品生产中的恶劣行为更是无法让人容忍，大米中的石蜡、火腿里的敌敌畏、辣椒酱和咸鸭蛋里的苏丹红、木耳里的硫酸铜，还有假酒、假药等等，而2008年发生的三鹿奶粉以及其他国产奶粉三聚氰胺事件，更是把企业道德败坏的行为演绎和推到了极致和顶峰——还有什么比有意毒害自己的孩子更丧尽天良的呢?

但世界并不是一团黑暗。还有那么一批令人尊敬的企业，勇敢地举起了道德和伦理的大旗，承担了更为广泛的社会责任和道德义务，去保护人类的尊严使之不再受侵犯，去捍卫人类的尊号使之不再受玷污!

来看看著名的强生公司的事迹吧。

1982年，有人对强生公司生产的泰诺（退热净）做了手脚，致使芝加哥有7个人因服用了受污染的药而死亡。强生公司面对这一突发事件，立即采取了一系列措施：第一，迅速把分布在全国各地货架上的3100万瓶该种药品收回；第二，通知50万名医生关于胶囊受污染的事件；第三，在第一周内就开通了顾客免费热线电话；第四，顾客可以免费调换药效相同的片剂；第五，与公众开诚布公进行沟通，及时发布准确的信息；第六，董事长在电台、电视台的节目中回答关于危机的提问，其他高级职员接受报刊杂志的采访。

强生公司实际采取的整个措施，远远超越了政府和法律的要求。例如，政府部门只是要求公司收回芝加哥地区的泰诺胶囊，而公司却决定收回全国范围内的此类药品。也就是说，强生公司承担起了更为广泛的人道义务和社会责任。

有道是“好心有好报”，尽管强生公司仅收回胶囊一项就损失5000万美元，但是在一年内泰诺的销量就回升了，因为公众不仅没有对强生公司失去信心，反而从这起事件的处理中体会到并认可了该公司强烈的社会责任感和对生命负责的态度。

强生现象的背后，同样是起支撑作用的强生公司的企业伦理：“我们认为，我们首先应对医生、护士和病人负责，对使用我们产品的母亲和其他一切人负责。我们为满足他们的需要所做的一切应该是高质量的。我们对自己的员工，那些在世界各地同我们一起工作的男男女女负责。要把每一个人都作为一个独立的个人来对待。我们必须尊重他们的人格，承认他们的优点。应使他们对自己的工作有安全感。给他们的报酬应当公平而充分，工作环境应当清洁、井井有条和安全。我们对自己生活和工作在其中的社会以及国际社会负责。我们应做个'好公民'——支持有益的事业和慈善事业，并承担应尽的纳税义务。我们应促进公民素质的提高和卫生与教育的改良。我们应爱护我们有权使用的财产，保护环境和自然资源。最后，我们应对股东负责。经营应有优厚利润。"可以说，强生公司强调"责任"的企业精神和"义利并举"的经营理念正是公司立于不败之地的坚实基础。

世界华人首富李嘉诚始终坚持的一条人生准则是："不义而富且贵，于我如浮云"。他驰骋商海五十多年，一直坚持把不少于30%的时间用于公益事业。他1980年创办了李嘉诚基金会，用以支持教育、医疗、文化以及公益事业；1981年创办汕头大学，先后共捐资逾20亿港元；推行了一系列的医疗扶贫计划，其中包括为残疾人装配义肢，扫盲复明行动和为兔唇孩子免费做手术，同时还在全国施行"宁养医疗服务计划"，服务对象是贫苦无助的晚期癌症患者。李嘉诚的责任观帮助他实现了人生的价值，获得了社会各界的发自内心的尊敬，他自己也从中获得了人生的快乐。

一起又一起的责任事件与一个又一个的责任典范形成的巨大反差，不断掀起激烈碰撞的企业伦理冲击波，冲击着我们的基本道德准则和价值观念，冲击着我们的传统经营理念，也引起了更多的人去关注企业经营的动机与效果的关系，去关注赚钱与良心的关系，去关注企业的经营伦理和社会责任与企业发展的关系。企业伦理和社会责任开始成为政府、社会、学者、公众和企业共同关心的话题。

●追求利润和承担社会责任并不矛盾

关于企业的目标，经济学家告诉我们，企业的目标是利润最大化；管理学家告诉我们，企业要生存和发展，最重要的是为客户创造价值；社会舆论呼吁，企业最重要的是要讲社会责任。这三者之间有没有矛盾？

张维迎撰文说，这三者不仅不矛盾，而且是基本一致的。利润，是社会考核企业，或者说考核企业家是否真正尽到责任的最重要指标。

利润是什么？利润实际上是一个尺度，它度量企业为消费者创造的价值，高出你使用这种资源的社会成本多少。如果消费者愿意支付给你的价格，低于你使用这种资源的社会成本，你就亏损了。这时候你如何实现你的社会责任？反过来，同样的资源在我的使用下，创造的价值比任何人都大。这意味着我为社会创造了更大的价值。从这个角度看，利润本身就是企业履行社会责任的重要指标。

说到底，一个人或企业对社会是不是有贡献，最重要的不是看口头上的责任，而是看这种责任的可考核性。计划经济下，每一个商场门口都会有一个牌子“为人民服务”。每次宣传都会强调为人民服务，但结果又怎么样？非常糟糕。问题的关键，不是我们对人的责任强调得不够，而是我们的游戏规则，也就是制度，对人的行为没有正面激励。

在一个健全的市场制度下，企业追求利润和承担社会责任之间，不仅不矛盾，而且是基本一致的。在一个接近完美的制度下，赚钱几乎等同于对社会作贡献；而在一个很糟糕的制度下，赚钱就必须损害社会利益。当然，现实中，这两种极端的情况很少见。制度总是介于完美和最糟糕之间。这时候，我们干一件事，比如企业生产什么，不生产什么，有四种可能：第一，对社会有价值，同时也能赚钱；第二，能赚钱，但对社会没价值；第三，对社会有价值，但不能赚钱；第四，对社会没价值，也不能赚钱。

可以想象，无论怎么努力，要创造完美无缺的制度是不可能的。因此，以追求利润为目标的企业，总会面临这样的问题：一件事，对社会有价值，但不能赚钱，这样的事做不做；或者，一件事能赚钱，但对社会没价值，这样的事做不做？比如有的药过期了，吃了有副作用，但是消费者不知道，你卖了还可以赚钱，但你不能去做。这时候，社会责任的概念是有意义的。包括污染问题，因为现在法制不健全，有些行业规范没有建立起来。你明知道某种产品的污染很严重，造成的社会损失很大，但你为了追求利润去做了，就没有尽到社会责任。

一个社会可以提倡圣人的精神，但不能把希望寄托在圣人身上。更可行的办法，是通过制度设计，奖励君子，惩治小人，把更多的小人变成君子，把更多的事变成君子可为之事。换句话说，不要空谈社会责任，要着眼于改良我们的制度，让大家更好地承担社会责任。（张维迎：《正确解读利润与企业社会责任》，《经济观察报》2007 年 8 月 20 日。）

第三节 呼唤企业社会责任

●企业社会责任由来

企业社会责任概念最早由英国提出，通常指与主要利益相关者、价值相联系，遵从法律，并尊重人类、社会和环境的一系列政策和实践。企业社会责任是与下列三个方面联系在一起的：可持续竞争力；吸引优质的投资者；建立可持续和更加公平的增长机制，这种机制将使包括贫困者在内的社会各阶层受益。在过去的十年里，越来越多的国家和企业已经意识到“企业社会责任”政策和实践对企业在商业活动中的益处。国际著名商业杂志《财富》和《福布斯》在给企业排名评比时都加上了“社会责任”这一标准。国际贸易中《企业社会责任标准》成为企业竞争的重要衡量法则。现在，企业社会责任渐已成为衡量企业在社会领域是否实现国际化的全新标准。

所谓企业的社会责任是指：企业在企业决策和经营过程中，除了要考虑投资人的利益或企业本身的利益之外，还应考虑与企业行为有密切关系的其他利益群体及社会的利益并主动承担责任。

企业的社会责任不是社会强加的而是客观生成的。首先，企业是处在一定利益关系中的社会经济组织。资本的增值运动，不是在一个自我封闭的循环系统中完成的，而是动用了人力、物力等许多社会资源。在社会资源的配置中，企业与一定的社会群体、个体形成了必不可少的利益关系，产生了“利益相关者”——员工、顾客、供应商、股东、银行、社区、政府等。企业在利益关系中的社会角色，自然衍生出了企业的身份责任。其次，企业的经济活动具有正负外部性。企业的经营活动，对社会既可有贡献性也可有破坏性，表现为企业在为社会提供就业、税收、创造财富、发展社会经济的同时，也会对社会和个体产生不同程度的消极影响，如忽视工人生命安全、提供的产品质量低劣、资源开发的无度和肆意浪费、放任有毒废物排放等。企业的这种转嫁负担的行为，会直接损害各类利益相关者，引发社会矛盾。为此，一些学者把企业社会责任直接规定为“最大化其对社会的积极影响和最小化负面影响的义务。”再者，企业与其利益相关者之间会形成相互的利益诉求，为此，企业为实现自身利益，必须要考虑其他人的利益要求，即利益索取权，概言之，企业的盈利是在与利益相关者的博弈均衡中实现的。在这个意义上可以说，企业对其利益相关者权益的尊重与满足，是企业自我利益得以实现的重要条件，或者说，企业社会责任是企业自身发展的需要。

企业的社会责任是多方面的，包括盈利的经济责任、股东的权益责任、诚实的纳税责任、员工的权益责任、经营的诚信责任、环境保护责任以及公益事业的慈善责任等。

企业的社会责任可分为三类：法律规定的社会责任；契约约定的社会责任；道德诉求的自愿性社会责任。

企业的道德责任则具有选择性和自愿性。具体地说，企业不局限于国家法律的最低标准要求，而是要超越国家政策和法律规定提高员工福利、捐助社会公益事业、救助社会困难群体等，这是企业视自己的实力、企业形象的维护以及社会价值追求而自由选择的一种社会责任。

企业履行积极的社会责任，有三种动因类型：一种是完全自我利益保护或发展的自利性驱动力；另一种是自我利益与社会期待相融合的自利与他利统一的驱动力；还有一种完全出于对社会价值认同的纯粹利他性驱动力。（王淑芹：《全面理解企业的社会责任》，《光明日报》2008 年 9 月 8 日。）

●企业社会责任主要内容：

企业社会责任主要内容包括：

1. 坚持依法经营诚实守信。模范遵守法律法规和社会公德、商业道德以及行业规则，及时足额纳税，维护投资者和债权人权益，保护知识产权，忠实履行合同，恪守商业信用，反对不正当竞争，杜绝商业活动中的腐败行为。

2. 不断提高持续盈利能力。完善公司治理，科学民主决策。优化发展战略，突出做强主业，缩短管理链条，合理配置资源。强化企业管理，提高管控能力，降低经营成本，加强风险防范，提高投入产出水平，增强市场竞争能力。

3. 切实提高产品质量和服务水平。保证产品和服务的安全性，改善产品性能，完善服务体系，努力为社会提供优质安全健康的产品和服务，最大限度地满足消费者的需求。保护消费者权益，妥善处理消费者提出的投诉和建议，努力为消费者创造更大的价值，取得广大消费者的信赖与认同。

4. 加强资源节约和环境保护。认真落实节能减排责任，带头完成节能减排任务。发展节能产业，开发节能产品，发展循环经济，提高资源综合利用效率。增加环保投入，改进工艺流程，降低污染物排放，实施清洁生产，坚持走低投入、低消耗、低排放和高效率的发展道路。

5. 推进自主创新和技术进步。建立和完善技术创新机制，加大研究开发投入，提高自主创新能力。加快高新技术开发和传统产业改造，着力突破产业和行业关键技术，增加技术创新储备。强化知识产权意识，实施知识产权战略，实现技术创新与知识产权的良性互动，形成一批拥有自主知识产权的核心技术和知名品牌，发挥对产业升级、结构优化的带动作用。

6. 保障生产安全。严格落实安全生产责任制，加大安全生产投入，严防重、特大安全事故发生。建立健全应急管理体系，不断提高应急管理水平和应对突发事件能力。为职工提供安全、健康、卫生的工作条件和生活环境，保障职工职业健康，预防和减少职业病和其他疾病对职工的危害。

7. 维护职工合法权益。依法与职工签订并履行劳动合同，坚持按劳分配、同工同酬，建立工资正常增长机制，按时足额缴纳社会保险。尊重职工人格，公平对待职工，杜绝性别、民族、宗教、年龄等各种歧视。加强职业教育培训，创造平等发展机会。加强职代会制度建设，深化厂务公开，推进民主管理。关心职工生活，切实为职工排忧解难。

8. 参与社会公益事业。积极参与社区建设，鼓励职工志愿服务社会。热心参与慈善、捐助等社会公益事业，关心支持教育、文化、卫生等公共福利事业。在发生重大自然灾害和突发事件的情况下，积极提供财力、物力和人力等方面的支持和援助。

●全球契约在中国

为推动企业社会责任，联合国提出了“全球契约”倡议，于 2000 年 7 月在联合国总部正式启动。号召公司遵守在人权、劳工标准和环境方面的基本原则，其内容是：企业应支持并尊重国际公认的各项人权；绝不参与任何漠视和践踏人权的行为；企业应支持结社自由，承认劳资双方就工资等问题谈判的权力；消除各种形式的强制性劳动；有效禁止童工；杜绝任何在用工和行业方面的歧视行为；企业应对环境挑战未雨绸缪；主动增加对环保所承担的责任；鼓励无害环境科技的发展与推广；反腐败。

中国改革开放30年来，实现了经济高速增长。为实现经济和社会可持续发展，我国政府提出了科学发展观和构建社会主义和谐社会的目标。2006年1月我国新修订实行的《公司法》中明确规定："企业从事经营活动，必须遵守法律、行政法规，遵守社会公德、商业道德，诚实守信，接受政府和社会公众监督，承担社会责任"。承担社会责任是时代对企业提出的要求，一方面企业要做大做强，创造更多社会财富，为全面实现小康、构建和谐社会创造坚实的物质基础。同时，企业也要在尊重人权、劳工标准、保护劳动者权益、保护环境、诚信商誉、提高就业水平、热心公益事业和促进社区稳定等方面尽到自己的责任，努力把企业办成创新型企业、节约型企业、和谐企业，做合格"企业公民"。

在"2007企业社会责任在中国"国际论坛上，联合国开发计划署驻华代表马和励指出，联合国提出千年发展目标以来，各国都取得了进展，中国在各个方面都处于领先阶段，但仍面临着诸多的挑战。在实现千年发展目标的过程中，企业将发挥重要的作用。国际社会关心的和平、安全、可持续发展、人权和消除贫困等问题都需要在各国、各地区经济持续发展的基础上逐步解决，而经济的持续发展也依赖于企业的长期可持续发展。作为社会的重要组成部分，企业在应对全球化挑战和减贫方面都起着重要的作用并担负着明确的责任，企业可以在核心业务中、供应链上以及社会投资和参与公共政策的宣传和对话中为实现联合国千年发展目标做出贡献。

2008年1月5日，国务院国资委出台中央企业履行社会责任指导意见，指出，履行社会责任是全社会对中央企业的广泛要求，是实现可持续发展的必然选择，是参与国际经济交流合作的客观需要。

●企业社会责任报告

20世纪70年代，西方国家为了解决严重的种族歧视问题，改善雇主与雇员之间的关系，企业开始发布单项的雇员报告；到了90年代初，随着大工业的飞速发展，造纸、化工等重污染行业对环境的影响引起了人们对环境保护的关注，在各种社会力量尤其非政府组织的推动下，企业开始发布单项的环境报告；90 年代末，随着人们对企业社会责任认识的深化，综合性的健康、安全、环境报告开始出现；21 世纪初，美国安然事件、欧盟商业丑闻等事件引发人们重新审视和定义企业社会责任，在此基础上出现了目前国际上普遍认可的综合性的企业社会责任报告。与报告的发展历程相对应，企业社会责任报告的作用也由最初的提高雇员忠诚度、回应外界压力，发展为风险控制、获得经营许可和价值创造。经过几十年发展，全球企业社会责任报告由 1992 年的 26 份增加到 2007 年的 2638 份，并由以前的偏重环境报告调整为以综合性的可持续发展报告为主。

近几年，企业社会责任报告伴随着经济全球化的浪潮来到了中国，短短几年就有了长足发展。

2007 年 12 月 5 日，《中国银监会办公厅关于加强银行业金融机构社会责任的意见》下达，要求银行业金融机构的企业社会责任至少应包括：维护股东合法权益、公平对待所有股东；以人为本，重视和保护员工的合法权益；诚信经营，维护金融消费者合法权益；反不正当竞争，反商业贿赂，反洗钱，营造良好市场竞争秩序；节约资源，保护和改善自然生态环境；改善社区金融服务，促进社区发展；关心社会发展，支持社会公益事业。要求各银行业金融机构要结合实际，采取适当方式发布社会责任报告。2008 年 6 月 2 日，银监会网站发布工商银行、中国银行、交通银行公布的 2007 年度企业社会责任报告。

《中国企业报》2008 年 6 月 19 日报道，由中国纺织工业协会制定的《中国纺织服装企业社会责任报告纲要》及《2007 中国纺织服装行业社会责任年度报告》日前在北京发布，这是中国国内第一套关于社会责任报告的指标及规范体系，也是中国第一个行业性的关于社会责任绩效披露制度的指导文件。

●首家企业社会责任推进部

联想（中国）2007 年 9 月成立企业社会责任推进部，成为中国第一个设立全面推进企业社会责任工作部门的企业。联想企业社会责任推进部已经制定了联想（中国）的企业社会责任白皮书，发布了企业社会责任战略和

2007年度企业社会责任报告。联想（中国）企业社会责任推进部的建立为企业社会责任扎根企业做出了有益的示范，是中国企业系统化、组织化地实施企业社会责任战略过程中的一个里程碑。

第四节　让世界责任起来——太子龙的责任文化

"太子龙，让世界责任起来"，是太子龙的核心价值观。那么，他们在实际行动中是怎样做的呢？

一、以科学品牌发展观和新龙精神统一理念，正确处理好品牌发展五大基本关系问题

2007年至2008年，太子龙在理念人方面重点处理好了五大基本关系：

1. 国际流行主题与太子龙品牌主打文化——科学品牌发展观所强调的可持续发展和新龙精神所强调的责任与大气文化内涵相和谐的问题；

2. 国际流行趋势和太子龙品牌的季节主打风格的相互关系；

3. 国际流行款式和太子龙品牌目标市场的文化现状与消费观念之间的差异问题；

4. 国际流行面料、技术工艺等直接涉及的作业成本与国内目标市场的实际购买能力之间的协调问题；

5. 不同时段太子龙品牌倡导的文化主题和竞争者的模仿问题。

2008年，沿着"太子龙品牌文化主题——科学品牌发展观的核心思想——可持续发展的精髓——代表前瞻性的思想或前沿生活方式——新品研发——国际流行的品牌主题开发模式"之路，使太子龙品牌每个季节推出的新品既能紧跟国际流行主题和时尚趋势，又能彰显品牌自身独有的个性主张，确保在终端的营销推广时脱颖而出。

二、将责任精神注入生产管理过程

太子龙将品牌文化的核心主题——科学品牌发展观和新龙精神的内涵思想——可持续发展和责任与大气文化注入生产管理过程中，提出把质量事故的比值降低到0.3%以下，保证按期交货率在99%以上的指标。

1. 企业对社会所承担的责任，首先体现在对消费者所购买产品的质量承诺上，其次才是公益事业的热心参与，而不是用较差的产品来赚到钱以后再去参与公益事业作秀；

2. 产品质量是新龙精神责任文化最有力的体现，同时也是科学品牌发展观的核心精髓——可持续发展的保障；

3. 产品的生产货期是构成品牌信誉的另一要点，因为产品的生产货期决定了经营者是否能够赢利的关键问题，生产货期之所以是品牌竞争力的关键要素，就如同兵贵神速的道理是一样的。

三、将责任精神注入品牌营销过程

太子龙将责任精神注入品牌营销过程，着重处理好了以下几个关系问题：

1. 品牌文化理念与客户经营理念之间的差异和协调问题；

2. 品牌的责任文化思想与客户服务要求相统一的关系；

3. 品牌的责任思想对外传播与具体承诺之间的相互关系；

4. 科学品牌发展观的核心思想——可持续化发展战略和客户短期盈利需要之间的关系；

5. 品牌文化和客户认知之间的互动过程，是从逐步引导——相互完善——共同提升的循序渐进过程；

6. 集团的品牌营销政策与区域业务发展需要之间的关系。

四、将责任精神落实到品牌塑造上

1. 第一个站在行业浪头上倡导《科学品牌发展观》的可持续发展理念和文化导向力就是产业责任感的体现；

2. 在2007年整体行业紧缩的同时，公司依旧迎难而上通过大规模的引进高端技术和管理人才，以及一业为主适度多元的大投入都显示出公司永续经营的品牌责任感；

3. 伴随品牌事业做大做强的发展，企业并没有唯利是图和随行就市地去炒股或地产投资，而是积极地投身到回馈家乡的事业中去，这就是强烈的良心责任感的基本体现；

4. 公司老员工的比例在民营服饰行业里排名前列，说明了公司在对为品牌发展立下汗马功劳的人是看重和负责的，这是以人为本的企业责任精神的体现。

5. 积极引进国际前沿开发理念、制度建设、文化建设、强化作业品质管理，引入四维一体化终端运营模式等系统化营运策略，就是市场责任感和客户责任感的体现。

第十五章　大气文化

——新龙精神的魅力底蕴

大气文化是一种包容万物、乐于奉献的精神气质。

作为一种企业文化，它是指企业经过长期历练所形成的自强进取、豁达包容、正义公道、无私无畏、勇于担当、报效社会的企业人格精神。

第一节　大气文化内涵

●大气文化定义

大气，指心胸宽广，开放豁达，无私无畏，包容担当；为人大方，做事有气魄；也指盛大宏伟的气势。

我们可以将大气文化定义为：

大气文化是一种包容万物、乐于奉献的精神气质。

作为一种企业文化，它是指企业经过长期历练所形成的自强进取、豁达包容、正义公道、无私无畏、勇于担当、报效社会的企业人格精神。

大气文化体现以地区、民族、国家，乃至全人类发展为终极目标的企业价值观和历史使命感；体现倡导和承担经济、环境、生态、社会、文化道义责任的企业精神。

●大气文化的核心表现是具有历史使命感

大气文化是一种胸怀，一种修养，一种行为方式。

大气文化的核心表现是企业价值观和历史使命感。

历史使命感是主体内在的一种责任情感，是主动选择和积极承担、为之终生奋斗的，背负一个地区、一个企业、一个民族、一个国家，乃至全人类发展的重大文化责任的崇高精神和情感。有了这种精神和情感，必然具有包容、谦虚、豁达、进取、创新这些大气的品质。

历史使命感的特征：以天下为己任、主动积极、永不言弃。

企业价值观是企业全体成员所追求的固有价值取向、思维方式、行为方式和信念的综合。简言之，即对事物的判断标准。有了这一判断标准，员工才知道什么是重要的，什么是可有可无的；什么是该做的，什么是不该做的；什么是可贵的，什么是要抛弃的。企业价值观是企业的生命力，对企业的现在和未来都有着巨大的影响。企业价值观最大的作用便是强调企业目标和企业成员个人目标的一致性，强调群体成员的信念、价值观的趋同，强调企业成员之间的吸引力和企业对成员的向心力。价值观可以长期引导员工为实现企业目标而自觉努力，使之向着正确的方向进行。此外，企业还可以直接引导员工的性格、心理和行为，通过整体的价值认同来引导员工，为企业发展而努力。

在“企业使命感”已被谈滥的今天，必须跳出企业的圈子和字面的意义，从“历史”概念上理解使命感。什么历史？企业历史。它不一定是大而化之的人类发展史或社会进步史，只是你的企业的发展史。企业发展史的坐标，以企业自身所在的地域、行业为背景；这个背景有时候扩大为民族、国家乃至全球范围。这时候，你的企业史才可以用辉煌形容。你和你的企业、你的企业全体职员，都有这种信念并已经为之奋斗还决心坚持下去，就是历史使命感。体现这种历史使命感的企业使命和企业愿景的描述、企业目标的制定、企业核心价值和企业精神的确立、企业战略规划的制定等，组成有价值、有分量、有实施和实现可能的企业发展蓝图。所有这一切都是精神文化的内容，它的性格特质就是大气文化。

●大气文化体现道义精神

大气文化“体现倡导和担当经济、环境、生态、社会、文化道义责任的企业精神”。大气文化是企业文化的构成，能够淋漓尽致地体现企业道义责任文化的内核。

道义责任精神是企业精神的内核。是企业员工的共同内心态度、思想境界和理想追求。美国著名管理学者托马斯·彼得说："一个伟大的组织能够长期生存下来，最主要的条件并非结构、形式和管理技能，而是我们称之为信念的那种精神力量以及信念对组织全体成员所具有的感召力。"道义责任精神来自于企业优良传统、时代精神和企业个性融会的共同信念、作风和行为准则。

倡导和担当，就是既说又做，言行一致，理论与实践统一；脚踏实地地做，理直气壮地宣扬；倡导得有声有色有激情，担当得有始有终有分量；倡导到位本身就是文化现象，担当落实更是掷地有声的执行力，文化现象与执行力的结合就会形成企业文化模式，对民族文化和整体企业文化的发展做出贡献。

源于历史使命感的大气文化必然是一种"选为"行为。所谓"选为"，指对某种可以选择也可以不选择的行为模式做出理性选择。在利己、利他、利群、利国、利人类的行为中，利全人类是最高境界，它可以容纳利国、利群和利他，从本质上也可以包容利己，但绝对高于这些。"选为"者必然让大众产生赞佩和期待，"选为"者的责任由此产生。"选为"者不能为自己的行为负责，会让大众失望，就会受到大众责备，因为大众付出了"赞佩和期待"这种高尚的情感，他们有理由有资格这样做。任何成熟的个人、群体、企业、国家都可以是大气文化的载体。

●大气文化体现企业人格

企业人格即企业个性。企业人格是以一定的群体心理特征和组织机构为基础，在企业和社会的相互作用中形成和发展起来的，由多种要素构成的相对稳定的行为风格和存在模式。

企业人格通过品牌传递给消费者。品牌人格代表企业人格。品牌与人一样，有性格的往往令人难以忘怀，没有性格的很快就会被遗忘。有特殊的文化内涵和精神气质，就是所谓的品牌性格。成功的品牌性格塑造，可以使消费者心中形成品牌拥有者所希望树立的品牌形象，并通过品牌联想不断扩大效应。一项关于中国品牌人格化特征研究报告显示：品牌人格化水平是品牌成熟的重要标志，它显示品牌建设者已经能从单纯的产品生产与对外传播发展到积极塑造吻合消费者内在需求的有形产品和无形价值。奥格威曾指出，最终决定品牌市场地位的，是品牌的总体性格，而不是产品间微不足道的差异。品牌的差异化，就是品牌性格的差异化。在品牌核心价值与品牌定位确定的条件下，要让品牌与消费者进行有效的对话，就必须塑造出鲜活的具有人的性格特征的品牌形象。品牌与消费者的沟通类似于人与人的交流，性格鲜明的人往往容易被同类性格的人认同，性格类似的人交流起来感到很容易，并经常会有心灵共鸣。大气是人们喜爱的精神气质之一。大气表现在品牌性格中，可以给人强烈的感染，让品牌更具有亲和力，使品牌的核心价值更顺畅地深入消费者心中。所以，人格化、个性化的企业形象，往往诉诸于大气文化的感染力。

在一些情况下，“企业人格”表述为“企业气质”。大气，是一种气质，一种风格，一种人格。网上有篇文章形象阐述了“企业气质”这个问题：

中国人的企业注定是与美国、日本、德国不一样的。无论我们怎样的复制、学习、模仿这些国家好的东西，我们是不可能像他们那样行事的。原因很简单，我们是世界上最大的国家，是唯一一个历史与现代文明转承结合如此紧密的国家；我们富裕的历史和我们遭遇苦难的历史也许一样长，我们对于生命、社会的理解，对于物质与文明冲突的认识绝不是美国这样一直处于上升期的、从未遭遇到各种毁灭可能的国家所能比的。无论是中国台湾地区的企业，还是中国香港、新加坡、泰国，甚至在美国的中国人开办的企业，都只是反映了中国人企业特质的一个侧面，都无法与大陆的企业的前景相提并论。或许，海尔与联想等优秀企业的实践过程，多少已经隐隐约约透出了中国企业未来气质的一些基本特征：

一、历史注定，在近几代人身上，仍然会透露出强烈的民族特性，这种特性与近数百年来屈辱的历史密切相关；在一些事件的策略选择上，这个特性会起重要的作用。

二、家族企业不会成为大企业的主流，或许中国人对于股份制企业的理解会更加深刻一些；这一点的突破加上巨大的国内市场需求，将使得中国成为世界上拥有巨型企业最多的国家。

三、对于策略的灵活应用以及对于操作过程的精细讲究，使得中国人的企业管理将会出现许多令人不可思议的新东西，这些东西会极大地影响企业管理的法规、行为和理论。

四、对于国外、同行的好的东西狂热地吸收，使得企业具备了容纳好的事物优良特质，兼收并蓄必然成为支撑企业快速发展的基石之一。

五、谦虚果断、秉持中庸、自我克制、注重关系的企业处世哲学，由于更容易为同类企业或者弱势企业所接受，必将成为其他国家大型企业效仿的美好品质。

六、创新的意识由于长期处于落后的境地，在争取市场地位的同时，将逐步成为企业的本能意识之一。

我们完全可以这样设想，当我们真正的掌握了企业的运行规律后，当我们能够纯熟地运用这些规律时，我们自身所拥有的好的东西必然会自然的融合到这种运用中去，也许到那时候，我们没有必要纠缠于历史的恩怨，处处表现出好强的一面来，我们雍容大度，在许多方面都表现出大国的自信。我们不会或者很少采用咄咄逼人的战术，我们总是在布局阶段就显示出高人一筹的控制能力；但是我们也从不滥用自己的智慧，我们总是给追随者留有余地。我们对于市场就是决胜的战场这样的看法已经厌倦了；我们既能根据实际情况进行创新，也能在失败中学习别人的长处；成功也好，失败也好，对我们都是有益的。我们永远都不会令自己处于要么进行决战，要么死路一条的窘境中；我们总是早早的设计好多个进与退的路线，在舞池中仔细的搜寻合适自己的舞伴；我们步伐轻盈，进退自如，从不为某一下磕绊所苦恼。我们清楚自己是谁，能做多少事。我们寻求的是财富的稳步增加，这与我们今天的心态不太一样，或许只有这样，所有的进取心才是客观有效的，可以依仗的。

从这个角度说，气质对于策略、决策的影响是巨大的。而气质形成于文化，中国人的古老文明终于能够与现代文明结合在一起了，一想到这一天的到来，谁还能够克制自己的激动呢！（markji：《企业气质》，http://markji.blog.hexun.com，2006 年 11 月 21 日。）

当然，大气，只是文化特质的一种，并不是全部。如果要求所有品牌都体现大气文化，既不可能，也不科学。但是，从国际品牌发展的趋势上看，大气文化已经成为品牌主流诉求。

●大气文化体现新龙精神的内在魅力

新龙精神的内在魅力主要体现在大气和包容上。因为不论是在海纳百川、开放包容的豁达胸襟和处世态度，还是在兼收并蓄、整合世界各民族的优秀文化与资源的发展上，龙文化始终都能内外兼修，博采众家之长。而这也正是为什么中华龙文化可以终生不老、历久常新，始终跻身世界民族文化之林而长久不衰的主要原因，所以这些都是新龙精神之大气文化的真正内涵所在。

●大气文化与责任文化、创新文化

大气文化必然包含责任、担当、包容、豁达、进取、创新等等品质。

大气文化与责任文化、创新文化是一体化的。作为新龙精神文化构成的不同性格侧面，它们你中有我，我中有你，相辅相成，如云从龙。作为文化形象，它们都是对新龙精神的一种理解和联想。

如果说，责任文化偏重于理念性质的话，大气文化则有着浓烈的人格魅力和情感色彩。

第二节 龙文化的大气特质

文化的实质是一种价值观，一种精神，一种气质。以龙文化为主的中国传统文化的气质，就是磅礴大气。

绵延近万年而不衰，历尽沧桑而不老，永远的朝气蓬勃，永远的活龙活现，层出不穷的考古新发现，春风化雨般文化精神的繁衍。有水的地方就有龙，有云的地方就有龙，有华人的地方就有龙，有汉字的地方就有龙！神龙见首不见尾，龙就在一个民族的基因中。在东方文化中，龙是正义、公正、威严、吉祥和勇敢的代表；是力量、财富、繁荣及祥和的象征。

龙文化、龙精神，始终是中华民族的精神寄托。改革开放以来，对龙文化、龙精神的研究探讨和弘扬，呼声日高。在中国这块曾经最大的半封建半殖民地至今血泪斑斑的龙的故土上，在中国这个社会主义大国面对的所谓民主国家政治、军事、经济、文化无休止的蚕食鲸吞渗透熏染中，在中国从制造大国向创造大国转变、从经济翻身向文化崛起升华的世纪转型时期，龙文化、龙精神，是国家的文化资本，是龙的传人的人格气质，是中华民族的精神脊梁！

●多元融合的开放胸襟

中国龙的形成过程，实际上是文化元素多元融合的过程。

中国龙从形体形成上看，是猪、马、牛、鹿、鱼、鳄、蛇和云、虹、雷电等物象集成；从神性上看，能上天，能下地，能御火、能司水，还有造福人类、吉祥、保佑等神性；从性格上看，喜水、好飞、善变、显威，多种性格汇于一身；从象征上看，既代表皇权，又渗透民俗……处处体现多元融合。

龙图腾与凤图腾是两种文化，但在中华文化的发展中可以融合为龙凤文化。

自秦汉建立了多民族的大一统国家后，汉文化大量融合周边少数民族和域外各国文化，如汉宫廷的“四夷之乐”就来自周边少数民族，“鼓吹乐”就有胡乐、胡舞的成分。唐文化吸纳了南亚的佛学、医学、美术，中亚的音乐、舞蹈，西亚世界的伊斯兰教、建筑、艺术等。余秋雨讲过，唐长安一百万人，外国人比例非常高，七十几个外交使团，三万多名留学生。长安的人穿的是波斯的服装，吃的是阿拉伯的面食，用的是罗马的医术，看的是印度的杂技，建筑风格最豪华的是拜占庭的建筑风格。而且一批长安人里面比较有钱的还开始用黑人做仆人。更惊人的是什么样的宗教都可以在那儿存活，在波斯，最早他们有摩尼教，后来被拜火教消灭了，拜火教后来又被伊斯兰教消灭了，但是这三个宗教在长安都存活得很好。鲁迅讲过，那是一个非常大气的时代。

虽然当时在时空跨度、积淀厚度、影响范围上，没有任何一种文化可以与中华文化相提并论；但中华文化却能与任何文化交流沟通，兼容并蓄，共存共享，这正是大气文化的本质属性所在。

●天人合一的发展观

“天人合一”是中国传统文化的主流思想。而龙是人天关系中的沟通媒介。中国传统思想文明的主旨就是，人不能违背自然，不能逾越或改变自然规律，不能拔苗助长；自然界不是人类的对立面，人与自然天生具有亲和性而非敌对性。这种思想要求达到自然界与人的统一，人的精神、行为与外在自然的一致，自我身心的平衡与自然环境的平衡的统一，以及由于这些统一而达到的天道与人道的统一，从而实现了完满和谐的精神追求。虽然“天人合一”并未直接讨论人与自然的关系，不能直接用于解决现代社会的人与自然的对立，但它的哲学思考，它对自然万物在精神价值上的统一和在人文情感上的尊重，在当今社会仍然具有重要的启迪意义。

“天人合一”与今天的可持续发展、科学发展观，从本质上都是探求人与资源、环境乃至自然界共生共荣的关系，并将其置于比经济、社会、文化发展更重要的位置，显示出人类文明从物质层次向精神层次提升后又将二者的发展合为一体的生存思考。这种境界，是大气文化的世界观、价值观、发展观的表现。

●自强不息的奋斗精神

“天行健，君子以自强不息”；“地势坤，君子以厚德载物”为《易经》统领句。意思是：自然的运动刚强劲健，相应于此，君子应刚毅坚卓，发愤图强；大地的气势厚实和顺，君子应增厚美德，容载万物。通俗解释为：君子应该像天宇一样运行不息，即使颠沛流离，也不屈不挠；君子应该像大地一样胸怀广阔，可以接受任何事物，能够承担重大任务。

自强不息精神是中国传统文化的精髓，是千百年来一直激励中华民族奋发图强的箴言。自强不息精神就是龙的精神，是龙文化励志鼓舞的核心精神。

●厚德载物的包容担当气度

包容、担当精神，是大气文化的突出特质。

如果说，“天行健，君子以自强不息”是激励“有为”的话，那么，它的对句“地势坤，君子以厚德载物”则强调“有容”。有容是有为的底气，有为是有容的动力。自强不息，厚德载物，不仅是一种道德涵容，一种精神境界，更是一种理想和信仰。“人是要有精神的”，没有精神，没有理想和信仰，人就是行尸走肉；人也要有肚量、有积累、有道德涵养，没有这些，人的奋斗就会走偏。

包容、担当、承受、载负，在一些文化中不被看重甚至作为负面因素的词语，在中华文化中为什么占据这么重要的位置？因为与自强不息精神相伴而行的厚德载物理念是来自于自然启发，隐现于人类实践，经过数千年的历史反反复复的验证的真理。

开阔的胸襟，开放的气度，只能来自厚德载物精神。海纳百川有容乃大，容量决定肚量，肚量决定能量。无论对于个人，还是对于企业、国家来讲，要想在世界上干成大事，没有厚德载物精神终究是不行的。

●亢龙有悔警示的忧患意识

忧患意识与人类进化历史的脚步相伴始终。

龙的诞生，是忧患意识使然。先民们对大自然不可抗拒力量的畏惧，有个从无能为力到主动施加影响的意识提升过程。有了原始的意识创造出来的“神灵”，人们就可以除了用自身能采取的一切办法趋利避害外，还能借助自然力量和超自然力量取得物质利益和精神安慰。就这样，起源于对自然的忧患意识，而后引申为对人自身的忧患意识和对社会的忧患意识。

数千年的文化积淀，使忧患意识始终隐现于中国传统文化的发展主线中，而龙文化几乎所有的内容都与忧患意识关联。

以龙为喻的《易经·乾卦》以龙的六种形态，揭示了人在自然中的主观能动性。不但有韬光养晦的“潜龙勿用”、大展身手的“见龙在田”、自强不息的“君子之龙”、审时度势的“或跃在渊”、一飞冲天的“飞龙在天”，更有体现忧患意识的“亢龙有悔”。龙在自由腾飞之际，如果亢进过度，将会引来灾祸，招致悔恨。《小象》解释说，之所以亢龙有悔，是因为任何事物发展到盈满鼎盛阶段，必然会向反面转化，不可能保持长久。认识不到这一点，就要“悔”；及早意识到这一点，就是“吉”。

对自己的处境和现状时刻抱有警惕之心，安居而不忘倾危，生存而不忘灭亡，整治而不忘动乱，这样才可以保证自身安全或国运昌隆乃至更大范围的稳定。

现在，社会忧患意识更多的表现在环境、生态方面。美国“次贷”引发的金融海啸更触动了人们对现行国际金融体制乃至全球经济秩序的反思，快速的各自“救市”、快速的国际切磋讨论，说明当代忧患意识的普遍觉醒。

忧患意识的意义不在于预知先见，而在于有为——主动采取行动趋利避害，做好预案化解危机，做好忧患意识教育传承人类生存法则，使人生存、生活的更好。忧患意识，孕育出“生于忧患而死于安乐”；“先天下之忧而忧，后天下之乐而乐”等千古名句，成为中国历代仁人志士自强不息、担当道义的自警格言。

事实一再证明，居安思安则危，居安思危则安。只要人类社会存在，忧患意识就应该存在。一个没有忧患意识的民族就不会开拓进取，就不会发展进步。

●泽被天下的博爱胸怀

在中国文化中，龙是司水之神。古代传统农业大国靠天吃饭，老百姓的最大愿望就是龙王保佑风调雨顺，五谷丰登。龙的行云布雨，普降甘霖，显示出博爱众生的品行。这就是“龙德”即“天德”的重要表现。龙文化的这一价值观念和人生追求，被作为君子安身立命的原则而世代传承，直至今天。如：博爱众生，泽被天下；以天下为己任；为大多数人谋利益，等等。

科学品牌发展观“以人为本，以先进品牌文化为旗帜，全面协调可持续发展”的宗旨；引导世界消费者建立起健康科学的世界观、价值观、审美观和先进发达的生活方式的目的；先进品牌文化跨越区域、国家、文化、意识形态的差异，为不同社会、经济、文化背景下的消费者所接受的国际化运作，都是泽被天下的龙文化精神的体现。

●群龙无首的团队效应

“群龙无首”在现代汉语中比喻没有统一领导而乱作一团的局面，含有贬义。其实这一成语原来是褒义的，而且是对组织运转最高境界的褒扬。

“用九，见群龙无首，吉”，见于《易经·乾卦》。“用九”，指全面而不是片面地应用理论的原则。《易经·乾卦》以龙为象，外在表现是六种不同状态的龙，“六龙”次第相连，首尾相接，循环往复，周而复始，所以“群龙无首”。这是以龙喻天，天道运行，循环无端，不能把其中哪一个环节视为首要而忽略其他环节。这种道理就是“群龙无首”。按照这种道理处事，就会吉利。所以人们一直把“群龙无首”提到“天则”即自然的法则的高度来理解，认为是创造成就、大治天下的基本原则。南怀瑾《易经杂说》认为，“群龙无首”告诉了我们做事的道理，以现代话来说，就是做事要绝对的客观，不是与时代没有关系，而是处处有关系，这是真正领导历史时代的做法。

用现在的话说，“群龙无首”就是按照客观规律全面研究事物，用关联的、发展的眼光看待事物，其实就是唯物辩证法。

企业管理学将“群龙无首”法则用于对“知识员工”的管理。解释为：人人都可以成长，人人都是领袖，做领袖的不以领袖自居，整体实现无我、忘我的境界，这样的群龙定能大有作为。一位企业管理人把“群龙无首”观点用于培训：“每名员工以公司为载体，实现个人自由、全面的发展，最后大家都成为人才，即成为龙，都飞到了天上，大家不屈从于一个权威，大家在各自专业领域里尽情地施展才华。”就是“群龙无首”的当代企业版本。

“群龙无首”文化，只能是大气文化。

第三节　大气文化的品牌解读

新龙精神的大气文化必然要在品牌上体现出来。

品牌本身是一个具有文化属性的概念。品牌是企业文化的标志，其内涵包括了企业文化的方方面面。品牌文化的建立与运营离不开企业文化的支持和依托。品牌的物质基础是产品，品牌的精神力量是企业文化。

消费的本质内涵是文化，人们在消费品牌的同时，也在消费着文化，企业经营品牌的过程，也是一个文化渗透的过程，品牌蕴涵的文化只有与消费者所属的文化相适应、相一致，才能得到消费者对品牌的认同，才能引起消费者与品牌的共鸣，消费者接受了文化，也就接纳了品牌。品牌和文化成了消费欲望和购买行为的主宰。

在经济全球化的今天，企业与企业之间的竞争，将越来越多地渗透文化理念，全球企业竞争的革命，已由规模效益竞争转向企业文化和品牌文化的竞争。品牌是企业文化与品牌文化的整合点，企业文化通过品牌的升华、企业文化的发展和品牌建设是品牌经营所追求的最高目标,是企业发展的最高境界。(经盛国际:《企业文化与品牌文化》,世界企业文化网,2008 年 7 月 29 日。)

我们在第十一章《品牌文化力》中说到品牌文化力的九大法则，主张品牌文化要体现全新价值观——21 世纪赚时间；要符合人类最高层次的需求——梦幻需求；要符合可持续化发展战略；要引领积极健康的时尚文化、倡导全新的生活方式；要体现民族文化特点；要契合本国经济发展趋势；要担当民族富强文化责任，等等，品牌对这些文化内涵的表现，往往借助于大气文化的气质与气魄。

这里解读一些品牌范例。

●大气品牌的社会公器抱负

科学品牌发展观是以人为本，以先进品牌文化为旗帜，全面协调可持续发展的品牌观。科学品牌发展观，是在放眼全球可持续发展的前提下，深刻把握世界的经济发展和产业运行规律，运用前瞻科学的思维方式和先进发达的技术手段，锻造能够引领世人多元需求的优良品牌的发展观。

这样的发展观决定了品牌的远大抱负和普世价值。而赋予品牌如此使命的是企业文化。国内外所有成功品牌，大都以服务天下为已任，并通过企业文化将其作为核心价值明确固定下来、传播出去。如松下的“贯彻产业人的本分，谋求社会生活的改善和提高，以期为世界文化的发展做贡献”、

"企业是社会的公器"；三星的"以人才和技术为基础，创造出最高品质的产品和服务，为人类社会的发展做出贡献。"

什么是社会公器？就是为社会所用的工具、手段、媒介，就是"企业公民"。企业以人类的广泛利益为目的从事经营活动，积极承担社会责任，就是社会公器行为。

大气品牌、大气企业、大气文化，最大的底气就来源于此。

●大气品牌依托国家品牌

在2008年11月的亚太经合组织系列会议上，可以经常看见中国红旗牌轿车的身影。组委会在接送各成员国领导人和高级官员时，多次使用红旗牌轿车，使这一中国汽车品牌成为会议的一道风景。这是中国政府向秘鲁赠送的63辆红旗牌轿车，其中有21辆红旗豪华型轿车专门用于接送出席亚太经合组织峰会的各成员国领导人，其余车辆则为出席会议的部长及高官服务。相信红旗轿车会因此名声大振。

国家品牌，指一个国家在他国民众心目中的总体印象。国家品牌不确指什么有形的产品或服务，但却囊括和代表了国家的综合实力。营销学中的国家品牌是指一个国家或地区的商品呈现给消费者印象的总和。全球畅销的欧美发达国家和地区的国际品牌，源于近代西方国家在政治、经济、文化方面建立了强悍的影响力，透视众多国际品牌的发展轨迹，都能够看到国家品牌对企业品牌的推动力。

另外，人们通常也把最有国际影响力、最能代表该国形象与实力的品牌称作国家品牌。好的商业品牌可以扮演大使角色，成为一个国家软实力的代表。如美国的好莱坞、迪斯尼、可口可乐。日本前首相中曾根康弘曾说："在国际交往中，索尼是我的左脸，松下是我的右脸。"中国企业走向世界，现在大量体现为输出产品。什么时候实现了由输出产品向输出意义的转换，我们就会大量创造出能代表国家软实力的品牌，从而增大主打国家品牌的阵容和力量。

依托国家品牌打造企业品牌，是很多企业的梦想。随着中国作为一个世界强国的崛起，必将有更多的企业依托强大的国家品牌走上国际品牌之路。

能够找到一个和企业发展使命相符合的公益主题，并持续地进行公益活动，就能够很好地促进企业的发展。但专家认为，国家品牌的强大需要大批具有高度社会责任感的企业公民积极参与建设，而不是仅仅炒作一个概念。

示范模板　　凝聚在品牌上的拥军情结

中国知名制药企业——扬子江药业集团在2007年“八一”建军节前夕，在北京举行了“和平年代的丰碑，护佑众生的使命——英雄母亲检阅英雄儿女”大型活动，这种“拥军优属”的行为，被视为一次企业品牌依托国家品牌进行营销的例证，其核心就是以自己的行动来表达扬子江品牌的社会责任。这次活动也被国内众多媒体誉为“最煽情的拥军优属活动”。

作为本土医药行业领导品牌，扬子江一直致力于让中药走向世界，打造扬子江的品牌上升到支持国家品牌的高度，而巩固国防、支持军队建设是建立一个强大国家品牌的基本保障。扬子江药业董事长徐镜人说：“巩固国防，支持军队建设是每个企业公民应该承担的社会责任。只有在国家政治、经济、文化强大的背景下，才可能诞生具有全球竞争力的品牌，企业强大后才能实现产业报国的梦想，正因为如此，扬子江药业集团坚持了十年拥军优属路，共投入了5000多万元用于支持军队建设。”（毛颖颖：《专家呼吁：企业亟须培育社会责任感》，《北京商报》2007年8月23日。）

扬子江药业集团“拥军优属”历程，从1997年投巨资为驻港部队送行、2004年捐资10万元在西沙群岛修建国旗台并向部队捐赠了20万元人民币、到2008年向常州军分区赠送了价值近10万元的药品，十年坚持不懈，得到了军队、民政部门、军烈属、官兵的一致好评。

相关分析人士指出，知名企业积极参与拥军优属活动已经脱离了浅层次的以社会责任之名博取知名度的做法，在拥军优属热的背后体现国家品牌的强大凝聚力，同时，越来越多的企业意识到大国崛起为企业品牌带来的强大支撑力。著名品牌管理专家黄江伟表示，如果仅仅从表象看待企业社会责任，这是远远不够的，企业品牌与国家品牌是一个良性互动关系，国家品牌为企业品牌提供了强大的背书力量，只有具有这样的高度战略观，中国才能产生真正意义上的世界级企业。

●大气品牌高瞻远瞩的战略眼光

法国人塔威尔指出，随着经营管理的时代不同，对经营管理的要求也不同。在工业发展的早期，经营者需要的是敢于冒险，善于开拓的精神，这也被称为“企业家精神”；工业发展进入中期以后，公司规模已经很大，内部分工已经十分严密，要管理好这么复杂庞大的公司，经营者应当是个组织家或管理家；到现代，即工业发展的第三时期，由于环境迅速变化，公司的经营者就像在风浪险恶的茫茫大海中行船，最重要的是把握方向的航手，要具有高瞻远瞩的“战略家”眼光、思想及思维。

示范模板　　西班牙的“长城龙”奇迹

十多年前，他是国内一家小企业厂长；现在他的身份是中国侨商协会副会长、西班牙华商协会创会会长、西班牙长城龙企业集团董事长，他的产业是拥有10位数资产的国际化综合产业集团。

他的发展靠什么？靠战略家的眼光、军事家的胆略、经济学家的精明和为国为民造福的历史使命感。

20世纪90年代初，李汝龙怀揣2万美元远赴欧洲开始第二次创业。五年间，他完成了运营模式、市场体系培育和资本积累的建设工作。他不同于别人的发展战略是：领先于当时国内外卖方市场向买方市场转变的步伐，采用顾客型战略。

接着，李汝龙实施以国际贸易为主，多种产业并进的发展战略，打造国际品牌。他要求“每一个箱包都是艺术品，都是文化和艺术的结晶，灵魂和艺术的结合”，生产结构上精益求精，形体设计上采用最先进的，从面料到缝制都精益求精。1997年，“长城龙”发展成为西班牙最大的箱包生产厂，“龙”牌名震四方。李汝龙的产业也逐渐从单纯的箱包贸易转变成为综合性贸易、投资，还进入了西班牙的电子信息和零售连锁业，顺利成为西班牙第三大公司的指定供应商之一。几年工夫，李汝龙当时做贸易的地区如今已经形成了二百五十多家批发公司、年产值达到12亿美元的一个真正的中国人的批发市场。随着“长城龙”品牌延伸，规模扩张，李汝龙先后在上海、广州、东莞等各大城市投资建立了企业和生产基地，同时稳固了华资企业在国际市场的根基。

此时，李汝龙思考的是：如何拓展中国商品进入海外市场的展示平台。为分享资源全球化配置所带来的利益，使更多的中国商品进入欧、美市场，打响中国商品的知名度，李汝龙在马德里著名批发区创办了西班牙首家中国商品批发市场——“CHINA CENTER”，改写了华商过去传统的零散型批发贸易的经营模式，聚集了华商，扩大了中国商品的知名度，提升了中国商品的档次及国际市场竞争力，更为中国企业进入欧、美市场奠定了良好的基础。

随着全球化商业日益信息化、数字化的高速发展，国际贸易与信息化产业互补，已呈现出全球化的发展趋势。为充分展示中国的厂家和产品，搭建起中国商家、企业、公司进入国际贸易领域的舞台，李汝龙又搭建了拓展中国商品进入海外市场的展示平台——欧洲中国商品信息中心。信息中心为中国企业、商家拓展海外市场，创造了良好的商机，极大地缩短了营销距离，扩大国际经贸交流的渠道。

李汝龙认为，民营企业要走出国门，首先要对当地的经济、政治、文化风俗有所了解，不能违反国际间贸易的游戏规则；再者，顺时而变，寻找自己的核心竞争力亦是关键，有了不可拷贝的核心竞争力，才有说话的权利并立于不败之地；最后，还要坚持本地化经营的优势，力求企业一切事务制度化、合法化和正规化。（冯学泽、吴超：《立足全球市场，以国际化战略眼光谋求长远发展——长城龙企业集团的成功探索之路》，《大地》2005 年第九期；李映民：《异国他乡展示东方龙的风采——记西班牙长城龙企业集团董事长李汝龙》，中国侨网，2008 年 1 月 16 日。）

●大气品牌坚定不移的价值观

企业价值观，是指企业在追求经营成功过程中所推崇的基本信念和奉行的目标。企业的价值观向来有“致富价值观”、“利润价值观”、“服务价值观”、“育人价值观”之分。在西方企业的发展过程中，企业价值观经历了多种形态的演变，其中“最大利润价值观”、“经营管理价值观”和“社会互利价值观”是比较典型的阶段代表。企业社会互利价值观，是20世纪70年代兴起的一种西方社会的企业价值观，它要求在确定企业利润水平的时候，把员工、企业、社会的利益统筹起来考虑，不能失之偏颇。

由于企业文化的风行，现在的企业大都标明自己价值观。但是，真正把价值观融入员工内心并贯彻于企业全面全程运营的很少。也就是说，书面上的价值观和真正照着做的价值观不是一回事。装饰性的价值观是用应付差事的态度来应付自己，它与价值观缺位、价值观混乱一样，对企业发展和品牌建设没有任何正向作用。

大气品牌都有坚定不移的价值观。坚定不移的价值观与取向长远的战略目标一起，通过执行力实现，大气品牌由此矗立。

示范模板　　大气大境界——跨国公司的中国精神

2000年前，中国的计算机用户飞速增长，英特尔抓住机遇占尽先机。当AMD总部决定在中国发展时，没有多少人认为AMD能从英特尔那里虎口夺食。在对市场进行调研后，咨询公司的意见是AMD在中国不可能成功。他们认为，对手领先你10年，需要你花费20年时间才能赶上去。

3年后，AMD大中华区做成了AMD全球最大单一市场；AMD从2005年开始业绩大大超过英特尔；今天，AMD在中国处理器市场的份额已经超过了10%。AMD的CPU被一些中国人称为“阿妈的芯片”，因为“AMD”是汉语拼音“阿妈的”缩写。

创造这一神话的是AMD全球副总裁兼大中华区总裁郭可尊。2002年10月，郭可尊刚到AMD的时候，有报道说：“郭可尊穿行在黑暗的森林里，随时有可能窒息而死”。而郭的理念是“没有不可能”。她说自己是个从未想过失败的人，在她的眼里只有暂时的挫折，没有失败。

郭可尊在中国做的第一件大事是与曙光公司合作进行超级计算机的项目。这一合作使中国的超级计算机运算性能当年就进入了全球前十名。接着，郭可尊又下了两年的水磨工夫推动AMD向中国转让X86低功耗技术，这种技术是目前美国允许出口的最高级别的核心技术。郭可尊最终说服总部的理由是：“要在中国取得成功，就必须和中国一起发展”。

郭可尊说，作为供应商，AMD 要成为客户成功的基因。

媒体认为，在郭可尊身上，中国女性的坚韧和西方女性的创新融合在一起，她的成功没有任何偶然的因素。她的身上，有着作为领导者敢“冲”在前面的感染力，有着将不可能变为可能的“韧”劲，更有着将缜密的科学思维与理性的管理方式“融”在一起的领导力。郭可尊对《英才》杂志记者说：“人最大的阻力是自己，自己给自己设定很多障碍。如果是别人给你设定的障碍，你会想要跨越过去。但是自己给自己设定的障碍，是你无法意识到的最大阻碍。”

“我有很多理想和梦想，希望开发出好的技术改变人类的生活，科研人员的这种信念，会让他们有一种自觉的使命感，这种使命感会让人把技术创新的追求置于个人得失之上。”

“我一般不太情绪化，比较安静，比较客观。我做事情首先会花比较多的时间制定战略，然后一步一步沿着这个战略做下去，而不是时时紧盯着对手，被迫地做出调整。”

郭可尊提出“AMD 中国的精神”并解释为：在价值观上，立足于国家和行业的价值观念赋予了“AMD 中国的精神”一种忘我、无私和与人为善的特质；在行为上，“没有不可能”理念又赋予了“AMD 中国的精神”一种执著的创新力、管理力和执行力。这是一种超越了单纯商业竞争的精神，事实上它可以看做是一个人和一个组织，对生存和发展意义的思考。

●大气品牌的正气品格

德才兼备永远是选拔和任用人才的最佳标准。在不能求全的情况下，企业家的选择往往是“品德高于能力，性格重于才干”。

伟人之所以受众人崇拜，人品伟大是最重要的。

所谓人格力量、人格魅力，也表现在企业中、品牌中。企业家之所以成功，秘诀是：产品要正宗，经营要走正道，为人要讲正气。在 IBM 的九项用人标准中，有五项跟品德相关：勇于负责、工作热忱、自我驱策、值得信赖和团队协力。IBM 大中华区人力资源总监郭希文认为："一个人的品德是最关键的，技能、工作方法都是后天可以学到的东西。但品德是一个人的根本，品德不行，难以符合 IBM 对员工的最基本要求。"

●大气品牌的社会责任感

社会责任感是大气品牌的基本属性之一。在品牌经营时代，这一属性越发重要。

在中国，越来越多的企业开始认识到，企业要想在现代的生存法则下获得竞争优势，必须更多地承担起社会和谐发展的责任，在公众心中树立起正面的品牌形象。品牌不仅要为企业负责，更要为企业所在的社区，所在的国家以至全球负责。随着社会对企业公民、企业责任的呼声越来越高，消费者对企业社会责任和企业公众形象越来越重视，企业对其社会责任的履行状况也日益成为顾客借以评价一个品牌好坏的重要尺度。一个企业一旦被人们承认为对社会负责任的企业，其美誉度会大大提高，从整体角度讲，企业因此在经营上的收入会远远超过慈善的付出。

示范模板　　美体小铺的大气品牌

化妆品，一种柔情似水的产品，怎么会喜欢"管闲事"：保护动物、保护环境、保护地球、争取人权，你想得出来的社会运动几乎都有她的份。就是这样一个爱"多管闲事"的品牌竟然是全球第 27 大品牌。

这就是英国品牌美体小铺（The Body Shop）。她的创始人叫安妮塔·罗迪克，这位女士与她丈夫都是狂热的环保主义者。从最初在英格兰布莱顿市的一家只有25 种手工制作的护肤品可供出售的小店，发展到今天这样一个全球知名品牌，其成功的原因就是将企业的发展和对社会的贡献结合在一起。安妮塔·罗迪克说："一个真正成功的企业，应该心里除了钱还有些别的东西。当然，企业是需要盈利的，但它的雄心壮志应更宏大些。面对世界，企业更应具有远见卓识而不是安于现状。"

自创业以来，美体小铺坚持五个信念：反对动物实验、支持社区公平交易、唤醒自尊、捍卫人权和保护地球。在此基础上持续满足顾客多样化的需求，如今的美体小铺的产品经过逐步的研发和开拓已生产出了六百多种头发和皮肤的护理品，还有四百多样附属产品，包括脸部、身体及头发清洁用品、护肤品、香氛、香油、精油及彩妆等。

因为安妮塔出生于一个意大利移民的家庭，小时候她总是帮助她的家族做生意。她学会了：重新使用、重新填满和回收再利用。这些价值观成为了她环保理想的中流砥柱。刚开创美体小铺的时候，她用天然材料，装在塑料瓶中低价出售。在很多年里，美体小铺的成功让安妮塔"决定我们的生意要追求社会和环境变革。"在1993年联合国的一次会议上，她见到了尼日利亚的一个部落代表，他们反对壳牌石油公司因为开采石油而蹂躏尼日利亚的土地，他们要求壳牌石油公司还给他们正义和赔款。从此美体小铺和其他力量一起进行了长达4年的抗争，最后的结果是壳牌石油公司修改了他们的商业计划和做生意的方式并且承诺整个公司关注人权和可持续发展。

从1980年开始就积极投入推广"社区公平交易计划"（社区公平交易计划是一项长期执行的计划，以直接采购合作社区制造的原物料或商品，来供应店里贩售的商品，不通过第三者，以保障当地居民的工作机会，并可将其所得作为社区建设的机会，以增进当地居民的生活品质）。

在有些人看来，像美体小铺这样的品牌是企业的另类，因为它将承担社会责任作为品牌的核心诉求，在这个过程中，它考虑的完全不是投资回报率问题。

其实，主动承担企业社会责任，是目前国际营销中最先进、最前沿的手段之一。美体小铺的道德经营战略，也是任何企业从事道德、商业伦理和企业社会责任经营的共同模型。

美体小铺的成功在于：将品牌和某种精神画等号。

安妮塔·罗迪克始终信奉这样一种理念："在保持品牌与动物、社区、女性、人权、环保等五大关系和谐一致的基础上，将企业发展与对社会的贡献结合一起，进而实现'追求企业合理利润'这个目标。"

也就是说：企业除了赚取合理利润之外，也要有强烈的社会责任感。赚钱，并不一定要丧失良心和灵魂。正是这五种关系和一个目标，才使得

"英国美体小铺美容化妆品公司"，以超凡的品牌定位和脱俗的产品卖点，创造出每0.4秒卖出一件美容化妆品的行业最高纪录。（林海：《跟英国学品牌管理》，时代传播音响出版社2007年版。）

●大气品牌的借大势营销

大气贯通的品牌，不光是大智慧、大气魄、大手笔、大制作，还必须有相应的大运作。大势运作，指品牌的推广传播要体现整合营销的优势，要利用公关事件的机遇，尤其是政治事件。政治事件，相对稀缺；重大政治事件，更是可遇而不可求。如果一个大品牌能借助一个大的政治事件营销自己，可以很快显现乘数效应。

一个依据千年遗址复兴起来的大唐皇家园林，抓住了一个百年难遇的政治事件，创造了一个借势营销的佳话，这就是西安大唐芙蓉园成功的事件营销。

示范模板　　大唐芙蓉园的"政治事件"营销

近年中国旅游品牌营销的大手笔运作，首推西安大唐芙蓉园。

大唐芙蓉园是西北地区最大的文化主题公园，是中国第一个全方位展示盛唐风貌的皇家园林式文化主题公园。2005年4月正式对外营业。大唐芙蓉园在竞争异常激烈的旅游市场中脱颖而出，迅速打响品牌知名度，得到众多龙头旅行社的大力支持和线路推荐，更成为陕西省委、省政府接待重要外宾的主要场所。

大唐芙蓉园除了硬件有全球幅宽最大的水幕电影、全国最大的人工雕塑群落、全球最大最先进的水火景观表演、国内最长唐文化长廊，《梦回大唐》大型歌舞品鉴等项目，软件有十二个功能区演绎的十二个大唐主题文化和"走进大唐历史，感受大唐人文，体验大唐生活"的可观赏、可感受、可学习、可消费、可体验的设计外，更重要的是"政治事件营销牌"。

2005年连战的“破冰之旅”和宋楚瑜的“搭桥之旅”，陕西省委接见和宴请的场地都是大唐芙蓉园。中央电视台新闻频道、国际频道、综合频道、东方卫视、陕西卫视、新华网、人民网、新浪网、搜狐网等十家权威媒体直播了全过程。连战在紫云楼对大唐芙蓉园亲笔题词“芙蓉美景大唐圣境”，宋楚瑜亲笔题词“芙蓉仙子芙蓉园，汉唐子孙汉唐心”；宋楚瑜及亲民党访问团还在陕西省委书记的陪同下一起观看了大唐芙蓉园的“金字招牌”——大型史诗歌舞剧《梦回大唐》的演出。这些活动通过中央电视台直播，把大唐芙蓉园推向全世界。

借助连战和宋楚瑜访问大陆这两起重大的政治事件，开业不到30天的大唐芙蓉园名扬四海，国内近6亿观众自此心中产生这样的印象：西安有一个大唐芙蓉园，那里有《梦回大唐》大型歌舞剧，国民党主席连战、亲民党主席宋楚瑜对那里赞不绝口。据统计通过连战大陆行、宋楚瑜大陆行这两次政治活动，类似于《大唐芙蓉园排练〈梦回唐朝〉迎接连战》、《大唐芙蓉园连战吐妙言》、《宋楚瑜下午将抵达西安大唐芙蓉园备好“八大怪”》这些与大唐芙蓉园相关的新闻报道达到1万多条；电视对大唐芙蓉园的直播时间达6小时；与芙蓉园有关的专题报道更是成为电视、报纸、网络、广播新闻专题的主角，而且都是主流权威媒体。有人说，90%的国内外游客对于大唐芙蓉园的知晓，不是通过其盛大的开业庆典，更不是通过广告，而是通过这两次政治活动。有评论家说，大唐芙蓉园借助连战“破冰之旅”和宋楚瑜“搭桥之旅”产生的广告效益，用一亿人民币也买不来。

●大气品牌的以小见大眼光

几乎没有一个品牌不喊做大做强，还有一些品牌称大充大，这实际上是个误区。

我们向来以大国自称。传统中国曾是世界中心，对世界产生过巨大的影响。但那是几个世纪以前的事情了。如今美、英、德、法等，成为无可争辩的世界大国，它们不仅在经济、科技、军事和国际政治上举足轻重，更重要的，是它们的文化影响全球主流价值观。从这个标准来衡量，中国谈不上是大国。

品牌也是这个道理。大品牌，大气品牌，并不一定处处显大。从大气品牌本质上说，大气不是一个量的概念，而是一种气质、一种精神、一种蕴涵。一个品牌如果能挖掘出以小见大的题材并结合企业精神和品牌建设持续运作，积以时日，就会成为企业核心价值载体，从平凡处见精神，从细节上显大气。

示范模板　　　　　　　　一分钱上见大气

一分钱有多大价值?

农夫山泉在“一分钱”上做公益文章，做出了精彩。

2001 年，“一分钱”支持北京申奥：“再小的力量也是一种支持。从现在起，买一瓶农夫山泉，你就为申奥捐出一分钱。”

2002 年，“一分钱”阳光工程：支持贫困地区学校基础体育设施建设，向全国 24 个省的 395 所学校赠送了价值 500 万元人民币的体育器材。

2004 年，“一分钱”支持中国体育事业：“2008，我要去北京跑”，支持中国体育事业。

2006 年，“一分钱”饮水思源：“一瓶水，一分钱，每买一瓶农夫山泉就有一分钱用于帮助水源地的贫困孩子”。同时也提出了“保护环境，保护水源，从我做起，从小做起，从现在做起”的倡议；向中国宋庆龄基金会捐赠了人民币 500 万元，用于设立专项基金，从而对水源地的贫困学生提供直接的帮助和对学校办学条件的改善。

农夫山泉认为，优质水源决定着瓶装饮用水的生命。所以，农夫山泉采取完全不同于其他为节约成本而在中心城市建厂与城市争自来水的策略，寻找和占据的都是山深林密的国家级珍贵水源。

反反复复在一分钱上做文章，也有人非议。其实，这是“义利结合”的范例。企业不可能不赚钱，为了长期赚钱，就要注意形象，做公益贡献；公益贡献有无私奉献的，也有带附加条件的，“义利结合”是常见现象。只要不自吹过头，自夸离谱，不违反公德，不损害别人尤其是受益者权益，“义利结合”还是应该大力提倡的。

●大气品牌敢于否定自我的胆识

否定自我需要勇气。这种勇气就是大气。

换标，是近年来引人注目并带来争论的品牌热点问题。远有可口可乐、耐克的多次变动，近有英特尔、柯达的大变脸，国内从联想的不得不换，到吉利的风风火火360万元全球征标，究竟说明了什么？

其实，大面积的换标是企业受内外因素影响而采取的战略调整。经济全球化时代的到来，使越来越多的中国企业意识到必须加快融入世界经济的步伐，而标识就是与国际接轨的第一个环节。换标是企业发展迫切感的表现。舆论主流对“换标风”是肯定的：不再满足于安安生生守摊子，而是横下一条心做大做强；有决心、有底气、才有突破；表面上换的是标识，实际上换的是战略思想和志气。

第十六章　创新文化

——新龙精神的发展动力

创新文化指以创新为特征的文化形态，是企业在精神及物质方面创新的过程与成果的总和。就是企业以创新为价值导向，结合实际制定创新战略，倡导创新精神，形成企业文化创新、技术创新、制度创新和管理创新氛围，并通过持续创新锻造企业核心竞争力的企业文化形态。

创新文化是企业文化的精髓。创新精神、创新机制、科学思想、价值导向、伦理道德是创新文化建设的核心内容。创新文化是现代企业成功发展的深层次原因之一。

第一节　创新文化内涵

●企业创新文化内涵

创新文化指以创新为特征的文化形态，是企业在精神及物质方面创新的过程与成果的总和。就是企业以创新为价值导向，结合实际制定创新战略，倡导创新精神，形成企业文化创新、技术创新、制度创新和管理创新氛围，并通过持续创新锻造企业核心竞争力的企业文化形态。创新文化是企业文化的精髓。创新精神、创新机制、科学思想、价值导向、伦理道德是创新文化建设的核心内容。创新文化是现代企业成功发展的深层次原因之一。

目前，我国虽然是一个经济大国，但还不是一个经济强国，一个根本原因就在于创新能力薄弱。我国科技产出率不高、重大创新成果缺乏、原始性创新难以涌现的现状，除了受制于投入、条件和人才等硬约束外，主要是缺乏创新文化的有效支撑。

创新文化是推动企业创新的根本动力，有创新的文化，才会有创新的企业。先进的创新文化，造就企业科学的创新思维、创新管理和创新战略，是决定企业前途和命运的重要问题。

创新精神

创新精神是指具有能够综合运用已有的知识、信息、技能和方法，提出新方法、新观点的思维能力和进行发明创造、改革、意志、信心、勇气和智慧。

企业家创新精神是企业创新文化的前提和基础。可以说，创新精神是企业家的本质特征。企业家是企业创新的经营者和组织者。具有创新精神的企业家对塑造企业创新的组织文化和气氛有着重要影响。企业家创新精神强，企业就充满生机和活力。富有创新精神的领导者往往会提供创新的方向，建立有利于创新的组织文化和气氛，鼓励个人的高度主动性，推行有效的多功能团队的协作和融合，促进整个企业的创新活动。

创新机制

企业要有一个完善的创新机制。这个创新机制包含两方面的内容：一是体制创新机制；二是技术创新机制。

体制创新对企业而言，主要是建立现代企业制度。制度是企业创新文化的重要环节，也是企业创新文化的重要杠杆，创新文化的功能在很大程度上是依靠制定恰当的制度来实现的。

技术创新机制的内容有：实行新产品开发、科研开发的项目负责制。落实各类技术人员在项目开发中的技术责任和工作内容分工，同时体现责任大、贡献大、回报大的经济报酬原则。可以采取以技术入股，收入分层等方式调动技术人员的积极性。建立科技人才、科技成果的奖励和宣传制度。通过每年奖励和宣传几个重点项目和有突出贡献的技术人员，建立良好的企业声誉和形象，提高企业外部感召力和内部向心力。

推行岗位竞争末位淘汰制。鼓励和提倡在公平环境下的岗位竞争，技术人员如果长期不努力，不能成为独当一面的人才，那么企业就要考虑调整岗位，否则新一代人才也成长不起来。

技术队伍推行“人才合理流动制”。在保证工作安排相对稳定的基础上，产品开发人员可以带着产品开发、市场难题参加科研开发项目，现场技术人员可以带着现场技术问题和经验到开发部门工作，科研人员可以带着科研成果到生产现场去做技术转化工作，建立这种人才流动机制，可以解决长期在一个岗位工作带来的偏颇，有利于培养一专多能的队伍。建立企业知识产权保护制度。通过技术创新形成自己的核心能力、核心业务。

技术创新必须同企业的战略定位、管理创新、制度创新等结合在一起。

价值导向

创新文化决定企业技术创新的价值导向。企业技术创新活动的规模、水平、重点和方式由价值导向决定。

创新价值观是创新文化的核心。

当前，企业文化创新要培植三大企业价值观：一是"面向用户"的企业价值观。它意味着企业必须以用户为导向，把满足用户的多层次需要视为企业的最高理想。二是"以人为本"的企业价值观，也就是把企业成功的希望和努力放在企业内部的人力资源上，尊重、关心、爱护每一位员工，按国家现行规定的要求，充分满足他们的物质和精神需要，调动他们的积极性和创造性，是企业在竞争中取胜的关键所在。三是"不断创新"的企业价值观，企业要真正成为"创新主导型企业"，就必须首先建立"不断创新"的企业价值观，唯有如此才有助于企业创新行为的发生与维持，有利于创新效率的提高和创新成果的取得。

科学思想

所谓科学思想，指人们关于自然界和人类社会存在与发展最一般规律的科学观念和人们在创新活动中体现出来的科学意识和科学精神。科学意识体现了人们对科学技术历史作用和社会价值的认识与重视程度。科学意识包括"科学技术是第一生产力的思想"、"科教兴国的战略思想"、"可持续发展的思想"等。科学意识具有精神文明和物质文明两重功能。

科学思想与创新文化思想有着密切的关系，科学文化代表着先进的文化发展方向。

伦理道德

企业伦理道德是企业在处理企业内部员工之间，企业与社会、企业与顾客之间关系的行为规范的总和。企业要制定并执行企业伦理守则，规范企业与其利益相关者的责任关系，明确公司的经营理念与道德理想，加强企业伦理教育，注重培养反应企业价值观的态度观念、思考方式等，让员工深刻了解到企业更高一层的使命。

●创新文化发展的国际趋势

约瑟夫·熊彼特于1912年出版《经济发展理论》一书，开创了关于"创新"研究的先河。20世纪80年代以来，业界对企业创新的研究开始兴起，彼得·德鲁克出版了《创业精神与创新》一书；迈克尔·波特探讨了如何通过创新塑造企业竞争优势；彼得·圣吉在《变革之舞》中也对企业创新管理发表独到见解。进入21世纪，诸多学者和专业人士开始对支撑"创新活动"并决定其成效的"创新文化"进行研究和实践。

实践证明，企业的兴衰与企业文化的创新有关。凡是经营业绩能够长期保持优异，能够战胜各种困难的企业，都有一个强有力的企业文化支持。建设以文化创新、技术创新、制度创新和管理创新为特点的创新文化，已成为当代企业发展的主题。世界500强企业如IBM、摩托罗拉、惠普、诺基亚、西门子、三星、索尼等，无不把创新文化作为企业重要的发展内容。

自加入WTO以来，我国已愈来愈深地融入到全球化浪潮中，国内一些企业（如联想、海尔、海信等）也开始注重建设创新文化，以应对内外的挑战。但是我们也要看到，许多企业的创新是基于残酷的市场竞争的被动反应，并不是自发的，创新文化建设还比较初级，甚至根本谈不上创新，只能在世界经济体中充当边缘角色，在经济全球化的背景下，经营管理各个环节都会受制于人，很难在世界竞争格局中把握先机和获得跨越性的发展。

●创新文化是在传统基础上的创新

新龙精神是对民族传统文化的创新。

民族传统文化是指由历史延传下来的较稳定的现在仍在起作用的具有一定特色的文化要素。如同人的个性决定一个人的行为一样，民族传统文化决定了特定的民族群体对社会环境所采取的特有态度和行为方式。在我国，企业文化中深深地浸透着中华民族文化的影响，这是因为中华民族传统文化已沉淀在企业员工群众的心灵深处，传统文化已深深地影响着企业文化的各个方面，特别是在精神文化方面，更是传统民族文化影响最顽固的领域，表现为思想意识、价值观念、思维方式的特征和习惯等。所以，创新的企业文化不是凭空创造出来的，而是吸收和发扬几千年来传统文化中的有价值的因素，摒弃渗透在传统文化中的思想意识糟粕，与时俱进，融入时代因素，创建起来的新的企业文化。

企业创新文化也是一个不断创新的过程。

如同企业创新文化对待民族传统文化的方针政策一样，对待我国传统的企业文化也要一分为二，取其精华，去其糟粕。企业文化作为一种现代的企业管理理论和管理方式，虽然20世纪80年代初才引进的，但是作为一种文化的现象和形态，可以说有企业便有了企业文化，并且，它又是伴随着企业的发展而发展的。全球化时代的企业，必须适应于由普世价值观协调的市场经济秩序；全球化时代的企业文化，必须融入现代的竞争与合作共存的企业文化之中。

第二节　企业的创新主体地位

《国家中长期科学和技术发展规划纲要（2006—2020年）》提出，把建立以企业为主体、产学研结合的技术创新体系作为国家创新体系建设的突破口。胡锦涛同志在全国科技大会上谈到加强国家创新体系建设时强调，使企业真正成为“研究开发投入的主体、技术创新活动的主体和创新成果应用的主体”，全面提升企业的自主创新能力。党的十七大报告又明确提出要提高自主创新能力，建设创新型国家。这既符合技术创新的一般规律，也符合我国国情和建设国家创新体系的现实需求。

●工业化规律使企业成为创新主体

近代世界工业化的历史，是一部依靠科技进步促进经济社会不断发展的历史。在这一历史进程中，科学技术发挥了主导作用，企业始终处于技术创新的主体地位。

19世纪后半叶第二次产业革命以来，在钢铁、汽车、石油、化工等传统工业部门，企业巨头起到了举足轻重的作用。20世纪70年代以来，以信息技术为代表的新技术不断取得突破，成为全球性科技革命浪潮的主要推动力，催生了一批高新技术企业，影响与改变着世界的面貌。进入21世纪，科学技术发展日新月异，信息、生物、新材料、新能源等技术突飞猛进、相互交织影响，成为新一轮科技和产业革命的重要标志，众多企业成为技术创新的开路先锋。

工业化历史进程表明，正是由于一大批企业在市场竞争的驱动下，通过不断的技术创新活动，使科技进步成为经济发展的内生要素，提高了所在国家经济发展的效率，改善了资源、环境利用方式，改变了这些国家的经济增长方式。正是由于一大批企业通过不断的技术创新，把发明或其他科技成果引入生产过程，增强技术和生产能力，制造出市场需要的商品，形成规模产业，把知识、技术转变为物质财富。同时，也正是由于企业的发展和自身财富的积累，才能够形成新的研发投入，促进技术的更新和突破，又将知识和技术转变为更大的物质财富，从而实现经济与科技发展的良性循环。

企业作为技术创新的主体，要在技术创新全过程中发挥主导作用。在市场经济条件下，企业直接联系市场，最了解市场和消费者需求，最能发现与把握技术创新的方向。因此，企业自身具有技术创新的内在需求和属性。如果没有企业的运用，任何科技成果都难以成为现实生产力。企业在技术创新中的主导作用集中体现为：它是研究开发投入的主体、技术创新活动的主体和创新成果应用的主体，是技术创新活动风险的承担者，同时也是利益的最大享用者。

●国际竞争态势要求企业成为创新主体

当今时代，国际科技与经济竞争日益激烈，科技进步与创新已成为影响和推动世界经济发展的主导性力量。在经济全球化的过程中，创新能力强的跨国公司成为国际竞争的重要角色。据统计，目前全球跨国公司的总数已超过6万个，产值约占全球总产值的四分之一，贸易额占国际贸易额的60%，技术贸易占60%—70%，专利和技术许可费占98%。大批跨国公司掌握着一个或多个产业的核心技术，处于国际贸易和全球产业分工体系中的上游，以专利和技术标准作为设置技术壁垒和垄断市场的重要手段。当今世界经济强国，其产业竞争力主要就是体现在掌握核心技术的跨国公司和企业身上。

再从国际上创新型国家发展的历程看，确立企业技术创新主体地位至关重要。纵观这些国家的发展，正是由于企业所蕴涵的巨大创新需求和所呈现出的创新活力，使得各种新发现、新发明不断涌现，各种新技术、新产品、新工艺不断涌现，各种新的社会生产、科研组织方式不断涌现。这些涌现出来的新要素，又最终通过企业被不断地、大规模地转化为现实生产力，实现了由“制造”向“创造”的转变，持续支撑着这些国家经济社会的发展。

长期以来，发展中国家往往以跟踪模仿发达国家的先进技术为主。但是，由发达国家主导的与贸易挂钩的知识产权规则，打破了发展中国家走常规技术发展路径的可能。发达国家的跨国公司凭借技术优势、品牌优势、规模优势成为所在产业链的集成者和操控者，分享了更多的利益。这意味着发展中国家的企业所面临的挑战更为严峻。发达国家的大企业和跨国公司在知识产权的数量和质量方面都占有明显的优势。从我国的情况看，在汽车、飞机、仪器仪表、信息、生物、新材料等技术领域中，授予的专利也多为跨国公司所拥有，其份额约占到80%—90%。如果不在技术创新上有所作为，不掌握自主知识产权，我国企业的发展将难以摆脱跨国公司专利壁垒的制约。

因此，应对全球化条件下的国际竞争，关键是要使企业成为技术创新的主体，造就出一批具有核心竞争力和持续创新能力的创新型企业。只有企业成为技术创新的主体，才能提高我国在国际产业分工中的地位，才能打破知识产权、专利和技术标准等新的贸易壁垒，才能形成内生的经济增长动力，从根本上转变我国的经济增长方式，实现国民经济又好又快地发展，维护国家经济安全。

●国家发展战略要求企业成为创新主体

把自主创新提升为国家战略，上升到国家意志，这在我国是前所未有的。它不仅标志着我国科技发展路径的战略转型，也反映出我国经济发展战略和政策的重大调整。

从总体上看，我国企业尚未成为技术创新的主体，技术创新能力还比较薄弱，与发达国家的差距还比较大。据统计，我国大中型工业企业中有科技研发活动的企业仅为38.7%，设立研发机构的仅为23.7%。我国拥有自主知识产权核心技术的企业仅为万分之三，98.6%的企业没有申请专利。

企业在技术创新活动中不能发挥主体作用，直接制约了我国自主创新能力的提升，使我国在国际产业分工体系中处于不利地位，无法在经济全球化进程中获得主动权。

企业自主创新能力的提升，除了依靠自身的技术学习与积累之外，一条重要途径就是加强产学研合作。大学和科研机构是科技创新，特别是原始性创新的重要源泉。确立企业技术创新的主体地位，必须注重建立有利于产学研结合的有效机制，促进企业和大学、科研机构以及其他技术创新要素形成有效的合作关系。在产学研之间构建战略层次的合作，既是建设国家创新体系的内在要求，也是我国企业推进技术创新的必然选择。

确立企业在技术创新中的主体地位，是一项艰巨而繁重的任务。只有加快培育一大批拥有核心技术和自主知识产权、具有知名品牌和持续创新能力的创新型企业，才能为我国进入创新型国家行列奠定坚实的基础。我们要深入贯彻落实党中央、国务院的战略部署和要求，解放思想，大胆创造，求真务实，密切协作，加快推进企业成为技术创新的主体，为更好地落实自主创新战略、建设创新型国家做出切实的贡献。（李学勇：《确立企业在技术创新中的主体地位》，《求是》2007 年第 8 期。）

企业自主创新不仅是技术创新，更重要的培育一块能够持续创造有市场价值创新成果的土壤。要逐步培养企业创新思维、创新机制、创新习惯、创新行为，建立助推企业可持续发展的创新文化。

第三节　艺术生产力的创新属性

艺术生产是精神生产和物质生产的统一。它不像一般物质生产那样，制造人类必需的生活用品，也不像一般精神生产那样，创造一种纯粹的理论演绎和概念论证，而是将自己的主体精神和审美意识渗透于生产过程，并物化为审美产品。

1998 年，英国创意产业专责小组对创意产业定义为："源于个人创造力与技能及才华、通过知识产权的生成和取用、具有创造财富并增加就业潜力的产业"。在实际的产业统计中，各国对创意产业的界定存在一定的差异：以英、美为代表的欧美型，其创意产业以文化产业为主体，较多地涵盖精神产品层面；以日本、韩国为代表的亚太型，其创意产业以文化产业和产业服务为主体，兼顾了精神产品和物质产品两个层面；以中国大陆地区为代表的本土型，其创意产业以产业服务为主体，更突出地强调物质产品层面。一般认为，作为新崛起的产业，创意产业既有设计、研究开发、软件、咨询、会展策划、印刷包装等生产性服务的内容，也有信息、文化艺术、时尚消费和娱乐等消费性服务的内容。可以说，创意产业是二、三产业共同发展的结合点，是城市经济发展的新内容和新载体。

●艺术生产力 = 艺术创造力 + 艺术表现力

艺术创造力，是艺术家在创作活动中从发现和体验生活到进行艺术构思、形成艺术意象和意念，并将其物化为艺术形象的整个过程中表现出来的能力。艺术创造力借助形象思维的具象性、情感性、创造性和整体性来表达，它以具体的形象作为思维的主要材料，以情感作为思维的中介和动力，并体现出浓烈的创造色彩和艺术家对事物的整体把握。

艺术表现力，就是艺术家将自己在艺术构思中形成的艺术意象转化为艺术符号，并以物态化的形式得以显现的能力。艺术表现力使艺术创造力成为具体的、稳定的、可感的艺术形象、艺术情态或形象体系。

艺术生产，就是以审美思维和审美物化为手段，进行艺术创作和制作的活动。艺术生产包括艺术创作（艺术创造力）和艺术制作（艺术表现力）。艺术生产涵盖艺术思维的过程，但不能取代艺术思维的方式。艺术思维方式主要是对客体世界的认知和反映，艺术生产则主要是对客体世界的变革与创造。

艺术创造力 + 艺术表现力 = 艺术生产力。

军事理论家克劳塞维茨说："艺术是一种发展了的能力，如果它要表现自己，它就必须有个目的，并且必须有实现这个目的的种种手段……将目的与手段结合起来就是创造。"

●艺术活动的继承与创新

艺术活动的发展，是在继承与创新的相辅相成下实现的。

艺术在它的发展过程中，其内在结构是有继承性的，这种继承性，反映着社会意识形态和人们审美观念的连续性。

艺术的继承性，表现为对本民族艺术遗产的继承和接受；也表现为对其他民族和国家优秀文化遗产的继承和借鉴。继承，多是在艺术的形式与技巧、内容、审美观念和创作方法等方面的继承。许多艺术种类基本形式特点的形成，都经历了若干年代和无数艺术家的努力而逐渐成熟和完善起来的；其次，表现在内容方面，艺术的继承性也是很明显的；再次，表现在民族的审美观念及其创作方法上，这种历史的继承性更是潜在的、在整个艺术传统中起着主导作用的。

艺术发展的过程是一个不断推陈出新的过程，在这一过程中，继承与创新紧紧连在一起，继承是手段，创新是目的。没有继承，便没有创新；没有创新，继承就只能流为复制。创新，是在继承基础上的创新。为了创新，就必须批判地继承前人和其他民族的优秀文化遗产。在继承的基础上创新，就要坚持批判的原则，对过去的文化遗产取其精华，去其糟粕。

在艺术活动中，要坚持艺术内容、艺术形式、艺术语言、艺术表现手法等方面的创造，不断适应新的时代人们对于审美文化和艺术的需求。

创新是艺术生产力的本质属性。没有创新就没有艺术。

●艺术生产力的设计体现

艺术生产力主要由设计体现。

现在意义上的产品创新是全方位全层次的，不再局限在技术创新、形象创新上，而是进入了设计创新的时代。谁把握住了设计潮流，谁就掌握了市场，市场的竞争也就是设计的竞争，设计力就是竞争力，是一种新型的社会生产力。

艺术设计与商品的生产一直是密切联系在一起的。商品的设计质量、生产质量的好坏都可以通过市场得到检验；市场及市场需求在一定意义上成为了艺术设计的一处重要基础和衡量设计成功与否的尺度；艺术设计与市场的关系实际上是设计与消费者的关系。艺术设计推动市场竞争，联结技术和市场，创造好的商品和媒介，拉开商品的差别，创造高附加值，创造新市场，促进市场的细分，降低成本。

设计从解决产品造型美学发展到解决企业产品与消费者的关系，它担任着将科学技术转化为符合消费者需求的产品这一过程，将抽象的概念转化为实实在在的东西，同时设计也将产品更加人性化，为企业产品扩大需求，为企业增加效益。设计使消费者欲望得到最大限度的满足，为产品增加附加值，它更加尊重理解消费者，并将其心中的愿望转化为现实，好的设计不仅仅从功能上使消费者满意，并且它所蕴涵的设计意义使消费者的心灵得到享受。设计发展的原动力在于人们对和谐的不懈追求。这种追求是自发的，与生俱来的。正是这种对和谐的向往与追求，成为推动社会经济发展的强大动力。设计是把预期目的和观念具体化、实体化的手段，是人们进行经济建设活动的先期过程。它的本质是人们对将要进行的经济建设活动做出艺术化的设想和筹划。

在企业经营活动中，设计也是管理，设计左右产品的方向和市场的导向，企业家应该是企业管理高层次的“概念设计师”，参与和把握企业的重大决策行为。如推行企业识别系统，就是一个企业的形象管理问题，必须由企业家亲自把握，才能保证企业形象的正确塑造与有效传播。企业可以依靠设计塑造品牌，即品牌体系规划、企业形象规划、产品形象规划等，品牌是企业的价值和生命。通过企业识别系统设计，创造品牌效应，可以将企业的身份地位、社会使命、性质、经营理念、内部机制和发展战略予以统一明晰，凸显个性，进行系统规范的管理，对内能增强员工对企业的凝聚力，对外能强化社会大众对企业的认知度，有利于良好企业形象的形成。（常跃中：《艺术设计是一种社会生产力》，雅昌艺术网，2006 年 12 月 19 日。）

●艺术生产力的三种实现途径

人们对“生产力”的认识，是随着人类文明的发展和产业结构的调整而不断深入的。在第一产业占主导地位的前工业时代，人的体力和经验是最为重要的生产力要素；在第二产业占主导地位的工业时代，科学和技术跃居于生产力要素的首位；而在第三产业占主导地位的后工业时代，美学和艺术作为生产力的要素也便具有了越来越重要的地位。

这种新的生产力要素主要是通过三种途径加以实现的：制造直接用于审美欣赏的精神产品；制造这种产品的衍生物；创造实用产品中的审美附

加值。

首先，是制造直接用于审美欣赏的精神产品。在一个消费决定生产的商品经济时代里，审美与艺术虽然仍具有意识形态功能，但其最为重要的是商品属性。在这只“看不见的手”的操纵下，艺术家的情感和想象能力，也便成了创造财富的可贵资源，美学与艺术的生产力要素也便最大限度地被释放出来。全世界录像制品巨头大明星娱乐公司的年营业额高达100亿美元，其老板韦恩·赫伊岑格也像比尔·盖茨一样成为全世界最富有的企业家之一。不同之处只在于，比尔·盖茨是依靠科技起家的，而韦恩·赫伊岑格则是依靠艺术致富的。这两种不同的致富途径体现了当今时代两种不同的生产力要素。

其次，审美和艺术作为生产力的要素，还可以通过生产艺术作品的衍生物来加以实现。迪斯尼的电视剧《米老鼠与唐老鸭》衍生出“迪斯尼乐园”的主题公园。《英雄》一片不仅曾一度创造了国产影片的票房之最，而且也开始了研发“影视后产品”的国内先河：以1780万元出售DVD和VCD版权；跟踪《英雄》拍摄的纪录片《缘起》也卖到了30万元的好价钱；接下来，根据《英雄》改编的同名小说已开始印刷，与中国邮票总公司合作发行的《英雄》人物邮票也在筹措之中。

最后，也是最为重要的是，美学和艺术作为生产力的主要因素，不仅可以通过直接的观赏对象及其衍生作品加以实现，而且可以通过赋予实用产品以“审美附加值”的形式而打上其自身的烙印。举个例子：农民收获一斤棉花，在市场上可以卖几块钱；工人将其织成布，可以卖几十块钱；裁缝将其做成衣服，可以卖几百块钱；如果经过类似皮尔·卡丹式的艺术大师设计成时装，就可能卖到几千块、甚至上万块钱。可见，由几块钱的棉花变为成千上万块钱的时装，这其中既有“科技的附加值”，更有“审美的附加值”。因此，我们为什么只承认科学技术是一种生产力而不承认美学艺术也是一种生产力呢？

其实，越是在科学技术全面发展的历史条件下，越是在商品生产已基本满足了人们生活之实用目的的前提下，美学艺术的生产力功能就越发重要。在当今的市场上，几种颜色的搭配，几条弧线的设计，甚至一个包装的选择，都有可能决定着商品身价的高低。除此之外，商品在宣传促销上也少不了借助于艺术的魅力。在供大于求的市场条件下，谁能通过大众传媒而吸引消费者的视线，制造出新的消费热点，谁就能在竞争中立于不败之地。美学与艺术作为生产力要素，已经产生并将继续产生着越来越大的历史作用。（陈炎：《艺术也是一种生产力》，山东大学文艺美学研究中心，2006 年 9 月 2 日。）

第四节　价值创新是企业的终极目的

●价值创新的含义

尽管我们已经多次谈到企业的终极目的，在这里还必须强调，在创新问题上，企业的终极目的是价值创新。

价值创新是现代企业竞争的一个新理念，它不是单纯提高产品的技术竞争力，而是通过为顾客创造更多的价值来争取顾客，赢得企业的成功。

价值创新将顾客、而不是将竞争对手作为战略思维的中心。与产品创新、技术创新、管理创新、组织创新等其他创新形式不同，价值创新围绕的核心是顾客需求及其变化，目标是跳跃式地提升顾客价值感知，而实现这一目标的手段是创新。

●顾客价值概念

顾客关系是一个热点话题，对于很多行业的企业而言，能否与顾客维护良好的关系从根本上决定了企业能否盈利。现有研究已经表明，顾客关系的核心本质是价值，即顾客和企业双方都能从关系的建立与维持中获得更大的价值。

顾客价值是这样一个概念：管理的主要任务之一就是帮助企业比其竞争对手更有效地为顾客创造价值。除非价值被创造并且被传送给顾客，否则企业既没有存在的正当理由，也不能达到其目标。

价值创新的真谛是“超越”和“突破”现状，如突破陈旧的产品、服务、观念等，为顾客创造全新价值感受。按照交易导向的观念，核心产品是顾客价值感知的主要甚至唯一来源，为在这种背景下进行价值创新，企业可能需要变革现有产品，如取消、降低、加强、添加某些产品属性；甚或重新界定顾客面临的问题、创造全新产品。但是，当顾客与企业建立起某种关系之后，除核心产品之外，关系本身对顾客价值感知也有很大影响。这种背景下进行价值创新，企业除了可以变革现有产品或重新界定顾客问题后创造全新产品之外，还可以变革现有的顾客关系，即在现有顾客关系基础上改变某些关系属性，甚或重新圈定企业的目标顾客，并与这些顾客建立全新的顾客关系。另外，现有研究已经表明，顾客关系中的信任与情感等无形要素不但对顾客关系的维系至关重要，同时也能为关系双方带来价值。因此，提升关系顾客对企业的信任度和情感，是顾客关系背景下价值创新的独特途径。

●顾客价值体系

顾客价值具有动态性，会随着时间变化而发生改变。顾客的满意程度并不局限于产品的属性及性能层次，它会随着感知价值与期望价值的交替上升而不断发生变化。这种变化要求企业以一种变化的、系统的、联系的观点看待顾客价值，建立顾客价值体系。

顾客价值体系包括以下四个要素：效用价值、购买价值、个人化价值和时间价值。

效用价值：包括产品或服务的质量与创新。产品或服务本身的质量中，质量范畴不仅仅指的是减少生产制品的欠缺，使产品或服务符合设计规格，更重要的是提高到满足客户对产品或服务的要求，并且在一切会影响到顾客的细节上都注重这一点，比如产品交付、账务、技术支援等等。顾客对产品的属性和性能的期望与产品创新有着密切联系。

价格价值：分为公道价格和超值价格两种。公道价格是客户的心理参考价格。超值价格就是顾客乐于付出的价格，按照顾客价值层次模型，即是对应顾客基于结果的满意程度。在使用产品时，顾客对预期结果的实现能力形成的期望和偏好越高，则愿意付出的价格也就越高。

个人化价值：指产品或服务带来的个性化含量。了解顾客的目标和意图并帮助他们实现，是顾客价值的最高层次。市场细分的作用与之类似，但是市场细分是建立在现有市场顾客群的基础上，那些远离主流市场之外的顾客目标和意图很少有人关心。

时间价值：一个完整的顾客价值体系不仅为眼前的市场或顾客提供价值，还能随着时间变化不断提高完善自身价值网络。（高勇华：《基于新市场破坏的顾客价值创新研究》，《集团经济研究》2007 年第 6 期。）

第五节　科学品牌发展观示范工程

——太子龙企业文化创新体系

按中国纺织工业协会会长杜玉洲的观点“文化成就品牌”来讲文化与品牌的关系，显然说出了文化在品牌中的地位与逻辑关系。但文化依然是个最难标准化的东西，就拿商品来说，它是个最讲究价格和规则的东西。社会的进步使这两者在品牌这个概念上合为一体，于是有了产品文化，有了文化产品；有了品牌文化，有了文化品牌。这既是商业的发展，也是文化的发展。

文化的重要性通过商业包装，有了价格，也有了市场。由企业使命、企业愿景、企业价值观、企业精神、企业理念构成的企业文化风行中国并演化出数不胜数的模式。但是，文化本身独有的竞争力，或者说文化制胜的能力究竟如何，还未引起普遍的关注。

这里，我们将太子龙企业文化体系要旨作为模板推出，就是因为它回答了什么是先进文化、什么是文化独有的竞争力和怎样打造文化制胜的能力的问题，并生动诠释了什么是“以人为本，以先进品牌文化为旗帜，全面协调可持续发展”的科学品牌发展观。

●企业使命——太子龙，让世界责任起来

国际经济一体化的前提是国际文化的一体化，而国际文化一体化的本质其实就是普世价值观的创建与认同问题。世界责任的承担者和倡导者，必定是先进普世价值观的创建者和引导者。只有敢于承担世界责任者才能成为未来经济的主导者。太子龙企业把责任文化作为企业自身的核心思想科学品牌发展观的示范工程——新龙精神的有机核心载体，把高度的行业责任、社会责任、民族责任和世界责任作为任重而道远的企业使命，把企业文化从民族

文化上升为世界民众都认可的国际文化，同时，使太子龙品牌成为当之无愧的国际品牌践行者和领航者。

太子龙集团认为，民族企业的可持续化发展的前提是企业文化理念的可持续化；企业可持续化文化理念的前提，是高瞻远瞩的国际化大视野，而国际化的大视野迫使我们必须敞开大气的民族胸襟；只有高瞻远瞩的国际化大视野和大气的民族胸襟，才能认清21世纪国际化新思维和发展新趋势——承担国际化责任和使命，因为只有承担使命责任感的企业，才可能获得国际消费群体的拥护与信赖。在战略运作上，太子龙把过去以为“霸气文化”就是“民族文化”这个谬误观点，矫正到只有“责任文化”才是真正的“国际文化”这个高度上来，从而明确了“国际化品牌的本质就是民族文化的国际化”，为顺利地迈进国际化品牌的科学征程打开了通道。

●企业愿景——民族文化的国际化

西方发达的资本主义国家，为什么一方面大量的消耗发展中国家的廉价产品，另一方面又高举反倾销大棒制裁发展中国家呢？这是因为，发达国家出口的都是高附加值的产品，而进口的却是发展中国家的低附加值产品；发展中国家实质出口是自己的不可再生资源，而发达国家出口的只不过是技术和品牌文化。这说明，国际品牌的本质就是民族文化被国际社会广泛认同的过程，而决不是产品是否被接受这么简单的商业行为。

所以，做品牌首先不是研究产品的功能，而是先要探索出国际社会上都能认可的前沿思想（比如具有普世价值观功能的责任文化等）或最先进的生活方式（比如，二维生活就是短缺性经济时代家庭——单位二元简单生活方式的缩影，四维生活方式就是相对过剩时代下的居家赋闲——户外旅游——交友娱乐——商务工作四维一体新生活模式的科学体现）。因为，纯物质功能的基础性需求早已被低附加值的产品满足且过剩了，也只有那些先进而空白的文化思想和生活方式还没有被市场供应的高附加值品牌所满足，所以也才会有广阔的市场空间与需求。

太子龙之所以要把致力于民族文化的国际化探索作为自身的企业愿景，其过人之处就在于通过对国际品牌本质内涵的理论探索和自身的运行实践，尝试走出一条全新的国际化品牌道路。

●企业价值观——品牌缔造市场，文化奠定价值

在以市场营销为导向的传统品牌运营时代，企业的普遍做法是遵循传统营销理论，“不断发掘并适时满足市场上尚未满足的需求”。在新经济时代，这个理论明显滞后了，因为仅仅探索和满足当前市场上尚未饱和的需求，已经远远不能适应新经济时代日新月异的多元需求了，特别是无法实现先进文化思想和前沿生活方式对消费的超前引导。全球迫切需要全新的品牌价值理念和全新的运营模式。填补和满足市场空缺的是产品，引领和创造市场存在的是品牌，提升和发展市场价值的是文化。引领和创造市场需求的之所以是品牌，其区别就在于它不再是为了满足低级的物质功能需求，而是为了满足消费群体个性化的、精神需求大于物质需求的新的生活方式的高级需求。比如，爱情交友版服饰就是用于恋爱和交往穿的，居家赋闲版服饰就是在家休息放松时穿的等，亮色系大多适合出席喜庆活动，冷色系适合庄重场合的，款式夸张的适合娱乐聚会，简单流畅的适合老友沟通。

一个全新品牌的诞生标志着一个全新的市场需求和空间领域的诞生。但是，如何经营好并快速提升全新的品牌价值，并且不断地把新的市场需求向更高领域里引领和发展，就必须回答：全新品牌文化所倡导的思想有多么深刻和高远？引领的生活方式有多么的科学和先进？满足消费者精神情趣有多么的重要？启发广大民众对未来生活有多么美好的梦幻？

基于“产品满足市场需求、品牌创新需求、文化提升品牌价值”的全新理念，太子龙集团才把“品牌缔造市场文化奠定价值”作为企业的价值观和行动准则。

●企业精神——充实的自我，强盛的祖国

过去我们谈国富才能民强，如今强调和谐社会民生优先。因为，只有人民富强了才会有祖国的壮大，人民是祖国的支柱。

品牌既是个人和集体的，也是国家和民族的。因为个人的能力和素养水平，既是决定一个国家或民族品牌在国际市场上的竞争力水平，又是一个国家或民族对外精神状态的晴雨表和代言物。所以，品牌的强大，其本质就是

一个国家的强盛和民族伟大的具体体现与象征。

市场经济的本质就是个体与群体利益统筹兼顾的调整机制，这种利益调整机制是以权利和义务相对称为原则的，所以个人的收益水平也体现了品牌的竞争力水平。同理，个人的精神状态也反映了品牌的气质魅力。因此，只有充实自信的自我，才会有气质魅力的品牌；只要人人都有自己的核心竞争力，也一定就会有强盛的祖国和复兴的中华民族。

●经营理念——不向成本要效益，要靠品牌创价值

国际品牌一般在新品研发、生产作业、市场营销方面几乎不怎么考虑成本，特别是在新品研发的投入方面和先进高档的原辅材料运用上，都是极其舍得花大本钱的。

如果品牌的竞争力弱，即使是我们把成本控制到世界的最低限也于事无补。因为，21世纪的新经济体制下，全球的民众早已不再是处于短缺性经济体制下，还停留在对产品物质功能的低层次需求上，而是完全超越对产品的物质功能需求，上升到对品牌的精神需求层次上了。

一个真正品牌的附加值大约是其销售金额的90%，而总成本大约只占10%左右。按香港学者郎咸平教授所说的，新型产业链的6+1模式中的“1”就是指生产作业和人工成本，而“6”就是决定品牌价值大小的设计研发，仓储物流，订单处理，分销渠道等品牌软件构成部分。所以，21世纪品牌企业如果不在品牌软件上给予突破，而是抱残守缺，继续在作业成本上想发展的话，无异于南辕北辙。

虽然说决定品牌价值大小的关键在于品牌的软件构成部分，但是这依然是很不精准的说法，因为只要我们继续对品牌价值各要素进行不断地剥离和细分探求就会发现，设计研发、仓储物流、订单处理、营销渠道建设、终端打造等环节的成本支出是相对固定的。比如，开发一款新品的开发成本，运输一个集装箱的运费，综合订单的业务处理等费用等都是相对固定的，不会成倍超越。那么，品牌的高附加值到底出在哪个环节上呢？其实品牌的高附加值是游离于这些硬软件基础之上的——独特性的文化思想（比如普世价值观）倡导力和前沿生活方式（比如四维动静分区新生活模式）的表现力，这才是品牌附加值的真正源泉，也是品牌魅力的核心要件。

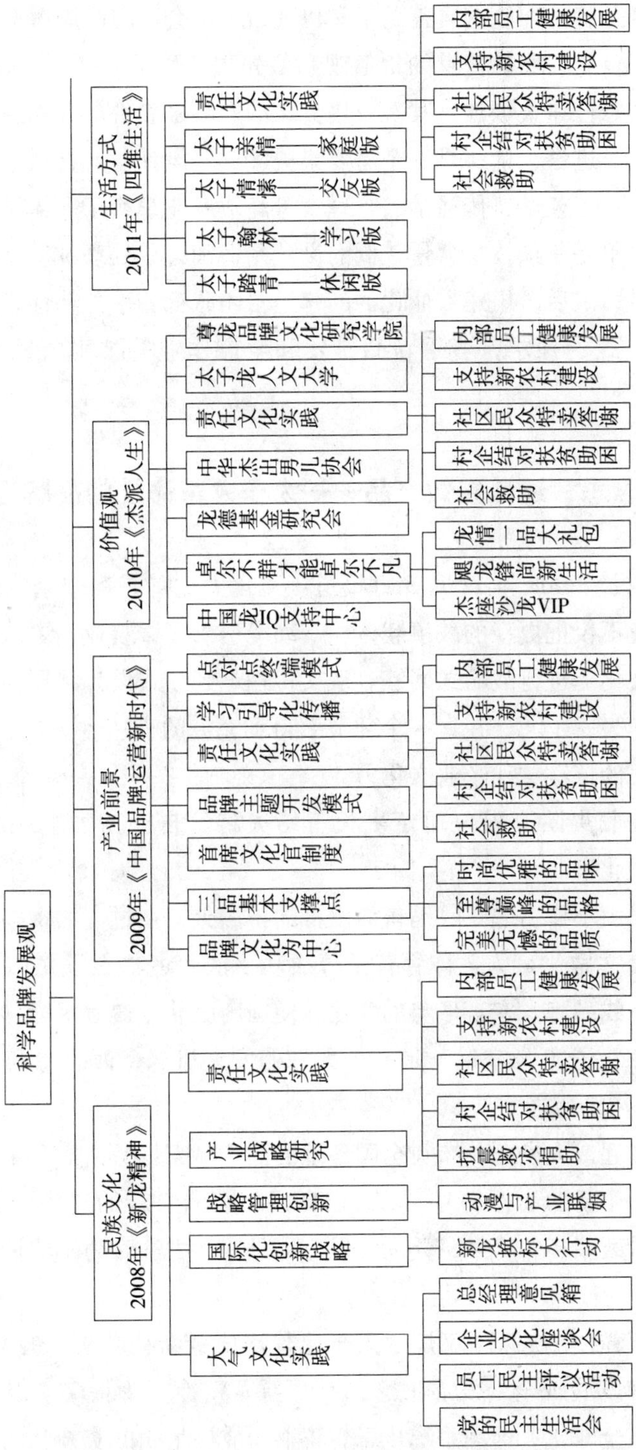

太子龙科学品牌发展观实施架构图

搞清楚了品牌附加值的真正源泉和出处后，就会明白品牌锻造的难点所在，这就是：首先，明确普世的价值观和最先进的生活方式是21世纪国际品牌面临的全球性重大课题；其次，用具象的产品来表现品牌思想的独特性和生活方式的先进性，这将是一个需要集美术学、设计学、材料学、空间结构学、运动学、工艺学、传播学、管理学等高端专业学科于一体的浩大艺术工程，而不单单是一项技术含量较低的设计制造和订单处理及货品分销那么的片面和简单；最后，组建专业化的品牌运营团队，着手独特性思想的研究和先进生活方式的探求，着手新品研发和生产作业等技术流程的再造与创新。

●先做思想，还是先做产品——太子龙革命性的品牌运营观念

《绍兴日报》2008年11月5日报道：文化力无疑是当今企业最时尚的话题。太子龙不仅把更新的故事载体——动漫引入了服装业，更从故事的宏观层面——文化上进行战略式回答。从文化理念到款式设计，再到每一个橱窗，当文化作为一个元素在每一个环节上得到充分的表达时，“太子龙”也正在逼近真正的核心——企业文化力。

太子龙控股集团有限公司董事长王培火将给自己增加上一个新的职务——首席文化官。

从诸暨璜山小作坊起家、销售商出身的王培火，在过去的十多年里，通过邀请影星姜文做代言人、体育营销等成功手法，将“太子龙”打造成了国内服装的一线品牌。宏观形势的变化，使国内服装业遭遇困境，王培火却表示，这对“太子龙”来说，是一个大好的发展机遇，而思想和文化则是“太子龙”抓住机遇之手。

今年年初起，太子龙分布在全国各地的两千多家加盟店撤下了原来的商标，代之以一个新的商标符号“TEDELON”。破旧立新的这场“换标”的行动，舍弃沿袭多年的符号，并大力推广更具亲和力和时尚感的标识，在业界引起震动。

王培火解释，“换标”仅是“太子龙”推广全新品牌文化的一个方面。提出科学品牌发展观全新发展理念，以“新龙精神”为指南，倡导普世价值、责任感、全球化，这一系统化思想正在变成该集团的实在利润。

2008年6月25日起，由“太子龙”投资主创的动画片《龙脉传奇——中国古代科学家》在央视少儿频道播出以来，深受广大儿童的喜爱。这部始终贯穿“龙太子”主角，塑造了一个中国版的“奥特曼”卡通形象，是太子龙控股集团迈出品牌文化战略和多元化事业的重要步伐，其真正的意图并不在于影视版权的销售，而是让“龙太子”形象深入人心。“开发动漫娱乐形象，实现品牌文化扩张，打开产品销售渠道。”王培火表示，在进军动漫产业的同时，他们推出了“龙太子”品牌系列的童装、文具、玩具和动漫书。

同样，在男装领域，“太子龙”把“新龙精神”织进了其旗下的一个新高档服装品牌——“77”的颜色、花型、面料之中。将中国元素与国际流行趋势的完美结合获得了市场高度承认。今年4月，“77”进驻杭州的银泰百货，销量连续保持前3位。

从企业文化理念到产业相关多元化，到设计打样、成衣加工，再到销售渠道，“太子龙”的目标是，将完整的文化链渗透到企业的产业链中，从而提升企业价值链。

为将“新龙精神”表现为一种橱窗文化，该集团在渠道领域，引入了“产品上柜、终端陈列、新品促销、导购培训”国际四位一体全新的终端营运模式。“太子龙”各品牌加盟店将按不同的环境，设计出不同的表达主题、风格和心情取向等，通过崭新的陈列方式，通过沉思、激昂等生活与心情的塑造，让每一件衣服沉淀更多的文化和附加值。（裘浙锋、孙陈超：《“太子龙”的新利润通道——先做思想，还是先做产品，这是品牌革命的首要问题》，《绍兴日报》2008年11月5日。）

示范模板　　　　太子龙换标说明什么？

2008年7月份，太子龙换掉了沿用十多年的标志。人们奇怪，放着为消费者所熟悉和喜爱的现有标识不用，重新花费巨资去推广新标识，太子龙打的是什么算盘？

一、换标，从传统服装产业转向时尚产业

1. 为国际化打开通道

太子龙的目标是成为一个国际化的百年服装企业。在经历了扩大生产规模、多产业延伸、集团产业重组之后，太子龙迈向国际化势在必行。然而，太子龙原有的标识“taizilong”是汉语拼音组合，地域化特征明显，不利于在境外引起品牌记忆。太子龙要实现收入结构的变化，就要加速开发国外销售渠道，换标可以为国际化打开通道。

2. 经营领域扩展

2007年太子龙完成了浙江太子龙实业发展有限公司和太子龙投资发展有限公司的注资和重组，加快了上市的步伐。太子龙换标也是一次公关传播机会，太子龙可借经营领域的扩展、换标等重大事件为契机，统一品牌形象，重新定位企业形象，展示新的发展战略。

3. 赋予品牌新内涵

公司赋予新标识TEDELON“新龙精神”——责任、大气、国际化、时尚化的寓意，展现出太子龙公司的全社会责任、大气、勃勃生机和产业思想。

4. 增加品牌亲和力

新标识TEDELON比旧标识更有动感、更简洁、更现代、更时尚、更立体化，从而对消费者更有直觉记忆、吸引力和亲和力。服装企业要成为行业的领军企业，必须不断地凸显时尚创造能力和艺术创造能力。

二、换标，从功能性品牌升华为精神性品牌

太子龙原标识的TZL组合，取形于瓦当龙，体现了太子龙创业时期的“积极向上、乐观稳重、诚信创业”的企业发展理念。而在发展了13年后的今天，太子龙用新的“科学品牌发展观”作为理论依据，向国际品牌迈进，原标识的凝聚力、创新力、视觉美感都不能更好地诠释现阶段的品牌精神，欠缺进军国际舞台的助推力。

三、换标，使识别符号易于认同

太子龙在换标之前已经作好细致的准备工作，将有可能因换标带来的风险控制在最小的范围。通过广泛的市场调查工作，根据市场和目标客户

的期望规划新标识；重视老标识在客户心目中的情感价值，在规划新标识时充分保留老标识的核心价值（如企业标准色、龙文化核心等），并在核心形象的基础上赋予它新的内涵，将老标识的价值积累融入到新标识上，体现连续性；通过公关活动、新闻发布会等形式，强化换标的消费者认知。

四、太子龙品牌形象的重新定位

因为肩负世界责任，所以胸襟才会坦荡；
因为肩负世界责任，所以显得大气磅礴；
因为肩负世界责任，所以才会正气凛然；
因为肩负世界责任，所以知道任重道远；
因为肩负世界责任，所以要引领全球，携手未来。

五、太子龙，让世界责任起来——太子龙品牌标识语解读

换标前一年，太子龙确定了新标识语“太子龙，让世界责任起来”。

1. 新标识语把对世界责任的呼唤和对太子龙产品的质量要求巧妙地融合在一起，形成极具商业价值的卖点设计；

2. 标识语一步到位，把太子龙品牌置于国际视野和全球的高度，这样就避免了日后的品牌发展因为理念滞后，需要再次翻新的投入浪费。

3. 标识语的核心创意，在于把全球性和历史性的人类责任与正面的中国龙文化有机地结合起来，从而焕发出太子龙品牌以全新的文化内涵和勃勃生机，树立国际化的大视野和大形象。太子龙品牌既然承担起了世界责任，则必然有权利享受世界的回馈和恩赐。

（CHANGE：《新龙启航，太子龙换标擦亮品牌》，太子龙网站，2008年8月19日。）

参考书目

中华人民共和国商务部编:《中国品牌发展报告(2007)》,北京大学出版社2008年版。

薛波主编:《元照英美法词典》,法律出版社2003年版。

〔美〕菲利普·科特勒、〔德〕弗沃德著,楼尊译:《B2B品牌管理》,格致出版社、上海人民出版社2008年版。

李华欣、刘昕荣:《成功企业的22条金规》,天津大学出版社2006年版。

吴照云等编著:《战略管理》,中国社会科学出版社2008年版。

〔美〕杜纳·E. 科耐普著,赵中秋、罗臣译:《品牌智慧》,企业管理出版社2004年版。

舒化鲁:《前言规范化管理实施的18个模板》,中华工商联和出版社2008年版。

谢文辉编:《智慧管理——60个经典管理寓言故事》,民主与建设出版社2004年版。

李显君:《管理之本:结构与整合》,中国经济出版社2004年版。

宁俊主编:《服装品牌企划实务》,中国纺织出版社2008年版。

余伟萍编:《品牌管理》,清华大学出版社、北京交通大学出版社2007年版。

韦明:《品牌营销——中国人的品牌课堂》,中国致公出版社2008年版。

〔美〕大卫·爱格:《管理品牌资产》,机械工业出版社2006年版。

〔美〕艾伦·亚当森:《品牌简单之道》,中国人民大学出版社2007年版。

白光主编：《品牌失败的故事》，中国经济出版社 2006 年版。

邱庆剑编著：《世界 500 强企业管理法则精选》，机械工业出版社 2006 年版。

〔美〕凯文·莱恩·凯勒：《战略品牌管理》，中国人民大学出版社 2003 年版。

〔美〕大卫·爱格著，沈云聪、汤宗勋译：《品牌经营法则》，内蒙古人民出版社 1999 年版。

周云：《批判学——原理与实务》，清华大学出版社、北京交通大学出版社 2008 年版。

〔美〕菲利普·科特勒、〔德〕弗沃德：《B2B 品牌管理》，格致出版社、上海人民出版社 2008 年版。

〔美〕里斯·特劳特著，王恩冕、余少蔚译：《新定位》，中国财政经济出版社 2002 年版。

唐德权：《深度精耕：日本软件企业精义解读》，清华大学出版社 2004 年版。

黄佶：《聚播，现闻，自传播和全传播——对传播行为发展情况的概括和研究》，《传播学研究集刊》第一辑，上海古籍出版社 2003 年版。

祁定江：《口碑营销：用别人的嘴树自己的品牌》，中国经济出版社 2008 年版。

林海：《英国品牌的启示》，企业管理出版社 2007 年版。

郭明全：《传播力》，南京大学出版社 2006 年版。

刘威：《品牌战略管理实战手册》，广东经济出版社 2004 年版。

俞明阳、杨芳平：《品牌学教程》，复旦大学出版社 2005 年版。

张笑峪：《跨国公司秘笈》，中国商务出版社 2006 年版。

胡惠林：《文化产业发展的中国道路》，上海人民出版社 2004 年版。

王东：《中国龙的新发现——中华神龙论》，北京大学出版社 2000 年版。

庞进：《中国的图章——说龙谈凤话麒麟》，陕西人民出版社 2000 年版。

张克复、庞进主编：《首届中华龙文化兰州论坛文集》，甘肃文化出版社 2007 年版。

林海：《跟英国学品牌管理》，时代传播音响出版社 2007 年版。
保育均：《在中国民营企业发展座谈会上的讲话》。

后　记

之所以说《科学品牌发展观》是“打破了传统品牌的滞后性运作模式——先做产品后贴概念和滞后性的学术模式——为了立论而立论，把科学立论和实践运作有机地整合与发扬，它既是指导民族品牌科学发展的全新价值观和方法论，又是品牌运营实践的操作指南。”一方面讲述了产品运作和品牌运营所处的不同时代背景和问题症结；另一方面也深刻揭示出了论著本身的创新亮点：不但是价值观和方法论，而且是指导民族品牌全线突破国际金融危机困境的操作指南。

首先，产品运作是建立在短缺性经济条件下的，因为在短缺性经济条件下，只要是能够满足消费者的物质功能需求，即有购买行为的发生，比如饥饿下的面包和寒冬下的军大衣。而供不应求状况下的市场需求，其实就是简单的物质功能需求，它是可以通过大规模的工厂复制来满足的，按照马克思《政治经济学原理》所讲的：“产品价值的大小取决于社会必要劳动时间的多少”，所以，这也就是为什么上世纪市场上的产品一直很便宜和生意普遍比较好做的主要原因之一。因此，在短缺性经济条件下，企业所做的还只是简单的产品制造和销售，还谈不上是真正意义上的品牌运营。

其次，进入21世纪以来，市场上的短缺性需求——物质功能需求迅速被昼夜复制出来的产品制造所满足以后，代之而来的是由过去的物质功能需求转向了更高层次的需求——精神功能需求。在面对市场物质功能需求已经严重供过于求的严峻形势下，一方面因为国内的市场培育，产业孵化，品牌营销等基础研究和培训教育的严重滞后；另一方面再加上国内诸多的民营企业，由于受自身文化教育的限制，使得民族品牌没有能够与时俱进地和市场急需的精神功能需求相匹配，而一直停留在产品的物质功能制造阶段。所以，民族品牌一直没有从本质上实现向以文化锻造为核心的科学品牌运营层次转型。这具体表现在：

1. 一直靠西方的间接性和零散性的《市场营销学》理论来照猫画虎，始终没有一套前瞻科学和系统创新的品牌运营理论，来指导民族品牌科学发展。

2. 始终处于量大质次，有知名度、难有美誉度和忠诚度，有产品价值，而没有品牌附加值的物质功能制造和广告传播阶段。

3. 只知道谈品牌离不开谈产品和文化，而不知道“品牌是靠产品载着文化行的科学组合”。

4. 只知道品牌的核心是文化，而不知道什么才是品牌文化。

5. 只知道品牌卖的是生活方式，而不知道品牌还能卖价值观和审美观。

6. 只知道品牌要创新，而不知道品牌革命的首要问题是先做思想，而不是先做产品。

7. 只知道品牌要想持续化，必须走国际化，而不知道要想国际化，必需先在文化上普世化。

8. 只知道品牌的价值性，而不知道品牌的责任性。

第三，《科学品牌发展观》正是基于民族品牌急需要由物质功能需求转型为精神功能需求满足的全新时代背景下，依然还面临前述种种理论死角的桎梏性困扰，来谈民族品牌的可持续化发展问题，全书开创性地提出了八大重要突破：

1. 倡导科学的品牌发展观，也就是可持续化的品牌发展观，而不是一般庸俗和狭隘意义上的品牌发展观。比如，产品品牌发展观、文化品牌发展观、技术品牌发展观、实用品牌发展观，等等。

2. 先做思想还是先做产品这是品牌革命的首要问题。

3. 国际品牌的本质——民族文化的国际化。

4. 品牌和产品的本质区别——能否代表独特性的思想或先进的生活方式。

5. 品牌文化和产品实体——灵与肉的永恒关系。

6. 大气文化、责任文化、普世文化——国际品牌文化的科学标准与前提。

7. 科学品牌建设的十大工程。

8. 品牌文化体系的示范模板。

所以，《科学品牌发展观》的诞生，对于整体经历了2008年国际金融危机下的中国民族品牌而言，如何坚定信心，科学地转型升级和可持续发展算是尽作者一点绵帛之力。

韩世友

2008年12月8日于北京